《广西北部湾传统文化丛书》
广西高校人文社会科学重点研究基地资金资助

天涯海角有遗珠

——广西北部湾非遗传承人小传

黄宇鸿 ◎ 主编

何波 苏葆荣 黄河夫 ◎ 副主编

世界图书出版公司
广州·上海·西安·北京

图书在版编目（CIP）数据

天涯海角有遗珠：广西北部湾非遗传承人小传 / 黄宇鸿主编 . —广州：世界图书出版广东有限公司，2020.11

ISBN 978-7-5192-7201-2

Ⅰ.①天… Ⅱ.①黄… Ⅲ.①非物质文化遗产—民间艺人—列传—广西 Ⅳ.① K825.7

中国版本图书馆 CIP 数据核字（2020）第 052110 号

TIANYA HAIJIAO YOU YIZHU —— GUANGXI BEIBUWAN FEIYI CHUANCHENGREN XIAOZHUAN
天涯海角有遗珠——广西北部湾非遗传承人小传

主　　编：	黄宇鸿
责任编辑：	程　静
装帧设计：	苏　婷
责任技编：	刘上锦
出版发行：	世界图书出版广东有限公司
地　　址：	广州市新港西路大江冲 25 号　　邮　编：510300
电　　话：	020-84451969　84453623　84184026　84459579
网　　址：	http://www.gdst.com.cn
邮　　箱：	wpc_gdst@163.com
经　　销：	各地新华书店
印　　刷：	广州市迪桦彩印有限公司
开　　本：	787mm×1092mm　1/16
印　　张：	31.25
字　　数：	546 千字
版　　次：	2020 年 11 月第 1 版　2020 年 11 月第 1 次印刷
国际书号：	ISBN 978-7-5192-7201-2
定　　价：	68.00 元

版权所有　翻版必究
咨询、投稿：020-84451258　　gdstchj@126.com

编委会

主　　编：黄宇鸿
副 主 编：何　波　苏葆荣　黄河夫
编　　委：任才茂　苏振华　钟　玮　黄玉果　何良俊

总　序

　　广西北部湾地区人民在漫长的社会发展进程中创造了辉煌的历史，在这片土地上留下了丰富的历史文化遗产，积淀了深厚的历史文化底蕴。

　　早在旧石器时代，广西北部湾地区的灵山县城郊马鞍山一带已有人类生活。20世纪50年代以来，在防城港市防城区大围基村东茅岭江杯较山，江山镇石角村亚菩山、马兰基村马兰嘴，江平镇交东村社山，合浦牛屎环塘，钦州犀牛脚芭蕉墩、亚陆江杨义岭和黄金墩、上洋角等地陆续发现了距今约一万年前至五千年前的新石器时代滨海贝丘遗址。这表明，早在新石器时代，广西北部湾地区的居民就从事渔猎和农业活动。自西汉起，合浦就是中国南海"海上丝绸之路"的始发港之一。广西沿海地区是南珠文化的发源与传承地，是西方海洋文化，尤其是南传佛教进入中国的重要传播区，也是多元文化的交汇集中地。秦汉以来，受中原文化和移民文化的影响，农耕文化与渔业文化、骆越文化与华夏文化、中华文化与海外文化在这里交融与撞击、并存和发展；在与近现代西方文化和民族文化的交流中，逐步形成具有鲜明特征的广西北部湾区域文化。

　　广西北部湾地区所面临的北部湾海域面积为12.93万平方千米，其中属广西的海域面积约为6.28万平方千米。广西海岸线曲折，长2199.25千米，其中大陆海岸线长1629千米，岛屿海岸线长604千米。海岸线东以英罗港为起点，沿铁山港、北海港、大风江、钦州湾、防城港、珍珠港等延伸。这里有中国传统的四大渔场之一——北部湾渔场，也是世界海洋生物物种资源的宝库。横跨钦州市和北海市两市境内的南流江三角洲平原为广西最大的河口三角洲平原。这里地势低平、土壤肥沃，光、热、水条件非常优越，盛产稻谷、甘蔗、花生和桑蚕，是广西重要的粮食和经济作物基地之一。广西北部湾地区的北海市素有"海角名区、南珠之乡"的美誉，钦州有"海豚之乡、坭兴陶都、英雄故里"的美誉,还是"中国大蚝之乡""中国香蕉之乡"(浦北县)、"中国荔枝之乡"(灵山县);防城港市被誉为"西南门户、边陲明珠",是"中国氧都""中国金花茶之乡""中国白鹭之乡""中国长寿之乡"。

广西北部湾地区积淀了丰富的海洋性、民族性物质文化遗产,现存有古运河、古商道、伏波庙、白龙珍珠城、大型汉墓群、明清城墙遗址,寺庙塔亭、百年老街、西洋建筑群等。此外,还有以京族哈节、合浦珠还及三娘湾遗址神话传说为代表的一大批记录和展示着人类海洋生产生活的文学艺术、民间风俗、海洋节庆、传统技艺和海神信仰等非物质文化遗产(简称"非遗")。

沧海桑田,日月轮回,岁月更替,辉煌的历史很难留下一部完整无缺、细节详尽的实录,也不可能给我们留下一成不变的昔日场景。无数发生在广西北部湾地区的重要事件,我们只能从史籍方志的字里行间去寻找其蛛丝马迹;无数活跃在这方热土上的古圣先贤,我们只能凭想象来描述他们的音容笑貌,细细揣摩他们的喜怒哀乐;无数先人们创造出来的生产方式、手工艺术和生活习俗,我们只能通过口耳相传而知道其大概情况。

广西北部湾文化是广西文化的重要组成部分,以海洋文化为主要特征,使广西的文化形态和内涵呈现多样性的特征。开发广西北部湾文化,有利于提高广西的文化"软实力",并通过推出文化精品,提高文化品位,发展文化产业,将文化力转化为社会生产力,加速广西北部湾地区经济和社会发展。然而,怎样才能比较完整地挖掘和展示广西北部湾历史文化的深厚底蕴?如何更好地传承和弘扬广西北部湾历史文化的优良传统,并以此塑造我们新的精神品格和人文风貌,推进广西北部湾地区的文化大发展、大繁荣?这是时代赋予我们的任务。

北部湾大学北部湾海洋文化研究中心是广西高校重点人文社会科学研究基地。本着服务社会、传承文化的宗旨,为了更好地保护广西北部湾地区的传统文化,保存广西北部湾文化的记忆,北部湾海洋文化研究中心公开在校内通过招标的方式,拟编写并出版一套反映广西北部湾文化传承的丛书,即"广西北部湾传统文化丛书"。该丛书将以简明、通俗的写作特点、图文并茂的展现形式对广西沿海的海山奇观、物华天宝、民俗风物、风味食趣、民间百业、名镇名村、市井趣闻、历代书院及历史人物等进行介绍,通过对广西北部湾地区的传统文化进行梳理和研究,达到以历史的眼光审视广西北部湾、以文化的视野观察广西北部湾、以艺术的手段表现广西北部湾，从而展现出广西北部湾的历史价值、文化价值和旅游观赏价值的目的。

该丛书是具有较高品位的地方历史文化普及读本和对外宣传文化本，要求以史料为基础，内容的真实性与文字的可读性相统一。经过一年多的努力，该丛书陆续完稿并交付出版社出版。该丛书的出版，一方面，可以吸引学术界学者和专家更多地关注和研究广西北部湾地区文化；另一方面，可以帮助广大读者更全面地认识、更深入地了解广西北部湾的文化元素，从而激励广西北部湾地区人民传承文明、再创辉煌。

作好"广西北部湾传统文化"这篇文章并非易事。历史文化遗产以何种形式存在于世，转化为引人入胜的文化产品，释放出自身的巨大能量，不仅需要立意、选材上的慧眼和巧思，还需要对历史的重新发现和解读。为此，首先，我们需要读懂地方历史，需要对那些长期在我们眼皮底下留转的毫不起眼、让人不经意的东西进行发掘、整理，需要从不同的角度去重新发现、理解其中的内涵。对于分布于不同历史时空交会"点"上的人、事、物，需要用当代人的眼光和理念梳理出一条贯穿古今的"线"，在"点"与"线"的交织之中再兼及"面"，来呈现更广阔的历史场景，揭示更深层次的文化内涵。其次，我们需要在"写"这方面下功夫。这是一个把抽象化的文字资源、物态化的历史遗迹、精神化的人的心灵有机地结合起来的过程。要写得生动有趣、引人入胜；要令读者满意，让专家认可；要让内行看出门道，让外行看出热闹，让各种不同层次的人们都能从中产生精神认同感，需要我们付出更多的辛劳。

令人欣喜的是，经过策划组织者和各位作者的共同努力，拟定的丛书总体定位、目标及写作要求，都在书中得到了较好的实现。我们也希望，通过品读"广西北部湾传统文化丛书"，广大读者能够更加全面、深入地了解广西北部湾地区的辉煌历史，更加真诚地汲取广西北部湾历史文化的优良传统和精神动力，更好地处理传承与创新的关系。在广西北部湾进一步开放开发的背景下，满怀激情地创造更加美好的未来！

是为序。

赵君

2017 年 12 月 20 日

前　言

"天涯海角"历来泛指遥远的地方，亦指海陆接壤地带。广西钦廉一带自古就有"天涯海角"之称，是我国历史上得名最早且有古籍记载和地物为证的"天涯海角"。

据史料记载，广西钦廉"天涯海角"比海南三亚"天涯海角"出现的时间要早700多年。早在南宋时期周去非所作的《岭外代答》一书中即有"钦州有天涯亭，廉州（合浦）有海角亭"的记载。钦廉二州毗邻，故合称为"天涯海角"。而清雍正年间崖州知州程哲方于今海南三亚题刻了"天涯"二字，清末又有文人题刻了"海角"二字。

在地物标志上，钦州天涯亭据说是北宋庆历年间（1041—1048年）知州陶弼（1015—1078年）所建。而廉州的海角亭始建的年代比"天涯亭"要早。有人根据《海角亭记》推测，海角亭最初可能创建于北宋景德年间（1004—1007年）。天涯亭始建的年代应与海角亭相差不远，故古人有"廉州既称海之角，钦州旋说天之涯"的说法。

广西钦廉地区（含北海、钦州、防城港三市）是名副其实的"天之涯""海之角"。其地位于我国南疆，依次沿海分布，东与广东省湛江市毗邻，西与越南接壤，北靠南宁，南濒北部湾，与海南隔海相望；历史悠久，文化遗产资源丰富，是我国古代丝绸之路始发港之一，素有"南珠故郡""坭兴陶都""京族歌乡"等美誉。在这片神奇的土地上，既有疍家、客家、京族、壮族等不同群体长期定居，又有独具特色的滨海资源、风情万种的民俗文化、历史悠久的海洋文化，尤其是海洋非遗资源，构成了北部湾地区特有的文化姿态。

广西北部湾沿海三市物华天宝、人杰地灵、文化璀璨。其非遗文化是直接产生于或主要服务于海洋生产、生活的，主要取材于沿海自然与人文环境，是世代传承的各种传统文化表现形式，长期以来受到国家和社会各界的高度关注，目前已有137项被列入非遗名录并得以世代传承。其中涌现了钦州坭兴陶烧制技艺、钦州跳岭头、京族哈节、京族独弦琴等4项国家级非物质文化遗产，还有北海咸水歌、耍花楼、五方舞，合浦上刀梯过火山、老杨公、公馆木鱼、山口木偶戏、钦州采茶戏、跳岭头、海歌、八音、灵山烟墩大鼓、傩面具、丰塘炮期、浦北鹩剧、舞青龙、舞麒麟、东兴京族民歌、防城港壮族天琴、大板瑶阿宝节、上思鹿舞、壮族虽蕾等民间传统艺术，以及北海贝雕、疍家服饰、合浦角雕、沙蟹汁、钦州造船工艺、蚝豉制作、灵山大粽、武利牛巴、瑶族服饰、京族服饰、京族鱼露、风吹饼等55项自治区级和80余项市级非遗代表性项目。

珠还合浦重生彩，天涯海角有遗珠。在广西北部湾沿海地区，起源于汉代的民间传说"合浦珠还"浓缩了古代南珠的兴衰历史，反映了保护生态环境、歌颂为官清廉的精神。唐代以前的钦州坭兴陶已驰名全国，宋代生产的合浦赤江陶瓷，以及有1500多年历史的浦北小江瓷器，早已随着海上丝绸之路远销海外，造就了人类陶瓷史乃至文明史上的闪耀光环。盛行于明代后期的烟墩大鼓承铜鼓遗风，融合壮汉民族文化的钦州跳岭头民俗，用于以示平安、祈福、驱邪、助兴、祭祀、体育竞技等民间活动，在历史长河中代代传承，一直沿习至今，成为北部湾畔文化遗产宝库中一颗颗璀璨的明珠……

广西北部湾地区的非遗文化魅力主要体现在它的海洋特色、岭南特色、丝路特色、军旅特色和民族特色等五个方面。

第一，具有鲜明的海洋文化气息。"一方水土养一方人"，广西北部湾地区的人们临海而居、靠渔而生，其祖辈留下的文化遗产大多带有"海"的烙印。从民间故事"美人鱼"到古老传说"合浦珠还"，处处充满海洋神话色彩，暗示了生命起源于海洋，体现了南珠文化的历史魅力；从"北海咸水歌"到"钦州海歌"，随口唱出了渔民海上的生活与情感，既有鱼虾满载而归的欢悦，又有搏击惊涛骇浪的豪迈；从"钦州伏波庙会"到"北海外沙龙母庙会""三婆信仰"传统信仰，保留了海洋文化与宗教文化融合的深厚内涵，表达了渔民们祈神祭海、保佑平安、盼望丰收的良好心愿；从"东兴京族鱼露""钦州传统蚝豉"到"北海沙蟹汁"的制作技艺，反映了海边人家靠海吃海的饮食文化习俗，海产品独特醇香的风味吸引了多少食客的舌尖味蕾……

第二，具有独特的岭南文化风味。广西北部湾地区传统上习称"钦廉四属"或钦廉地区（即合浦县、钦县、灵山县和防城县），古属岭南西道；在历史上并非始终隶属广西，多次在广东、广西两省辗转；明代以前主要为广西管辖，明代以后为广东管辖；直到1965年6月，钦廉地区才正式划归广西。该地区文化凸显岭南文化精美细巧、兼容并蓄的独特风貌。在物象工艺方面，如"北海贝雕""合浦角雕""防城彩石雕刻"，就既显精美又显细巧，其工艺之细妙超群，令人赞叹不已。在饮食文化方面，以粤菜为主，喜欢喝"功夫茶"，嗜好吃粥与河粉，如"小董麻通""灵山武利牛巴""大寺猪肚巴"，都是饮茶的美食小吃；而如"钦州瓜皮""北海沙蟹汁"，则是夏日喝粥的必备菜肴；又如"钦州猪脚粉"已经成为"神仙也打滚"的招牌美食，曾上了《舌尖上的中国》而红遍大江南北。在戏曲艺术方面，既有"北海粤剧""钦州粤剧"，也有"老杨公""廉州山歌剧""南康卖鸡调"，还有"钦州采茶戏""防城采茶戏"，大多用粤语演唱，维系着一代又一代钦廉人的粤语情结，延续着北部湾人民独特的岭南文化风情及审美情趣。

第三，具有深厚的丝路文化特色。广西北部湾地区是中国古代最早开展远洋贸易的地区。自西汉伊始，钦廉地区就成为当时中国通往东南亚、南亚、欧洲各国的"海上丝绸之路"的始发港之一。古代合浦郡沿海盛产珍珠、玛瑙、玳瑁、象齿、犀角、宝石、美玉和名贵香料等奇珍异宝，吸引了大批国内外商人来此贸易。隋唐时期，钦州陶瓷文化发展成熟；宋代，钦州是对外贸易的一大港口。至近代，北海成为中国西南地区对外贸易的通商港口。"钦州坭兴陶"始于隋唐，以神秘的"窑变"艺术在国内陶瓷行业中绝无仅有，美轮美奂，与江苏宜兴紫砂陶、云南建水陶、四川荣昌陶并称为中国"四大名陶"；1915年在美国旧金山获万国博览会金牌奖，产品远销东南亚、东欧、美洲等地区30多个国家。"合浦赤江陶"早在宋代就开始生产，产品造型端庄大方，釉彩自然优雅，远销海内外。"浦北小江瓷器"诞生于南北朝时期，成熟于宋代，发展于清代中叶，鼎盛于民国时期，至今已有1500多年，相传曾发展到72座窑，沿海上丝绸之路出口东南亚地区已有数百年历史。明末崇祯年间，当时生产的"小江瓷"就素有"北有景德瓷，南有小江瓷"之称。该地区丰富的陶瓷文化遗产见证了昔日海上丝绸之路的繁荣与喧闹，反映了当年航海文化与海洋商贸文化所构成的丰富内涵。

第四，具有浓烈的军旅文化色彩。自古以来，广西北部湾地区是中国南疆的海防要地，历史上曾发生过大大小小无数次战争，有"古来征战第一线"

之说。而生活在北部湾地区的各族人民具有忠诚爱国、自强不息、勇敢善战的优良品质。历经千年，这里传承下来的文化遗产就留下了许多战争遗迹和记载："伏波庙会"是为纪念东汉伏波将军马援南征交趾定疆界，平乱安民、疏河通航而形成的。伏波将军的英灵已成为当地群众与大自然、外敌抗争的信念。当地老百姓，特别是船家渔民都前往伏波庙祭拜，一为纪念伏波将军南征平乱、维护国家统一之功；二是祈求伏波将军神灵保护平安、逢凶化吉。"灵山烟墩大鼓"传承铜鼓遗风，于明代后期演化而成。当时大鼓主要用于传送战争信号和吼跑野兽，洪亮的鼓声成为各村传送战争和危急的信号，防止外敌入侵或猛兽袭击，共同保卫家园。后来却成了以示平安、祈福、驱邪、助兴、好年瑞景，以及祭祀、娱乐、体育竞技等民间活动。刘永福传说和冯子材传说给后人诉说"刘二打番鬼，越打越好睇"和冯公"抬着棺材上战场，拼死杀敌保边疆"的英雄故事，展现了可歌可泣的守边卫国、抗击外侮的民族精神与爱国情怀。

第五，具有丰富的民族文化元素。广西北部湾地区是个多民族聚居的地区，各族人民在长期生活与生产过程中形成了独特的民族风情。这里有全国唯一的海洋民族——京族，也有被称为"海上吉普赛"的疍家人和散布于沿海地区的客家人。广西海洋文化以骆越文化为基础，在与内陆文化的交流中接受并融汇了中原文化、楚文化、巴蜀文化的影响，同时与海外文化交流融合，形成多元民族文化特色。京族哈节和京族独弦琴入选国家级非物质文化遗产名录，京族人民主要通过以集体祭祀和唱哈、弹琴等方式，表达他们崇尚大海、信仰神灵、感恩生活的渔家情怀。上思壮族山歌虽蕾和防城壮族天琴是地处十万大山壮乡音乐文化的优秀代表，深得壮族群众的喜爱。虽蕾歌王岳建霄已经达到"开口即唱，一唱成歌，情景交融"的境界。大板瑶阿宝节、上思瑶族嗷加则是十万大山瑶族青年男女通过原生态山歌形式来以歌传情、以歌会友。入选国家级非遗名录的钦州跳岭头，是在钦州各县区的壮、汉民族村屯中一种古老的祭祀活动。它源于壮族本土文化，而在表演过程中也逐渐吸收了汉族节日文化，体现了壮、汉民族优秀传统文化的交流与融合。它以民间信仰为依托，吸纳和展示丰富的民族民间歌舞、戏剧等文化因素，跳岭头中师公表演最多的蛙形姿态的舞蹈动作与举世闻名的左江花山岩画中大多人物的蛙形姿态又是何其相似。这既体现了民族文化交流融合的源远流长，也体现了民族文化遗产的神奇力量！

总之，广西北部湾地区非遗文化中体现了广府文化、客家文化、疍家文化、福佬文化、壮族文化、京族文化等文化内容特征，在区域内部又表现出鲜明的地区差异，具有浓厚的民族特性。

北部湾大学是广西沿海地区唯一的一所公立本科高等院校，应当肩负起研究如何保护地处"天涯海角"的北部湾非物质文化遗产的重任。而这些非物质文化遗产是一种无形的，主要以声音、表演艺术等形式存在的"群体记忆"，主要靠传承人口传身授的形式得以传承和延续，其保护的关键就是对于传承人的保护。传承人是非遗文化的展示者与传承者，是民族文化的瑰宝，在非遗的传承和延续中起着至关重要的作用。因此，将传承人的口头记忆（无形的记忆）变成有形的、文字可以记载的，更不失为有利于非遗的保存、研究和流传的一种方式。为此，北部湾大学人文学院的师生在"北部湾海洋文化研究中心"的指导和资助下，通过深入走访调查，运用访谈、录音、摄像等方式广泛采集许多宝贵的第一手口述性资料，对广西北部湾地区非遗代表性传承人生平事迹进行抢救性的挖掘、整理，编撰了《天涯海角有遗珠——广西北部湾非遗传承人小传》一书。本书收录了该地区60余个国家级、自治区级和市级非遗项目近80名代表性传承人的人生故事，重点关注他们的人生经历、技艺传承以及技艺背后的文化生态、文化记忆等，使非遗文化研究更具鲜活性和立体感。

本书属于非遗文化口述史研究。书中通过广西北部湾地区非遗传承人（群体）的人生经历叙述与生态环境描写，旨在从整体上审视广西北部湾沿海地区现阶段非遗传承人保护与传承所存在的问题，唤起人们对本土非遗文化的认知与热爱，成为自觉保护、自觉传播民族优秀传统文化的公民，在实践中探索非遗传承人生存与保护、传承与发展的路径。这对于延续文化血脉、传承历史文明、保护和弘扬北部湾非物质文化遗产具有较高的文化价值和重大的历史意义。

黄宇鸿

2019年12月于北部湾大学

CONTENTS

第一辑　传统音乐舞蹈 01

八音只应天上有，我为伊人奏一曲
　　——记钦北区那蒙镇八音代表性传承人陆金庭 02

悠悠海歌情
　　——记钦州海歌代表性传承人王正曙 10

海边回荡咸水歌，万水千山总是情
　　——记北海咸水歌代表性传承人郭亚十 16

蓝海依旧，咸水悠悠
　　——记侨港镇咸水歌代表性传承人郭其友 24

集宗教与民俗于一体的歌舞艺术
　　——记合浦县耍花楼代表性传承人谢荣明 29

高山流水，海韵魅影
　　——记京族独弦琴传承人苏春发 36

京族第三代哈妹传人苏海珍 40

企沙山歌如潮涌
　　——记企沙山歌代表性传承人郭志新 49

虽蕾只应上思有，山歌美妙把情传
　　——记上思县虽蕾（山歌）第二代传承人岳建霄 55

人生不设限，嗷加与青春的情缘
　　——记上思县瑶族嗷加代表性传承人盘清春 63

第二辑　传统戏剧曲艺 71

生在世家天赋高，坚守一生艺高超
　　——记钦州粤剧代表性传承人何世平 72

满腔热血献梨园，薪火相传红豆梦
　　——记北海粤剧代表性传承人孙汝荣 79

我唱鹩剧留美名，谁人为我继衣钵
　　——记浦北县六硍镇鹩剧代表性传承人廖发旺 86

世上千般万种，最喜采茶敬亲人
　　——记钦州采茶戏名家刘北尤 95

双星引领出世家，千里奔波爱采茶
　　——记钦南采茶戏代表性传承人邹月娟 103

空巷回荡戏曲声，最喜采茶唱戏来
　　——记钦北采茶戏代表性传承人施杨春 110

采香悠扬，薪火永传
　　——记防城港采茶戏代表性传承人黄国凤 117

茶香醉心人神往，一曲名乐永流传
　　——记防城港采茶戏代表性传承人钟永 128

烟墩大鼓声声震耳，声声学问大
　　——记灵山县烟墩镇烟墩大鼓代表性传承人劳传永 135

鸳鸯对凤凰，唱响客家情
　　——记合浦县公馆木鱼传承人廖烈莲 142

千年古镇南康情
　　——记南康镇卖鸡调代表性传承人陈宜积 150

南国春风乘歌来，山歌传情万里暖
　　——记合浦县廉州山歌剧代表性传承人容君传 158

菩萨慈悲胸怀，杨公普度众生
　　——记合浦县老杨公代表性传承人李日喜 165

传统戏剧——木偶戏
　　——记合浦县山口镇木偶戏代表性传承人陈耀文 171

第三辑　传统体育杂技 ····· 179

蟾宫耀异彩，乐民舞青龙
　　——记浦北县乐民镇中秋舞青龙代表性传承人韦锦璠 ····· 180

天赋异禀舞麒麟，不忘初心世代传
　　——记浦北县平睦镇舞麒麟代表性传承人李枝群 ····· 187

传承太极，传播太极
　　——记钦州杨氏太极拳代表性传承人陈家杰 ····· 196

编狮龙，一代传承人的手艺
　　——记钦北区编狮龙代表性传承人尹炳诚 ····· 203

攀登刀梯翻越火山的勇士
　　——记合浦县党江镇上刀梯过火山代表性传承人顾冠太 ····· 208

百年龙舟数代人
　　——记合浦县廉州镇赛龙舟代表性传承人钟国坤 ····· 216

双狮跃起千人醉，李老昂首动云霄
　　——记上思县叫安镇磨福传承人李琉彬 ····· 223

第四辑　传统手工技艺 ····· 231

心和手的完美结合
　　——记钦州坭兴陶制作传承人李人帡 ····· 232

引领行业，发扬光大
　　——钦州坭兴陶大师李人帡 ····· 236

拾贝甄陶，实至名归
　　——记中国工艺美术大师贝雕陶刻家利成世 ····· 242

陶艺世家之全才，实业传承之楷模
　　——记钦州坭兴陶烧制传承人卢德辉 ····· 248

书香画艺，壮乡海情
　　——记广西工艺美术大师陆景平的陶艺人生 ····· 253

陶艺世家，薪火传承
　　——记几位钦州坭兴陶世家的大师 259

我刀刻我心，我手书我情
　　——记以刀代笔妙手雕刻陶艺人生的钦州坭兴陶雕刻大师 264

万里荣归传承梦，一生情系小江瓷
　　——记浦北县小江瓷器制作第四代传承人陈世俊 269

传承千年古瓷韵，重焕魅力小江瓷
　　——记小江瓷手工制作第五代传承人林河源 277

砂轮上的技艺与匠心
　　——记北海贝雕传承人林日光 284

何为传世好技艺，北海贝雕永留世
　　——记北海贝雕传承人曹世莲 291

北海城市的名片——北海贝雕
　　——记北海贝雕传承人林雄 299

角雕守望者
　　——记合浦县角雕传承人白耀华 306

传统手工艺——赤江陶制作技艺
　　——记合浦县赤江陶制作代表性传承人陈李明 313

几度波折过，缘深情未了
　　——记合浦县南康镇扎花灯代表性传承人徐其芳 320

古朴技艺疍家情
　　——记北海疍家服饰制作代表性传承人吴常斌 327

融生命于雕刻之中，化深思于作品之内
　　——记防城彩石雕刻代表性传承人邓弦 333

汉族女子的京族情怀
　　——记京族服饰制作第四代传承人樊文英 341

家族船业三代传承，家族船厂服务沿海
　　——钦州造船技艺代表性传承人伍荣进 347

艺术难的不是技巧，是心境
　　——灵山县傩面具制作代表性传承人陈肇梅 ……………………………… 353

淳朴粽香情，动容真故事
　　——记灵山大粽代表性传承人周家英 ………………………………………… 360

寻泰香之粽，觅"粽"华之根
　　——记灵山大粽代表性传承人张龙芬 ………………………………………… 367

钦州猪脚粉，神仙也打滚
　　——记钦州猪脚粉制作传承人黄力强 ………………………………………… 374

小巷深处米粉香，独特工艺引人尝
　　——记钦州猪脚粉制作传承人卢炳荣 ………………………………………… 382

京族鱼露，一年光阴酿成满口生香
　　——记东兴京族鱼露代表性传承人黄尚文 …………………………………… 389

人生情系风吹饼，妙手传承好味道
　　——记京族风吹饼制作传承人杨日妹 ………………………………………… 395

第五辑　传统民俗礼仪　　　　　　　　　　　　　　　　　　　403

缘起兴趣，贵在坚持
　　——记浦北县跳岭头代表性传承人符可璇 …………………………………… 404

一时的缘起，用一生去守护
　　——记灵山县跳岭头代表性传承人卢顺然 …………………………………… 410

舞动灵山之美，炫跳岭头之声
　　——记灵山县跳岭头代表性传承人陈基坤 …………………………………… 416

田园回荡岭头声，万水千山总关情
　　——记钦北区跳岭头代表性传承人周武良 …………………………………… 422

岁时节令——炮期
　　——记灵山县丰塘镇炮期代表性传承人黄为知 ……………………………… 429

北海外沙庆龙母，祈福禳灾心意求
　　——记北海外沙龙母庙会代表性传承人邓启英、袁学武 …………………… 436

希望更多的人了解京族文化
　　——访京族哈节代表性传承人罗周文 ········· 444

一场海上的婚礼
　　——记企沙镇疍家婚礼第七代传承人黄成就 ········· 447

第六辑　民间文学 ········· 455

名将之后，英雄传人
　　——访冯子材故事代表性传承人冯绣娟 ········· 456

赤胆忠心为人民，英雄遗产永传承
　　——记刘永福故事代表性传承人吴道亮 ········· 462

楹联是我们大芦村的魂
　　——记灵山县大芦村楹联文化代表性传承人劳言生 ········· 467

京族字喃文化的守望者
　　——记京族字喃文化传承人苏维芳 ········· 471

后　记 ········· 478

第一辑

传统音乐舞蹈

陆玲芝　黄建霖 / 文

八音只应天上有，我为伊人奏一曲
——记钦北区那蒙镇八音代表性传承人陆金庭

钦北八音传承人在"三月三"艺术节上演奏

　　钦北八音是一种古老的吹打类型的民间音乐，因使用8类乐器而得名，即弦（二胡、京胡、低音胡）、琴（月琴、秦琴）、唢呐、长号、横笛、锣、鼓、钹等，主要分布于钦州市钦北区大寺、那蒙、小董等镇。其中那蒙镇平福村的八音班最具代表性，也是钦州最有名气的八音班之一，共有13人，保留的传统曲牌有"大号""大开门""大河沸""小开门""小行正""红月"等80来种。那蒙平福八音班历史悠久，历经300多年的历史。目前可考究到的就有四代人，第一代传承人为黄忠伦（已故），目前健在的传承人有陆金庭、黄其祥等。

2012年2月14日，在浪漫气息浓郁的西方情人节，笔者一行几人驱车前往那蒙镇平福村拜访一位古稀老人。到达约定的地点后，笔者看到的是一位衣着朴素、体形纤瘦的老人，早已带着行当在那里等候许久了。那蒙镇文化站的钟站长介绍说，他就是我们所要采访的对象——那蒙镇民间八音艺术的代表性传承人陆金庭。老人很热情地跟大家握手寒暄，淳朴的气息、和蔼的笑容、爽朗的笑声，瞬间就拉近了我们的距离。一进入会议室，陆金庭就轻手轻脚地把随身携带的八音行当一一摆在会议桌上，见我们看着好奇，便打开了话匣子，向我们说起他与八音的故事来……

一、多彩生活路辛酸，有苦有甜味百般

1940年5月，伴着清甜的花香和村旁潺潺的流水，一阵响亮的婴儿啼哭声打破了山村的宁静，平福村的村民陆友华家又迎来了一个小生命。在大家祈盼黎明到来之时，小生命的诞生给村庄增添了一抹难得的新意、新希望。

陆金庭说，当他来到这个世界时，中华人民共和国还没有成立，人民生活在水深火热当中，所以他的童年与"苦难"二字紧紧相连。和其他同时代的人一样，陆金庭经历了吃不饱、穿不暖的岁月，那些苦日子在今天仍然历历在目，然而最让他难忘的是父亲和母亲给他留下的记忆。

陆金庭拉了拉帽沿，向我们说起他童年的故事……

陆金庭在家中排行第二，有一个哥哥，名叫陆金朝，比他大3岁，兄弟俩关系很好。陆金庭家祖祖辈辈务农，母亲是淳朴憨厚的农民，父亲陆友华不甘守着自家的几亩薄田，抵不住金钱的诱惑又有着不怕输的冒险劲，终日沉迷于赌博之中。在陆金庭的记忆里，父亲长年在外赌博，几乎丢下了田间的所有劳作。从陆金庭记事起，一家人很少有机会聚在一起吃上一顿团圆饭，家里也很少有欢声笑语；更不幸的是，在陆金庭9岁时，家里就没了顶梁柱。

说到这里，陆金庭脸上的笑容消失了，声音像有块沉甸甸的石头梗在喉

咙里，老人哽噎了……

　　陆金庭9岁那年，父亲在外出半路上遭歹徒劫财，命丧黄泉。噩耗带来的不仅是悲惨的现实和残缺的家庭，还把照顾一家人的重担落到了一个女人柔弱的肩上。在陆金庭兄弟俩眼里，母亲是亲切而伟大的。父亲走后，母亲担心兄弟俩的生活失去依靠，就一直没有改嫁他人。母亲很少在兄弟俩面前掉眼泪，每天总是朝五晚九地忙完家务又忙地里的农活，还经常利用农闲时间帮别人打短工赚些零钱补贴家用。尽管母亲如此卖命地操持着，但毕竟是一个女人顶起的家，日子还是过得紧巴巴的。

　　日复一日，青丝变成了白发，皱纹也爬上了母亲的眼角。看着母亲因辛劳而微驼的身影，兄弟俩便暗暗下定决心，一定要多学知识，长大后要让母亲过上好日子。就是这股从小就有的求知欲和责任感，对陆金庭兄弟俩后来毅然决然地走上八音的道路，并一路坚持产生了巨大的影响。

　　儿时的陆金庭和哥哥陆金朝一样，很热爱学习，在学校里表现优异，成绩始终名列前茅，还经常得到老师们的表扬。可是，父亲走后，一个女人撑起的家就再也无法支持两个小孩同时读书了，紧张的经济情况使得兄弟俩其中的一个必须选择辍学回家。懂事的陆金庭明白母亲的苦衷，便主动把继续读书的机会让给了哥哥。他含着泪捡起课桌里的书本回家了，一路上不停地回望"曾经"的学校，内心尽是不舍。快到家时，他赶紧把泪抹干，生怕被母亲看到了自己难过的表情。那一年，陆金庭只有10岁，刚读完初小二年级。这时他已经学会了担当，学会了替别人着想。穷人的孩子早当家，陆金庭辍学回家后用稚嫩的肩膀和母亲一起扛起了家里的一片天。

　　陆金庭有个嫁在本村的姑妈，是个热心肠的人，看到陆金庭一家人以番薯粥度日，实在不忍心看着这一家人如此受苦，便主动帮陆金庭料理家务农活。陆金庭辍学后，姑妈主动送了一头小黄牛给陆金庭照看。小黄牛的到来，既给家里增添了劳动力，又给陆金庭带来了欢乐。姑妈的淳朴、善良激励着陆金庭勇敢地去面对人生中遇到的所有困难，也让陆金庭把邻里乡亲的关心一一记在了心里。他希望长大以后能成为一个有用的人，为大家带去欢乐和幸福。

　　说到这里，陆金庭的脸上浮起了浅浅的笑意。他的童年因浓浓的母爱和亲戚邻里的关心照顾而变得温馨起来。

　　记忆里的童年，有苦也有甜：少年丧父，苦在骨子里；亲人关爱，甜在心坎上。苦难的童年造就了陆金庭敢担当、能吃苦、爱学习、懂感恩的良好品质。而与母亲、哥哥、亲戚邻里相处的幸福时光，也寄托了他对美好生活的向往。正是因为有这样的多彩童年，所以陆金庭在与八音相会时，才是那样从容与执着，那样不离不弃。

陆金庭贫穷但不缺乏乐趣的家庭生活，塑造了他信念坚定、热爱艺术的个性。他把生活中的灵感与乐趣融入到八音中，使演奏出来的八音别具特色。他对艺术的执着追求与感悟创新也给古老的八音艺术注入了新的血液。

二、小荷才露尖尖角，初试八音显真彰

陆金庭从小就在八音萦绕的环境中长大，谈起八音时显得异常兴奋。当笔者问起陆金庭是如何走上八音的演奏之路时，他开心地笑起来，眼里写满了对往事的怀念；他挠了挠头，向笔者讲述起拜师学艺的经历来……

陆金庭虽然家贫，可是内心却很丰富。因为从小就耳濡目染，所以陆金庭小小年纪就喜爱八音，并渴望着能够近距离地接触八音、学习八音。小的时候，陆金庭就听过村里的师傅们演奏八音，每每八音乐器一响起，他的手脚便像被绑住了一样，走不开，总要驻足欣赏个够、陶醉个够才肯离去。

那时候，村里有个擅长演奏八音的老师傅，叫黄忠伦，是钦北八音界的元老了。八音中的众多乐器，他样样精通。他门下弟子众多，个个都技艺精湛。其中，最出色的要数黄子材了。黄子材是教陆金庭学习八音的师傅，也是对陆金庭走上八音道路影响最大的人。

陆金庭和八音的缘分要从他17岁那年说起，当时村里有人办喜事，黄子材老先生带着八音班和迎亲队伍一起去接新娘。就在这时，在村口看热闹的陆金庭无意中听到了黄子材老师傅在接新娘时所演奏的八音，之后便被八音那悠扬的旋律所深深吸引。事后，陆金庭主动带着礼物到黄师傅家拜师学艺。黄子材欣然地接受了陆金庭这个一片真诚、谦虚好学的徒弟。在拜祭完祖师爷并举行庄重的拜师入门仪式之后，陆金庭就开始跟着黄子材学习八音了。

陆金庭从小天资聪慧，对八音很有灵性。一首曲子别人吹了好多遍都记不住，他学吹过一两遍就记住了。或许是因为对八音的格外喜爱，加上勤奋好学，陆金庭平日里深得黄师傅的喜欢。不出两年，悟性极高的陆金庭就学会了所有的八音乐器，尤其是最难学的唢呐。陆金庭的造诣甚至超过了师傅黄子材，可谓青出于蓝而胜于蓝。每当陆金庭在大家面前演奏八音，大家都会赞叹连连。潜心学习了两年后，在黄师傅的精心安排下，陆金庭终于出

师了。

陆金庭回忆说,出师后第一次是去邻村接新娘,当时还是由黄师傅亲自带队。对于当时的一些流程和细节,陆金庭还记忆犹新:"我们一行人先是搭主家派来的马车到新娘家接人,到了新娘家,一番吹打之后,就返回新郎家了。从新娘家到新郎家的这一段路程和到新郎家以后的那个时段,就要按照一般的流程进行八音表演了。我们用来表演的乐器主要有吹、拉、敲三大类,每一类里又有几种乐器。"

听着老人的介绍,笔者不禁对八音表演过程中的各类乐器产生了浓厚的兴趣。顺着话茬,陆金庭便介绍起八音乐器来。八音班的演奏乐器分为吹、拉、敲三大类,吹的乐器包括长号、唢呐、横笛,其中长号和唢呐是吹主旋律的,音质特别响亮悦耳。横笛则和其他的乐器作为伴奏,在演奏的过程中不时地出现,声音柔和。陆金庭说他最喜欢的乐器是唢呐,哥哥陆金朝则最喜欢横笛,年轻时两人经常在一起合奏以讨母亲的欢心。陆金庭一边说着一边用手抚摸着唢呐光滑的外壳,就像慈父抚摸着自己刚出生的孩子一样,满是疼惜爱怜。从他那不经意间的动作中我们可以看出,陆金庭对八音的热爱从未淡过,反倒是随着年龄的增长而愈发深沉浓烈了。

陆金庭拉的乐器主要有二胡、京胡和低音胡三种。他说,为了满足不同人的喜好和不同场合的需求,同时为了丰富八音乐器,他们在演奏过程中有时还会加入扬琴、秦琴等乐器。

陆金庭敲打的乐器则有锣、鼓、钗三种。锣分为大锣和小锣,音色明亮,在欢庆的音乐中常使用。鼓的外形像北方扭秧歌时使用的腰鼓,两头分别系有红绳,鼓手一般喜欢把它挂在胸前,兴起时就左右敲打,音质厚重平实。钗是铁制结构,在音乐中起到平稳节拍的作用。陆金庭边说边亲自敲打起来,响亮的乐器声让他兴奋了起来,脸上的皱纹也自然而然地舒展开来。

第一次出师让陆金庭一举成名,他的演奏技巧和演奏水平得到了大家的肯定,演奏风格也颇受大家的喜爱。第一次表演的成功让陆金庭信心满满。

陆金庭对八音的热爱与对八音特有的感悟,让他顺利地走上了学习八音的道路。从此,他便与八音结下了不解之缘。

三、八音悠扬故事多,流淌岁月许多情

那蒙镇的八音班可追溯至民国初年,平福村的乡亲们利用休闲时光组建

起了自己的八音班，经久不衰。八音从祖辈传承下来，历经了岁月的洗礼与打磨，留下了许许多多有趣的故事。

现在八音班用来吹打演奏的乐器是八音班的"宝贵资产"，其中有些是代代相传的，有些则是大家集资买的。陆金庭回忆说，他还没有当上八音班的班主时，所有的八音器材都存放在已故的老师傅黄忠伦家里。

有一次，黄忠伦带着八音行当去接新娘，在去的路上进厕所方便时，竟把老铜锣落在厕所里了。后来铜锣被屋主捡回家里，一藏就是十余载。

几十年之后，屋主邓先生的女婿想把岳父生前捡来的铜锣拿去卖掉，便到处传言说岳父十几年前捡到一口锣，是个宝贝，有人想要的话就便宜卖了。黄忠伦听闻后，就找到了他，用八音班的成员们凑的十几块钱把锣给赎了回来。当时的十几块钱，也算是笔不少的资金了，但是想到老铜锣能失而复得，也算是八音班的福气，大家都很乐意花这笔"大钱"赎锣。正因为被遗落在了厕所里，所以老铜锣在"文化大革命"的惊涛骇浪中幸运地保存下来了。

小小的一口铜锣，历经了历史的洗礼，变得愈发珍贵起来。听着老人的故事，看着他脸上欣慰的表情，笔者能够感受到他对八音深沉的感情，也可以体会到八音班的成员们为了八音所做的一切……

可与那口幸免于难的老铜锣相比，其他的八音乐器就没有那么幸运了。"文化大革命"期间，八音班被严令禁止，大部分乐器被当作"修资封"的产物遭到了严重破坏。金庭和八音班的兄弟们在"文化大革命"期间沉寂了十年。这十年，他们只能在记忆里寻找八音带来的欢乐和感动。然而，陆金庭心中对八音的热爱却没有产生丝毫动摇。他一直渴望有一天能重新拿起八音乐器，让八音丰富大家的生活。

当改革开放的春风吹遍祖国大地，陆金庭和八音班的兄弟们迎来了新的春天。他们又重拾起昔日熟悉的八音，在村头田间演奏起来。

陆师傅回忆说，"文化大革命"一结束，八音班的兄弟们就忍不住聚集起来练习八音了。他们白天要忙地里的活，晚上才能挤出时间练习。大家担心夜间的练习会影响乡亲们的休息，商量后决定在远离村庄的江畔上搭建简易茅舍作为练习场地。这间不起眼的茅舍后来成了大家享受八音并陶醉其中的天堂。每当吃过晚饭，大家就不约而同地聚到茅舍里练习八音。

柔软的月光下，凉爽的晚风轻轻地吹，大家或席地而坐或凛然站立，兴致极高而又默契十足地练习着各首曲子。那悠扬清脆的合乐声在夜空里回荡，吸引了众多的小精灵，闪闪的萤火虫来伴舞，潺潺的流水来助唱，随风摇曳的竹林鼓着掌……

陆师傅和兄弟们对八音的热爱和对艺术的执着，感动着乡亲们。茶余饭后，大家都会被悠扬的天籁所吸引，纷纷跑来当听众，这给陆金庭一班人很大的鼓励和支持；他们还把陆金庭和八音班成员们的事迹传到邻村以及更远的地方。渐渐地，陆金庭带领的八音班跑遍了钦州的大小乡镇村落，名声越来越响亮，也日益得到了大家的认同和赞赏。

四、叹今夕风光旖旎，谁为八音把歌传

陆师傅一说起那些大大小小的演出，就如数家珍。仿佛一位正准备向心爱的女孩表白的男孩，陆师傅怀着激动的心情迫不及待地向我们一一列举了八音班历年来获得的种种辉煌业绩……

陆师傅的八音班足迹遍及防城港市和钦州市区、大寺镇、小董镇等地。随着八音班的名气越来越大，他们还被邀请参加众多区市一级的大型表演。2000年，八音班代表钦州市参加广西壮族自治区举办的民族民间音乐比赛，荣获三等奖。此外，八音班还参加了为庆祝广西壮族自治区成立50周年而举办的系列文艺节目、2011年举办的广场文化周大型文艺汇演等。在各类大大小小的比赛演出中，陆师傅和兄弟们捧回了许多奖杯和奖状。每一次演出过后，陆师傅都会把表演节目单保存下来，当作宝贝来珍藏。古老的音乐、独特的演奏、精湛的技艺、别致的情调，征服了众多的观众，也受到了文化部门的极大关注。

2007年，钦北区文化局把八音作为非遗项目向广西壮族自治区人民政府申报并获通过。这对陆师傅和他的八音班来说，意义非常重大。来自政府和社会各界的关怀和支持，让陆师傅和八音班的成员们充满了不竭的动力。他们暗下决心把政府和社会各界汇来的善款用来修缮乐器，决心要把八音办得更好。

八音班一路走来，赢得了无数的鲜花和掌声。这些成绩的取得是陆师傅和八音班的兄弟们一起努力的结果，更是他们对民间音乐无比喜爱的完美诠释。"台上一分钟，台下十年功"，陆师傅为八音班付出了几十年的辛勤汗水，这是对艺术始终不变的执着与坚守。

陆师傅说，随着改革开放的日益深入，人们的生活水平提高了，各种新

型的乐器逐渐进入了广大民众的生活中，八音这种古老的艺术随之也迎来了新的挑战。

近年来，虽然各级政府对八音做了许多挖掘、抢救工作，但是目前仍然存在不少问题。其中最让陆师傅担心的，就是八音班的传承、延续问题。

由于近年来村里大多数年轻人选择外出务工，加上新时代视听享受的多元化，年轻人不再像老一辈人那样对八音有足够的兴趣，造成八音班出现了"后继无人"的尴尬局面；一些老八音班艺人又陆续地退出历史舞台，八音艺术面临着断层，乃至淡出历史舞台的危机。

老人略带沮丧地说，在很早以前他就有收徒传艺的想法，然而苦苦寻觅，都没有找到一位愿意继承衣钵的后来人。

老人一生与八音为伴，对八音情有独钟，怀揣了一身好本领，可惜却无人继承，不免让人嘘唏不已。

除了没有接班人，八音班还面临着社会关注度不够、经费入不敷出等严重的问题。

展望八音的未来之路，已过古稀之年的陆师傅充满了担心和忧虑。老人希冀通过笔者的这次采访，能够把古老的八音带给外面的世界。他说："今天谢谢你们能来采访我，让我还有机会向外面的朋友讲讲我与八音的那些故事。希望你们能帮助我，让更多的人走进八音、了解八音。让我们的八音能够一直回荡在村子里的山山水水中……"淳朴的话语，夹杂着浓浓的乡音，饱含着一位年过古稀的老人发自心底里的愿望。

我们不能忘记曾经为了八音付出了青春和汗水的一位又一位"陆金庭"。虽然八音面临着消亡的危机，但是只要大家都来关注八音，采取更多有效的措施，做好传承保护工作，就能让古老而美丽的八音重新焕发生机。

后　记

采访接近尾声时，老人给我们一一演奏了八音乐器：长号、唢呐，明亮高亢；横笛、二胡，柔和细腻；京胡、秦琴，清脆悦耳……优美的旋律久久回荡在会议室里，也深深地刻在了我们的心底，永远不会淡去……

采访结束后，老人和笔者握手道别，然后背起了他的历尽岁月洗礼但愈发光鲜的乐器，踏上了回家的路。瘦削的背影，在乡村小道上起起伏伏、若隐若现……

林谷燕 / 文

悠悠海歌情
——记钦州海歌代表性传承人王正曙

海歌是广西壮族自治区钦州市钦南区犀牛脚、东场、龙门等沿海乡镇渔民用海嚓话来演唱的民间歌谣。据专家考证,海歌流传至今已有300年历史。

海歌题材广泛、内容丰富,有劳动歌、时政歌、仪式歌、情歌、生活歌、催眠歌等,歌词富于比兴,讲究对仗和押韵,是当地群众非常喜爱的一种最原生态的民歌。它可以随时随地演唱,也可以在结婚、丧葬、进新居、生日宴会等场合演唱。2016年,钦州海歌被列入钦州市第四批市级非遗项目名录。王正曙是钦州海歌代表性传承人。

2018年7月17日,烈日炎炎,笔者一行在钦南区文联主席陈俍羽女士的带领下,驱车来到了风景优美的三娘湾,采访在三娘湾景区露营区工作的王正曙。因为已电话预约,所以进入三娘湾景区不远的路口,就看见一位身着深蓝色上衣、黑色裤子,皮肤黝黑的男士在一旁等候。这位男士就是王正曙。

在他的引导下,我们来到了露营区的一间小木屋。寒暄、落座后,王正曙便拿出已准备好的资料,将他与海歌的不解之缘以及那些岁月与故事向我们娓娓道来。

钦州海歌代表性传承人王正曙

一

1963年1月,伴随着春节的炮竹声与浪花的回荡声,家在犀牛脚镇平山村的王裕仁迎来了他的第一个孩子。孩子的爷爷给这个长孙取名为正曙。"曙光"是差不多天亮的时候,寓意黎明的到来,寄托着爷爷对小正曙的疼爱与希望。

王正曙是长子,下面有两个弟弟和两个妹妹。父母亲都是农民,靠赶小海来维持生计。父亲王裕仁多才多艺,既会唱采茶戏又会唱海歌,但以唱采茶戏为主,因为当时群众大多喜欢采茶。迫于生计,父亲有演出时,小正曙也跟着父亲去,一来看别人怎么演,二来混一碗饭吃,填饱肚子。而那时所谓"吃饭",实际上就是喝番薯粥。小正曙的母亲不会唱海歌,但很喜欢听海歌和斗戏、斗歌。每次有采茶戏演出,母亲都会带上小正曙,搬着一张小凳子去看。王正曙的爷爷是一名乡村教师,不仅会唱海歌,而且还会创作海歌。王正曙就在这样具有浓厚的民间艺术氛围的家庭中长大。这样的家庭文化背景对王正曙后来热爱海歌、传唱海歌,有着潜移默化的深远影响。

1979年7月,王正曙初中毕业。虽然他学习成绩优秀,但因家境贫寒,没能去读高中。王正曙说到不能读高中时,语气中带着深深的遗憾。

二

王正曙初中毕业后,加入了本村的业余采茶队,到防城港、企沙等地方去演出,主要是扮演小生、拉二胡。当时采茶队演出的剧目主要有《陈世美不认妻》《林昭德血掌案》《朱买臣泼水难收》《张汉卿》《铁算盘》《高文举怒打薄情郎》等。王正曙对这些剧本的情节与台词都很熟悉,其中《陈世美不认妻》的台词能倒背如流。因此,他拉的二胡随着剧情的发展而轻重缓急、哀婉悲叹,配合很到位,如"陈香莲携子京城寻亲"桥段,王正曙的二胡配乐使台下的观众感动得流下眼泪。王正曙回忆这段演出经历时非常激动,脸上露出欢快的表情,言语激昂,凸显出内心的自豪。

1982年,时任犀牛脚镇文化站站长李世川看中王正曙拉二胡的才艺,就叫他到镇上参加文艺队培训,培训两周后,正式加入采茶队,主要是拉高胡。当时,由刘北尤主编、李世川主演的采茶剧《一见倾心》,参加钦州市首届农村文艺汇演并获得一等奖。

王正曙在犀牛脚镇采茶队除了排练、演出之外，还跟着李世川、刘北尤等学唱海歌，主要是学情歌对唱。原生态海歌之情歌四句为一小节，情真意切，婉转动人。例如：

夜静风吹月光先，哥妹相约到海边。
江海水深鱼虾肥，哥妹情真话语甜。

再如：

哎啊哥约妹到海边，有件心事挂在心，
大年三十修筷子，哥想成双过新年。

王正曙海歌之路的形成，源自家庭氛围的渲染和向村里的老海歌手求教。他在很小的时候听到别人唱海歌，觉得海歌的旋律优美、韵味十足，就在旁边自学，回去反复练习；而接受正规培训是在犀牛脚镇文化站参加文艺培训之时。

1985年，刘北尤编了一出宣传计划生育的海歌剧《妹有条件讲在先》。该剧的演出有着标志性的意义，因为它加入了现代元素，用大提琴、扬琴、二胡伴奏，而传统海歌都是清唱，没有伴奏。这部海歌剧的演出大获成功。王正曙说到这里，给我们演唱了一段，真的非常好听，有着独特的地域韵味。

在镇文艺队，王正曙收获了爱情。他与妻子吴桂明的相识、相恋，缘于共同的文艺爱好，再就是喜欢听海歌的岳父对他才华的认可。那时从平山村到犀牛脚镇要过两条渡，交通不便，很少有人愿意嫁到平山村。妻子是犀牛脚镇人，愿意嫁到平山村来，王正曙的奶奶非常高兴，不仅把家里养的两头大猪给杀了，而且还去买了一头老水牛回来宰了，又请了唢呐队和合浦县西场采茶队来庆祝。婚宴不仅颇具规模，而且非常热闹。他回忆当年婚宴的情景时，黝黑的脸庞露出了甜蜜的笑容，还带着少许的羞涩，可以看出他与妻子吴桂明琴瑟和鸣、幸福美满。

1985年，镇文艺队解散，王正曙回到平山村务农。在岳父的帮助下，他买了一辆自行车，专门贩卖菜种。他骑着自行车驮着菜种到犀牛脚镇及相邻的合浦县西场镇各村去兜售。妻子吴桂明则在犀牛脚镇摆摊卖针织品。

这样的日子大约持续了8年。

1993年，犀牛脚中学一位领导因欣赏王正曙唱海歌、拉二胡的才华，就安排他到犀牛脚中学二校区做校警。他先是在二校区工作了 3 年，后回校本部又工作了 3 年。无论是在二校区还是校本部，他都勤恳、认真的工作。工作期间，他参与了犀牛脚中学校庆 50 周年文艺演出，还是主拉二胡。

2006 年，王正曙发起组织"犀牛脚知音曲艺团"，并担任团长。他把喜欢唱海歌的人们吸收进来，其中就有他的妻子吴桂明及其闺蜜谢雪。知音曲艺团"三人行"由此诞生。

2007 年 10 月 26 日，王正曙应邀到钦州港区中学当校警，妻子也到该校食堂当工人。

2012 年 4 月 29 日，三娘湾旅游区管委会把他从港区中学挖过来，到犀牛脚中学工作，并明确其身份为公益性岗位人员。妻子吴桂明和谢雪也一同来到了犀牛脚中学工作。

一年后，王正曙出任三娘湾旅游公司文艺部副主任。因为担任主任的李世川长期在钦州市区工作，所以文艺部的日常工作都由王正曙负责。吴桂明及其闺蜜谢雪也跟随他到三娘湾景区，主要从事海歌演出和三娘湾露营区的管理工作。

三

每年黄金周，知音曲艺团都到三娘湾景区表演海歌。到 2018 年，犀牛脚知音曲艺团成立已有 12 个春秋。目前知音曲艺团有成员 28 人，其中青年队员 15 人，小学生队员 13 人。王正曙是一个非常热爱海歌事业的人。12 年来，无论遇到什么艰难险阻，他都没有放弃办团。王正曙、吴桂明和谢雪是知音曲艺团的中坚力量。他们三人搭档表演海歌，齐心协力坚持把知音曲艺团办下去。

知音曲艺团在王正曙的带领下，不但经常走村串户为群众演出，而且还到钦州市区、三娘湾旅游管理局、犀牛脚乌雷部队、犀牛脚边防派出所、犀牛脚镇各个村委以及其他乡镇演出。时常有些从事艺术表演的游客跟王正曙他们切磋才艺，游客表演他们擅长的才艺，王正曙团队则唱海歌或表演海歌剧。这种自发的民间艺术交流盛宴，往往成为景区内一道亮丽的风景线。

王正曙率领知音曲艺团参加了不少比赛，获得许多荣誉。2009 年，知音曲艺团演唱海歌小戏《三勉情歌》，首次获得钦州市"皇嘉杯"小戏剧比赛二等奖；2012 年，知音曲艺团所在村获得自治区优秀文艺村屯文艺队的称号；

2014年，在钦州市举办的山海歌比赛中，王正曙荣获山海歌王的称号；2014年，王正曙一家获自治区级文艺户称号。

王正曙在谈到这些年来的演出经历时，言语间非常激动，讲到深情处，还时不时比划手势加以表达，似乎要把他与海歌的那些演出岁月都展现在我们面前。

四

王正曙说，海歌的定义有两种说法：一种是用海嚓话演唱的歌叫海歌；另一种是用海歌的调演唱的歌也称为海歌。钦州原生态的海歌，用独具地域特色的海嚓话演唱，具有独特的韵味、精湛的技艺表演、别具风格的情感表达方式，向观众诉说着悠悠海歌情。

传统海歌的主题主要是爱情（《千年石桥两家坡》《第一百条门槛》）、喜庆、劳作、美德、爱国，主要立意是体现当地的民俗民风。新编海歌讲究与时俱进，紧跟时代的步伐，如《"十九大"又画新蓝图》就是宣传党的十九大的。

钦州海歌有棹船调、月光调和犀海调三种。而毗邻的合浦、北海的海歌主要有谈情说爱的风流调（月星调），还有专门斗戏的抬杠调。

随着社会的进步，科技的发展，人们的生活水平不断提高，各种各样的歌种也随之出现。原生态的海歌面临着严峻的挑战，主要是以下两方面：

一是海歌的传承问题。王正曙说，因为村里的青年都出去打工了，留下来的只有老人跟小孩子。因此，主要是对小孩子进行针对性的培养。他和谢雪经常利用空闲的时间去犀牛脚中心小学教学前班的小朋友唱海歌，教学内容以棹船调为主。学校很支持他们，专门腾出一间教室供他们使用。

王正曙和妻子育有一子一女。他在孩子很小的时候就教他们唱海歌，但儿子兴趣不大，女儿王家玲则兴趣浓厚。王家玲读大学时曾代表学校参加广东省中山市举办的原生态海歌表演，获得牡丹奖。王家玲曾同王正曙同台演出海歌《丰收网幸福网》，还一起到别的地方去表演。王正曙把传承海歌的希望寄托在孙辈上，让小孩从小在自己身边学习海歌技艺，培养小孩对海歌的兴趣，期望海歌技艺代代传。

二是经费短缺。如演出服装单一、演出经费的不足等。

虽然存在诸多的问题与困难，但王正曙对海歌传承的前景很乐观。他表示不辜负领导的期望,重点培养小学生,竭尽所能去教好小学生,让他们理解、喜欢海歌,传唱海歌,打造海歌文化。

王正曙说,他最大的遗憾就是自己作为钦州海歌代表性传承人,却不会创作海歌。他现在所演唱的新编海歌绝大部分是钦州市文联原主席苏宏发创作的。质朴的情感、简单的话语,夹杂着他内心最殷切的愿望。

采访临近尾声时,王正曙给我们演唱了一曲传统的海歌《千年石桥两家坡》。这首海歌歌词一语双关、情意悠长、抒情婉转、旋律优美、悦耳动听,句句凸显着海边人民对生活的思考与智慧。嘹亮的歌声在三娘湾海边回荡,也深深地在我们耳边回响,使我们久久不能淡忘王正曙与他的海歌情。

王正曙(右)在表演

李春奎 / 文

海边回荡咸水歌，万水千山总是情
——记北海咸水歌代表性传承人郭亚十

北海咸水歌代表性传承人郭亚十（左）在演唱

  美丽的北部湾海畔上孕育着一座焕发着生机与活力的城市，它就是南海珍珠之乡、滨海度假胜地——北海。它不仅是一座旅游城市，还是一座音乐之城。你听，随着风声，合着浪拍，送来屡屡歌声，此起彼伏，声声入耳。这渺渺的歌声，格调清新，韵律天然，唱、叹流畅，感情浓郁、亲切，这就是被列入北海非物质文化遗产名录的咸水歌。

  这富含海韵味的歌谣，随着疍民迁徙，随着海波飘荡，在北海这片富含有机物的文化土壤上落地生根，既保持原生地同名歌种的血缘关系，又吸收了迁入地土著渔民歌种的养分而不断发展成熟，至今已形成了自己的风格特色，是北部湾沿海一带以船为家的疍民世代传承的一个歌种。

"咸水"，顾名思义就是"海水"。咸水歌正是粤语地区沿海疍家传唱的一种民歌，在北海外沙、地角、侨港一带非常流行，用当地白话演唱，是劳作的人们在田间、基围河堤树下自娱自乐和谈恋爱的民歌。其曲调分唱、叹两种。"唱调"常在喜庆之日或劳动之余演唱，旋律奔放悠扬，加入衬词"姑娌美"更使人感到亲切深情；"叹调"则在婚嫁时演唱，其曲调朴实自然，善于直抒胸臆。

一个偶然的机会，笔者有幸与北海咸水歌结缘并与它展开了一场文化之旅。2017年农历十二月初，在这个特别的日子里，笔者和小伙伴一行几人带着好奇之心前往北海市侨港镇，来到了北海咸水歌代表性传承人郭亚十奶奶的家。初次见面，心里觉得有些紧张，但郭奶奶那和蔼的笑容和爽朗的笑声一下子就拉近了我们的距离，让我们顿时卸下心中的不安，整个人都轻松了许多，一股暖流涌上心头。在我们向郭奶奶说明来意后，她很开心地欢迎我们的到来，热心地向我们讲诉了她与咸水歌的故事。

一、异国他乡出生，苦难伴伊成长

1940年，随着一阵呱呱坠地的啼哭声，郭奶奶来到了这个世界。小生命的诞生不仅给家里人增添了快乐，也给咸水歌后来的传承增添了一抹难得的新意、新希望。谁也不会想到，多年前这个哇哇啼哭的女婴在多年后的今天会成为北海咸水歌重要的传承人，她的诞生也如北海咸水歌这颗沧海明珠一样光彩夺目。

当我们好奇地向郭奶奶问起她为什么在越南出生又为什么在1978年才回国时，郭奶奶热心地替我们答疑。郭奶奶忆起了往事，缓缓地诉说，时光好像带我们回到1940年。1940年7月她在越南降生了，在她还没出生的时候，父辈已经在越南生活了。当她来到人世间的时候，这个世界是不太平的，第二次世界大战还没有结束，战火纷飞，她的童年也常常与"苦难"二字相连。在那个时代，吃不饱、穿不暖是常有的事。这些苦难的日子，时至今日仍然历历在目，对她来说是一段无法忘却的记忆。

话题一出，话匣子像泄了洪一样关不住，我们像聊家常一样倾听着郭奶奶的往事。郭奶奶详细地给我们讲起了她在越南生活的故事。她告诉我们，她一家生活在越南一个叫吉婆岛的地方，许多中国疍民都集聚生活在那里。

我们猜想从小在越南长大的她肯定会说越南语，便随口一问，结果郭奶奶笑了笑跟我们摆摆手。尽管在越南生活了38年，但在吉婆岛这个地方，中国人几乎不与越南人生活在一起，与越南人也没什么交流，所以她并不怎么会说越南语，只是和越南人买东西交易的时候会用上几句常用的越南语。

听郭奶奶这么一说，我们倒是好奇起来了，在越南生活，却很少与越南人交流，那到底是一番怎样的生活情景呢？

郭奶奶告诉我们她家是靠出海打捞为生，为了方便工作，便在靠近海边的地方自己动手搭起了帐篷，这就成了自己的家。听郭奶奶讲到这里，我们的脑海突然闪过这样的一幅画面：在一个海边，那里驻扎着一座座帐篷，老老少少都住在帐篷里，每天忙前忙后，所有的吃喝穿都得靠自己解决，时不时还要担心那狂风怒浪会不会向他们袭来，虽然没有亲身经历过，但心里觉得郭奶奶小时候的日子过得真的很艰苦。

尽管这样，郭奶奶告诉我们这还算不上是艰苦的。那艰苦的日子最不容易解决的就是吃的问题了。那时候她家吃的粮食一般是玉米、木薯等，很少能吃得上大米，有时候想吃也很难吃得到，因为在那里，大米是相对较贵的，玉米和木薯较便宜，以她家的生活条件只能买得起便宜的东西。

除了粮食之外，饮水方面也是很不容易的。虽然靠近海边，但我们都清楚，海水的盐度较高，是不能作为饮用水的，对她家来说，这也是很绝望的，只能每天到很远的地方去挑水，日复一日，都是如此。

尽管生活很艰苦，但在郭奶奶心里，只要能和家人生活在一起就是幸福的。

二、劳者咏其事，咸水歌诉心迹

在了解到郭奶奶这忙碌的生活后，我们在想，她是怎么放松身心、休闲一刻的呢？郭奶奶告诉我们，那时候日子过得苦，能否吃饱穿暖还是个问题，不像现在能享受生活，都是忙忙碌碌的，在忙碌中，会哼几首曲子放松放松。

从郭奶奶身上，我们了解到，每当他们在劳作或是自娱自乐的时候，都会唱起咸水歌，释放自己的压力，这也让我们更进一步的了解到了为什么说咸水歌是疍民们的歌了。从前的疍家人是水上人，住在海上，不论是生活还是工作，终日面对的是一望无际的大海。他们在忙碌的工作中为了抒发感情，常常用歌声表达个人情感和时间记忆，表现他们毫不畏惧、努力丰收的坚定信心；渔船丰收返港，疍民们常常聚拢在家门附近唱起咸水歌，表达丰收的欢悦；疍家年轻小伙子及姑娘们夜晚相约在海滩边用咸水歌倾吐爱情的心声；渔村在婚嫁的喜气日子里演唱咸水歌以表达与亲朋故友难离难舍的亲情……他们练就了即兴创编、随口而出的唱歌本领，多方面广阔地表现了疍家人的生活与情感，进而达到以歌代言、托歌言志的境界。

三、小荷才露尖尖角，一句两句自成歌

郭奶奶告诉我们，她从小就是在歌声缭绕的环境中长大的。从那时起，她就开始喜欢上了咸水歌，喜欢上了音乐。正因为她从小就跟着爷爷奶奶和父母亲一起生活，家里人经常唱歌，久而久之，她就会唱了，而且还有一点天赋。她告诉我们唱咸水歌是比较随性的，虽有固定的曲调，但没有固定的唱词，想唱就唱，只为唱得快乐。郭奶奶的这种唱法有点像现在的说唱音乐。在我们的邀请下，郭奶奶即兴创作，给我们唱了一段咸水歌，让我们感受了咸水歌的美妙。"三寸舌头一嘴油，讲讲矮矮又求求，哄得狐狸团团转，骗得孔雀配斑鸠"，郭奶奶的这段咸水歌，歌词朴实、通俗易懂，歌声不仅好听还给人一种亲切感，音色优美，富于韵味。

正因为她这种随性的性格，加上个人天资聪慧，唱咸水歌能随口即来，每次歌唱都不是同一首歌曲，也因此创作出了大量的歌曲。郭奶奶虽在唱法上无其他技艺与特征，但在唱词上，时不时会根据环境、地点和相关的中心宣传内容，随意即兴表演，这也是她能创造出这么多歌曲的原因。

郭奶奶由于小时候家里困难，没有读过书，所以认识的字不太多，但这并不影响她创作咸水歌，因为她所创作的咸水歌都来源于她对生活的所想所感。唯一遗憾的就是郭奶奶自己创作的很多咸水歌没能记录下来，实在太可惜。好在后来郭奶奶有了录音机，她所创作的咸水歌都能记录并保存下来，现在还能听到她以前所唱的咸水歌。

闲谈之余，郭奶奶向我们谈起了她的家庭。我们笑着问她和她先生的爱情故事。郭奶奶笑了一笑，也没有一丝丝的害羞就和我们谈起了他们的爱情故事。她说："那时谈恋爱不像现在这么自由，都是由双方父母看对眼后才同意孩子们结婚。"郭奶奶的丈夫也是北海人，跟着父亲到了越南工作，进而认识了她。两人结婚后，有了五个可爱的孩子，现在孩子也结婚了，儿媳都对她特别好。谈到这里，郭奶奶脸上洋溢着幸福的面容。

四、野火烧不尽，春风吹又生

1978年，郭奶奶结束了38年的越南生活，举家迁居回国。郭奶奶告诉我们，回国的路是异常的艰难，没有轮船，没有飞机，只有自己的小艇。当她讲起归国经历的时候，心情是那么的激动，大概是回想起了那一段艰苦的日子。

她是这样说的：回国是多么的不容易，是靠着自己划着小艇慢慢地一步步地往前划，带的东西不多，也不敢多吃，就怕中途就没有了食物，在茫茫大海上，没有人知道，也没有人帮，一切只能靠自己。尽管只是寥寥几句话，但我们能想象到，吉婆岛到北海这一段未知的路程，那是划了多少个日日夜夜才到家啊！在这广阔的海面上，时而大风大浪，时而波涛汹涌，一叶孤舟，在海里荡漾，只为回到家的彼岸。好在天无绝人之路，不管多么艰苦，总算安全到家，回到了亲人的身边。

郭奶奶告诉我们，在他们陷入困境之后，国家如一抹阳光、一阵春风，温暖着抚慰着他们的心。

从越南归来后，他们得到了政府的慰问和津贴，让他们在这个宁静的港湾安了家。刚回到北海的那三年，他们被安置在北海市地角镇，国家统一免费提供粮食，每人每月提供30斤大米，蔬菜、肉类每天按时发放，只需要每天到同一地点领取即可，吃穿都得到了解决。

回国后，郭奶奶一家仍以出海打鱼为生，偶尔也帮别人缝衣服来赚点生活费。三年后，政府在北海市侨港镇建了一批房子，给每一户从越南迁居回来的归侨分配了一套房子，侨港镇也是因为这个镇上的人几乎都是在那段时间回归祖国的海外侨民而得名的。郭奶奶说到这里，言语中流露出的是对国家和政府的赞扬及感谢。

当改革的春风吹遍祖国大地，郭奶奶经常唱起咸水歌，当北海疍民听她唱起咸水歌时，旧时的那份记忆也被激发出来了。

五、千淘万漉虽辛苦，吹尽狂沙始得金

郭奶奶告诉我们，她年轻的时候参加过很多大大小小的演出，因此也获得过很多的奖项。

2009年11月17日，郭奶奶在外沙内港疍家婚礼场上与新娘等演唱"叹

家姐";2010年5月1日,郭奶奶参加民间艺术广场表演的疍家婚礼,并演唱"叹家姐";2011年6月11日,郭奶奶参加第六个文化遗产日的宣传演出。郭奶奶一路走来,赢得了无数的鲜花和掌声。这些成绩的取得是郭奶奶努力的结果,更是她对于音乐无比喜爱的完美诠释。

民间的音乐,别致的情调,不仅征服了众多的观众,也受到了文化部门的极大关注。

2010年,北海咸水歌经广西壮族自治区人民政府批准,入选第三批自治区级非物质文化遗产名录。次年,郭奶奶成为第三批自治区级项目"北海咸水歌"区级代表性传承人。北海市人民政府对归侨的疍家文化十分支持,专门成立了一个北海市老人协会,作为侨乡老人的娱乐场所,并在这里设立了北海咸水歌的传习基地,保护和传承咸水歌。郭奶奶和很多老人经常聚在一起唱咸水歌,随兴即唱,自娱自乐。这些来自政府的关怀和支持,无论对郭奶奶还是对北海咸水歌来说,都意义非凡。

说到这个北海老人协会,郭奶奶就带着我们去参观了她的娱乐场所,像导游一样向我们介绍这里的一砖一瓦,末了,还热情地向我们展示了她去参加比赛的照片及她所获得的奖状奖杯,并向我们介绍它们的来历。

漫步在老人协会的广场周围,郭奶奶一边走一边告诉我们,老人协会旁边的那个舞台有几十年了,每逢重大节假日或者喜庆的日子,比如像九月九重阳节啊,春节啊,他们都会在舞台上唱上几段咸水歌,载歌载舞,歌唱生活,歌唱生命。郭奶奶不仅有一颗热爱生活的心,还有一颗爱党敬党的心。她告诉我们,前段时间为了庆祝党的十九大,老人协会组织聚集大家一起举办了一场晚会,用咸水歌歌唱党的十九大。随即,郭奶奶就给我们来了一段唱词"响应党的十九大,紧跟党的步伐走"。从她的唱词中,我们能感受到她对党深深的敬爱之情。

郭奶奶今年(2018年)已经78岁了,热爱生活,感受生活,休闲之余,唱唱小曲,抒发对人生、生活的感悟,或是和朋友搓搓麻将,活动身体,聊聊家常。正是这种乐观开朗的生活态度,那喜上眉梢的笑容,红润的面容,让我们感到郭奶奶十分慈祥;那行健有力的步伐,挺直的身板,让我们感到郭奶奶精气神特别好;那干净整洁的着装,油亮齐整的头发,让我们感到郭奶奶对美的追求。

六、长路漫漫,何去何从

郭奶奶说,虽然自己十分爱好唱咸水歌,但她的五个孩子没有一个会唱咸水歌;有十几个孙子,也不爱学咸水歌;以前也有人来向她来学习过北海咸水歌,但都只是作为娱乐,并没有系统地学习。

听到这里,我们不禁为咸水歌的传承感到担忧。随着改革开放的日益深入,人们的生活水平不断提高,各种新潮的事物不断地涌入我们的生活,对传统的民间音乐来说是个很大的冲击。

虽然咸水歌只是一种民间音乐,但只要大家都来关注咸水歌,采取更多有效的措施,做好传承保护工作,就能让这美妙的歌声在乐坛上散发出它别样的光彩。

如果我们的音乐课多选入一些民间乐曲,把一颗音乐的种子种在孩子的心里,让他们来传唱中华民间文化的歌声;如果有一档关于民间音乐的电视节目,充满地域文化气息的音乐之声将在各个地方响亮起来,引人注目;举行一个文化仪式,是节日狂欢,亦或是歌唱比赛,总之有一个仪式来欢唱咸水歌曲。

希望这淳朴的唱词,夹杂着浓浓的乡音,以及美妙的歌声永远能在北海这片美丽的海域飘扬!

郭亚十(前中)在疍家婚礼上与新娘(右一)等演唱"叹家姐"

"浪拍海滩银光四溅，江心明月映照渔船。大姐放纱小妹上线，渔歌对唱拨琴弦……"这让人如痴如醉的歌声，犹如一颗颗沧海遗珠，拂去岁月的轻尘，却依然摇曳生辉。

后　记

悠悠北海行，渔歌心中留。歌声已渐远，可脑海里依然回荡着郭奶奶亲切、优美、富于韵味的歌声，那美妙的民族曲调，集结着疍民的智慧与经历，是我们不能忘却的中华明珠。时间总是过得那么飞快，美好的时光总是那么的短暂。在与郭奶奶面对面交谈的过程中，我们既收获了知识，感受了疍家人的热情好客，也聆听了独具特色的民间歌曲。这一幕幕的美好时光，将深深地印在我的脑海里，永不淡去……

最后衷心地祝愿郭奶奶身体健康、心想事成，带领北海咸水歌走向更广阔的天地。

唐萍玉／文

蓝海依旧，咸水悠悠
——记侨港镇咸水歌代表性传承人郭其友

侨港镇咸水歌代表性传承人郭其友（右二）与歌友在演唱咸水歌

在广西最南端的北部湾海岸，坐落着一座古老悠久的城市——北海。

在过往的岁月中，有一群人面朝大海，以船为家。他们就是疍家人。碧海蓝天之下，常常传来一首首婉转动听的歌，那是疍家人所唱。随着时间的流逝，在2010年，咸水歌被列为自治区级非物质文化遗产。

咸水，顾名思义是海水。咸水歌正是海上或海边的歌，是疍家人的歌。疍家人在劳作或者嫁娶时唱起歌谣，有时渔船遥相对唱，悠悠歌声飘荡在海面上。北海咸水歌是北海疍家人的渔歌文化。随着时代的发展，疍家人陆陆续续地从海上迁居到了陆地，咸水歌也濒临消失，保护咸水歌刻不容缓。演唱咸水歌的疍家话比北海白话更接近广州话。由于长期受廉州话及广西内地白话的影响，它的语音、语调与正统的粤语产生差异，喉音较为浓重，声调有阴平、阳平、上声、阴去、阴入、中入、阳去、阳入八种之多。其歌曲结构松散，音调、旋律游移不定，节奏缓慢、节拍自由；歌词大多具有实际意义，很少使用修饰性的辞藻。其旋律简洁而清晰，旋法形式以级进行为主，较少运用花俏、华丽、复杂的修饰手法。

咸水歌的调式体系以宫、商、角、徵、羽五个乐音组成的五声调式为主，其次是加入偏音的五声性六声调式，此外还有一部分较原始的三音列和四音列。其旋律大多没有构成功能性的节拍形式，以无节拍的散拍子为主，初具节拍特征的旋律仅占小部分，严格意义上的规整化节拍相当少见。

简而言之，语调、旋律、调式等特征要素集于一身而表现的咸水歌，音域较窄，音区较低，拍子、节奏自由松散，曲调的旋律性不强，重叙轻唱而音量偏小，如吟如诉，听来给人轻柔平和、舒缓恬淡、温润婉约的感觉。

北海市侨港镇的郭其友老先生是咸水歌的代表性传承人。笔者见到老先生的第一印象是"年轻"，身着白衬衫，洗得发皱却依然白白净净，挽着袖子，显得精神十足。坐在老先生对面时可以闻到老先生身上沐浴过后的清香，可见，老先生是一位讲究的人。初次见面不免有些拘束，随着聊天的深入，说到了咸水歌，老先生就打开了话匣子，说起了他那如歌般的岁月……

一

1944年，那是战火纷飞的年代。如同往日一般，没有喧闹，有的只是被战争折磨的心。在北海的一座小镇上，郭其友来到了这个世上！那时，抗日战争进入最后的阶段，全国人民都生活在水深火热之中，老先生家也不例外。在他的印象中，吃不饱饭是常有的事情，若有天灾，那则是雪上加霜。

在老先生的记忆里，母亲是一位贤良淑德的女子，常常在烛光下缝缝补补。那时候，每家都会养育好几个小孩，老先生家也不例外。兄弟姐妹数人晚上坐在一起，畅谈着家庭琐事，母亲教导他们为人要真诚，讲良心，要懂得知恩图报。兴致高时，父亲总会给他们唱上一段，以此表达自己的心意。父母总是为了生计奔波劳碌，为了过上好日子，从未放弃过，日复一日年复一年。皱纹爬上了父母的双颊，青丝成白发，每个人都躲不过岁月的洗礼。在孩提时代，老先生便暗暗下定决心，让父母过上好日子！

儿时的他热爱学习，在学校成绩优异，始终名列前茅。老师在三尺讲堂上传授知识，他认真听着。他喜欢写字，有时候会练习毛笔字，如今笔者看到他的手写歌词时，也不由得感叹！老先生常说：那个时候吃不饱穿不暖，我爸妈吃苦咬牙送我们兄弟姐妹读书，我能不好好读书吗？

那时，他希望长大后可以成为一个有用的人，不求成为国家栋梁之材，但求为大家带来欢乐，孝顺父母。

回忆里，总是带着酸甜苦辣，生活不易，但也教给他许多道理：笑对人生，坚持不懈！

二

老先生从小在咸水歌的陪伴中长大。当我们谈起咸水歌时，老先生的脸上洋溢着笑容，拿出好几张稿纸，告诉笔者这是他自己写的歌词，并演唱起来：

党"十九大"鼓东风，举国上下乐融融。
全面改革再深化，经济文化更繁荣！

歌声响起，如今的老先生已经迈入古稀之年，嗓音依旧浑厚，吐词清晰。据老先生回忆，他的父辈是疍家人，生活在水上，靠打鱼维持生计，每每出海时，丰收了，朴素的渔民便会唱起歌谣，响彻在大海之上，附近若有渔民，则会应歌对唱。蓝海之上，渔民对歌，年幼的他有时亦跟着父亲出海，在听到歌声时，也会跟着唱那么几句。打鱼收获越多，唱的时间越久，内容越多，也是即兴的没有固定的歌词。听到歌声时，也可以知道歌者的心情或悲或喜。说到这里老先生笑了起来，那些日子，即使战争不断，而在父母身旁的他，有大海，有歌声，闻着海水的咸味，感受着大海的辽阔无疆，亦是幸福的。

老先生小的时候就喜欢上了咸水歌，在父母的熏陶下自己也会唱，有咸水歌的地方他便会驻足听上一段。

老先生说他的咸水歌是自学的。

童年时期，有一户邻家嫁女儿，闺房里传来一阵带着哭腔的歌声。那时他感到疑惑：本是喜庆的日子，为何如此伤感。便问母亲，母亲笑着回答他那是新娘子在"哭嫁"，临嫁的姑娘将感恩惜别等内容即兴编入这种固定的曲调中，感激父母的养育之恩，表达内心不舍之情，娓娓动听！老先生向笔者介绍：咸水歌时常跟疍家婚礼联系在一起，疍家婚礼就是在水上举行的婚礼，结婚时，婚礼在船上举行，张灯结彩，场面热闹，有时联舟成排，男女对歌，讲究"唱"婚，古时称疍家"婚时以蛮歌相迎"，就是要唱"咸水歌"之意。

咸水歌本是男唱女答的情歌，疍家只有"哭嫁"前才由母女、姐妹、伴娘等女性对唱，称为"叹家姐"，这是疍家婚俗中最精彩的节目。疍家新娘出嫁前几天的"哭嫁"——即"叹家姐"仪式，实际上是以歌代哭，"哭"的内容不外乎感激父母养育之恩、姐妹相处亲切、伤离惜别、寄情赠言等，夜深人静叹声缠绵，催人泪下。后来，发展到唱一些关于添丁发财、吉祥如意、顺风破浪的内容，陪嫁姐妹围着新娘描眉涂唇，慈母为嫁女依依梳发，一会儿伴娘互叹，一会儿新娘独叹，陪嫁姐妹附和齐吟。出嫁时，唢呐声声，男家接亲的人在船上乘兴地将新娘抱起抛来抛去，喜气洋洋，笑语喧天，意趣"颠船"。

在"文化大革命"时期，几乎没有人会唱咸水歌了，就算是唱，也只能与样板戏一样。1979年，广西壮族自治区人民政府批准成立了唯一一个为安置归侨而设立的镇级行政区域——侨港人民公社，后来更名为侨港镇。老先生于1979年定居于此。

似一阵春风吹过海岸，党的十一届三中全会顺利召开，党中央决定大力开展经济建设。老先生顺应了时代的潮流下海经商。然而，这并不能阻挡他对咸水歌的热爱，事业或成或败、心情或好或坏都在他作的歌词里，自己编曲自己演唱！老先生向笔者说到，这些年他一直有着一个习惯，那就是看新闻，关注时事，故现在的作词大多跟时政有关。

老先生育有一子一女，平常在家的时候就教他们唱歌。老先生提起子女时带着欣慰的笑容。对于两个子女老先生还是较为满意的，儿女小的时候，常常拉着他教唱歌，如同老先生儿时，久而久之，在熏陶之下，老先生的子女也会唱了。老先生自豪地对笔者讲起，几年前，桂林阳朔举办了一次山歌会，他还去唱过歌！回首曾经，他唱过歌的地方有梧州、中山、贵港等地。

三

2010年，北海咸水歌被列入自治区级非物质文化遗产名录。当北海文化站的调研员找到郭其友时,他是惊讶之余又带点惊喜的,自己守护一生的东西得到了保护,造福后人,是值得的。

当笔者问到咸水歌传承现状的问题时,他思考了良久……

"咸水歌,老一辈的人几乎都会唱,年轻人很少有人会唱了……"

随着改革开放的深入发展,人们的生活水平提高了,各种流行音乐如雨后春笋。年轻的一辈常常会觉得咸水歌"土",便不再唱咸水歌了,咸水歌这种传统的渔歌文化也迎来了挑战。

最让老先生担心的就是传承人接班问题,疍家人已经走向陆地,而年轻人受新文化影响已经不再像老一辈那样对咸水歌有足够的兴趣了。想到咸水歌的未来,老先生眼里充满了担忧。

四

采访结束后,老先生教我们唱起歌:

> 喜迎十九大召开,更多良策就出台。
> 展望未来更美好,复兴中华指日待。

当笔者临走时,老先生嘱咐道:"谢谢你们来采访我,希望你们能够让更多的人关注咸水歌……"

郭其友(中)等在北海市银海区旅游文化节开幕式上演唱咸水歌

吴东丽 / 文

集宗教与民俗于一体的歌舞艺术
——记合浦县耍花楼代表性传承人谢荣明

北海市合浦县是中国古代海上丝绸之路的始发港之一，陶器、青铜器、金银器、水晶玛瑙、琥珀松石……一件件文物的出土，见证了合浦作为海上丝绸之路早期始发港的历史，有着丰富的历史文化底蕴。同时，合浦盛产珍珠、对虾、青蟹、甘蔗等农特产品，有着"中国南珠之乡"之称。而在这个人杰地灵、古老而焕发着生机和活力的小县城里，孕育了一种具有悠久历史韵味而长盛不衰的民间宗教歌舞——耍花楼。

合浦县耍花楼代表性传承人谢荣明

耍花楼（原称"洒花楼"）是用廉州话演唱，起源于各种驱邪、求神的仪式，盛行于明清时期的民间宗教艺术。流传至今的北海耍花楼是唐代前后从中原经湖南、福建、广东入桂西北，再间接传到合浦后，逐步演变而成的一种适合时代发展的带有欢乐喜庆氛围的歌舞表演形式。

2018年1月16日下午，在北海市非物质文化遗产保护中心的会议室里，笔者与随行一同等候一位年近古稀的老人。不久，一位衣着整齐、体型高瘦的老人步履矫健地走进了会议室。据我们采访前的准备资料，老先生年近七十了，可我们眼前见到的这位老人脸庞瘦削但精神不减，一双眼睛炯炯有神，具备着他这个年纪少有的精神气。他就是我们所要采访的对象——北海市合浦县耍花楼代表性传承人谢荣明。在与老人握手寒暄片刻后，我们便按捺不住自己的好奇心，直切正题，老人便将他和耍花楼之间的故事娓娓道来……

一

1949年5月,随着一声婴啼,一个小生命诞生了,他天真幼嫩的双眼见证着中国从水深火热中走向新生……

小时候父亲被调到柳州工作,谢荣明便跟随父亲到柳州生活。在小学一年级的时候,他便对音乐产生了兴趣。邻居有个青年吹笛子吹得非常好听,每当笛声响起,他的手脚便像被绑住了一样,走不开,总要驻足欣赏,平常上学前和放学后也都会去听,慢慢受到了熏陶,喜爱音乐的心也随之更加强烈。不久,谢荣明便决心学习吹笛子。家里便给谢荣明买笛子,支持他去学习。谢荣明本着对音乐的强烈兴趣,在自己摸索的同时,也经常向邻居青年请教。谢荣明从小天资聪颖,很多时候一学就会、一点就通。就这样,谢荣明在七八岁时便学会了吹笛子,有了一定的音乐基础。

谢荣明13岁那年,也就是读五年级的时候,跟随家里人回到了老家合浦西场,在西场读完了小学和初中。接着在合浦机械工业学校读书并参加了校内的文艺宣传队。由于本身天资聪颖,还有之前吹笛子的基础,刚来到宣传队的谢荣明便在人群中脱颖而出,是老师眼中的优秀学生,也是同学眼中的楷模。他同时担任演员、乐手(笛子、二胡)演奏,是宣传队的台柱子,经常到兄弟厂、公社、大队演出,很是出彩。拥有扎实的舞蹈音乐基础与舞台表演经验,也为他与耍花楼的结缘打下了良好的基础。

谢荣明从机械工业学校毕业后,在镇粮所工作。在镇粮所工作期间,谢荣明参加了三农下乡活动,在此过程中与一姑娘相识。待大家回到粮所工作后,谢荣明每天上下班都会经过这姑娘的工作地点,而这姑娘也经常注意着这个小伙子。按老人复述当时那姑娘的话说,是当时自己身上那股潇洒、老实、忠诚的气质吸引了她,而姑娘的大方、直爽也是谢荣明喜欢的。两人相互爱慕,情投意合,成为粮所中自由恋爱的一段佳话。

二

在别人眼中,谢荣明爱情与事业双丰收,本该十分满足,可谢荣明却不以为然,因为心中有放不下的艺术梦。老人说,关于耍花楼这项民间歌舞技艺,自己虽然不曾去学习过,但因为它在合浦是一项非常有名的传统舞蹈项目,自己可谓是从小耳濡目染了,对它也是有兴趣的。而对耍花楼真正的学习接触是在1978年的3月，谢荣明为了重走表演道路，在爱人的支持下，与黄裕忠一同跟随合浦廉州老艺人"豆豉佬"，从锣鼓、音乐、曲调、舞蹈动作表演等全方位学习耍花楼，并由此开始爱上耍花楼这个传统舞蹈项目。

谢荣明对于耍花楼可谓如痴如醉。要全方位学习耍花楼并想学有所成，业余学艺的谢荣明就要比其他专业学习耍花楼者付出更多的努力。由于谢荣明身上背负着整个家庭的重担，要在不影响工作的情况下学习耍花楼，谢荣明只能白天工作，晚上出去练习耍花楼，拖着劳累工作了一天的身体，去练习锣鼓音乐、舞蹈动作等耗费体力的活动。在这艰辛的练习背后，除了需要莫大的毅力和耐力去坚持，还蕴藏着谢荣明对耍花楼那颗爱得热切的心……

在探索耍花楼表演这条道路上，谢荣明因为有着相当扎实的舞蹈音乐基础，所以掌握了耍花楼中基本的舞蹈动作，如耍花扇、耍伞花、交叉脚、拌脚、后勾、跑马步、捣碓脚等；对唢呐、二胡，锣鼓等乐器的使用学得快，很容易上手，深得师傅喜欢。但耍花楼毕竟是一项歌舞结合的艺术，想要学得精全，除了会跳舞会乐器，还得会唱歌，即用当地的廉州话把词以山歌的形式唱出来。而在唱歌这方面，他却显得比较吃力，因为儿时跟随父亲在柳州生活过，柳州话与廉州话口音参半，唱起歌肯定是不如人意了。但经过勤奋的练习和时间的历练，悟性极高的谢荣明不仅在口音上不再有问题，而且唱歌水平远远超过了同门。出师后，谢荣明积极参加文艺演出和比赛，并多次荣获一、二、三等奖，在当地小有名气。但正所谓学无止境，谢荣明没有满足于现状。在1997年庞东升先生（第二代传承人）到西场传教耍花楼时，谢荣明和搭档吴小玲一起向其拜师学艺。就这样，在不懈努力与追求下，他的表演技艺越发娴熟，并有了一定的造诣。

三

作为合浦地方文化代表之一，最初的耍花楼具有消灾解难的仪式功能，即收妖、驱鬼、除疫，又叫"跳六郎"或"跳六娘"（六郎、六娘，都是民间神祇，相传能作祸祟。如妇人得病，则看作六郎作祟，主家就为妇女"跳六郎"；如男子得病，则看作六娘作祟，主家就为男子"跳六娘"。）由两名男巫进行表演。每当跳耍花楼时，巫者就用竹、纸扎成一座"花楼"，在主家门前设坛祭祀。为使花楼具有消灾得福的功能，必须先请"仙人"除去花楼的秽气，这样便有了由巫师装扮的王母和六郎伏妖除魔的故事演唱，即"洒花楼"。

改革开放以后，为了避免封建迷信，耍花楼的形式有了很大的改变，已由旧时带有道教音乐色彩的表演艺术形式，演变成了适合时代发展的带有欢乐喜庆氛围的歌舞表演形式。谢荣明说他年轻时所知道的耍花楼与资料记载是差不多的，但那些场面他也只是听自己的老师说过而已，到了他真正学艺的时候，则并未见过。比如原有的一些表演套路如洒花楼已不再使用，改为歌舞；服装如男子身着的道袍换成了净色褂子，以及普通的净色布鞋子；表演者现在发展成为一男（手持花伞和扇子）一女（手持扇子和手帕），歌舞互伴。旧时耍花楼的伴奏乐器为唢呐、二胡、锣、钹、鼓等，现今耍花楼的伴奏乐器为唢呐（中音唢呐，必须有）、二胡、粤胡、大胡、锣、大鼓（把控音乐节奏）、镲、扬琴（可有可无）等。当代合浦耍花楼所唱的内容与人们的生活息息相关且与时俱进，不再像过去那样要唱与烧香、采花相关的事情，有的是响应国家政策，有的是恭喜婚庆或开业等。以前的唱词目前唱得比较少，现在则几乎是见什么可以唱什么，并根据音乐灵活改动……

然而不论是过去的耍花楼，还是现今人们看到的耍花楼，都让欣赏者更为直观地感受到了合浦民间音乐的文化魅力。因此，今后应坚持让耍花楼的传统精髓和现代风采相得益彰。

随着耍花楼的主题和形式不断变化，其演出的场合也随之增加。现在，像国庆节、元宵节、结婚庆典、门面开业、入新居、生日会、"三月三"（以当地政府安排为主）等场合，都可以看到谢荣明组织并带领的"西场耍花楼曲艺队"的表演。

听着老人的介绍，笔者不禁对其耍花楼的表演经历及辉煌成绩产生了浓厚的兴趣。老人一说起那些大大小小的演出，就如数家珍，仿佛一个骄傲的小男孩，怀着激动的心情迫不及待地向朋友一一列举了"西场耍花楼曲艺队"历年来取得的辉煌业绩……

谢荣明的曲艺队足迹遍及北海、钦州、防城港、柳州、南宁等地。他们在1980年参加合浦县业余文艺汇演，荣获一等奖；1996年参加合浦县商会文艺汇演，荣获二等奖；2006年参加合浦县传统文艺汇演，荣获二等奖；2012年参加合浦县文体局主办的文艺晚会，荣获三等奖。此外，曲艺队还每年参加春节、"三月三"、国庆等节庆公益演出，至少三场，多的时候达七八场。2017年参与广西卫视《一声所爱大地飞歌》栏目录制，讲述其在西场中心小学开设耍花楼培训班及其传承的故事。在各类大大小小的比赛中，谢荣明和队友们捧回了许多奖状和奖杯。每一场演出过后，谢荣明都会把摄影师拍下来的照片保存下来，留作纪念。

西场耍花楼曲艺队一路走来，广受好评，为群众所追捧，赢得了无数的鲜花和掌声。这些成绩的取得是谢荣明和曲艺队的队友们一起努力的结果，更是他们对耍花楼无比喜爱的完美诠释。"台上一分钟，台下十年功"，谢荣明付出了几十年的艰辛汗水，对艺术的执着与坚守始终不变。

四

谢荣明将传统精髓和现代风采和谐统一，作为耍花楼第三代传承人，无疑是合格、优秀的，也是当之无愧的艺术大师。

在耍花楼传统的技艺精髓上，谢荣明一丝不苟，认真秉承。随着耍花楼的名气越来越大，喜爱者愈来愈多，看中了其中的商业利益的模仿者也越来越多，但他们并没有领略到耍花楼的精髓所在，演绎不出其味道。老人说有一次在某场演出中看到关于耍花楼的表演，驻足观看了一下，便转身离开。该表演只是在背景音乐下进行唱跳，并没有乐手进行乐器伴奏，不算真正的耍花楼表演。他强调传统耍花楼的音乐是以大锣、大鼓，唢呐为主，高胡、扬琴、笛子、大明等民乐作伴，表演服装、专用道具如扇子、花伞、手帕，组合成员最少八个人，两个唱跳，六个乐手。合格的演绎者必须保留地地道道、原汁原味的整套装备，该有的乐器和道具一个不能少，让群众看到这是中国的民乐，是耍花楼的特色所在。在他们接到的众多出演邀请中，有一场主办方嫌耍花楼的队伍过于浩大，问可不可以减少人数，让两人直接上台唱跳。他当时直接拒绝道："耍花楼该有的东西一个也不能少，否则就不出演……"

听到这里，笔者对面前的老人的敬佩更添几分，为老人追求本真的精神和那股认真劲所感染……这就是老人与那些一味追求商业利益的盲目模仿者的本质区别所在。试想，如果没有谢荣明对传统耍花楼技艺的坚守，我们还能欣赏这样精彩的演绎吗？

谢荣明在传承上追求本真，坚持传统精髓，也在此基础上推陈出新，将现代风采与之完美融合，给耍花楼这项民间技艺注入了新鲜血液。他对表演形式不断地进行合理调整，在耍花楼服装方面进行大胆尝试和创新，男女造型和亮相比原来上了一个档次，更显花样多姿。他还根据现场发挥，舞蹈增加大跨、右跨、上下踏步，表演一气呵成，原生态表演特色浓厚。舞扇、撑伞样式比原来更丰富多彩。谢荣明现在表演的耍花楼，曲调是原生态的，但内容和故事均是新编的。30多年来，在他表演的耍花楼中，无论是唱和跳的每一个动作，从下蹲、跳跃、打伞，转令腕肩、公开对话、对唱、撑船调对话等，都体现出幽默、诙谐的演绎风格。其作品都通过一定的技艺来体现轻松、社会和谐与人民幸福的主题。

五

对谢荣明而言，耍花楼不仅是爱好，还是一份需要传承与发展的责任。

2012年5月，耍花楼以"北海耍花楼"的名义列入第四批自治区级非物质文化遗产名录，而谢荣明老先生就作为传承人载入了史册。这对于谢荣明和他的曲艺队来说，其中的意义是非常重大的。来自政府和社会各界的关怀和支持，让谢荣明和曲艺队的成员们充满了不竭的动力，要保护并传承好耍花楼的信念更是如熊熊烈火般不息，为此做出了更多努力。如今，谢荣明带领着西场耍花楼曲艺队进行了大量的耍花楼表演，除了先前收的一名男徒弟外，还在2015年收中学生裴钰（女）为徒，主要教授耍花楼曲、舞蹈；2017年3月在合浦西场中心小学开办耍花楼培训班，教授学生30余人。他立志要一直办下去，而且要越办越好。

然而在老人看来，培养一个传承人并不是那么简单的：有的唱得好但跳得一般，有的擅长舞蹈但唱功不足，难以取舍，只能都培养，至今还未找到令自己满意的合适的传承人。说到这里，老人脸上多了几分愁意，眼里的神光明显地暗了几分，略带沮丧地说："自己如今年纪也大了，身体吃不消，家里也担心，最多也只能坚持一两年了……"

老人在这几十年如一日的岁月里，怀揣着一身好本领，可惜却难以觅得良人继承衣钵，不免令人扼腕叹息……

除了传承问题，耍花楼还面临着社会关注度不够、经费不足等严重问题。耍花楼这项民间艺术正面临着淡出历史舞台的危险。

展望耍花楼的未来之路，危险与机遇并存。合浦处于"海上丝绸之路"的关键位置，若文化部门以此为基点，出台相关政策，建立当地文化发展的战略目标，推进包括耍花楼在内的合浦民间文化景观的发展，那么像谢荣明这类的民间艺术传承者与传播者就可以少了后顾之忧,进而让我们珍贵的民俗文化能历久不衰,发出璀璨的光芒……

后　记

采访接近尾声时,谢荣明老先生给我们即兴表演了一段耍花楼的动作。谢老先生虽然已经年近古稀,但是表演耍花楼的动作利落娴熟,毫不含糊,身手一点也不比年轻人逊色,看得出来是经常练习的结果。30多年过去了,谢老先生从学习耍花楼、爱上耍花楼,到在保护传承耍花楼的基础上再创新耍花楼,让其永不褪色……这一路走来,我们看到了谢老先生对耍花楼这项民间技艺满腔的钟情与热爱,这是对老百姓的原创文化的尊重和保护的完美体现。谢老先生一干就是几十年,一干就是一辈子,可敬、可钦……

耍花楼代表性传承人谢荣明(左)和搭档曹丹丹同台演出

何 波/文

高山流水，海韵魅影
——记京族独弦琴传承人苏春发

2003年，四川姑娘刘秋映从成都坐火车到南宁，然后坐班车辗转到京岛，目的是要拜师学艺。同年，江西景德镇中学音乐教师汪荣发，从景德镇辗转到京岛，目的也是要拜师学艺。

2010年，香港母女3人从罗湖口岸进入深圳，然后坐大巴到东兴，接着从东兴乘车到澫尾。她们同样不是来京岛旅游，也不是探亲访友，而是要拜师学艺。

2014年4月，一个哈尔滨女孩拖着一个行李箱，坐了4天4夜的火车到了南宁，然后坐汽车到东兴，再从东兴坐汽车到澫尾。她来京岛不是旅游，也不是探亲访友，而是要拜师学艺。

京族独弦琴传承人苏春发

她们所要拜的老师是苏春发，学的就是独弦琴。像她们慕名而来拜苏春发为师学习独弦琴的还有很多。至2018年，苏春发已培养了303名独弦琴弟子。

一、家世

苏春发于1955年农历正月出生在东兴市江平镇澫尾村一个乡村知识分子家庭。曾祖父是京族英雄苏光清。祖父苏芳辉是一名中医生，在越南首都河内开有中药店。父亲是"师傅"（道公），尽管只有小学文化，但擅长书法，行书、草书俱佳，村里的红白喜事都请他写对联。他还是小有名气的中医生，擅长医治妇科、肝、胃等病。他心地善良，救过很多患者，认他为干爹的有

13人，还有认义兄、义弟的。他还会唱京族传统民歌。母亲是本地人，生下苏春发后患上风湿病，66岁就离开了人世。

苏春发母亲一共生了7个子女，1个溺死，1个困难时期饿死，1个出痘病死，活下来的只有4个。苏春发上有2个哥哥，下有1个妹妹，但大家都听他的。因伯父早逝，堂哥跟他们一起生活，后来到防城港市海事局工作。

苏春发于1978年与当地一位姑娘结婚，育有2个儿子，领养1个女儿。说起领养女儿的事情，还有一段曲折。养女的父母是苏春发的朋友，其父是广东湛江人，其母是钦州市钦北区大直镇人。20世纪90年代初，他们在江平镇合租房子，一起做煤碳生意，主要经营越南的隆基无烟煤。母亲生她的时候，父亲在外做生意，是苏春发夫妇送她到医院分娩，并接其母女俩回到潭尾村家里照顾了28天。养女3岁时，其父母因车祸去世。一天，苏春发在江平镇见到养女的小姨，问起小女孩的情况。刚好，两天后，女孩的外公带她来江平。苏春发的妻子见到孩子穿得很朴素，马上去买了4套衣服，并接回家住了10天。也许，女孩的外公外婆舍不得外孙女，或许不信任苏春发夫妇，就把女孩接回大直了。当时，广西电视台来拍摄反映苏春发生活的电视片《海之贝》，知道这个情况后，就和苏春发驱车到大直镇女孩的外公家。经过苏春发的说服，女孩的外公外婆终于同意由苏春发领养女孩。现在养女就读于广西财经学院工商管理专业，并入了党。

二、学艺

京族独弦琴是弹拨类弦鸣乐器，京语中称为"旦匏"（音译），又叫"一弦琴""匏琴""悲凉琴"，流行于广西壮族自治区东兴市潭尾、山心、巫头等京族聚居区。琴体由共鸣箱、摇杆和弦轴组成。有竹制和木制两种。竹制的有"圆形竹管状琴"和将竹管破为两半的"片形竹制状琴"两种。木制的有"箱形木制状琴"和"独木木制状琴"两种。竹制的一般用斑竹或楠竹做材料，木制的一般用紫檀木、红木等做材料。杆上装有小葫芦，形似喇叭，以放大音量。弦轴为木制，从琴尾侧面插入音箱，用金属弦。其中一端经琴尾面板小孔进入音箱并系于弦轴，另一端则穿进杆上的喇叭系于摇杆。传统琴身长120厘米，直径15厘米，以丝弦或竹皮细丝（竹篾）为弦，以琴体为共鸣体，以葫芦瓢的上半节（匏）为扩音器。演奏时将琴放在架上，也可将琴置于演奏者腿上，采取坐姿，右手拨弦，并以手掌之侧轻触弦线，左手握住摇杆,通过推、拉摇杆来改变弦的张力,以提高或降低琴音。采用泛音演奏。加入电声后,音色更饱满、明亮、优美。现只见于盛产楠竹的东兴市京族聚居地——氵万尾、巫头、山心等地。2011年6月,京族独弦琴艺术被列入国家级非物质文化遗产名录。苏春发是该项遗产的传承人代表。

苏春发5岁就跟叔父苏善辉学习独弦琴。苏善辉(1915—1963)是京族民间独弦琴演奏家,东兴市江平镇氵万尾村人,中国京族第六代独弦琴传人,也是京族三岛有历史记载最早演奏此乐器的独弦琴大师。《广西日报》曾这样记述他:"京族当代有记载的第一代琴手是苏善辉,生于上世纪(20世纪)上半叶,他的独弦琴曲和江南阿炳一样传奇。苏善辉的高徒何绍使京族有了独弦琴乐谱。他改良了独弦琴,把多种乐器的特点融于一弦之中,使独弦琴走入当代人的生活……"

苏春发11岁跟姑丈阮世和、表姑丈阮其宁学琴。阮世和(1914—),东兴市江平镇氵万尾村人,京族民间乐师,广西民间文艺家协会会员。少年学艺,尤擅制作和演奏独弦琴。其演奏技巧熟练,音韵圆滑,优雅抒情。常奏曲目有《高山流水》《骑马》等。20世纪50年代和民间艺人苏善辉登上广州中山纪念堂演奏《高山流水》。他们在京族独弦琴文化的传承和人才培养上做出了贡献,使京族独弦琴艺术后继有人。

阮世和曾教5人学琴,但只有苏春发坚持下来,其余4人都没能坚持下去。阮世和非常高兴,希望苏春发把京族文化传承下来。

读小学五年级时,苏春发就参加了村文艺宣传队。宣传队大约有20名队员,独弦琴弹得较好的有3人。1990年,苏春发到越南经营独弦琴。有一次坐越南的海船,苏春发发现船上有一把独弦琴,就拿来弹奏。船上的越南人见到苏春发能弹独弦琴大为惊讶。

三、演出

苏春发出道以来,究竟参加了多少次演出活动,连他本人也记不清了。每年的越南哈节,苏春发都组团去演出,还到过越南非物质文化遗产保护中心进行交流。

他参加过许多重要的演出活动:1996年上海旅游博览会;2000年全国第16届农民艺术节;2000年中央电视台春节联欢晚会;2009年上海世博会等。在上海旅游博览会期间,每天都有1万多人观看苏春发的独弦琴演奏。

2013年10月，应台湾大学之邀，苏春发率领由他任团长的京族独弦琴天籁艺术团到台湾，参加第12届亚太传统艺术节，与12个国家和地区的艺术团交流。

这一届艺术节还安排了两场专场晚会，一场是京族独弦琴天籁艺术团专场，另一场是越南部队艺术团专场。越南部队艺术团是专业团队，安排专场演出，不足为奇。京族独弦琴天籁艺术团是业余团队，获此待遇，令人刮目相看。他们在开幕式演出京族传统舞蹈"天灯舞"。京族的传统民歌"哭嫁歌"给台湾观众强烈震撼，很多观众一边看一边流泪。

四、授徒

1993年，38岁的苏春发开始带徒弟，传授独弦琴弹奏技艺。2009年，为配合有关部门筹办"京族哈节100人弹独弦琴"，苏春发和女儿苏小燕对100名参与者进行培训，人数为历次培训最多。同年6月9日，"京族哈节"活动拉开帷幕，100人在金滩的沙滩上摆开阵势，一起弹奏独弦琴，场面非常壮观。

在他培养的300余名徒弟中，李海燕、唐小媛、武洪羽、褚青艺的弹奏水平最高。李海燕在防城港举办独弦琴培训班；唐小媛是奥运宝贝。苏春发的两个儿子也学一点，但不太上心。学得好的是养女苏小燕和孙女苏琦岚。苏琦岚6岁就到越南参加文化交流，除

京族独弦琴艺术传承（摄影：罗艳）

了有一年因学校还没放假没有去之外，前后共去了5次。

值得一提的是，苏春发办培训班传授独弦琴演奏技艺完全是免费的。

正因为在独弦琴演奏和培训方面做出了突出贡献，2012年，苏春发被授予"独弦琴传人"的称号。2008年，时任国务院副总理张德江作为中央慰问团副团长来到京族三岛慰问时，还专门到苏春发家慰问。

何 波/文

京族第三代哈妹传人苏海珍

苏海珍，女，1973年生，京族，广西壮族自治区东兴市江平镇澫尾村人。

父亲苏维光（1929—1998），京族，广西壮族自治区东兴市江平镇澫尾村人。他是京族民间歌手、诗人、作家，中国民间文艺家协会会员，广西作家协会会员。苏维光从小喜爱唱歌，能编会写，高中毕业后被保送到原广东民族学院（今广东技术师范大学）学习。创作的诗歌多为民歌体，是京族第一个用笔写诗的诗人，是京族有史以来第一个把口头文学变成书面文学的人。比较有代表性的作品是20世纪70年代发表的叙事长诗《石花》。他曾与裴永彬合写《京族民歌格律》；与阮成珍、裴永彬、符达升、过伟合写《京族婚礼与婚礼歌》；与过伟合写《京族唱哈节》

京族哈妹苏海珍

《京族独弦琴》《京族海上渔业生产与海歌》等作品。他还参与《京族民间故事选》《京族民歌选》《毛南族、京族民间故事选》《毛南、京、仫佬、回、彝、水六族故事选》《中国歌谣集成广西卷·京族歌谣》等的编选工作，翻译《京族民歌选》中不少京语民歌。他与人合作出了九本专著，如《京族文学史》《京族风俗志》《京族民间故事选》等，一生致力于挖掘、整理和创作京族的传统文化艺术。他于1979年出席全国民间歌手、诗人座谈会。1983年创作的民歌《京族三岛的今昔》获广西首届少数民族创作优秀作品三等奖。1987年获得"广西民间歌手"称号。1988年与人合编的《京族民间故事选》

获广西首届民间文学优秀成果奖。

母亲阮成珍(1939—2009),广西壮族自治区东兴市江平镇山心岛人,京族民间歌舞艺人。她从小喜爱民间音乐,14岁就跟老艺人黄成金学艺,是京族三岛第一代哈妹。她不仅能歌善舞,而且也能弹奏独弦琴,是苏海珍的音乐艺术启蒙人。她只读过中学,但却把四个子女培养成为大学生:大儿子毕业于广西民族大学汉语言文学专业,擅长书法和国画;大女儿毕业于广西师范学院英语专业;二女儿和苏海珍均毕业于中央民族大学音乐系。二女儿考上中央民族大学似乎有点偶然。当年中央民族大学到京岛招收特长生,其条件是京族人且会唱字喃民歌。这两个条件二女儿都具备,故顺利地被录取了。她选的专业是古筝。为此,阮成珍卖了一头猪,用卖猪换来的钱给二女儿买了一台古筝。二女儿毕业后到南宁市粤剧团任古筝演奏员。

阮成珍嗓音甜美圆润,擅唱《问月》《摇网床》等抒情性京族民间歌曲。她于1952年出席在北京召开的妇女劳模会。1959年起在防城县文工团当演员,曾创编、整理《灯舞》《采茶》《跳乐》等京族民间舞蹈。其传唱之各类作品见于《京族民歌选》。20世纪80年代,年逾古稀的哈妹阮成珍将自己唱的哈歌录成磁带,不遗余力地传播京族文化。

苏海珍的成长深受父母的影响。苏维光1983年创作的民歌《京族三岛的今昔》获奖后,觉得京族民歌可以放开喉咙唱了,于是与妻子阮成珍商量如何抢救本民族的民歌和文化。1980年,阮成珍用卖猪得的200元钱买了一台原装进口的日产三洋录放机。两夫妇对唱,用录放机录下来,然后带回京族三岛播放,号召大家放声歌唱,以歌引歌。苏维光还经常召集乡亲们唱歌。苏海珍从小耳染目濡,白话山歌、字喃民歌、情歌、盘歌都喜欢,都能唱。

一、南宁受训

1980年9月至1987年7月,苏海珍在防城区实验学校读小学、初中。1987年7月,苏海珍在防城实验学校初中毕业,就被钦州地区(1993年之前,今防城港市所辖各县区均为钦州地区管辖)北部湾歌舞团录用。苏海珍等青年演员被团里送到广西艺术学校脱产学习3年。苏海珍主修独弦琴专业。当时学校采用一对一教学,教独弦琴的老师是后来任防城县歌舞团团长的王能。苏海珍从小就喜欢唱歌,因此,在学独弦琴的同时自学声乐。在毕业的那个学期,听说一个刚从北京进修回来的老师声乐教得好,苏海珍就拜他为师。

当时，那位声乐老师教一节课收6元钱，对苏海珍实行优惠，每节课只收5元钱。那时苏海珍每个月上8节课，要付给老师课酬40元，而零用钱每月才50元。为了不增加父母的负担，苏海珍一直没跟父母说。

1990年7月，苏海珍毕业回团里工作，任独弦琴演奏员，同时又是声乐演员、民族舞演员。苏海珍学的是美声，故既可以唱通俗歌曲也可以唱民歌。1990—1994年，她成了北部湾歌舞团的台柱子。后来参加钦州地区青年歌手比赛荣获第一名。苏海珍出名后，经常被邀请参加各种演出活动。当时，她每月工资大约100元，而参加各种活动的收入却高达300元。苏海珍从1990年即17岁后，就再也没有用过家里一分钱。

二、一进京城

苏海珍后来参加全国少数民族歌手交流，发现自己与那些优秀歌手有很大的差距。从在北京进修的广西艺校同学吴琼华那里得悉中央民族大学招生，苏海珍毅然决定停薪留职回防城实验学校补习文化课，准备参加高考。

1994年春，苏海珍回到母校——防城实验学校参加补习班。由于插班就读，她被安排坐在教室的角落里。桌子不知是从哪里弄来的，不仅残旧，而且还有虱子，经常被咬，以致在高考前失眠一个月。后来，同学帮她把桌子洗刷干净并消毒。参加高考后，她前往北京参加专业考试，本科和专科都通过，但最后选择专科，因为读专科才两年，费用相对本科少很多。

1994年9月，苏海珍从北部湾畔的㵲尾岛来到了首都北京，进入中央民族大学音乐系读专科，主修声乐专业。

苏海珍回忆说，在中央民族大学，对她影响最深的是两位老师。一位是主科老师沈嘉，是她奠定了苏海珍的声乐基础。沈嘉出身于上海一个富贵家庭，曾作为国家重点声乐人才培养对象，接受俄罗斯著名声乐教育家的系统授课，以及已故声乐大师沈湘、周燕等的亲手栽培。她所教过的学生中有著名歌唱家蒋大为、德德玛等，部分学生现已成为中央、地方文艺团体或高校的文艺骨干。沈嘉老师一生低调做人，满怀爱心，为人善良正直，和蔼可亲，爱护子弟。沈嘉最大的特点是上课有激情，而且懂钢琴。另一位是音乐系主任縻若如。縻若如祖籍江苏无锡，生于上海。1958年毕业于沈阳音乐学院声乐系。毕业后自愿申请到西藏工作长达23年，1981年调中央民族大学音乐系任声乐教员，曾担任音乐系主任。她培养出百余名各民族歌唱演员，其中数十人在全国各种声乐比赛中获奖,在声乐教学界有一定影响。

苏海珍师从糜若如大约半年时间。本来,糜主任叫苏海珍一边读书一边教独弦琴,但苏海珍考虑到学习机会来之不易,学习时间宝贵,就谢绝了。

三、文化使者

1998年5月,苏海珍因要陪伴母亲调回东兴工作。苏海珍父亲身体一直很好,1998年突然出现厌食、面黄,去医院检查,是肝癌晚期。父亲去世后,母亲很难过,想回江平镇住。因此,苏海珍便申请调动工作。苏海珍母亲作为京族第一代哈妹,每一年京族哈节都回澫尾唱哈。作为女儿,苏海珍也随母回澫尾唱哈。东兴市的领导都认识苏海珍,也喜欢苏海珍,听说苏海珍有回东兴工作的意向,都表示欢迎。当时市长还许诺政府管的部门任她挑。苏海珍说她不喜欢穿制服,就选上班不穿制服的单位——东兴市口岸办公室。

苏海珍尽管在东兴市口岸办公室上班,但凡涉及到京族文化艺术的活动都参加,一年到头大半时间到外地演出,除了西藏和新疆之外,其他省市自治区都去过。因经常到全国各地参加演出和比赛,苏海珍一度成为京族文化的代言人,常常代表京族出席各种文艺活动。"我觉得我代表的不是我自己,而是我们整个京族。"苏海珍认为向世人推介独具特色的京族文化,是自己义不容辞的责任。因此,每次有演出任务或邀请,不管工作多忙,她都乐意接受,并且每一次演出都认真对待、精心准备,每一次登台表演都让人觉得耳目一新。她说,演出既是锻炼自己,也是传播京族文化的一种渠道和方式。

1998—2005年,苏海珍参加的重要演出和比赛活动包括:1998年6月,随防城港市旅游局赴香港参加国际旅游节的演出;1999年7月,参加第九届孔雀奖少数民族声乐大赛广西选拔赛,获三等奖;2000年1月,参加中华少数民族技艺展演团赴台湾文化交流活动演出两个月;2000年4月,参加第九届全国青年歌手电视大奖赛广西"舒蕾杯"歌手选拔赛专业组,获三等奖;2000年8月,参加第二届中国西部"沙湖杯"民歌(花儿)歌手邀请赛,获银奖;2000年11月,参加南宁国际民歌艺术节"广西歌坛荟萃"民间歌手邀请赛,获金奖;2002年2月,到贵州、云南西双版纳参加中央电视台"民族欢歌"春节特别节目的演出;2002年7月,参加孔雀奖少数民族声乐大赛暨少数民族器乐展演,获三等奖;2003年3月,随广西壮族自治区文化厅演出团访问日本参加"大中国展"的演出;2003年8月,被选为中国首届少数民族体育之花,到银川参加第九届全国少数民族体育运动会开幕式的大型演出;2003年10月,参加第二届中国艺术新星大赛广西赛区器乐项目比赛,获成人组一等奖;2004年1月参加中央电视台举办的2004年"清逸·佳雪杯"CCTV西部民歌电视大赛,获弹组铜奖;2004年8月参加全国声乐器乐舞蹈大赛广西赛区,获青年通俗唱法业余组一等奖,同时获得器乐的独弦琴组一等奖;2004年12月参加全国少数民族曲艺比赛,获三等奖;2005年2月参加中央电视台举办的春节晚会中表演独弦琴弹唱;2005年3月随广西壮族自治区演出团出访澳门,参加《中华人民共和国澳门特别行政区基本法》颁布十周年庆典晚会演出。

苏海珍说,在这些演出和比赛中,最值得纪念的有两次。一次是2000年参加的中华少数民族技艺展演团赴台湾文化交流活动。当时全国300多名少数民族代表汇聚一堂,她在大厅里弹奏独弦琴,一位台湾同胞觉得她的琴和琴声都很特别,就过来好奇地对她说:"你会不会弹唱台湾民歌?我给你拿歌词和谱子来试试。"苏海珍当即给他们弹唱了一首经典歌曲《雨夜花》,没想到琴声刚响起,就围上来好多人,随后大家都跟着一起唱,越唱越尽兴,许久都不愿离开。苏海珍没想到台湾同胞竟然对独弦琴这么感兴趣,心里感觉特别欣慰,这也使得她传承京族独弦琴艺术的信心更足了。

另一次是2001年10月,苏海珍随广西壮族自治区歌舞团赴北京参加第二届全国少数民族文艺汇演。广西演出的节目是独弦琴、马骨胡和"江月·漓江诗情"。"江月·漓江诗情"以漓江为背景,画面非常唯美。演出后,作为京族的代表,苏海珍得到了江泽民、胡锦涛等党和国家领导人接见并合影。苏海珍说:"江总书记还摸着我的演出道具——透明的京族斗笠(塑料制作),问我是哪个民族的。这是我第一次见到党和国家领导人,很激动。"

2003年,胡锦涛总书记视察东兴。在中越界河北仑河畔的国贸大楼用望远镜眺望越南。当时,苏海珍和口岸办的几个女孩穿着民族服装负责接待工作。胡锦涛总书记问苏海珍在哪里上学,苏海珍回答说在中央民族大学。

四、二进京城

2005年,苏海珍带薪到中央民族大学进修,师从孟繁红和李潮二位老师。

李潮,中央民族大学声乐教授,广西籍著名歌唱家、音乐教育家,被媒体誉为"中国著名十大男高音歌唱家"之一。其声乐代表作包括《风生水起北部湾》《没有强大的祖国，哪有幸福的家》等。李潮老师对苏海珍寄予厚望，对苏海珍说，只要你留在北京两年接受系统训练，绝对可以成为像宋祖英那样的顶尖歌唱家。然而，苏海珍没能坚持下去。她说，一是经济上支撑不了。那时租筒子楼一个厨师的房子，条件很差，白天也得开灯。条件艰苦可以克服，但每节课300元钱的开支就难以应付。二是得考虑自己的发展方向。她一心把自己当作京族文化的使者，不断地提升自己，以提升京族文化影响力。但"民族文化植根于民族土壤"，而独弦琴可以说是京族传统文化的符号。要弘扬京族传统文化，应该提升自己的独弦琴艺术水平，因此，她在不间断地学习半年之后就放弃了。

五、河内习琴

独弦琴又称"幸福之弦"，是京族古老的民间弹弦乐器。起源于骠国（今缅甸），流行于东南亚各国。最初只为诗人吟诗伴奏，后来发展为歌舞伴奏与其他乐器合奏，如今多用于独奏，亦可参加重奏或歌舞伴奏。唐贞元十八年（802年）骠国向唐王朝进献乐舞，其中就有独弦琴，现今国内主要流行于东兴市㵲尾、山心、巫头三个岛屿。

独弦琴造型、装饰美观，是泛音演奏乐器，演奏手法独特，可在一条弦上同时演奏出两个音，音色柔和优美，宜于表现悠长抒情的旋律，具有独特的民族风格，突出热带丛林的色彩和氛围，颇富浓郁的南国风味。现已改制成电扩音独弦琴，即在共鸣箱内装置拾音器，音量显著增大，因而音色更加柔美动听，更适合独奏。

越南人把独弦琴当作国琴。苏海珍说："他们把独弦琴玩得像钢琴一样，弹奏技巧也很多样，甚至可以在琴弦的任何一个地方发出自己想要的声音。"在深感自己技艺欠缺的同时，苏海珍也给了自己极大的动力。她随即作出了一个大胆的决定——去越南河内音乐学院学习独弦琴。

2005年，苏海珍通过一个在北海工作的朋友联系上了越南歌舞团——河内升龙歌舞团独弦琴青年演奏家黄秀，于是启程前往河内师从黄秀习琴。她原以为独弦琴只能弹慢歌不能弹快歌，看了黄秀非常潇洒的弹奏后，彻底颠覆了对独弦琴的观念。原先拜王能、何绍为师，弹独弦琴是要戴指甲套的，足足用了3年；黄秀则用棍子，速度快，弹、拨均可，技法丰富。

半年后，通过新华社驻河内记者，苏海珍认识了河内国家音乐学院知名教授阮氏清心。清心老师是出独弦琴唱片的第一人，时任民乐系主任。苏海珍去见她的时候，她没说什么，拿出独弦琴传统曲目《江水清》叫苏海珍回去练习，两天后回来上课。苏海珍在国内学的是简谱，而导师给的是五线谱，越南的五线谱还有一些特殊的记谱。当时苏海珍头都大了，两天后如果弹不出，自己会很没面子。当时，苏海珍租的是导师亲戚的房子，坐在靠窗的位置，面对琴与曲发呆。恰好有一个越南学生从窗外经过，见到苏海珍发呆的样子，就跟苏海珍聊了几句，说他会弹这个曲子，当场就弹给苏海珍听，还拿来录音带放来听。苏海珍苦练了两天。上课时，老师说"弹得还可以"。苏海珍并不开心，因为越南学生上课时是不得看谱的，而自己要看谱，故觉得很没面子。

在越南的一年半里，苏海珍天天除了吃饭、睡觉，就是背曲、弹琴，弹上五六个小时也不觉得烦，不觉得累，简直像着了魔一样。经过苦练，苏海珍的水平得到飞快提高。毕业时，要弹一首名为《祖国琴韵》的曲子。《祖国琴韵》是越南学生学习8年独弦琴后参加毕业考试的曲目，非常讲究弹奏技巧。苏海珍弹完后，清心老师给了两个字的评价——不错。这是她第一次得到导师的表扬。

越南独弦琴演奏方法跟中国有很大的不同：

（1）执棍非常讲究手型，比中国写毛笔字执笔还要讲究。

（2）摇杆不能随意摇，同时是从上往下摇，一般靠近琴弦。

（3）有6个固定梵音，中国强调固定，越南则在保证音准的前提下，左手可以灵活自由，从而使左手获得了解放。而苏海珍与众不同之处就是自弹自唱。

清心老师与黄秀老师的教学方法最大不同是，黄秀是手把手教，即现场示范后就叫学生当场练习，随时点拨、纠正；清心老师则是布置练习曲目让学生回去练习，然后在学生向老师汇报练习成果时予以指导。

苏海珍在越南习琴付出了很大的代价。她前后奔赴越南好几次，每次都住上几个月，不仅把所有的精力都投了进去，还把自己那点微薄的工资也全投了进去，自己的终身大事也一拖再拖，直到2007年34岁才成家。

六、哈妹组合

"我心中有个目标，就是要以独弦琴为桥梁，把京族文化传播到全国、全世界。"多年来苏海珍在传承京族独弦琴文化方面做了大量的工作。她也一直在苦苦寻求一种既能把独弦琴的演奏声音和京族歌曲永远保存，又能广泛传播出去让全国，乃至全世界的人都有机会欣赏到京族音乐的办法。最后，她想到了出专辑和利用互联网把自己弹唱的曲子传播出去。2005年7月1日，苏海珍第一张独弦琴弹奏专辑《海韵魅影》（戚国制作、艺扬唱片出版发行）公开发行。其中收录了《碧海银沙》《海珍》《夏日午后》《孤帆星影》《潭尾金波》《海花》《寂寞海滩》《海韵》《星星与银鱼》《月光海岸》《后序》等11首独弦琴的原创音乐，以海景风貌为主题，用优美的旋律将我们带进阳光、月夜、海滩的美妙神韵之中。

"哈妹组合"是苏海珍一手培养的，早在2007年就有雏形。当时苏海珍培训六七个东兴女孩，和她一起外出参加各种演出活动。2009年，苏海珍率"哈妹组合"参加广西壮族自治区青年歌手选拔赛，唱了《出海谣》《过桥风吹》等，获得原生态唱法三等奖。为此，主办单位广西电视台决定选送"哈妹组合"参加全国青年歌手大奖赛，要求成员都是京族。为此，苏海珍在京族三岛找了9个京族妇女到南宁培训，由广西艺术学院老师指导。这9人中，除了几个曾经受过专业训练外，其他都没有受过专门训练，加上时间紧，日夜都要训，因此，两周后大部分人都离开了，只剩下3人。于是，紧急补充1人，经过一周的强化训练，就去北京参赛了。当时，广西电视台并不看好"哈妹组合"，而是看好侗族的两人唱和瑶族的《蝴蝶歌》。但出乎意料的是只有"哈妹组合"进入决赛，其他两个在半决赛阶段就被淘汰了。

苏海珍说，能进入决赛，她们是喜忧参半。喜的是能进入决赛，可以有更多展示京族风采的机会，忧的是决赛要进行5场PK，每周1场，时间长达一个多月。"哈妹组合"4人中有3个是年轻的母亲，她们老想着孩子，都盼望早点结束比赛，早点回家。结果，"哈妹组合"在这届青歌赛中获得第25名，全国团体优秀奖。这是广西歌手第一次进入决赛，第一次获得优秀奖。事后总结经验教训，有两条：一是大家都盼着早点回家，心态放松，这是成功的主要原因之一；二是误解了"原生态"的内涵，参赛曲目太原生态了，自然未能获得更好的比赛成绩。

苏海珍的最大愿望是京族独弦琴、京族哈歌和京族舞蹈能够传承下去。现正在收集整理传统的京族曲目，想再出一张纯粹京族风情的独弦琴弹唱光盘，并寻求一曲能代表京族的音乐，让人听了之后就能想到京族三岛的多情和秀美。她认为：要传承京族文化艺术，光靠京族人乃至整个民族的力量是不够的，各级政府要高度重视；要建立一个基地，要汇集各路的专家学者，把各方面的力量凝聚起来；要依靠社会力量，把京族独弦琴艺术展示出来，让京族风情民俗体现出来。

舞台上演出的苏海珍

骆俊丽 刘小琳 / 文

企沙山歌如潮涌
——记企沙山歌代表性传承人郭志新

两张板凳，三尺高台，唱不尽，滔滔流逝的岁月时光。

"企沙山歌"是广西壮族自治区防城港市港口区企沙镇一种独具特色的山歌文化。它与壮族山歌相同之处在于，二者均以山歌来表现生活，抒发个人的思想感情，既淳朴自然又贴近现实，生活气息浓厚。企沙山歌种类繁多，包括季节歌、古人歌、怀胎歌、殿歌、药性歌、三国古人歌（三十六计歌）、何物歌、教儿经、念母之歌，以及歌颂党的领导等；歌唱形式有个人独

企沙山歌代表性传承人郭志新

唱和男女对唱两种。语言为本地白话，曲调由歌唱者自定，不拘泥于某种固定形式，这亦是山歌独具魅力的缘由之一。

企沙山歌流传久，分布广。除企沙镇外，防城港市港口区其他乡镇的人们也在传唱，但仍以企沙镇为中心，最具代表性的传承人是企沙镇的郭志新。

一、执着

2018年寒假的第三天，笔者前往企沙镇采访郭志新。

企沙镇是一个坐落于北部湾之畔的滨海小镇，位于广西壮族自治区防城港市东南面，三面环海，距离市区约32千米。小镇的总面积为88.7平方千米，

海岸线蜿蜒绵长,因而渔业资源丰富,盛产鱿鱼、墨鱼、红鱼、石斑鱼、鲨鱼、沙虫、海蜇、泥丁、沙剑鱼等。企沙镇下辖12个行政村和2个社区居民委员会,共计2.96万人,以汉族为主。

企沙渔港不算大,但一眼也望不到边。落日的余晖洒在忙碌的港湾,远航归来的货轮铺满海面,愈渐清晰。滩涂上偶尔会有路过的白鹭,停下脚步觅食;街道两旁种满了榕树,就像一排守卫这方土地的威风凛凛的将士。

到达企沙镇后,笔者几经辗转才寻到隐匿于街角的企沙镇综合文化站。许是年久,文化站的大铁门掉光了漆,点点锈迹和黑色的铁柱相融相依。走入大门,映入眼帘的是一座白墙粉砌的三层小楼,这便是企沙镇综合文化站。文化站的值班人员在得知笔者的来意后,立即联系了企沙山歌的传承人郭志新。

笔者与郭志新相约在企沙镇影剧院见面,届时进行采访。披着余晖,企沙山歌的传承人郭志新向笔者缓缓走来。他头戴一顶深蓝色毛呢绒帽,帽子下面是一头银发;身穿墨绿色的老式军装外衣和黑色长裤,身形高大。通过采访,笔者了解到郭志新是汉族,今年(2018年)74岁。老人家一生都居住于防城港市港口区企沙镇华侨渔业新村,膝下有3个儿女,如今只有一个儿子在身旁。采访历经一个多小时,郭志新跟笔者聊自己,谈山歌,声若洪钟,滔滔不绝,气势逼人,精神抖擞。

郭志新年轻时和每一个地道的企沙人一样,默默接受命运的安排,成为一个实实在在的企沙渔民。造船、出海、打鱼,过着循环往复的生活。一生平凡不变的生活将至晚年时,才迎来了新的期待。2006年,62岁的郭志新结束了水里来浪里去的生活,从浩瀚无垠的海面上隐退于港口岸边的大榕树下。

花甲之年的郭志新加入了企沙山歌的歌堂,开启自己后半生的追求和信仰。10余年来,他为企沙山歌的繁荣和传承不懈地坚持和努力着。郭志新的祖辈并没有人唱企沙山歌,但他从小便受到根植于本土的山歌文化的熏陶,在一吟一念一唱一曲间,渐渐成为企沙山歌的代表,成为一面引领企沙山歌继续发展的旗帜。

"歌唱,讲究的是心意,只要有心想唱,尽管文化水平不高,但也能够作词演唱。"讲到这里,郭志新从军绿色的上衣口袋里拿出了一张折叠起来的白纸。纸张还很新,除了折痕以外不见任何污秽发黄的痕迹。郭志新用宽厚粗砺的手掌缓缓将其打开,露出打印机打出来的排列整齐的黑字。未等笔者提出请求观看，他便兀自唱了起来……

"十九大"会胜利开哎，近平同志登上台……
带领实现富民梦，小康生活早到来……

这是郭志新的原创作品。"我作这首歌就是为了感谢党，感谢党给我们企沙人民，尤其是老人带来的许多好处和照顾。"郭志新唱罢一句就耐心地给笔者翻译一句，句句斟酌，声声有韵，令人回味无穷。其实，唱山歌的人都会以不一样的方式去吟唱关于国家的时事与民众的生活。

郭志新没有高文凭高学历，但他创作的山歌歌词押韵，朗朗上口。他说："我没读过什么书，但我也能作出歌来。不管是声调还是歌词都是我自己学唱学作的，没有人教，老一辈怎么唱，我们从小耳濡目染，铭记在心。古老的生活习俗，传统的思想观念，当代的政治文化，多少给我们以深刻影响。企沙山歌讲究的不是字词句有多么高尚优雅，讲究的就是一个神，要传神，就像传达一个目标，一个盼望一样。"

下午的阳光如此炽烈，郭志新拿腔拿调的演唱，与文化站外喧闹鼎沸的人声和车辆来往的鸣笛声交汇揉和。

二、坎坷

郭志新加入歌堂后，在歌堂里整整唱了三年。最初，歌堂的人并不多，但时常有争执。"有些人不能唱，没机会唱，就不满，那没办法。我就去调解，轮着唱嘛，大家都有机会的。"他沉静温和地说着。

企沙人热爱企沙山歌，恨不能出尽风头，一展个人风采，但只有一个规模不大、条件一般的歌堂，不能满足大多数人的需求。

于是在 2006 年，热爱企沙山歌的企沙人便提议筹划建造歌堂，但并不顺利。歌堂的作用是为歌队队员提供一个聚集交流、排练的场所，并使之成为企沙山歌传承发展下去的一个据点。建设歌堂需征用土地。开始时镇上多数人拒绝，经过反复商讨后，大家才终于同意签字。又因建歌堂需要一笔资金，在当时并没有走向大众的企沙山歌，这笔花费不可避免地落在了热爱山歌的每一分子的身上。这一笔全须自筹的资金，最终在企沙山歌人一家一户奔走拼凑中得以筹集，歌堂才顺利地建成。随着岁月流逝，当年千辛万难建成的房子如今已不知所在。于是，当初所有属于歌队的物品，如今理所当然地在队长郭志新家里找到一尺栖身之地。

2009年，企沙镇老人娱乐山歌队成立。但最初，这个山歌队没有得到官方认可。后来，山歌队招兵买马，参加了许多娱乐活动，山歌队的名称才被各方认可。山歌队发展到现在，总共有20个人。其中，年龄最大、资历最老的是一位姓邓的大爷，具体叫什么名字，郭志新却记不清了。邓大爷时年80岁，尽管已是耄耋老者，但依旧声若洪钟，唱起山歌来毫不含糊。有道是，麻雀虽小，五脏俱全。山歌队也一样，会计、出纳、助理，一个不少。他们各司其职，使山歌队如同一台上了润滑油的机器，有条不紊地顺畅地运行着。

企沙镇一直有举办敬老节活动的习惯。所谓敬老节，也就是重阳节。企沙老人爱听歌，年轻人也爱凑热闹。"一到重阳节，山歌队就热闹起来了，搭台、请人，其他镇的歌队都涌来我们这里唱歌。"说到这里，郭志新脸上写满了骄傲，如同冬日的夕阳余晖，依然热烈、充满暖意。

但歌队的敬老活动并不都能顺利开展。2017年，为了迎接一年一度的重阳节，郭志新多次向文化站申请活动经费，却迟迟不得批准。原因是山歌队只是一个单纯的民间组织。"镇上老人们和一些渔民家属都爱听我们歌队的人唱歌。歌队要花钱租桌椅，没有钱，向政府申请，不批。为什么？因为民间组织，所以不给批。"说到这里，郭志新双眼蕴含着怒气，却又深藏着无奈。

因为得不到经费支持，所有的事都只能靠自己，搭台唱歌娱乐大众也得自己掏腰包。为了壮大这支山歌队，郭志新前前后后总共付出了两万八千多元。这些钱全是他年轻时造船出海捕鱼所挣，谁知晚年竟全部投进绵延不朽的非物质文化遗产传承活动中。租桌椅、换麦克风，请其他地方的人来企沙唱歌——车费、吃喝，没有高额收入的山歌队，经费常常入不敷出。郭志新只好将自己的积蓄投进去。他图的不是什么名声，而是歌队能够长盛不衰，企沙山歌传唱万年。

由于郭志新的坚持，山歌队在夹缝中艰难生存着。不仅如此，他们采取走出去、请进来的办法，扩大与各地山歌的交流。防城港市各县（区）及所辖的大大小小乡镇，都留下了他们的足迹和歌声。郭志新还盛情邀请钦州、大龙、光坡等地的山歌组织和歌手来到企沙演唱。歌队曾应防城港市文化局之邀到市里演出，留存了关于企沙山歌和山歌文化记忆。

三、魅力

为了亲身感受企沙山歌的魅力,第二天下午,笔者应郭志新之邀再次来到企沙镇,聆听山歌队唱山歌。由于心境不同,初次到来时令人难忍的弥漫整个镇子的腥臭味此刻似乎全然消散。水果的芳香及风拂过榕树枝叶的沙沙响声,将岸边若有若无的腥臭味全然掩盖。

山歌队唱歌的地方名叫"三和堂"。它位于一个废弃港口的不远处,几颗古老的榕树像几把天然的大伞,遮住了灿烂的阳光。树荫下是一方水泥地,地上有两张板凳和三尺高台,有一个音响、两个话筒摆放在台上。据说音响是一位名为陈可年的老板出资赞助的。观众们以那两张板凳和三尺高台为核心围坐着。

再次见到郭志新,他依旧如昨天一般满面红光。所不同的是,他正在跑前跑后地忙碌着,无暇顾及其他。以往每个月的农历初二、十二、二十二,山歌队都会在三和堂开唱,老人们说这几天最合适,且每隔十天唱一次,想听歌的老人也能时常听到,不用等太久,也不会因为每天都听到而感到枯燥乏味。两个月前,山歌队因经费等原因已经停唱。这是两个月来山歌队第一次演唱。因此,郭志新对这次山歌演唱活动格外上心。

听歌的和唱歌的以老人居多。他们三五成堆,互致问候,聊着家常。山歌唱至动情处,众人又纷纷停下唇舌,调整坐姿,细细品味着,仿佛在品橄榄。闭眼沉浸,手微微握成拳头,轻轻打着卷儿。

那天下午的阳光极好,友善且温和地洒落在这片土地上。远处的海晶蓝与天空同一颜色。绵延的海岸线看不到终点。渔港里千百艘机排、渔船,随着潮水的起伏而轻摇微晃。一座灯塔,静静伫立,不发一言,遗世独立。岸上婉转悠扬的企沙山歌,韵味隽、悠长……

后 记

山歌演唱结束后,笔者没有如愿听到郭志新的演唱。从上午十点到下午两点,四个小时的演唱中,络绎不绝的歌唱者登上演唱的"舞台"。最后,为了满足笔者一饱耳福的愿望,在观众渐渐散去后,郭志新拿起了话筒,咿咿呀呀唱了起来……

广西真系好风光,开门望见大鱼塘。养虾养蟹大收入,人民生活总有方。企沙沿海好风光……

就在岸边沙滩上,一艘破旧的渔船架子静静搁浅,如此一般,岁月已逝,人容颜已老。而企沙山歌的旋律仍在心中萦绕,丝丝入耳,声声不平。

刘海锌 施文彤 / 文

虽蕾只应上思有，山歌美妙把情传
——记上思县虽蕾（山歌）第二代传承人岳建霄

2018年1月16日，万里晴空、阳光明媚，笔者等一行人去岳建霄家里进行采访。去到岳建霄家里时已经是下午三点多了，我们一下车就看到一个身体健朗、笑容可掬、和蔼可亲的老人在门口四处张望，好像在等人。经本校师兄介绍，我们得知这位老人就是我们要采访的对象岳建霄。进入他家客厅后，经过简单的自我介绍，他了解了我们的来意，即兴创作了一首歌曲并唱了出来。虽然我们听不太懂，对歌词也是一知半解，但是能够通过动听的歌声和优美的韵律来体会"虽蕾"的妙处。几分钟后美妙的歌声暂告一段落。他知道我们可能不太懂歌词的意思（因为他用当地方言来唱），简单地给我们讲了一下歌词的大意，内容都是表示欢迎我们的到来。虽然只是一首歌，但是它无形中拉近了我们的距离，使我们感到亲切。在笔者等一行人的期待下，他便打开了话匣子，向我们道出他与虽蕾的故事……

上思县虽蕾（山歌）第二代传承人岳建霄

一、建霄出生山歌乡，虽蕾入迷成歌王

1949年3月，伴着梅花的盛开，一切都显得春意盎然，鸟儿站在枝头，用它轻快的声音在呼唤，仿佛在招呼着谁。这欢鸣声在上思县思阳镇华加村

的一位普通村民家里格外响亮。就在这悦耳动听的美妙声乐声中，一阵响彻云霄"呱呱呱"的啼哭声从房间里传出，与自然的声音同在，也毫不违和。岳建霄就在这里出生了。响亮的啼哭声不仅预示着这个小生命像春天一样充满活力，而且还是一种希望的象征。

岳建霄的父母文化水平不高，靠家里的几亩田地谋生，收入来源少，加上家里的兄弟姐妹多，生活比较拮据。特别是在"文化大革命"期间，人民的生活更加困难，岳老家里也不例外。虽然那样艰苦的日子已经过去了几十年，但是它仍然埋在岳老的心里，仍然是岳老不能忘却的一段记忆。

岳老是土生土长的壮族人，高小毕业，文化水平并不高。他自小住在思阳镇华加村，受周围环境的影响和熏陶，在很小的时候就对山歌表现出了浓厚的兴趣。有一次，他在主人家听到春牛师傅唱山歌，就不由自主的被吸引过去，直到听完才回家。春牛山歌是他最先接触的一种民歌，为他今后的发展奠定了基础。其山歌艺术造诣高深的原因除了有启蒙老师黄之经的引导、周围环境的熏陶，最主要还是靠岳老自己对山歌的兴趣爱好，发奋自学而成。他告诉笔者一行人，每逢有人唱山歌他都会放慢脚步，耐心地聆听，有时候听着听着他也忍不住自己哼唱起来。兴趣是最好的老师，可以使人变得专心、自觉、有耐心。这也给我们道出了一个道理：如果你想要学会某样东西，那么请先培养你对它的兴趣；有了兴趣，才会使自己在学习的过程中体验到学习的快乐，收获更多的知识。

他家属于兄弟姐妹较多的家庭，自他有记忆起每逢下地干活都是兄弟姐妹一起去的，父母不会溺爱任何人。他的兄弟姐妹从小就团结，会互相谦让。贫穷但不缺乏乐趣的家庭生活塑造了他坚定的品格。父母相敬如宾，从来不会为了任何事而争得面红耳赤。良好的家庭教育和家风建设使得他家里充满欢声笑语。

说着说着，他好像想起了一些悲伤的事情。他说高小毕业后，因为父亲离世、母亲身体浮肿，大哥和嫂子又要去外地工作挣钱，所以他理解家里的难处，高小毕业后主动回家照顾生病的母亲，下地干农活，用他稚嫩的肩膀扛起家庭的重担，成为家里新的顶梁柱、主心骨。

二、问君何以从中获，唯有山歌把情传

上思县是一个壮、汉、瑶等民族聚居的地方。两百多年来，山歌十分流

行，是当地群众喜闻乐见的民间艺术。虽蕾是上思县壮族群众所喜爱的一种民间歌唱形式，至今已有很多年历史，在清康熙二十三年（1684年）编修的《上思州志》就有迹可循。

上思虽蕾在形式上有三种：

（1）上思县公正乡地区的壮族把山歌称为"双保"（壮欢排歌），字数不限，节奏比较明显。

（2）上思县的思阳镇、叫安乡、那琴乡、平福乡、在妙镇地区的壮族把山歌称为"虽蕾"，形式七字上下句，亦有四六句、三五七字句等。

（3）另外平福乡、在妙镇一些地区的壮族也把山歌称为"虽业"，主要特征为七字上下句，下句尾音有"业"。

上思虽蕾在内容上主要有三类：

第一类为春牛山歌，其特征为第一句、第二句、第四句的韵都是在第七字，第三句没有韵。

第二类为情歌双保山歌，第一句韵在第七字，第二句韵在第五字，第三句韵在第二字，故称勒脚韵、腰脚韵。山歌内容主要是民间节庆喜事和男女之间互倾爱慕之情。

第三类为宣传山歌，已发展成宣传时事政策，谈论各行各业的生产、经营、猜谜、表扬好人好事等。红白喜事也可以用山歌表达，只不过歌词的内容不同，适合用在不同的场合宣传。

岳老出生在中华人民共和国成立之前，虽然当时生活比较艰苦，父母二人兢兢业业、勤俭持家也仅仅能让家里人活下来，但是他的内心却很丰富。岳老和虽蕾的缘分应从他还没上学开始说起。那时候，村里有个擅长唱春牛山歌的师傅，叫黄之经。每当有人请他去唱歌时他就会叫上村中家里贫困的小孩一起去主人家唱歌，顺便可以在主人家吃一顿饭。岳老就是在这样的一个机缘下喜欢上唱山歌的。这些歌曲都具有相同的特点：①第一句都是一些好听、讨吉利的话，如恭喜恭喜、祝福你等；②一般都是晚上才唱的，特别是晚上十二点之后开始斗歌，第二天三四点天开始有点微亮的时候结束。晚上十二点之后才开始的原因是那个时间点妇女都回家了，男的斗歌内容没有那么多限制，对他们的约束就少很多了。第二天三四点天开始有点微亮的时候结束的原因是他们第二天还要工作，需要回家休息。其中有一首斗歌在当时是比较出名的，内容和盲人开秀有关。那首歌大意是谁骂我是盲人他就是盲人，天生我材必有用。这首歌告诉我们世上人人平等，没有贫富贵贱之分，世上的每样东西都有存在的理由，人也不例外。我们不但不能嘲笑、攻击生理有缺陷的人，而且更应该给予他们尊重、关怀，让他们体会到世界充满爱。

岳老对虽蕾非常感兴趣。在他小的时候，每逢附近村屯有"窝坡"（赶歌圩），他都会吵着让大人带他去听。每次歌声一响起，他都会在那里驻足很久，双腿就像被施了魔法一样，挪不开半步。此后，他经常逢人就问他们懂不懂山歌，如果遇上懂的人他就虚心向他们请教问题。他的记忆力也不错，一首山歌别人可能吹了好几遍都记不住，但是他听一两遍就能记住了。他很努力学习虽蕾，无论是在田里干农活还是上山砍柴，都会很应景地根据所在的地方特点哼唱几句。天才是1%的灵感加上99%的汗水。天资聪颖加上后天的努力，使岳老一步一个脚印成为当地有名的山歌王。

三、谁家后生把歌唱，壮家山歌声满桂

岳老读初小的时候自己写了一首诗，被他的启蒙老师姚云飘怀疑不是他写的。为了证明自己的才华，他重新写了两首诗交给老师。老师看后非常惊讶，这么小的一个孩子竟然能够写出这样高水平的诗。岳老向老师证明了自己。

春牛师傅黄之经擅长木工，木匠手艺很不错，可以两天之内就把别人要的东西打刨好，弄得很光滑漂亮。春牛师傅告诉岳老，村里有根木头材质很不错，但是苦于它浮在水面上，捞不上来。岳老水性好，帮他把木头给捞上来了，后来就跟着春牛师傅学做木工。岳老20岁到县文化馆帮做道具、书柜，帮干部弄家具一个月至少有100元收入。22岁时岳老写了两首诗，得到了出墙报的机会。

清脆的嗓音、风趣的唱词让他初露头角，并得到领导的赞扬，自此，岳建霄的山歌之路一发不可收拾——读书、积累生活体验、研究山歌文化、提升唱歌水平。新馆长黄新民叫他不要再写朦胧诗了，而是大胆投稿。1983年他把稿投到广西壮族自治区文联。诗的内容：世上忘恩人也多，有钱又想新老婆。六十还想青年妹，沙田难养大海螺。这首诗出版后得了5块钱的稿费。1984年，文化馆选送他和黄景臻到钦州参加广西首届"三月三"歌会。他在钦州汽车站对面的旅馆住了5天，每天早上都能听到别人唱七言诗歌。他觉得钦州人的唱法有特色，故每天都花6毛钱买《广西日报》，学习别人的唱法。

1985年10月，岳老参加广西壮族自治区文联招收的函授班。函授班要求每个学员每个月都要上交5首山歌，最后从几百名学员中挑选13人到南宁面授。面授的内容主要是分析、讲解文联选出的山歌。后来文联的老师帮他发表山歌，帮他剪辑报纸里面有他发表内容的篇章，交给他保存。1992年他到柳州唱山歌，即兴创作了一首歌曲表达他的心情：

> 上思来到柳州城，一路花香鸟语声。
> 登上鱼峰观远景，龙城龙水寄深情。

岳老先后获得了许多奖项和荣誉：
1986年创作山歌《沙田难养大海螺》，荣获上思县文艺创作二等奖；
1987年荣获广西壮族自治区优秀民间歌手；
1993年在上思县第三届壮族山歌创作比赛中荣获一等奖；
1994年被评为全县文化工作优秀工作者；
1996年演唱作品大赛中，创作的壮话小品《赴宴》荣获二等奖；
2001年被评为防城港市首届先进文艺工作者；
2002年在广西学习宣传党的十六大精神山歌演唱会中，荣获优秀奖；
2004年作品获中华诗词协会举办的首届"国学创新优秀成果奖"银奖；
2007年庆祝香港回归祖国十周年活动作品被评为诗词类作品一等奖；
2009年在第二届广西歌王大赛中荣获十大歌手称号；
2010年在第三届广西歌王大赛中荣获十大歌手称号；
2011年在文化遗产日活动—第四届广西歌王大赛中荣获十大歌手称号；
2012年在防城港市第一届民间山歌比赛中荣获第一名；
2012年度上思县农村文艺汇演中荣获优秀创作员称号；
2014年山歌演唱荣获防城港市第二届"金茶花"文学艺术奖；
2014年在首届"江川杯"山歌大赛中荣获三等奖；
2015年被评为防城港市首届民间文化人物；
2017在广西壮族自治区第五届"多彩金秋"山歌擂台赛中荣获优秀山歌手称号。

岳老的山歌以通俗易懂的壮族语言为表达形式，文字对仗工整，讲究平仄、顺口，语言质朴明达，每句像诗但又不同于诗的格律，唱腔圆润。他功底深厚，可随口编唱山歌，自唱、对唱、领唱样样精通。

他于 2005 年 10 月至 12 月到武鸣学壮文，用壮文来编山歌。岳老说：因为很久没有用过壮文写东西了，所以当初学的一些东西已经忘记了。

2008 年，他的文章刊登于《防城港日报》。2012 年 3 月 3 日，他在防城港市的那良、高林瑶寨唱山歌。3 月 6 日，女记者梁文淑采访他，他即兴创作了"歌唱玫瑰花"这首山歌来表达对女记者的欢迎。山歌内容：三月春暖花盛开，防港季节到家来。可惜没有好酒菜，只有鲜花两朵送客来。岳老还用山歌回答了女记者提出的问题，其中两句是"平生不是富贵命，只爱山歌出口编"。

四、为保经典编佳句，但愿山歌有后人

岳老不仅是上思县公认的"山歌王"，而且在广西也小有名气。多年来，岳建霄曾参加过各类歌唱比赛，不断向外界传播上思县的山歌文化。岳建霄说，近年来许多经典的唱句由于没有把它们收集起来编辑成书，很多已经濒临失传。作为上思县山歌协会的主席、广西非物质文化遗产上思虽蕾的传承人，岳老已经开始有意识地收集经典佳句，并把这些佳句编辑成书籍对其进行有效保护，为后世留下一笔宝贵的财富。虽然岳老创作了不同风格的山歌，但是这些山歌都具有相同点，都是用通俗易懂的壮族语言来表达。山歌跟一般的歌舞表演最大的不同，就是有对唱互相"斗"。岳老 1987 年被广西壮族自治区文化厅、广西壮族自治区民委、广西壮族自治区文联授予"广西民间歌手"称号，同年被载入《广西歌王小传》一书。他热心山歌艺术的研究和探索，是广西山歌学会、广西南国诗会、中华诗歌学会会员。他积极推动上思壮话山歌的传承与发展，先后担任上思山歌协会秘书长、副主席、主席，多次组织民间山歌比赛。他积极培养有兴趣、有天赋、肯努力学习的人，为上思壮话山歌的继承发展和创新做出了重大贡献。岳老曾参加过各类歌唱比赛，向外界人士传播上思山歌文化。虽蕾可以说是上思县的一面文化旗帜，向其他地区展示了本地的风采，吸引了游客的观光，从而推动了该地区的文化、经济等各方面的发展。

如何才能让虽蕾发展得更好，为后世留下更多非物质文化遗产，值得我们深思。岳老认为仅仅依靠政府的力量是远远不够的，只有社会、学校和家庭一起努力才能让虽蕾得到发展的更好。虽蕾是上思县壮族群众喜爱的一种

民间演唱活动。然而，近些年来由于社会的不断发展和娱乐活动的不断增加，虽蕾逐渐呈现衰退现象，会哼、会唱的人越来越少。为了虽蕾的进一步繁荣和发展，2010年起上思县文化馆开始举办培训班，现在培训班的人数已经由当初的几十人增加到几百人了。培训班邀请岳老给学生授课。岳老主要给学生们讲授虽蕾的歌词创作方法、唱腔、对歌特点等内容。山歌的主旋律差不了多少，优劣主要取决在于词是否朗朗上口、是否具有幽默感、是否采用了情景交融的创作手法，例如我们通过写其他的东西来比喻自己想要表达的东西。现在当地的民族中学也邀请他去给学生上课，每学期十节课。该课程的主要目的是给学生们传授一些虽蕾的知识，顺便发现一些好苗子来加以培养。同时他也告诉我们虽然开设了这样一门课程来学习虽蕾，但是刻苦学习的人很少，平时他们也不注重学习，以至于出口成章的人越来越少，一般看到一个场景就能马上用山歌表现的人更是凤毛麟角，学生们编写出来的山歌也极其缺乏文采。岳老希望更多的年轻人可以意识到虽蕾的重要性并行动起来。他积极培养山歌的后继人才，为上思壮话山歌的继承发展和创新做出了

上思虽蕾歌王岳建霄在演唱

突出贡献。目前为止他觉得最优秀的两个徒弟分别是李军鲜和谭玉珍。愿他们传承虽蕾这一非物质文化遗产，使桂南地区能有一张永久不衰的亮丽的文化名片……

后　记

在采访即将结束之时，岳老又即兴创作了一首歌曲来欢送我们。最后我们和岳老一起拍照留念。岳老的一生都在为山歌的传承做贡献。他从小就与山歌结上了缘，刻苦钻研。对山歌的钟情，使他在学习过程中并不寂寞，与山歌为友，结伴同行，开创了山歌新路径。到了中年，他的歌声更是遍布桂南地区，让更多的人了解山歌，爱上山歌，传承山歌。他用真挚的歌声给人们送去祝福，带去欢乐。如今已年迈的岳老虽不能走出远门传唱，但仍有一颗炙热之心，心中的山歌之火永远不熄。

陈杞虹/文

人生不设限，嗷加与青春的情缘
——记上思县瑶族嗷加代表性传承人盘清春

上思县瑶族嗷加男女对唱场景

嗷加是发源于广西的一种民歌，流传已久，分布在瑶族聚居的南屏乡及其周边地区。嗷加的主题以恋歌为主，在时间的淘洗下，内容和形式由恋歌普及到了祝贺、迎客、欢送等各方面，内容十分丰富。表演形式多种多样且独具特色，有独唱、对唱、重唱、合唱等。唱腔尖细，委婉缠绵，唱词都是吟唱者即兴而作，无乐器伴奏，无道具，不设歌台。代表曲目有《念郎歌》《欢送歌》《迎客歌》《敬酒歌》等。虽然嗷加历史悠久，但无明确时间记载。由于嗷加使用的是过山瑶自身的语言传唱，无任何曲谱记载，都是依靠瑶民一代一代口传，现在可考究的政府公认的第一代传承人便是盘清春。

2018年1月17日，风和日丽，笔者一行几人一起从上思县城驱车前往南屏乡汪门屯拜访嗷加传承人。我们到了传承人的家门口，看到一位衣着朴素、面带笑容的中年妇女。她就是我们所要采访的对象——上思县瑶族嗷加的代表性传承人盘清春。

盘清春很热情地欢迎了我们，也许因为同行的还有教授等人，故刚开始盘清春显得有点拘束，经过一番攀谈，慢慢打开话匣子。瑶族妇女唱嗷加的时候一般会着民族特色服装，她看到我们几个年轻姑娘对传统服装十分好奇，于是就热情带着我们去换了一身瑶族服饰。接下来，我们几个围坐在她的旁边，慢慢听她讲述她与嗷加的故事。

一、不经一番寒彻骨，怎得梅花扑鼻香

十冬腊月，天空一碧如洗，腊月天灿烂的阳光正从密密的松针的缝隙间射下来，形成一束束粗粗细细的光柱，把飘荡着轻纱般薄雾的林荫照得通亮，即使深山的冬天寒意阵阵，却蕴涵着新生命。1979年11月20日，盘清春在山清水秀的汪门屯出生了，给村庄带来了新生命。

盘清春全家都是瑶族人，之所以称为过山瑶，是由于祖先从南伏龙一路向北迁徙，刀耕火种、靠山吃山。她从小到大都在上思县的十万大山北麓的南屏瑶族乡汪门屯居住。她在家里排行老三，有一个哥哥和一个姐姐，哥哥叫盘清荣，姐姐叫盘清珠。盘清春家世世代代在深山中务农，因此家里的经济情况并不好。当时村子里只有一个小学教学点，叫汪门屯小学，由于家庭经济情况紧张，所以盘清春11岁时才有机会走进学校接受知识的洗礼，初中在南屏初中就读。父亲盘志芸在她14岁的时候去世了，这一变故对盘清春的家庭造成了很大的打击与影响。家里没有了顶梁柱，原本以优异的成绩考到师范学校的盘清春不得不因为家庭没有钱而放弃。母亲盘秀珍也在父亲去世四年后改嫁，在本村组成了一个新的家庭。这一系列的叙述，话题或许有些许沉重，对于过往的不幸的生活，盘清春没有抱怨，没有不满，而是呈现出一种一笑而过的云淡风轻般的释然与从容。

盘清春读完初中已是21岁，毕业后就回家务农，跟哥哥一起生活。从小到大，在干农活的时候，林里、田里会传来男女对山歌的声音，日复一日，盘清春也从中摸出了一点点门道，开始对山歌充满了兴趣，会跟着长辈们唱（山歌都是瑶民一代一代口传下来，没有文字记载）。即使没有经过系统的学习，但也能自吟自唱，或跟姐妹们或长辈们对唱。干活累了、乏了，就会哼

唱一曲，唱完，乏累也减少许多。因此，平常都可以在村庄中听到婉转、具有独特韵味的山歌。

说到山歌，盘清春就洋溢起了亲切的笑容。笔者问嗷加是怎么来的，盘清春说，嗷加这个词的来由其实没有什么特别的缘故，而是山歌这个词在瑶族语言中的音就是嗷加，实则就是一个音译词。我们恍然大悟。接着盘清春继续为我们讲述她的成长历程。

2000 年，也就是 21 岁的时候，她遇到了现在的爱人，接着在 2 月 8 日结婚了。丈夫与清春同样是初中毕业就回乡务农，如今育有一儿一女，女儿是 2000 年出生的，在南宁的一个学校念书，儿子生于 2005 年，在南屏三中念初中。时间总是过得飞快，十几年酸甜苦辣都这样过去了。在 2014 年的时候，白手起家的夫妻二人靠自己的双手建起了如今居住的三层半的平顶楼。当时政府虽然补贴 1.7 万元，但是还远远不够。盘清春说到这里的时候，带着一丝苦笑说，当时为了建房子，穿的破破烂烂的，都不舍得给自己买一件衣服，就是为了省钱建自己的家，那时邻居都笑话自己。

盘清春一直以种水稻等农活为生，直到去年，才不种水稻了。如今以割松脂为主，有时也会去砍芭蕉，平常还会上山去摘竹笋，从小到成家，一直勤勤恳恳，2017 年 9 月开始在村里当村委委员，一边上班，一边干农活。算是苦尽甘来，房子建的漂漂亮亮的，孩子也读书有成。这或许就是生活对于那些坚强努力的人的眷顾吧。

二、长风破浪会有时，直挂云帆济沧海

盘清春于 2010 年正式学唱嗷加。她以前对嗷加只是一个表面性的学习，因为没有曲谱，没有记录，没有老师，大多数情况下都是靠自己的悟性而独自摸索学习。村子里的妇女男子基本都会唱嗷加，嗷加刚开始是由失偶的中年男女求偶求情而唱的恋歌，后来经过时间的淘洗，这个习俗开始有了改变，任何人任何地点都可以哼都可以唱。盘清春因为跟母亲在一起的时间最长，所以从小到大受母亲的影响最大。

盘清春从小就在嗷加萦绕的环境中长大。盘清春跟我们说到，刚开始学习嗷加并没有想象中那么容易，因为它是即兴而作，然后再根据一定的节律唱出来的，在作词方面有一定的讲究。母亲在家或者在外都会时不时地哼唱几曲，儿女多少都会受到潜移默化的影响。说到年少时学习嗷加，她说这算

不上一种学习,而是一种生活常态。村子里的人都在唱,也都会唱,最后还是以传唱方式传给后代。因为村子里没有任何一个专门唱瑶族民歌的人,所以嗷加没能得到重视,没有专门的师傅教授嗷加,也使嗷加成了家喻户晓但没人精通也没有系统的学习方式的民歌。因此,盘清春没有机会拜师入门。

随着时间的流逝,瑶族嗷加民歌日益得到政府的重视,犹如给嗷加带来了新的春天、新的希望。

嗷加作为过山瑶的民歌,植根于大山深处,没有任何外界的掺杂,从始至终完全是原生态的音乐,可以说是一个民族的,国家的,也是世界的瑰宝。2010年,31岁的盘清春得到了正式学嗷加的机会。特殊的家庭因素使盘清春养成了独立的性格。这个时候依旧没有专业老师,盘清春自己做自己的老师,自己做自己的学生,向全村子会唱嗷加的男女老少学习,并且独自归纳,汇总。"山重水复疑无路,柳暗花明又一村"说的正是盘清春的感受。凭借自己的努力和家里人的支持,以及同村人的帮助,她在2017年农历十月被正式确立为瑶族嗷加民歌的传承人,并获颁证书与牌匾。

蒲松龄在《聊斋志异》中说过:有志者,事竟成,百二秦关终属楚;苦心人,天不负,三千越甲可吞吴。盘清春这样永远怀着一颗学徒的心是难能可贵的,也是值得我们学习的!

三、曲罢曾教善才服,妆成每被秋娘妒

对于嗷加,盘清春一直都在摸索与前进中,这是民族的音乐,是世世代代传下来的"传家宝",其中的韵味悠长深远。笔者在与盘清春的谈话中得知,嗷加原本只是以哼的方式表现出来,似乎有一种"只可意会不可言传"的感觉,哼的是自己心中的嗷加,别人听到的是嗷加的音调,而不知道词。后来,就是哼唱结合了。嗷加跟其他民族的民歌有着很大的区别,首先是音调与众不同;其次,是以过山瑶的自身语言来唱,如果不懂他们民族的语言,那么就听不懂嗷加想表达的意思。

2013年6月8日,她被邀请至南宁参加一个民风活动。说着,盘清春便站起来回到家中找出了当时参加活动佩戴的一个胸牌,并跟我们介绍了当时活动的主要过程。她们这个团队是代表嗷加参加的,其中,她们本民族的绣头巾和腰带也拿来展示。然后,盘清春和坐在她旁边的姐妹拿出了还是半成品的头巾,我们看到头巾上的全部图案都是手工一针一线缝上去的,包括

腰带，都是一针一线串织起来的。可见这个民族多么心灵手巧！她们无论男女老少都必有一套自己的民族传统服装，在演唱嗷加时一般都会着民族传统服装。

在 2017 年的"三月三"这个广西特有节日里，盘清春跟团队一起到了防城港市的港口区参演并唱了五首嗷加。可见嗷加在不断的发展中，走出大山，走向世人，是一种不可多得的民间文化和民族艺术珍品。嗷加很多时候都是像聊天一样表达出来，这是他们过山瑶特有的交流方式，极具独特地域性。现在清春把自己所作嗷加的歌词记录下来，作品要按照正确的语序，不能用方言的语序。不同场合有不同的词。在我们的盛情期待下，清春现场作了一首嗷加的词，然后与坐在旁边的姐妹一起开始唱起来：

> 两判结成双蝴蝶，
> 结成一对飞上天。
> 能得结成双蝴蝶，
> 上天落地不分离。

她们穿着的是传统民族服装，脸上洋溢着笑容。嗷加唱得声律婉转，笔者一行人听得也是有滋有味，仿佛正在置身于一场嗷加歌唱会上。曲终，盘清春跟我们解释道，这便是一曲爱情嗷加，字词意思很是通俗易懂，以"梁山伯与祝英台"的爱情故事来歌颂爱情。在唱第一句正式歌词之前，会在第一个字之前唱一个"谢"字，并且会拉出长长的尾音，这个就叫过渡字，这样唱出来的嗷加会更有音律感。

这就是特色的嗷加，这就是有着匠心精神却依旧不断进取的大师。

四、问渠那得清如许，为有源头活水来

对于嗷加，盘清春说从来没有想过自己会成为它的传承人，现今，自己成了传承人，就一定会努力承担好这个责任。无论遇到什么艰难险阻，都会勇敢去面对、克服。笔者一行人在采访盘清春之前在上思县文体局局长处了解到，瑶族嗷加在之前就开展过申遗活动，上报到上一级，但是没能被批下来。想要申遗成功还要走一段不知道有多长的路。因此，盘清春说自己肩上的责任就更重大了。

盘清春对现在这门嗷加民歌技艺的未来感到了一丝忧虑和担心。现在的社会发展得越来越好，村子里的人们的生活质量也不断提高，各种类型的音乐都可以通过互联网传入人们的耳中、心中。人们再也不像以前那个时代，对嗷加持一种热情。这种情况表明嗷加的传承延续将面临着很现实的挑战。

　　由于嗷加是不可多得和与众不同的民间文化及民族珍品，当地政府近年来也在对嗷加进行不同层次的挖掘和抢救，但存在的问题依然没有完全解决。当问及盘清春会不会让自己的下一代来继承嗷加这项技艺，她说如果孩子愿意学，肯定会教，但是现在的年轻人不愿意学是最大的一个问题。由于村子里只有一个小学教学点，村里的孩子小学毕业后就出去读书了，回家的机会就越来越少，就算是读完书的年轻人近些年来大多数都出去谋生了，有的在外面过得好的，就在外面成家立业，也不怎么回村子了。由于手机、电脑的不断普及以及网络的兴起，年轻人对嗷加不像老一辈那样有浓厚的兴趣与热爱。面对这种现象，盘清春很害怕嗷加这种古老的艺术会后继无人。

　　这些年来，盘清春一直有收徒授艺的想法，但是事与愿违，至今还没有收到徒弟。盘清春脸上带着沮丧说，包括自己的孩子，初中开始好一段时间才会回家一趟，想教也无从下手，感觉如同"巧妇难为无米之炊"。由于文化生态环境的改变，再加上嗷加没有经常性的展示平台，古老终究赶不上现代的脚步，受众群体的不断缩小化，年轻一代的不熟悉、不热爱，成为了如今嗷加发展所面对的最大问题。

　　经费不足是目前措施实施的最大障碍，做好传承保护工作，是盘清春的愿望，也是对我们这个采访的一个寄托。希望政府能够多渠道筹措资金，因为民间技艺的抢救和保护需要大量的资金来支撑工作进展。嗷加作为非物质文化遗产，保护工作刻不容缓。希望首先能够在当地建立起嗷加专门的教学点，这样就可以举办各种传承人的培训班……

　　过山瑶位于十万大山之中，离城区很远，嗷加如今还面临着社会关注度不高的情况，社会上很多人都不知道什么是嗷加，嗷加的未来之路面临着很多的严峻问题。盘清春希望我们这次的采访，可以使更多的人知道瑶族嗷加，希望能有更多的人走进嗷加、了解嗷加。我们不能看着一个民族艺术珍品陨落。即使现在世人对嗷加不是很了解，但我们相信，通过宣传，通过认识，只要大家慢慢去走进嗷加，就会发现嗷加具有高艺术价值和开发利用价值，是要我们世人去热爱、保护、传承的。这不只是过山瑶的责任，而是我们所有人的责任。

后　记

　　采访任务结束了，笔者一行人与盘清春合了影。通过这个采访，我们走进汪门屯，走进盘清春，走进嗷加，去了解这个蕴涵着过山瑶的智慧与文明的结晶。这一刻，我们真实而真切地感受到属于我们这个民族的文化魅力。泱泱中华五千年，它的智慧、结晶藏在山川河流里，藏在各个角落里，藏在千千万万华夏儿女的心里。

　　现今北部湾一带在经济上正在飞速地发展。一个区域的快速成长，一个国家的全面进步，必然离不开文化的挖掘与发展。嗷加是千千万万的非物质文化遗产其中一员。关注这些文化，延续这些民族传统文化的生命，是增强民族文化自信的必行之路。反过来说，现在北部湾的发展会使嗷加这门民间技艺得到新的发展机遇。嗷加传承人盘清春在尽自己最大能力去教育后人。我们相信在各界力量的努力之下，瑶族嗷加民歌的未来必定会熠熠生辉，我们也早日期待这一天的到来！

第二辑 传统戏剧曲艺

蓝天桃 / 文

生在世家天赋高，坚守一生艺高超
——记钦州粤剧代表性传承人何世平

钦州粤剧代表性传承人何世平

　　据《钦州市志》记载：约在清末，粤剧从广州、香港和湛江一带传入钦州。清末民初到 20 世纪 40 年代，粤剧演出已在钦州非常盛行。在钦州市第四批市级非物质文化遗产代表性项目名录中，钦州粤剧被列入传统戏剧类。

　　钦州粤剧的舞台表演和题材内容具有极其鲜明的地域特色。因为其流行地区在地理上属于古代的下四府，所以俗称下四府粤剧或南派粤剧。表演风格古朴、粗犷。武打出自南拳套路，实用简练，讲究硬桥实马，与其他剧种迥异。许多身段、造型以至出手等都来源于北部湾一带汉、壮两族人民共同喜爱的民间舞蹈、武术和造型。"撞脚""抢背""跳台铲椅""吊辫""过山""吐血""三上吊""踩跷""甩发"等都是钦州粤剧的表演特技。

2018年9月1日,笔者拉上好友走出校园去拜访一位粤剧大师。作为一位粤剧爱好者,笔者迫不及待想要见到这位钦州人眼中的粤剧大师,早早便在约定的地点等候,第一次在舞台之外的地方见到粤剧演员,很是激动,也很是紧张。

"两位同学,把车开到这边来。"

寻声望去,正是今天的采访对象——钦州粤剧代表性传承人何世平先生。若不是在采访之前就知道了老先生的年龄,怎么也不敢相信这个穿着朴素、身材高大、精神抖擞的人已年过古稀。在何世平老先生的引领下,我们走进了通往老先生家的巷道,走进老先生的故事。

一、生在世家天赋高,童年出道扮多角

粤剧,又称"广东大戏"或者"广府戏",汉族传统戏曲之一,流行于珠江三角洲等广府民系聚居地。何世平出生的地方——钦州市,原为广东省湛江地区钦县,是岭南广府文化重要的兴盛地与传承地之一。

1946年8月9日,正值岭南盛夏,是一年中最煎熬难捱的日子,太阳几乎天天恣意挥舞着它的铜盾。何世平的诞生如同夏日的及时雨,将酷热和倦意赶走,给何家院子带来一阵清凉。

何世平出生于粤剧世家,父亲是钦州市粤剧团著名的丑生,年轻时在广州著名的粤剧表演艺术家林超群门下学习粤剧表演。何世平对笔者说,他从小就听粤剧、看粤剧,对粤剧的锣鼓点非常敏感,七岁就能把握粤剧的锣鼓点。当时粤剧在钦州颇为流行,有一些民间的业余表演队和发烧友纷纷邀请何世平去帮忙打锣。

昼出耘田夜绩麻,村庄儿女各当家。生逢乱世,吃饱穿暖是那个时代人们唯一的愿望。何世平共有五兄妹,上有两个姐姐,下有一个妹妹和一个弟弟,一大家子人都要靠父亲在剧团挣来的演出费生活。剧团的收入不稳定,每个月仅有两三块钱的工资。最困难的时候剧团发不出钱,只能每个人每个月领一把柴火和一斤米。母亲是个裁缝,靠着一架缝纫机,在街上给邻里乡亲缝补旧衣服以补贴家用。虽然一家人的日子过得紧巴巴的,但是能维持生活已经很满足了。何世平8岁的时候,小妹也到了要上学的年龄,家里更是入不敷出,加上最小的弟弟体弱多病,父母没有办法同时供3个孩子上学,

只能委屈何世平先辍学在家。说到这里，何世平叹了叹气，声音也变小了很多。

1957年12月，粤剧团打击乐队缺人，想要何世平一起下乡演出。父亲征求何世平的意见，懂事的何世平同意一起下乡演出以减轻父母的负担。何世平最初在剧团做打击乐手，一年后粤剧团合并，打击乐人员充足了，何世平就开始演一些童角。在剧团中生活，何世平每天都能接触到粤剧，凭借着对粤剧的喜爱和超强的学习能力，很快就得到剧团演员们的认可，被大家称为"小师傅"。

时光荏苒，何世平在身高上不再适合演童角，就开始跑龙套，粤剧的术语称为"拉扯"，是专门负责杂务的忙人。杂，表演行当之一，专演戏中闲角，拉扯属十大行当中的杂行。虽有演出的经验，何世平还是需要老师的指导。他的老师叫梁汉光，是当时粤剧团专门教基本功练习的老师，每一个新人进入粤剧团之前都要在梁汉光老师那里学习。三年之后何世平完成了基本功学习，顺利成为粤剧团的正式职工，工资也有所提高，成了家里的顶梁柱。

何世平出生在粤剧家庭中，注定了他和粤剧有不解之缘。虽然贫穷的生活使何世平失去了擎瓜柳棚下、逐碟窄巷中的童趣，但是与生俱来的音乐、表演天赋，却让何世平的童年随时随地光彩四溢。

二、父亲名角技艺高，子承父业艺高超

何世平从小就跟着父亲学习粤剧、表演粤剧，在父亲身上看到了一名粤剧艺术表演者的刻苦练习与孜孜以求。

笔者提及何世平父亲的时候，他露出了孩子一般的笑脸，清了清嗓子，提高了声调向笔者细数着有关父亲的回忆。何世平的父亲何伟先主要演书生和丑生，年轻的时候也会演小生。丑生是个滑稽角色，一般负责插科打诨，比较滑稽。丑生一般不重唱，以念白和做工为主。

在父亲表演过的作品中有两部是何世平最喜爱的，也是父亲最出色的作品。第一部是《屈原》，父亲何伟先饰演屈原。何世平清楚地记得1960年的时候父亲在湛江演出，很多外国的海员都被父亲丝丝入扣的表演震惊，演出结束后海员还将一盒外国的香烟赠送给父亲。第二部是《闯王进京》，父亲在里面扮演反面角色刘金星，是丑角的行当。

何世平很崇拜父亲，把父亲当成自己的偶像。何世平在自己没有演出的

时候就会跑到台前去看父亲的演出。在观看父亲演出的过程中，他会观察父亲怎样表达人物的内心独白，怎样体现人物的思想，看父亲在台上的手势、台步、走位、关目、做手、身段、水袖、翎子功、须功等。父亲的每一次发音、每一个转身都成了何世平日后粤剧表演路上的垫脚石。

"文化大革命"期间，粤剧备受摧残，很多剧团被解散，很多艺人被抄家批斗。何世平的父亲也被打成了"牛鬼蛇神"，后来就不再演戏。1975年何世平的父亲因病去世，享年61岁。何世平接过了父亲的角色。常有人说在何世平的身上能看到他父亲的影子，何世平没有辜负父亲的期望。

三、文武丑老吹拉弹唱，件件皆能无一不精

"文化大革命"之后，何世平调到了钦州县农村文化工作队。演出队仅有15个人，要求每个人都一专多能，除了演戏还需要演小品、说相声、会跳舞、懂乐器。后来钦州县派人去广东进修学习，请专业的老师来教各个行当的表演。

何世平努力学习专业老师教的象征性的姿态和动作，去演绎剧中人物的性格和感情、时空的改变及剧情的发展。练习基本身段是每天的必修课，站相、台步、七星步、指掌、云掌、亮相、跑圆台、开门、拉山（云手）、上马及背供，都是何世平每天需要练习的，通过一遍遍的练习让自己熟能生巧。

三更灯火五更鸡，正是男儿读书时。何世平坦言自己学习表演是很辛苦的，每天不到六点就要起床去练声，练声回来还要练腰功、腿功，之后还要练翻跟斗。一天的练习下来浑身酸痛，周而复始的练习枯燥乏味。何世平从没有想过偷懒和放弃，坚持不懈地钻研如何把每一次的表演发挥到极致。

讲到上马和背供的时候，何世平很自然地表演了起来。抬起右腿做上马的姿势，伴随着上半身的微微颠簸，看来已经有几分像骑马人的时候，何世平向后仰了腰，右手做出捋胡子的样子，一脸享受的神情。简单的几个动作就能生动地将一个骑马老人的形象表现出来，笔者和朋友不禁鼓掌。小生气宇轩昂的丁字步、武行的跳大架（南派）、马荡子、起霸（北派）和各种拳剑刀枪等，何世平都能胜任。

在广东的时候何世平开始学习吹笛子，学习半个月就可以加入到乐队的伴奏当中去。何世平第一次吹的笛子伴奏是《洪湖水浪打浪》的前奏。那次演奏非常成功，何世平也逐渐对笛子产生了热情。在一次慰问部队演出中，

何世平吹的笛子受到士兵们的热烈欢迎,一直不让何世平下台。那一场他连续吹了五首曲子。除了笛子,何世平还学习了萨克斯、长号、扬琴、二胡、小提琴等乐器。

经过几年的沉淀,何世平在舞台上更加光芒四射。何世平在南宁邕剧院演《霓虹灯下的哨兵》时连续演了19场,每场都座无虚席,轰动了南宁。何世平与妻子因戏结缘,在《霓虹灯下的哨兵》中和妻子演对手戏,慢慢地有了感情,最后走到了一起。何世平的妻子是钦州市著名的粤剧演员李莹,人们称她为明珠女。明珠女也出身粤剧世家,父母兄弟都是粤剧演员。

1981年何世平演《秦香莲》中的包公,每到一个地方都受到好评。1983年何世平演《刘永福》中的刘永福,被广西电视台录成影像在全区播放,广东佛山每年也放《刘永福》的录像。过去常常会有邻居对何世平说:"老何,我今天又看到你演戏了。"

为了能让粤剧表演的舞台效果更完美,让观众享受视听盛宴,何世平自学了导演、编剧和作曲。何世平不知道导演是什么,也没有人教他,就找了很多著名导演的心得手记来看,然后用理论去联系实践。因此,何世平知道了场面的结构安排,每导一场戏都有能安排它的形式、把握焦点和高潮的地方。何世平有过一个音乐老师,在老师的教导下略识乐理。他参照样板戏,听其中的重点,然后自己配器编出《红云港》《杜鹃山》等曲子。

何世平在演中学,在学中演,从11岁到51岁,四十年如一日,只为了能让观众看到舞台上精彩的表演、听到深入心田的乐曲。

何世平的家中挂有一幅书法作品,是他的一位朋友赠送给他的,上面写着:世平君乃粤剧世家何伟先之子,青出于蓝而胜于蓝,文舞丑老,吹拉弹唱,件件皆能且无一不精,旷世奇才也。《礼记·学记》有言:"玉不琢,不成器,人不学,不知义。"何世平生来就是一块美玉,但是他不因此而骄傲,始终保持着一颗赤子之心。他在枯燥的练习中找乐趣,在成功后找自己的短板,在完美中追求更美。

四、指导后人传技艺,坚守一生爱粤剧

人的生命可以达到三个层次:第一是解决温饱问题;第二是觉得做的事情有趣;第三是觉得做的事情有意义。何世平对粤剧有着深厚的感情,里面包含和父亲的父子情,和妻子的爱情,以及一生对艺术追求的赤子情。何世

平 1997 年在钦州粤剧团退休后又接受了返聘，做青年演员的指导老师，有时也会亲自上台演出。

2010 年以前，粤剧团的收入只够给演员发八成的工资，因此，粤剧团每年都要去广东一些乡下演出。在排练或者演出中遇到困难，粤剧团都会来找何世平和他爱人帮忙，给演员做示范、排戏。有一些青年演员担任不了的角色何世平也会上台演出。《六国大封相》是检验一个粤剧团实力的经典剧，要看演员的行当和服装齐不齐全。何世平从头到尾地把这场戏排出来，然后送去广东参加比赛。何世平还在其中做武生，到最后和花旦坐车看表演。一场演出下来开始发现自己的身体吃不消了，何世平就教年轻的演员去演。看到自己的学生因为这场演出提高了自信心，何世平很是欣慰。

2016 年，钦州市非物质文化遗产中心拍摄微电影《南关魂》，何世平不仅做粤剧顾问还参与演出。同年，何世平的妻子明珠女排演了粤剧折子戏《白龙关》，何世平去协助指导演员的唱腔，由钦州市非物质文化遗产中心选送参加中国—东盟粤剧艺术大赛。2017 年在《刘永福·英雄梦》的编排现场，何世平和妻子依旧不辞辛劳地做指导，做示范。

钦州市非物质文化遗产中心申报粤剧选段《白龙关》《穆桂英罪夫》入选了国家文化部艺术司和中国戏曲学院共同承办的"中华优秀传统艺术传承发展计划——2017 年度'名家传戏—当代戏曲名家收徒传艺'工程"。项目录制前，举行了别开生面的收徒传艺拜师仪式。学生陆燕、梁日俊正式拜享誉两广的粤剧名家"明珠女"李莹为师；郭强、黄志宏、吴丛花、李雪琴拜造诣颇高的钦州粤剧名家何世平为师。何世平现在还在带学生，其中一个学生是陆燕的徒弟，才 11 岁。小女孩刚去跟何世平学习的时候一句粤语都不会，何世平每教一句词都要先教学生用粤语念熟之后才能教唱。不过这个学生非常聪明，接受能力很强，学东西很快。何世平教她表演的《昭君出塞》在南宁的比赛中获得第二名。

采访接近尾声，笔者向何世平提出自己内心的一个小疑惑。在何世平家的客厅，笔者看到有扬琴、大鼓和一些曲本架子摆放在墙角。像何世平这样的粤剧大家，家中有这些东西是很正常不过的了。可是，笔者实在是想不出何世平家为什么要把两个一米高的大音响挂到墙顶上。何世平说他每周五都会和爱粤剧的老朋友在家中唱两个小时的粤剧，音响是为唱粤剧准备的。粤剧对于何世平而言不仅是事业，更是生活。

何世平说:"一个人不需要做出什么惊天动地的大事业,只要自己问心无愧就可以了。"对于自己的一生,何世平是问心无愧的。他将自己的毕生心血都献给了粤剧。从开始为生活而演粤剧,到最后为了继承和弘扬钦州粤剧演粤剧,何世平在用自己的行动向粤剧爱好者诠释爱的意义,用自己的精神呼唤继承中华文化。

何世平(左一)在演出结束后与粤剧爱好者合影

吴春红/文

满腔热血献梨园，薪火相传红豆梦
——记北海粤剧代表性传承人孙汝荣

北海粤剧代表性传承人
孙汝荣

在风光秀丽、扬帆起航的北部湾，坐落着一座古老而又年轻的城市——北海。阳光、沙滩、海水是北海给人的最深印象。这是个浪漫的城市，风光旖旎，气候宜人。这里既是粤剧最早的传播区域，又是广东"下四府"的粤剧之乡。北海是我国古代海上丝绸之路最早的始发港，是国家历史文化名城，文化底蕴深厚，且保护得很好，尤其是以珍珠古城和"珠还合浦"为代表的"南珠"文化。北海粤剧就是"南珠"文化的证明，现今已成为一项市级非物质文化遗产保护项目。历经两百多年，北海粤剧可以说是维系着一代又一代北海人的粤语情结，也延续着北部湾人民独特的礼俗风情及审美情趣。目前据考究，北海粤剧传承人有四代，第一代传承人有湘文非、谢剑朗、顾少瑛等人（第一代传人都已故），剩下的第二、第三、第四代传人都健在，有苏辉、孙汝荣、裴小玲等人。

2018年1月16日上午，在这座浪漫气息浓郁和阳光普照的城市里，按照之前的预约，笔者乘车前往北海非物质文化遗产保护中心拜访北海粤剧的第三代传承人。到达约定的地点后，他热情地招呼，和蔼的面容和淳朴的气息瞬间就拉近了我们的距离。来，让我们一起慢慢走近孙汝荣与北海粤剧之间的那段情……

一、花样年华十载缘

1963年，伴随着8月的热情与奔放，一阵响亮的婴儿啼哭声打破了镇上的宁静，合浦西场镇又迎来了一个小生命。孙汝荣说，当时家里生活条件不是很好，家庭成员多，过着清贫的生活。说到这的时候他的声音略显低沉，那些苦日子在现在看来仍是历历在目。他停顿了一下，便将他年轻时的故事向笔者娓娓道来……

在清同治四年（1865年），粤剧在合浦已很流行，并有相当的规模。在孙汝荣小的时候，母亲热衷于唱歌跳舞，时常会去观看表演，去的同时也会带着他。孙汝荣从小就受到文艺熏陶，唱、跳、表演、韵律节奏等艺术方面的技艺对幼时心灵产生潜移默化的影响，使他与艺术结下了深深的情缘，对北海粤剧的热爱与传承具有重要作用。孙汝荣是一个幸运儿，幸运之神给予他机会，在他二年级时，学校正好要建立一个宣传队，在各个年级各个班挑选人员。孙汝荣积极主动、乐观向上，曾参加过"园丁之歌"表演。班主任看到了孙汝荣身上的天赋以及对表演的热爱，推选他加入了宣传队。1977年，他从西场镇中心小学毕业，恰逢合浦粤剧班到合浦各乡镇进行招生，在几千人中选拔40来人。孙汝荣满腔热情地参加了合浦粤剧班的招生考试。进入西场中学学习一个月后，粤剧班的录取通知单下来了，千军万马过独木桥，孙汝荣得到了幸运之神的眷顾。他接到通知书后激动不已，随后与家里人沟通交流，得到了母亲的大力支持，便毅然放弃了在西场中学求学，满怀热情入梨园，踏上了对粤剧探索的漫漫长路。

二、梅花香自苦寒来

孙汝荣说，学习戏曲是很苦的，要想成为一名戏曲演员，起码要具备两个条件：一是自然条件，有匀称的身材、端正的五官、健壮的身体和清脆洪亮的嗓音。二是戏曲基本功训练，就像建楼房打地基一样，训练就好比打基础，如"台步""圆场""眼神""腿""腰""翻身"等。一个演员没有基本功，就如同空中楼阁，失去了根基，舞台表演也无从说起。

刚开始练基本功是非常辛苦的，因为学戏曲最佳的年龄是在十岁左右，腰腿各方面比较柔软，练功没有那么辛苦，所以当时十二三岁的他学习戏曲的先天条件不佳，要想掌握扎实的基本功要付出的努力就不言而喻了。同时男女身体的柔软性方面亦有差异，男性的身体较硬，练起来比较吃力。孙汝荣刚学习时困难重重，第一年产生过要放弃的想法，每天无休止地高强度训练，受伤也是家常便饭。孙汝荣虽然曾有过泄气，但是凭借毅力，咬紧牙关，为练好腰腿，平日里上完课后自己到没有人的地方加强练习，一遍又一遍温习老师所传授的知识。他努力打败"拦路虎",明白"世上无难事,只怕有心人",走一步再走一步,终在粤剧领域取得非凡成就。聊到走台步与圆场方面,孙汝荣情不自禁地从座位上站起来,现身说法,给笔者表演起走台步和圆场,男性踏起步先是一步、两步,然后逐渐加快走一个圆场。孙汝荣很快就能进入角色,把动作展现得淋漓尽致,生动形象地给笔者阐述。介绍到表演台词和角色扮演时,孙老师随手捏来,比如包公审案时"犯人—下跪—你—认—不认罪"用语要粗犷,极力凸显包公的凛然正气;小生比较斯文"小—姐有礼",丑角表演要富有滑稽性等。

语音对于孙汝荣来说是最大的阻碍,因为合浦话与粤语存在着非常大的区别。在合浦五小学了一年后转到合浦师范培训班,为了克服语音上的差异,班里特聘一个教他们念、唱的老师。孙汝荣从小生活在合浦西场,说的是家乡话,因为发音不同,所以学习粤语有一定困难,如晒太阳的"晒",合浦话的"柴"也说"晒"。于是,利用音谱的方式去记忆,采用戏曲艺术讲究押韵,用韵脚这个规律来学习粤语,如"戏曲的文化博大精深,民族的瑰宝源远流长""传承戏曲艺,你我来学戏""热衷其中义,苦练出真技艺",用韵脚来填词记忆,遇到不懂时,及时请教老师给予纠正,勤奋好学。通过不懈努力,现在的他唱腔平稳、低沉,有时略带沙哑,让人听了回味无穷。

在校经过三年正规的腰腿、园台、毯子、把子、身段、唱腔、表演等戏剧基本功的训练,孙汝荣基本掌握演员在戏剧表演中的要求。孙汝荣告诉笔者,他人生的第一部大戏是《白蛇传》。这部戏可谓轰动一时,也敲开了他演艺生涯的大门。他记得在80年代,粤剧进入高潮,到南宁、百色演出就是一个月,演出剧场爆满,这给他们很大的鼓舞和支持。他开怀地说道:当时年轻气盛,不怕苦,不怕累,加班练功,每次演出都活力四射,在广东演出时,演一场下来,舞台基本就废了,特别是《水漫金山》这场戏简直打翻天了。以前演出条件比较艰苦,当时都没有旅馆住,整班人有时被邀请到村民的家里住,有时在当地学校用桌子拼起来当床;大家也很开心,亦以舞台作栖息之地,下雨的话就利用葵扇做伞。无论条件多么差,他们依旧不放弃,不怕苦不怕累,心里都是暖暖的,因为观众对他们的评价很高,非常喜欢观看他们的表演。渐渐地,他们的名声越来越响亮,也日益得到大家的认同和赞赏。聊到这,笔者暗自赞叹,一个粤剧演员如何去演绎剧本,其背后有几许艰辛与兴奋、几多欢笑与泪水,种种的心酸滋味,很多时候并不为人知晓,正所谓"台上一分钟,台下十年功"。

后来,政府想把合浦两个剧团合并,孙汝荣考虑到合浦人才济济,便与几个伙伴退出合浦粤剧团前去北海发展,加入北海粤剧团至今。他于1987年拜师求艺,与苏辉师傅的结缘源于在合浦青年剧团时,苏辉的姐姐在剧团里花旦教学,从而结识了苏辉。一个演员在舞台上做到收放自如,不仅要有扎实的基本功,掌握表演技巧,还要懂得与音乐节奏配合,才能结合自己身段进行表演,苏辉师傅在对节奏的把握上可谓得天独厚。孙汝荣做文武生得益于他的师傅,在师傅的悉心教导下,排演《再续梵官未了缘》中的狄文龙。他在传统剧《马福龙卖箭》中饰演马福龙。这部剧属于传统粤剧的南派艺术,剧中卖箭这一场运用了很多南派武功,如单扣连,展锤、十锤、扫堂腿、八插等拳法,腿法配独特的粤剧锣鼓(其他剧种没有,是岭南艺术之精粹)。他专心钻研小武行当的唱做念打,小武的表演日渐成熟,娴熟的身段表演技巧不断深入骨髓。悟性极高的孙汝荣很快成为剧团里的顶梁柱。孙汝荣扮相俊俏,能文能武,深受人们的喜爱。1981—1984年,多次到广东粤剧院进修学习,得到了艺术大师红线女、罗品超、罗家宝、关国华等名家的指点和言传身教。孙汝荣告诉笔者当见到粤剧大师红线女时,他内心无比激动,说要向红线女学习,学习她永不言休、永远追求的精神。1999年还得到了著名京剧艺术家周信芳的大弟子张信忠大师的传艺,使他的文武生表演技艺得到了进一步提高。

三、梨园岁月许多情

孙汝荣从艺37年,这一学,就牢牢地一头扎在里面。无论条件多么艰苦,无论练功演出多苦多累,他总是能耐得住寂寞与苦难的考验,一路坚持着、努力着……

孙汝荣饰演了难以细数的各类人物,并体验了各类角色的悲欢离合、喜怒哀乐。他深深地爱着这个舞台,感谢艺术赋予他广阔的精神空间与情感载体。例如:《文武状元争驸马》中文武兼备的小武角色武状元赵勇杰、《珠还合浦》的邓海生、《花王之孙》的陶小月等剧中人物;考验深厚唱腔、须功表演功底的有《雾锁东官十八年》的韦阁老、《劈陵救母》的司马伦、《紫钗记》的黄衫客、《盲仔断肠歌》的章伯忠、《六国大封相》的公孙卿等角色。经过37年的苦心钻研使孙汝荣在小武、须生、武生等行当的角色表演上能够得心应手，人物刻画栩栩如生，表演娴熟自然，得到了粤语地区的同行专家及广大观众的一致认可。特别是在《六国大封相》传统剧目中饰演公孙卿，是以亮相功底为主，其特色有坐车、单腿、卧车、睡车、铲车等传统表演技艺，没有扎实的基本功是做不到的。他一说起那些大大小小的演出，就如数家珍，向笔者娓娓道来。

当问及所获奖项时，孙汝荣谦虚一笑，说都是大家一起努力的成果，只有他一个人是不可能的。在各类大大小小的比赛演出中，孙汝荣和成员们赢得了许多荣誉和掌声。他们在2004年自编自导自演粤剧折子戏《潞安洲》，参加第二届中国戏曲中青年"红梅奖"大赛，获广西赛区"优秀演员一等奖"；2008年自编自导自演粤剧折子戏《李家碑》，参加第四届中国戏曲中青年"红梅奖"大赛，获广西赛区"优秀演员一等奖"；2012年导演兼主演神话大型粤剧《珠还合浦》，参加第八届广西戏剧展演，获"桂花银奖"，个人获"优秀演员奖"；2015年导演兼主演粤剧小戏《珍珠公主》，参加第九届广西戏剧展演，获"桂花铜奖"等。他也多次在香港高山剧场演出《珠还合浦》等。孙汝荣现今已是国家一级演员，技艺精湛。在与他的交流中，笔者感受到他的平易近人，为人和蔼可亲，并且以生动传神的动作现场演绎，没有一点儿架子。成名之后，他也从不孤芳自赏，从不满足止步，每天会坚持练功，勇于创新，刻苦钻研，踏踏实实、一步一步地攀上艺术的高峰。他也积极参与社会公益性的各项文艺演出，经常与民间业余爱好者在粤剧表演、粤曲演唱上进行交流切磋，辅导并与之在市各文化广场开展粤剧曲艺演唱活动。他的成功对于他本人来说当然是十分重要的，但对于整个粤剧界也具有强烈的现实意义。我们应学习他身上勤奋好学、坚持不懈、吃苦耐劳的高尚品质，以及对梨园的无私奉献、一生追求的精神。

四、矢志不渝红豆情

孙汝荣说，随着时代的发展，人们的生活水平日渐提高，以电子作为传播动力的影视艺术获得快速发展，迅速成为广大民众文化消费的主流，北海粤剧渐渐被边缘化，难以引起新闻媒体和大众的关注，有影响力的青年一代名角或创作人员不多。北海粤剧的创新发展也是情况堪忧，主要表现在剧本创作非常弱，一直沿用以前的老剧本，创新少，原创剧目少；对传统剧目挖掘不够、创作不足，没有充分利用优势的戏剧资源加以发挥，重新创作和改造；不能迎合新时代观众的欣赏诉求。传承的问题，即谁能够从他肩上接过传承的重担子，成了他最忧虑的事情。对北海粤剧传承与发展最为直接影响的就是受众的危机，观众层面出现了严重的"断层"，由于一部剧目的演绎时间比较长，因此许多人缺乏耐心。北海粤剧的观众较多集中在本地老年人群体，很少有中年人，几乎没有年轻人。

2015年北海粤剧被列为北海市第三批市级非物质文化遗产项目，北海粤剧吸收了话剧、歌剧和电影的部分艺术营养，反映社会生活，使表演更富于生活气息。粤剧的创作大多在史实、历史人物基础上进行改编，让观众在欣赏的同时了解历史人物的丰功伟绩与历史文化故事。其内容多数以清廉吏风、生态环境、民心呼唤为主题，观众在观看的过程中不仅体会到粤剧精髓，同时也传播了正直、积极、乐观等正能量。

在被列为自治区级非物质文化遗产后，北海粤剧的传承与发展有希望了。政府及有关部门加大保护力度，北海市推出"三步走"让北海粤剧重回时代舞台：走上来——充分利用报纸、广播、电视、网络等媒体开展报道，加大北海粤剧宣传力度，使其重返社会生活的主流位置。走进去——积极主动走进校园，开展演出、培训活动，使青少年学生获得对粤剧的感性认识和审美享受，培养年轻观众。走出去——充分发挥北部湾沿海地区的地理优势，发挥粤剧国际性优势，抓住中国—东盟自由贸易区政治、经济形势转变的契机，让北海粤剧走出中国，走向世界，进行艺术和文化的跨国交流。

2017年开始推进戏曲进校园。孙汝荣告诉笔者，在北海中学、第十小学、第十二小学，第九小学、第十一小学等校园都建有非遗基地，为传承粤剧艺术做了大量的工作。包括他在内的一些粤剧老师每星期都会到学校教学生们基本功，有时以座谈会形式使学生对粤剧的历史有大致了解，或者排练一些小型节目，带动学生家长前来参与，让越来越多的学生学习粤剧，培养他们的兴趣爱好。他很欣慰的是，学生们对粤剧不抗拒，愿意学，对粤剧怀有一颗好奇心。他很高兴，因为在孩子们身上他看到了希望。他希望粤剧能得到良好的发展。他斩钉截铁地说他从来不后悔选择这条路，不怕苦也不怕累，只怕北海粤剧在他那一代失传了，绝对不能把它弄丢；如果有下辈子，他依然要选择粤剧，要把粤剧发扬光大。从他的眼神中，笔者看出他不仅仅把粤剧当作我们民族的瑰宝，更是把粤剧作为自己的精神支柱；他对粤剧的热爱从未淡过，反而随着年龄的增加越发深沉与浓烈。

展望北海粤剧的未来，尽管目前还有许多困难险阻，但是他相信明天一定会有许许多多跟他一样为粤剧付出自己的青春和热血的年轻人。我们也会永远记得为了北海粤剧无悔付出青春和汗水的一代又一代的"孙汝荣"。笔者想，正是因为他们的存在，才使得中华民族的瑰宝得以传承和发展，才能薪火相传梨园梦。历史悠久的中华民族创造的灿烂文化，需要一代又一代的艺人们无怨无悔地坚守和付出，同样也需要作为子孙后代的我们共同去呵护与珍爱。

后　记

采访已接近尾声，一阵敲门声响起，看看手表，不知不觉已过吃午饭时间了。采访结束后，孙汝荣和笔者合影留念。孙汝荣为了北海粤剧艺术的传承与发展，一生都在用自己的心血和汗水书写着。看着他炯炯有神的眼睛，越发觉得可钦、可敬……

孙汝荣（右）粤剧《分钗奇缘》剧照

傅冬梅 / 文

我唱鹩剧留美名，谁人为我继衣钵
——记浦北县六硍镇鹩剧代表性传承人廖发旺

浦北县六硍镇鹩剧代表性传承人廖发旺

  钦州市浦北县六硍镇地处桂东南六万大山，距浦北县城62千米。2018年7月17日早上8时，我们采访小组从县城计划赶到乡镇去采访，事先已经跟传承人约好在乡镇的文化站见面。没承想一天仅有十点半的一趟客车，为准时赴约我们只能改用滴滴打车到平睦镇，沿途都是山路曲折盘旋。司机告诉我们必须早点回来，不然到了傍晚就没有车了，晚上也不太安全。采访完平睦镇的传承人，我们得赶往六硍镇采访鹩剧传承人廖发旺。平睦镇文化站的黎序德站长告诉我们到六硍镇是没有客车的，只有那种拉客的面包车，不过我们找了好久都没看到，甚至连一般穿行于乡镇载客的摩的也没看见。最后六硍镇文化站的梁崇喜站长亲自驱车过来接我们，我们才总算到了六硍镇文化站。

一、初见当时惊如许，后识原是寻访人

我们上了楼，来到梁站长那布置的十分简易的办公室。采访的主人公还没到，我途中出去接了一次电话，偶然让我在楼上看到了一位老先生正从外面大门口进来。

他开着一辆黑色的摩托车，车后架绑了一个红色的袋子。一顶黄草帽，身上是白衬衫和深褐色西装裤，黑皮带，左手戴着一个银色的手表，还背着一个黑色斜挎的津布包，穿着一双灰色休闲鞋。他的穿搭在农村老人里显得比较时尚，让人在人群中能够一眼注意到他。我们当时还想着，这个老人竟然还有几分潮，不知道是不是我们采访的传承人？把车停在楼下，又把车后面的红色袋子拿了下来，走到一楼走廊似乎不确定还是忘了什么事，又回头开车出去了。我接完电话就回去坐着等，没多久那个车又回到了楼下，不一会儿我们就看到了一个老人满脸笑容地出现在我们面前，手里提着那个红色的袋子。没错，真的是他！

见面后我们简单做了一下自我介绍并说明来意，廖发旺老先生很热情，我们刚请他坐下，他就掏出香烟又起身递给站长和我们，我们因为不抽烟所以婉拒了。廖老始终都是笑盈盈的，给自己点了一支香烟，才跟我们打开了话匣子，慢慢说起了他的故事……

二、我本农村少年郎，部队当兵复员还

廖发旺 1947 年 7 月出生于钦州市浦北县横岭里德村的一户农户人家，汉族。父母没有什么文化，都是农民，往上推三代都是贫农。家里一共四个兄弟姐妹，他排行老四，有两个姐姐和一个哥哥。因为家里条件不好，他上完初小就回家帮忙务农了，1968 年应征入伍当兵。说到这里，他还掏出他的退伍军人证明给我们看，言语动作以及神情中似乎都充满了自豪。因为年代久了，上面的照片已经看不太清楚了，但依稀可以感受得到是一个精神的小伙子的模样。翻过一页，上面清楚记录着廖老 1964 年 7 月入团等信息。廖老回忆道，当年应征当兵体检时是和大哥一起去的，不过大哥当时由于体检没过所以只有他自己去了。在部队当了四年空军地勤，活动在云南、贵州、四川一带，主要负责机场的安全工作，防止因打仗损坏机场，一经发现马上抢修。平时他也会帮忙拉下机场的铁丝网，修理一下窗户等。闲暇时间他积极参加

活动，如游泳、打篮球等。廖老给我们看他的手指骨，说那是因为他一次打篮球不小心弄折的，现在手指骨那块有些畸形。退伍军人证明中记录有廖老在部队时受过两次嘉奖，不过因为什么事情廖老说他不太记得了。本子上那两戳鲜红的中国人民解放军空军870部队和中国人民解放军广西壮族自治区浦北县人民武装部的印章还记录着老人曾经的功勋。他的功绩永远不会被时间磨灭，值得后辈为他骄傲。因为工作能力出色，各方面表现也较为优异，廖老在部队是副班长。1973年廖老复员回家。

　　复员回家的廖老种过田，被人叫去当地的粮所装过车，做了两三年林警，又在松香厂干了两三年。用廖老的话说："当时只要能做的工作我都做。"他还跟我们说他做林警时有一次有个偷木贼来偷木被抓到了，上级派他去审问。当时有人跟他说："老廖，你加把劲儿认真干啊，很快就可以转正了。"说到这些的时候，老人眼里都是光亮的。

　　谈到廖老的爱情，也确实有一段脍炙人口的故事。老人有些不好意思，一支烟也抽到了尽头，又续了一支才继续说道。他说他跟妻子是经别人介绍认识的，两人谈恋爱确定关系准备结婚时，因为廖老要去当兵，婚事就耽搁了。不过因为认定了就是彼此的人，他的妻子搬到他家里住下了，平时在家里帮哥哥嫂嫂干些活，就这样无怨无悔等了他四年，直到廖老复员回家两人才正式结婚。廖老说，幸好当时有规定任何人都不能随意破坏军婚，两人的感情才能稳定地保持下来。廖老说他做林警和在松香厂干活的时候，他妻子都没有能跟他一起过去，他偶尔才能回趟家。当时廖老的工资是42元，在当时来说是不错的了。他们婚后生了一个儿子和一个女儿。现在儿女也各自成家了，而二老也一直相爱到如今。我们被他们这段纯朴又带点故事性的爱情深深感动，在以前车马很慢的年代，有些人一旦认定了，那就是一辈子。

三、稀有稀缺稀奇感，世宝世珍世界罕

　　经过了解我们知道，鹩剧是浦北民间的一种小戏，主要流传于六万山一带，即六硍、平睦、官垌等镇。相传鹩剧由明末民间"贺新年"活动中演出的"引凤"歌舞发展而来，以唱故事为主，唱词通俗易懂，盛行于清代，流传至今已有100多年的历史。鹩剧最显著的特点就是它的原生态，从鹩剧的"鹩"字就可见一斑。当地土语称鸟为"鹩"，"唱鹩"因此得名。鹩剧的内容多为歌颂美好生活，祈求幸福安康，深受当地人民群众喜爱。鹩剧的主要

曲调有"追信""玉美人""担梯望月""棹船调"等12种鹩调，100多首民间小戏，其中《回乡谣》《金鸡银凤喜落山》《十唱六万山》《头堂歌》是保留曲目。因其富有民间特色的唱法，已被收入《中国戏曲音乐集成广西卷·鹩剧音乐分卷》，成为不可多得的非物质文化遗产。

为更好地继承这一精神世界不可多得的瑰宝，2014年11月，浦北鹩剧被列入自治区级非物质文化遗产，廖发旺老先生也在2015年12月成为自治区非物质文化遗产项目浦北鹩剧的代表性传承人。说到这里，廖老打开了他的红色袋子，原来里面装的是他的立项证书。老人骄傲地给我们展示了他的立项和获奖牌匾。沉甸甸的牌匾积淀的是鹩剧100多年的丰厚内涵和无数个像廖老这样的鹩剧人的心血。

钦州市为了更好地保护和传承这一稀有剧种，于2017年8月17—20日在浦北平睦镇开展了鹩剧培训班，参加培训的鹩剧演员有40多人。

四、鹩剧必须勤苦唱，无师钻研我自通

说起廖老与鹩剧的结缘，要从廖老小时候说起。以前村子里文化生活相对匮乏，偶尔会有鹩剧团来村子里演出，他会跑去看。他很喜欢看别人唱鹩，也从小特别喜欢音乐艺术。20世纪70年代朝鲜有一部电影叫《卖花姑娘》，看多少遍他都不会厌烦。小小的他被鹩剧里的一个个故事情节和动听的歌声所吸引，听着听着慢慢地就跟着学，耳濡目染，深深地喜欢上了这门艺术。就是这样一天一天地唱，不断反复模仿民间老艺人的表演，他愈发能感受到鹩剧的魅力，愈发对鹩剧有一种痴迷的感觉。后来只要他知道有人唱鹩剧，不管多远他都会去看，回来就自己琢磨怎么唱，动作怎么演，他还把样板戏的唱词用鹩剧的曲调来改编演唱。干活时歌声就是他最亲密的伙伴，使他忘记了干活的艰辛与苦闷，逐渐摸索出了一些演唱技巧。也就是因为这样，他的命运跟鹩剧紧紧地联系在了一起。

即使是去当兵的时候，他也没有忘记唱鹩，但他也只能在心里默默喜欢着，不能唱出来。因为"文化大革命"时期只能唱样板戏，鹩剧被当作"四旧"，是不能唱的，所以鹩剧和其他剧种一样暂时消声灭迹。"文化大革命"一结束，它又恢复了顽强的生命力。

廖老说，他是复员回家后才开始着手操办组建鹩剧队的。当时团队里还有另外两个主心骨廖纪成和廖桂才，三人齐心协力，一同操办着鹩剧队。对

于唱鹩这件事，廖老说妻子既不支持也不反对，他想做什么都由他去做。我觉得虽然没有明说，但这也是一种无声的支持。鹩剧队组建后一共将近 20 个人，男演员较少，当时只有 5 个，女演员全部已婚，一般鹩剧里的旦（男主人公）也都是由这些女演员们女扮男装的。大家都是纯粹出于爱好自发加入的，不是为了赚钱，而且在当时根本也赚不到什么钱。廖老说他们最多的时候赚过 20 块钱，大多数时候都是没钱的，不过一般村民们会管他们的食宿，让他们在家里吃和住。

话罢，他又燃起了第三支香烟。廖老说他没有师傅，是自学成才的。在当时，每一个生产队都有自己的鹩剧队，因为自己没有剧本，都是去拿别人的剧本回来刊印的。他们最早的剧本是从城隍唱鹩的人手中要的。按理说那些剧本是不会轻易给别人看的，但是因为他们有认识的人所以才能拿到，并且不收他们钱。他们拿回来剧本，廖纪成就负责刊印，当时印东西不比现在，是用那种黑蜡板一张一张印出来，然后发放到每个演员的手里。队里有些认识字的就教那些不认识字的怎么读，怎么唱，让那些不认识字的人记熟背熟。白天大家都各自忙自己的事，每天吃完晚饭后，就是鹩剧队的排练时间，队员们相约好去村头排练，这也是他们最开心最珍惜的时刻。大家都认真刻苦地对待这份艺术，每次排练的时候都整整齐齐，一个不少。

一开始只是拿别人的剧本，后来鹩剧队自己创作剧本，他们唱的鹩剧歌词就由自己编写。为了适应本地，他们一开始用本地的方言地佬话来唱，后来慢慢改编，也加入了一些其他地方的话。当说到用白话唱的《红灯记》的时候，廖老不禁哼唱起来：

> 提起敌寇心肺炸，强忍仇恨咬碎牙。
> 不低头，不后退。
> 不许泪水腮边挂，流入心田开火花。
> 万丈怒火燃烧起，要把黑地昏天来烧塌。

毕竟是当过兵的人，身体非常健朗，声音自然也特别洪亮，我们虽然听不太懂，但也被他专注的神情所感染。廖老越唱越来了兴致，有些激动地站起来又给我们现场表演了几段鹩剧，如鹩剧《唱春牛》中的小生与花旦的对唱。

小生：哈！小姐您不嫁我嫁哪人？现在我放牛的工分日日匀！

花旦：匀是匀，但是你要我嫁你确实是柱精神，你手头上有了两文忘了根，我要的不仅是放牛工分日日匀，更要有文化知识和修养，不是你这样的搞屎棍！

他古灵精怪的动作，唱罢便引起了满堂哄笑。其实，鹩剧只要耐心去品尝，就会发现鹩剧非常有魅力，大多数鹩剧的主题也有"托古醒今"的教育作用。

廖老在队里被大家亲切地称为"剧长"。身为鹩剧队里的领队，他觉得自己有责任把鹩剧队发展起来，所以对演员们的要求比较严格，如果演员有唱得不对或者不合适的地方他都会指出来，然后改正，只有排练好了才会让他们上台表演。表演时，演员怎么出场，在台上要做什么动作，结束的时候怎么收场……每一个环节都是由廖老一手指导的。

鹩剧表演一般是每年春节或者有什么节庆活动，又或是哪家有喜事的时候。反正不管有没有钱，只要有人请他们去唱他们都会去。随便找个球场或者空地把竹架一搭，再把几块幕布一拉，一个简易的戏台就算搭好了。鹩剧是一幕一幕唱的，主要的配乐有唢呐、锣、鼓、钹4种。鹩剧的演出角色与粤剧一样，分为生、旦、净、丑四大角色，一般一场演出是两三个小时。他们唱的传统曲目有《老侗继嫂》《风雨途中》《谢春配》《三姐妹祝寿》《逢人骗》等。其中，廖老本人参演了《风雨途中》的演出，在剧中扮演了老龟头一角。

鹩剧诞生于乡土，表演形式单纯自然，唱腔曲调优美动听，说白唱词浅显易懂，用的是本地方言俗语，一直深受本地群众欢迎。虽然村里往往说是唱一两晚，但其实如果没有三四晚他们是走不了的。廖老说最多的时候他们连续唱过20多场，还有女演员因为想家唱着唱着就哭了。说起当时鹩剧队里演员的名字，廖老说他都不太记得了，不过唱得好的、声音好听的几个女演员，如陈学丽、陈瑞芬、钟瑞，廖老至今对她们还有印象，当时她们都是三十岁左右，比较受村民们欢迎。当时鹩剧盛极一时，镇上每一条村都留有他们的足迹。他们除了在自己镇上演出，也到过平睦、张黄、樟木等镇，最远到过玉林城隍等地。除了唱鹩剧，他们有时也会唱山歌、舞麒麟等。鹩剧陪伴他们走过了一个又一个的年头，鹩剧对于他们来说意义一天比一天深远。

廖老多年来编词、指导，有时候也参演。部队磨练了他的意志，让他养成了一丝不苟的工作态度，也正是由于他对于工作的一丝不苟和不断创新，鹩剧队的作品才能深受大家喜爱。工作之余，廖老他们还搜集整理出了许多他们编唱的剧本，现收藏于浦北县文化馆。

当我们夸赞他认真负责又有才华的时候，廖老连忙摆了摆手说："没有没有，这都是应该的。我也没有什么本事，只是指挥一下而已。不过既然说你喜欢这件事你就应该把它做好，你说对吧？"我们不禁被他的真诚所折服。

五、我寄忧思无限，盼有志者寻我唱鹩来

浦北鹩剧"申遗"成功后，廖老也非常高兴。他原本觉得可以让更多的人知道和了解鹩剧，能够更好地继承和发展鹩剧。不过现实总是不会那么顺利，现在廖老对鹩剧未来的发展充满了深深的忧虑。

随着社会的不断发展，鹩剧团越来越少，学习鹩剧的年轻人也越来越少，镇上的年轻人大多都到广东打工去了。廖老说从农村出现六合彩开始，他们唱鹩剧就少了，大家都跑去看六合彩，心都不在鹩剧上了。说着他无奈地叹了一口气。有时候他想去找老伙计唱唱鹩剧，看见他们三三两两地在讨论六合彩，只好转身回家休息，从不参与。廖老不喜欢买彩票，也不喝酒，唯一的爱好就是抽烟。

花开花落终有时，如今会唱鹩剧的人越来越少，会吹唢呐、敲锣打鼓的人也少，除了之前他们这些原班人马基本上没有什么人会了。曾经一起唱鹩剧的伙计都已年迈体衰，有几个已经去世了。加之低微的出场费以及农村年轻人外出务工潮的影响，鹩剧团面临后继无人的窘境。他的兄弟姐妹中也没有一个会唱的，儿子儿媳外出打工，留下3个孙女在家跟他们两个老人一起生活，但是她们也没兴趣学。廖老说："现在的年轻人整天都是上网，手机都没离过手，抱着个手机就可以过一天，不用吃饭也行的，那么神奇。这门手艺怕是没有接班人咯……"说着廖老有些神伤，却又无可奈何。

如今廖老说他在横岭市场做清洁工帮忙打扫卫生，用微薄的收入维持生活。他说："我自己还能做，就不用麻烦人家。"

生活上廖老没有更多的盼望，只希望鹩剧能够继续发展下去，希望政府能多鼓励大家来学习鹩剧，让鹩剧能够继承下去。文化站的梁站长告诉我们现在当地偶尔有戏曲进校园，当地小学举办过校园戏曲比赛，有部分小学生

对鹩剧还是比较有兴趣的,他们表演的鹩剧《山村喜迎凤凰开》获得了一等奖的佳绩。讲到这里廖老眼里仿佛添了几丝光亮。他说:"如果有人想学,我一定全部教给他。只要是有需要我做的,我一定义不容辞,钱有没有都无所谓,只要有烟抽就行了。"廖老是一个非常乐观的人,也非常健谈,但是现在每当夜深人静,想到鹩剧怎样发展下去的时候,都不免要失眠一整夜。

忘了这是廖老点的第几根烟,总之一根烧尽一根又燃,或许在他每个梦回忧心的瞬间,只有这一抹光亮还通红地映照着他忧思的脸庞。他在渴望,在等待,渴望着进入山村里的人,也等待着出到山村外的人能够发现鹩剧的独特,并视而珍之。他不忍心看着鹩剧一天一天衰落;他希望将他毕生所学倾囊相授给那些愿意学习鹩剧的人,奈何一直没有接班人。

"如果再没有年轻人愿意学,再有个十几年鹩剧就要消失了,鹩剧队和伴奏乐队根本就没有了。老的这些如果不在了就没有办法了,现在这些都已经六七十岁了,没有年轻人愿意来,哎没办法……确实在家唱鹩吹唢呐赚不了什么钱,出去打工一个月有1000多元,所以要找接班人,难啊……"廖老担忧地说道。

廖发旺(右)在接受采访时演唱鹩剧小曲

后　记

　　采访结束，我们一同下楼，廖老还一遍又一遍地问我们采访他有什么用。我们一遍又一遍地告诉他肯定会有用的，在不断继承和弘扬中国优秀传统文化的今天，一定会有越来越多的人能够感受到鹩剧的魅力，也希望有越来越多的人担起这份传承的使命，让鹩剧能在历史的长河中经久不衰。他听后眼神似乎也充满着期待，我们也希望通过我们的一点努力，能让这个老人的愿望早日实现，让鹩剧的歌声能够传出寂静的山村。我们走了，廖老挥动着手臂跟我们道别。他笑起来那和蔼的脸庞和两颗像镶了金子的门牙一直深深刻在我的脑海里。

　　最后，我们祝愿廖老能够身体健康，也真心对梁站长给予由衷的感谢。幸得梁崇喜站长的两次驱车接送和热心帮助，我们的采访得以顺利结束。

陆　衡　颜　莺　郑德威／文

世上千般万种，最喜采茶敬亲人
——记钦州采茶戏名家刘北尤

采茶戏源自江西，是全国唯一一种以茶文化为内容发展形成的独立剧种。清乾隆年间李调元的《粤东笔记》记载："粤俗，岁之正月，饰儿童为彩女，每队12人，人持花篮，篮中燃一宝灯，罩以绛纱，以为大圈，缘之踏歌，歌十二月采茶。"老艺人陆德升回忆：1867年，钦县（现在的钦南区、钦北区）"新半月茶会"带班师傅何全龙将木鱼说的唱本改编为"茶花"唱本，并吸收"南音"作为演"采茶"（小戏）的基本唱腔。据此可知，采茶戏流传钦州已有270多年的历史，正式落户于此亦有140多年。经过多年的演变、多次的整合，采茶戏已成为钦州群众最喜闻乐见的地方戏曲之一。在这朵民间艺术奇葩在钦州的当代发展与创新中，采茶名家刘北尤堪称一等功臣。

一、戏定人生，矢志不渝

刘北尤，1940年11月出生于钦州市犀牛脚镇。受当地民间文化的影响，他从小就对采茶戏着迷。1957—1959年，乘着"百家争鸣，百花齐放"的东风，采茶队如雨后春笋般活跃于各个村子。乡亲们的踊跃与热情深深地鼓舞了刘北尤。在恩师杨树的指导下，他开始了采茶戏的演出和创作，与采茶戏结下了一生的不解情缘。1963年中师毕业后，他把所有的课余时间都花在采茶戏的材料收集和创作改编上。由于作品在钦州一带广为流传，影响大，深得老百姓的喜爱，他在"文化大革命"时期没有受到太大的冲击。1973年他被借调到钦州县剧团，一年后正式调入。之后的10多年是钦州采茶戏最兴盛的时期——几乎每个人数超过500人的自然村都成立了采茶剧队；也是刘北尤采茶创作、表演的黄金时期。

如果说，读书时期的刘北尤对采茶戏的喜好，仅仅是因为它能让自己的生活充实，那么，参加工作后对它的一往情深、孜孜以求，更多的则是出于一种文化自觉。正如费孝通在《重建社会学与人类学的回顾和体会》一文中所言："生活在一定文化中的人对其文化有'自知之明'，明白它的来历、形成过程所具有的特色和它发展的趋向，不带任何'文化回归'的意思，不是要复旧，同时也不主张'全盘西化'或'坚守传统'。自知之明是为了增强对文化转型的自主能力，取得为适应新环境、新时代而进行文化选择时的自主地位。"刘北尤在接受笔者访问时强调："艺术虽有高下之分，但'下里巴人'对于并不富裕、交通不是那么发达的地方和群众却有着雪中送炭的意义。并非'阳春白雪'的采茶戏是钦州人民为数不多、喜闻乐见、不可或缺的民间艺术。如果我们漠视这一点，文艺为老百姓服务就是一句空话。"更让笔者肃然起敬的是他对钦州未来发展的担忧："民间蕴藏着大量的艺术宝藏，地方戏曲是传统文化的活化石，是艺术的根。根深才能叶茂，民间艺术对于当代艺术的发展具有极其重要的意义。采茶戏虽非钦州自产艺术，但经过这么多年的发展，它已成为钦州艺术大家庭中最为重要的成员之一。诚如一句谚语所言，它之于钦州就是地地道道的'假仔''真孙'的关系。作为后人的我们，如果不好好地利用它，发扬它，那就是不肖子孙。随着社会的开放与发展，会有越来越多的外地人、外国人来到这里，不挖掘、传承有鲜明钦州地域特色的艺术，我们拿什么去招待他们，是二人转还是圣诞树？"的确，作为"母形文化"的一个重要组成部分，采茶戏是钦州市最基本的文化符号之一，是钦州人近300年来难以磨灭的集体记忆。它所蕴涵的钦州人的精神风貌、心理素质和审美观念，具有典型的根文化特征。从某种意义上来说，发掘、整理、发展采茶戏，就是保护我们民族、地域文化的根。

正是基于以上既朴素又前卫的认识，刘北尤把自己毕生的心血倾注在采茶戏的创作、改编与演出上。据不完全统计，自1959年与杨树合作创作现代采茶戏《十年前后》开始，刘北尤至今一共创作和改编了近40个采茶戏。这些作品的出现，彻底地改变了钦州长期以来没有一个完整的剧本，只有人物、故事情节和一些主要唱段，演出时由演员自由发挥的即戏行中所常说的"爆肚戏"的历史。其中，享誉一时的作品有《戏家公》《割颈鸡》《恩仇记》《劏猪佬中状元》《母老虎上轿》等。与此同时，为通俗易懂地宣传党的方针政策，同时也让更多的人了解采茶戏，促进采茶戏的传播，刘北尤还创作了近百首采茶表演唱歌曲，影响较大的作品有赞美钦州人民日新月异生活的《赞钦城》，宣传党的计划生育政策、倡导婚嫁新风气的《妹有条件讲在先》等。作为一位采茶戏多面手，刘北尤不仅是成功的创作者，而且还是优秀的表演者。他自中学时代起开始了采茶戏的演出。1958年，他在《酒保趁街》一剧中担任角色。该戏在广东汇演时，这位刚闯入戏剧大门的少年获得了表演优秀奖。40多年来，他扮演得最多的也是最让自己满意的角色是老生。1987年底，刘北尤愉快地接受了当时的地区文化馆所下达的送戏到基层的任务，以钦州壮族采茶剧团团长的身份率队到各乡镇演出。由于准备充分，分工合理，扮相俊俏，唱腔优美，演出得到了广大观众的喜爱和欢迎，常常是一场戏还未结束，下一场又被预约了。剧团不忍拒绝老百姓的要求，整整一年的时间，几乎所有的成员都没回过家。辛勤劳动换来累累硕果，自1990年以来，他多次被评为地区、市级先进工作者和广西群文系统先进工作者，荣获自治区、市优秀演唱奖、优秀演员奖等。近年来虽已退休，但仍有不少街道、社区聘他为文艺工作者指导员。《钦州日报》于2001年4月18日曾作了题为《倾心·倾情·倾一生——刘北尤的戏剧情》的专题报导。对于自己与采茶的这份情缘，刘北尤觉得这是上苍对他的厚爱。对于自己忙忙碌碌的一生，刘北尤唯一的遗憾是我们的采茶戏虽然走出了钦州，走出了广西，在越南、泰国也有一定的市场，但却没能走上中宣部"五个一工程奖"的领奖台。因此，他希望年轻的采茶人后来居上，替他实现这一多年的梦想。这不仅仅是刘北尤一个人的心愿，也是钦州所有采茶人梦寐以求的事情。

二、关注民生，寓教于乐

刘北尤创作的采茶戏主要有两大类：古装戏和现代戏。古装戏是他根据传统剧目或其他剧种剧目改编、移植的，主要作品有《血丝玉镯》《母老虎上轿》《恩仇记》和《劏猪佬中状元》等。现代戏则是他扎根现实生活，利用采茶形式，抨击时弊，反映时代变迁，宣传党的方针政策的表现，代表作为《雨夜风波》《十年前后》《三亲家》《戏家公》《割颈鸡》等。不管是古装戏还是现代戏，刘北尤的创作与改编都有一个明显的特点，那就是关注民生问题，针砭社会陋习和陈腐思想，反映时代风貌，重视作品的教化作用。作品主题集中表现在以下四个方面。

（一）旧社会家破人亡，新社会幸福团圆

《十年前后》和《雨夜风波》都成功地表达了老百姓热爱新中国、新社会

的主题。《十年前后》写于 1957 年,是刘北尤与其恩师杨树共同编剧的两场现代采茶戏。作品借犀牛脚镇王瑞兴一家在 1949—1959 年迥然不同的生活,反映了 20 世纪中期中国的历史变迁。全剧没有统一的故事情节,采用对比的手法,从侧面、小人物入手,并把表现他们的范围限制在家庭这个"社会的千层糕"中,通过渔民的生活变化充分有力地表现了旧社会反动派的凶残、贪婪,以及新中国老百姓当家做主人的主题。《雨夜风波》创作于 1963 年,是刘北尤独立创作、小试牛刀便显功力的作品。剧作讲述的是老农民王松不顾妻子阻拦与一天劳顿,连夜到公社买化肥,归途中被前来接应的妻子捉弄,遭遇大雨时与妻子同心协力保护化肥的故事。作品在参加湛江地区为期 12 天的汇演的时候一炮打响,被当作头炮或压轴戏连续表演了 11 天。之后,剧作在湛江电台播出,被定为省汇演的重点戏目并获经费资助。虽然后来由于"文化大革命"的缘故,作品参加省汇演之事最终没能付诸行动,但其曲折的情节、幽默的风格,歌颂农民爱社如家的主题却深深地打动和影响了那一个时代的人们。

(二)反对封建迷信,倡导科学精神

《三亲家》《戏家公》均创作于 1990 年,反映的都是破除封建迷信,树立正确人生世界观的思想。前者针对农村中重男轻女的思想,阐述了"女人不比男人差,光男没女不成家"的道理,形象生动地宣传了国家的计划生育政策。后者是刘北尤最为成功的采茶剧作。作品当年就获得市业余文艺调演创作一等奖;次年在广西第三届戏剧展览会上更是脱颖而出,荣获优秀编剧奖。后来,此剧还被改编成彩调剧,在桂北创下了演出上千场的记录。该剧说的是慧芳机智、大胆教育装神弄鬼的未来公公的故事。老人家不认识慧芳,先是算出了她"爹妈健在,哥姐与她三人同胞,她一生清闲食阴坐凉"的好命,被慧芳拆穿西洋镜后,恼羞成怒地诅咒她"命犯三克难更改",结婚后会"买纸宝香烛,祭奠你的家公家婆,兼送你的老公见阎王"。结局是慧芳以自己命不好怕连累夫婿一家为由,不肯与男友成亲,迫使未来公公亲口向她认错,并下决心从此痛改前非。通过这个小故事,作家巧妙地揭露了封建迷信的欺骗性。今日重读,仍让人感受到改革开放初期小地方浓厚的科学氛围。

(三)抨击不正之风,反对特权思想

写于 1990 年的《割颈鸡》批判了改革开放前期部分特权人物利用职位之便敲诈勒索的不正之风,教育人们做人要"看清方向走正道"。故事写小伙子李开颜在帮助农民杨怀海运甘蔗时，以"现在没有烟酒搭桥银钱开路，神仙也难办一件事"为由，迫使杨怀海送他20元茶水午餐费和一只已经割颈放血的项鸡。但无巧不成书，被敲诈者正是他未来的老丈人。李与杨家父女见面后，无地自容。厚道的怀海让女儿原谅了这位一时"走斜路"的青年，希望他们俩在改革开放的正道上携手前进。故事时代性强，矛盾尖锐，内容虽不乏剑拔弩张，作品基调却轻快、积极向上，富有教育意义。同年，作品获钦州市群众文艺调演创作二等奖。

（四）损人利己莫为之，事到头来终害己

《母老虎上轿》《劏猪佬中状元》《血丝玉镯》是刘北尤最具代表性的改编作品。前两部改编于20世纪80年代，《母老虎上轿》通过得志小人钱孚的沉浮，一方面警告了那些喜欢听奉承话、盲目自大的人；另一方面也写出了语言，尤其是阿谀奉承的语言的作用和力量，教育人们切勿被他人的油嘴滑舌所蒙蔽，只有保持清醒的头脑，才能拥有正确的思考、判断能力。《劏猪佬中状元》通过屠户胡山与新科状元这两个人物的描写，肯定了仁义宽厚、路见不平拔刀相助的人生态度，批判了贪图荣华富贵、忘恩负义的小人。为唤醒众多赌徒，刘北尤一直想创作一部与赌博有关的作品。1991年，当他观看了肖定吉的八场古装桂剧《血丝玉镯》后，不禁为作品主题与自己不谋而合的想法拍案叫绝。考虑到钦州市民、农民朋友日常交流语言——粤语与桂柳话（西南官话）的巨大区别，为了让更多的群众受到教育，刘北尤仅花了两天时间就完成了这出戏的改编。剧中的张家父子虽算不上英雄好汉，但本质均不坏。但就是这些人，一旦沾上赌博陋习就变得六亲不认，蛮横无理，干尽伤天害理之事。通过张家由盛及衰的变故，作品深刻地揭示了赌博的危害性，其警示作用是不言而喻的。

三、巧合、误会，换位思考

刘北尤创作、改编的采茶戏，在情节结构的设计与安排上非常善于利用误会与巧合。通过巧妙的安排，作家常让作品中的人物或在不知情的状态下做出许多违反常理的事情，或在换位思考后迅速改变了自己的观点，使情节的发展一波三折，使结局有着强烈的喜剧效果或悲剧意味。

先利用恋爱中一方的缺席来让未来的一家人产生矛盾、制造悬念和误会，再让他们最终相认、相互谅解，使矛盾与冲突及时得到较为轻松的化解，是刘北尤经常使用的一个文学手段。《戏家公》《割颈鸡》的创作走的都是这样的路子。《戏家公》里李慧芳与男朋友小君约定相见于圩镇一角的大树下，准备到男方家看望两位老人。不料小君有事不能前往，只好让母亲代劳。在未来的婆婆赶来之前，慧芳怀疑在那看相算命的老人就是自己未来的公公，将计就计地教育了借迷信骗人钱财的长辈。小人物在极短的时间里做了大文章，如果没有约会时接应者的适时缺席，慧芳如何能成功地教育装神弄鬼的家公？作品艺术效果的打造，在很大程度上得益于作家误会情节的设计安排。《割颈鸡》的构思同样具有异曲同工之妙。糖厂司机李开颜敲诈勒索蔗农杨怀海，先让女友拎上战利品割颈鸡回娘家，自己随后也作客未来岳父家，却发现自己是"怕鬼偏偏入庙寺"。日后开车、为人要看清方向走正道的主题在女友的缺席中得到了精彩的阐述。

通过误会或巧合迫使作品人物换位思考，使他们迅速走向对立面，转变自己的立场和观点，从而化解或终结冲突、矛盾是刘北尤文学创作中另一常用的方法。《三亲家》、移植本《血丝玉镯》的情节就是这样安排、设计的。《三亲家》中的王大妈，不满意儿媳生了千金，把产妇、孩子打发住在刚建好的潮湿的房子里。亲家李大妈来到王家后与她大吵了起来。恰在此时，王大妈女儿的婆婆——计划生育宣传员张大妈也来到王家，称媳妇生了两个女孩，为留香火只能让儿子与媳妇离婚。张大妈的话激怒了王大妈与李大妈，她们联合起来批驳张大妈重男轻女的思想。在得到王大妈生男生女都一样的表态之后，张大妈告诉众人：刚才所讲纯属虚构，如此这般目的是教育王大妈。最后，王大妈接受教育，请回儿媳、孙女。王大妈的转变与其说是计划生育宣传的胜利，毋宁说是张大妈让其换位思考的结果。《血丝玉镯》中输掉妻子不久的张三在一个小店里大败李四，并在店主的怂恿之下，与李四用以抵债的老婆玉翠有了夫妻之实。就在他将玉翠带回家准备成亲之时，张母发现玉翠就是自己失散多年的女儿；店主恢复记忆与张母夫妻相认，并将深夜盗走他三百两银子的李四告到了官府。真相大白之后，张三和玉翠于羞愧中双双自杀身亡，女婿李四被官差带走，店主触石磨而死，张母发疯，张家最终落了个家破人亡的结局。如果不是玉翠女儿与儿媳双重身份的设置，没有今日李四就是之前张三的情节安排，作品就难以展示赌博对无数家庭所带来的撕心裂肺的痛。戏剧从伦理的角度来揭示赌博的危害性，以一种偶然来强调一种必然，并将之发挥到极致，看后令人触目惊心，深受教育。

四、轻快喜庆，乡土气浓

采茶戏作为地方戏曲，要得到进一步的发展，必须在保持传统的基础上有所创新。刘北尤的创作，除了思想内容与时俱进之外，在乐曲调式、唱词独白的选择上均有着浓郁的民族风情和鲜明的地域色彩。

（一）调式节奏和谐，结构规整

刘北尤创作的采茶戏，在节拍上多使用2/4拍、4/4拍或散拍子，速度不快，基本保持每分钟50—60拍。在保持基本速度不变的基础上，按曲子的情绪要求分为柔缓、抒情；中速、抒情；稍快、抒情；稍慢、热烈等节奏类型。而调式则因传统曲目和现代曲目不同而有所不同。传统曲目由五声调式构成，多使用宫（1）调式、商（2）调式、徵（5）调式、羽（6）调式，极少使用角调式。现代曲目则在五声调式的基础上，亦使用西洋大小调进行创作。在旋律上，采用的是人声加乐器伴奏的民间小曲演唱形式，伴奏乐器有钱尺、二胡、扬琴等。多为二段体结构，比较规整。在演唱方式上，多采用说唱结合的形式，亦采用独唱、对唱等形式。

在曲式上，刘北尤的作品主要有三个显著特点：

（1）问字要音。刘北尤的采茶乐曲以南音为基础，欢快活跃，诙谐风趣。尤其在叙述故事的时候，绝大部分剧本中长段的唱词都用"南音"来演唱，采用这种乐曲，既有利于故事的叙述和情节的展开，也符合采茶戏轻快、喜庆的特点，同时还继承了采茶戏吸取钦州民间说唱——"木鱼"音乐的传统。

（2）一曲数尾。按照演唱的需要，在基本曲调不变的原则下，对原曲谱的结尾进行即兴编创，现场表演。如在《劏猪佬中状元》中，刘北尤就用"强盗腔"来表现忘恩负义、认贼作父的小人党金龙害怕事情败露的心情。此唱腔速度中速稍有跳跃性，恰如其分地反映出演唱者内心的惶恐不安。

（3）一曲多枝。按照演唱的需要，在基本曲调不变的原则下，对原曲谱的基本演唱乐段或乐器间奏乐段进行即兴编创现场表演。以《戏家公》为例，女主人公要去看望未来公婆，作者运用"摘花腔"的曲调。这种腔调旋律优美、悠长，节奏舒缓，较好地表现了主人公的悠然自得、欢快轻松。在洪全福为其算命时，先用"算命腔"，再用"祝英台"，速度由快到慢，把洪全福边算命边观察李慧芳表情的心态表露无遗。当谎言被揭穿后，随后的"强盗腔"反映了洪全福的气急败坏与蛮横无理。人与戏有机结合，曲与情高度一致。

（二）多采用地方熟语俚语，蕴含浓重乡土味

刘北尤的采茶戏作品大量地运用地方熟语俚语，蕴含着浓厚的钦州乡土味。唱词朴素自然、浅显易解。单看是一句句口语，连起来则具有和谐的韵律，是一首首生动优美、幽默诙谐的诗歌。如《割颈鸡》中李开颜向杨怀海要钱要物后，兴奋不已地用"五更打扮"腔唱"睡到半夜北风起，突然摸到毛巾被。刚才我敲了一下乡巴佬，答应送我算鸡带回家去，我便可借花献佛敬我老丈人，无须破费银钱又有面皮"。短短几句，就把李开颜贪小便宜的个性暴露无遗。唱词中"睡到半夜北风起，突然摸到毛巾被""算鸡""面皮"等方言俗语、词汇的采用，使得采茶戏的演出就像许多地方戏曲一样，往往是演员歌声未止，外地人尚未反应过来，当地人已乐不可支了。道白更是频繁地采用钦州本地熟语、俚语，类似"这真是煎咸鱼碰上卖生油""老爷不是糊涂官，你错把嫩竹当猪肠""好心不得好报，好柴烧坏灶""石打玻璃湿湿碎""蹓鸡走为上策"等例子在作品中是比比皆是。总而言之，纯正、地道的方言使作品具有了浓郁的地域色彩。

采茶戏在钦州的历史虽然不短，但直到中华人民共和国成立后，它才和全国其他剧种一起获得了新生。刘北尤和他的前辈彭芳、李楚楚，恩师杨树，战友黄天晓、邓飞等一起有幸见证、指导、参与了采茶戏在钦州的当代发展，共同谱写了20世纪八九十年代蓬勃发展的辉煌。得知采茶戏于2006年5月20日被列入第一批国家级非物质文化遗产名录，刘北尤兴奋不已。请允许我们用他一句美好的祝愿来结束全文："戏曲土壤越来越肥沃了。相信，在不久的将来，这朵山茶花定会大放异彩。"

后　记

2007年10月17日、2008年1月11日、2008年3月25日，刘北尤先生热情接受了笔者一行三人的采访。在此，谨向刘北尤先生表示诚挚的谢忱！

向宏缘 / 文

双星引领出世家，千里奔波爱采茶
——记钦南采茶戏代表性传承人邹月娟

钦南采茶戏代表性传承人邹月娟

  采茶戏是一种古老的传统戏曲。从清乾隆年间作为一种民俗活动流传至今。早年在福建、安徽、江西便称作"采茶戏"。大约在1778年传入钦州，到如今已经有200多年的历史。历经将近三个世纪，采茶戏已经逐渐发展为具有钦州特色的地方性文化活动。钦州分钦南区、钦北区、灵山县与浦北县，采茶戏因此分为钦南采茶戏、钦北采茶戏、灵山采茶戏与浦北采茶戏。四者内容、形式并无二致。采茶戏的内容多为抑恶扬善、弘扬美德，健康向上，深受不同阶层的人们喜爱，是人们喜闻乐见的传统戏曲之一，在我国南方流传较广。

钦南采茶戏以纯白话为主，主要是顺应钦州当地民众，使之通俗易懂，贴近民生。过往钦南采茶戏所演唱的戏曲剧本大多由民间采茶艺人根据历史典故和民间传说编写。这种凝聚了创作艺术智慧与传唱汗水的文化结晶，如今正如同璀璨流星般渐渐陨落。目前钦南采茶戏所演出的采茶戏曲，多数是在原有剧本基础上由钦州市文化馆进行再创造；而剩余的一小部分，则由艺术人士倾尽才学，进行低产却贴近社会现实的创作。

近年来，钦州市人民政府对采茶戏的发展格外重视。钦南采茶戏的申遗成功无疑证明了其历史地位与艺术价值。

一、双星引领学采茶，演出授艺爱一生

2008 年，钦南区采茶戏被列为自治区级非物质文化遗产，邹月娟被选为钦南区采茶戏的代表性传承人。作为钦城之粹的钦南采茶戏，风雨沧桑 200 多年，此刻风浪已息，终得正名。而 1968 年出生的邹月娟是钦南区采茶戏传承与发展不可或缺的一个人物。

作为农家女儿的邹月娟初中毕业后开始了自己人生的全新之路。往后那道绵延几十年的人生之路仿佛早已有人为其铺垫好了一般，而她只需要朝着前方行进，便是无悔。那一年，邹月娟 17 岁，正值花样年华。

邹月娟的学艺之路一直有两颗启明星照耀。父亲一生都是采茶人，因此邹月娟每日便生活在采茶浓重的文化氛围之中。日复一日的耳濡目染，造就了邹月娟的采茶情怀。1986 年，18 岁的邹月娟正式拜师学艺，师傅便是当时最有资历的老采茶人——钟海棠。"海棠"二字取自于邹月娟当时所住之地村名——海棠村。老采茶人早已在多年前去世，只留下千古传唱与千万弟子。

邹月娟拜师入门后，一心投身于采茶戏中，跟师傅学习苦练采茶戏。此后，采茶戏成为了她生活中不可缺少的一部分。从最基本的开始，先学唱男音，接着是走碎步，同时学习练唱多种腔调的唱法，一直反复练习，做到游刃有余。

在师傅的严格要求之下，她进步很快。从一名小角色到担任主角，都是自己一步一步走过来的。每扮演一个角色，唱一个剧本，都是体验不一样的人生。学习采茶的道路上，得到了家人充分的支持。首先是启蒙老师父亲。父亲自身非常喜欢采茶，自己也是在父亲的熏陶下喜爱上采茶戏。其次，是

自己的师傅。师傅花了很多心血对她进行教学,给了很大的鼓励,传授了很多登台演唱经验。再者,是自己的丈夫和孩子。丈夫对自己唱采茶戏这件事一直支持,而且也喜欢听,自己的孩子也是十分支持。

有自己爱好的事情可做,是件好事。邹月娟此后专职于唱采茶戏,没再从事其他工作。她说开始学习时,也十分困难。练习唱戏到嗓子都疼了,哑了,但是自己都坚持了下来。她开始把它当作一种需要进行学习,之后从中得到了许多乐趣,成为了自己的一个爱好,现在很开心也很享受这一过程。不管是在台上唱采茶戏,还是在台下从事采茶戏服务工作,都让她觉得是在做有价值的事情。

她还说:"自己也会一直唱下去,直到唱不动为止。"说现在自己在高姐采茶剧团带班唱戏,已经有20个年头,目前已经渐渐将自身技艺传给下一代人。高姐采茶剧团里现有15人,各个年龄阶段的演员都有,年纪最大的五十多岁,目前最年轻的演员是一名90后的姑娘。采茶戏的活动形式主要是外出唱戏。有时候到固定的演出场所,有时候到乡镇村里。

二、千里奔波唱采茶,为把艺术播天涯

钦南采茶戏作为钦城之粹,自然有史可循。据清乾隆年间李调元的《粤东笔记》载:"粤俗,岁之正月,饰儿童为彩女,每队12人,人持花篮,篮中燃一宝灯,罩以降纱,以絙为大圈,缘之踏歌,歌《十二月采茶》。"到了道光年间,"采茶灯""采茶歌""采茶舞"开始以故事为主线,编写出有人物、环境、情节的小戏,成为上元演出的"百戏"之一,故被称为"采茶戏",也叫"唱采茶"。

作为传统戏曲之一的采茶自然少不了"生、旦、净、丑"这四大行当,与花鼓戏、彩调剧、粤剧等剧种略同。而所用的乐器主要有二胡、扬琴和锣鼓。早期的采茶戏题材以歌颂劳动和爱情为主,当演变成有故事、情节、人物的"采茶戏"后,戏剧的题材更广泛了。有的反映劳动人民的生活和斗争,有的表现普通群众的爱情。但不管表现哪方面的内容,都离不开表现人的命运。

钦南区"采茶戏"中最经典的还是"贺茶"。这是一种专为当地主人现编的一段祝福溢美之类的戏段。"贺茶"到了精彩处,看戏的年轻人纷纷解囊向漂亮的"采茶娘"献爱心,如此"唱采茶"达到了高潮。

采茶人四海为家。采茶人谈及唱采茶来便有诉不尽的话题。既然决心要唱采茶，那就必须要吃得了苦。世间的苦千万种，唱采茶便是其中一种。平常练功不怕苦，对词曲的练习都必须下足了功夫。钦南采茶戏受欢迎的程度从剧团一年三百六十五天的辗转奔波中便可知一二。钦州人民逢年过节、婚姻嫁娶、满月做寿都会请来采茶剧团唱上一曲，因此，经常到乡下甚至更偏远的地方去演出是常事。纵使条件艰难，甚至没吃饭、没地方住的事情时有发生，戏班人都不畏辛苦。

下乡唱戏，舞台搭建、演员化妆都得靠演员自己完成。如果遇到风雨天气，更是十分危险。恰逢笔者采访当天，邹月娟所带领的高姐采茶剧团到乡下演出。上午与其约定好见面的时间地点，正是晚上。演出地点在一个较为偏僻的村子里，绵延的小山坡，伴随着星星点点散落的民居。由于是在夜晚，光线极暗，四周只有鸟鸣叽啾与蝉声哀怨。路途甚为漫长，又因偏僻，恐惧夜晚黑暗的道路，笔者心里一度打起了退堂鼓。然而直到真正想要放弃的那一刻起，蓦然远远地，仿若天籁般传来捻着嗓子的戏腔，一字一曲，落于人心，强有力地鼓动着人继续前行。

到达一个搭着简陋舞台的地方，便立即有一男一女两人迎上前来。女士热情地招呼着，自我介绍她便是邹月娟，随即将笔者带进简陋舞台的幕后。在那里，待会儿要上台的演员们正热火朝天地化着妆，一阵阵脂粉的香气飘来。伴随着扩音器里的唱腔，沉甸甸的历史记忆顷刻将人席卷包围，随即沉浸于文化中，幻化事中人。

演员们为演出做准备不停地忙碌着，咿呀唱腔正从音频设备中播放出来，为即将到来的戏预热。伴随着剧团后勤人员的吆喝，几根杆子将一块大红色幕布撑起，几盏大灯把舞台照亮，一个简易甚至可以说是简陋的舞台便搭建好了。而采茶人依旧有条不紊地往脸上抹着红白两色脂粉，熟练的操作证明着她们多年的采茶经历。无论是脸妆、头饰、服装皆是由采茶人自己完成，外人插不上手亦无法插手。不算精美的服饰却依旧能够吸引目光，令人无法自拔。直到邹月娟亲切招呼坐下，笔者才将思绪带回到现实中来。

她还向我们展示了演出时用的各种道具箱子，箱子的外表已经被磨出年代的印记，像是一件件被珍藏许久的古董。表演所用的道具看得出非常陈旧，表面看得出被岁月打磨的痕迹。尽管它们已经不再光鲜亮丽，但是其在剧团表演中仍有使用价值。演员们在与其打交道的过程中产生情感，无论新旧，依旧是采茶人的宝,舍不得丢弃。

虽然条件艰苦,但是演员们还是乐呵呵的。他们说,可以唱戏给乡亲们听,这是让人很高兴的。当幕布拉开时,每一位演员都会将角色情绪投入其中,尽力将每场演出完成得最好,将精彩的采茶戏呈献给每一位观众。一招一式中透露出简朴而不失美感。每一句唱腔都带有自己的情绪,很是感人。艺术不分贵贱,传统戏曲也是中华传统文化中的一部分,有其存在和发展的价值。

取材于最朴实的人民生活,反映的也是日常生活中的小故事,笔者认为,这就是采茶文化的精髓与魂魄罢!顿时心中敬意油然而生。

三、倾情一路陪伴,致力传承发展

天天都与采茶戏为伴,采茶早已融入骨血里,成为人生中不可分割的极重的部分。关于腻烦一说,邹月娟却不赞同:"采茶一唱便是一年三百六十五天,刮风下雨,晴天暖阳,能唱必须无休止地唱下去。"

到如今,采茶已经不仅是一项简简单单维持生活的技能,而早已在日复一日的陪伴中成为了另一种娱乐自己的形式。所谓一项职业,热爱并且以之生存,那便是一辈子可坚守的东西。邹月娟脸上笑容不减,激昂地说自己每天都会哼上一小段,有时候也会约上曾一起登台演出的戏友,与朋友们唱上几段,排排节目,甚至偶尔也给自己扮上一个装;偶尔也会看看网上或者平时演出时所录制的采茶视频,以此为隐于幕后时之乐。

空闲的时间里邹月娟会陪伴家人。多年来,邹月娟的采茶之路少不了家人的鼎力支持。父亲的采茶启蒙,大儿子常常会在戏班下到偏远乡村时不辞辛苦将母亲送达。已经有了两个孙女和一个孙子的邹月娟,也会偶尔把孙子孙女带到演出的地方。相信在自幼耳濡目染之下,十多年后,便会出现下一个邹月娟,延续着传唱百年的采茶故事。

每逢下乡演出时,村里的男女老少都会三三两两结伴而来。夏夜凉风习习,却抵不住人群密集,空旷的场地也如幕后一样热火朝天起来。观众们皆自带凳子,手拿扇子,或站在一旁,只远远张望。当舞台灯光亮起来,熟悉的采茶伴奏乐器音调在宽阔的场地渐渐响起来时,观众也逐渐安静下来。不仅是演员,连观众的情感也投入到剧情中,大家随着故事的发展,心情也是跌宕起伏,随着情节发展时而迸发出欢快的笑声,紧张时又变得格外凝重。

张弛有致,扣人心弦,曲终人不散。

群众喜爱采茶戏,给采茶戏的发展提供了主要的生长土壤,但是其发展还是面临严峻的问题:缺少人才,缺少发展资金,缺少市场前景。剧团的数量逐渐减少、规模逐渐变小。缺少青年演员,没有新鲜血液的加入。学习采茶的过程十分艰苦,且收入较低,导致愿意去学习这门艺术的人越来越少。市场需求也在不断减少,大多数听采茶戏的观众都为中老年人,使得其难以蓬勃发展。

对于民间文艺采茶戏的传承,邹月娟自有盼望,肯定希望一身技艺后继有人;希望这个热爱了一生的职业其在今后的年岁里生生不息,传承、发展,也希望有更多的像自己一样的人可以热爱这个行业,参与进来,将钦南采茶戏这一非遗文化传承发扬光大。

其实在想要把采茶戏发扬光大这件事上,邹月娟也在做着自己的努力。除了加深大家对传统戏曲采茶戏的了解,更希望采茶戏能够走得长远;让更多人前来看戏、听戏,了解到如今钦南采茶戏发展所面临的困境;呼吁相关部门加大对其发展的关注和重视,更好地传承和发展民族文化中这一承载一代代人记忆的本土文化,不知不觉中增强人们的民族文化自信;让采茶在钦

邹月娟在钦南区文化旅游系列活动中表演

州这片热土上传播开来，让这承担一代代人记忆的文化传承下去。凡此种种，皆是她采茶理想计划中的一部分。

滨海小城钦州此时正处于北部湾发展的新时期。既要发展，那么便离不开经济、政治与文化三者的共同发展进步。恰逢此般契机，希望可以借助良好机遇将这些珍贵的具有价值的非遗文化传播开来，让更多人加深对采茶戏的了解，关注采茶戏的发展，让优秀的文化得以一代一代传承。谈及此，笔者从邹月娟的眼中明显看见了坚定。

后　记

采访接近尾声时，已近夜晚八点，简易的舞台已经搭建好，采茶人服饰脸妆齐备。一个剧团里最小的登台者在幕后欢快地跑着。她前几天在另一个舞台上演了一个小乞丐，而今晚这一出《哑女告状》并无她的角色。从幕后转至台前，隐于一旁看一出好戏，心中滋味万千。可惜，今夜台上没有邹月娟。经历20多年的采茶生涯，此刻她依旧陪伴在剧团周围。

从"小姐""丫鬟"到"夫人"，经过岁月洪流的汹涌淘洗，一代采茶人的表演舞台正渐渐落幕，而采茶音腔却像往复旋转的陀螺，一代又一代，不停旋转。经过历史的洗礼，这历久弥新的音韵，将永远萦绕于一代又一代听众的耳畔。

陈　韦 / 文

空巷回荡戏曲声，最喜采茶唱戏来
——记钦北采茶戏代表性传承人施杨春

在我国密如繁星的众多城市中，在举世闻名的北部湾顶上，有一座颇具特色的滨海之城——钦州。钦州民间文化源远流长，丰富多彩。为了更好地保护、传承和发扬钦州市非物质文化遗产，我们在老师的指导下利用假期时间进行社会实践，对钦州市的非物质文化遗产传承人进行实地采访考查，了解传承人，了解文化传承情况。

采茶戏，源于江西，约在1780年传入钦州，经过200多年的发展，如今已成为

钦北采茶戏代表性传承人施杨春

具有钦州特色的地方采茶戏，2006年1月被列入国家级非物质文化遗产保护名录，2006年9月被列入第一批广西壮族自治区非物质文化遗产保护名录。采茶戏与盛产茶叶有关。明代，赣东、赣南、赣北种茶的地方每逢谷雨时节，劳动妇女便一边采茶一边唱山歌以鼓舞劳动热情。这种在茶区流传的山歌被人称为"采茶歌"。到了道光年间，"采茶歌"开始以传说故事为主线，编排了有人物、情节、环境的戏，故被称为"采茶戏"。钦州市钦北区那蒙镇岳马村的施杨春正是这门非物质文化遗产的代表性传承人。

2018年7月16日，在一个艳阳高照的午后，我们调研小组一行人根据约定地点驱车前往钦北区汽车北站附近拜访施杨春，地点正是当晚施阿姨表演采茶戏的地方。到达目的地后，我们看到的是一位衣着朴素的中年妇女正在吃午饭。一同随我们前往的指导老师向我们介绍到，她就是我们今天要采访

的对象。阿姨热情地招呼大家一起坐下来吃。和蔼的笑容，纯朴的气息，瞬间拉近了我们之间的距离，几句家常，阿姨渐渐打开了话闸子，向我们说起她与采茶戏的那段情……

一

1970年3月，一阵响亮的婴儿啼哭声打破了山村的宁静，那蒙镇岳马村又迎来了新生命。小生命的诞生给村庄增添了一丝新希望。

说起儿时与采茶戏的缘分，她的笑就像清泉的波纹，从嘴角的小旋涡里溢了出来，漾及满脸。

采茶戏采取的演出方式是一种巡演。采茶戏剧团常常到各地区、各乡村演出，施杨春从小就接触到采茶戏，每逢有采茶戏下乡演出，就会从家里拿上小板凳去听戏。初中时，采茶戏团到二马街演出，演出结束后，当时有个抽奖的环节，施杨春中了自行车和收音机。在80年代，有着"四大件"的说法，即自行车、缝纫机、收音机、手表，施杨春一下子得到了两样"大件"，别提多开心了。施杨春也一直梦想着能骑一辆自行车去上学，但父母都在家务农，家里经济条件有限，在那个年代能吃饱穿暖已经是一件非常不容易的事了，哪敢奢望能拥有一辆自行车呢。如今得到自行车的她满心欢喜，心仿佛荡漾在春水里。

施杨春就这样与采茶戏有了深厚的缘分。对采茶戏产生了兴趣的她萌生了学习采茶戏的想法……

二

施杨春是钦北区那蒙镇人，那蒙镇与小董镇相邻。那年施杨春初中毕业，小董镇居委会开设了一个采茶戏培训班，公开招人。听到消息的施杨春前往剧团打听。她无比地向往，希望能够进入戏班学习采茶戏。她想把握住这次机会，但还是晚来了一步，剧团招满人了。

"满人了？不，我不想放弃这次机会，我想学习采茶戏。"她暗自下决心，于是找到剧团负责人，说她愿意从家中自带大米到采茶戏班学艺。负责人答应了她，如果她唱得好就留下来，唱不好就回家。

能得到这样的方式进入戏班接触采茶戏，她非常珍惜，同时也不想辜负家里人提供大米把她送到戏班学习，所以学习非常认真。

因为她只能旁听，没有老师在一旁指导，所以要比其他人更努力才能学到东西。每当人家上课时她就在幕布的后面自学，观察唱戏时的台步、动作、表情、唱腔，并牢牢记在心里，因为她知道如果学不好的话就没有机会留下来继续学习了。

在采茶戏表演中唱腔和舞姿是最基本的。广西的采茶戏主要由茶腔和茶插两部分构成，其中茶腔风格柔和，朴实自然，采用的是五声调式的曲调，旋律平和，起伏不大，而茶插是根据音乐情感表达的需要，是在茶腔中自由插入新的材料，主要包括本地或当地的民歌小调、说唱等。她必须要发掘、了解、掌握唱腔中的精髓。在舞姿上，舞步是舞蹈艺术基础中的基础，施杨春在观察后不断加强自己对舞步的练习，打牢自身基础。

她幽默地把这一段经历形容为"偷师"。功夫不负有心人，经过三个月的"偷师学习"，她通过了考核，采茶戏班决定把她留下来。这个学习机会对她来说来之不易。她要好好把握，好好珍惜。

从此她就跟着她的师傅，也就是小董采茶剧班负责人，人称罗四叔，在小董采茶戏班学习、开始她的表演之路。她还和我们说，当时除了戏班的罗师傅外，她印象最深的还有一位老师——黄家学。黄家学来自钦州，是采茶戏的权威人士，也常到戏班指导教学。

1989年，施杨春开始登台表演，并不是一开始就挑大梁，而是从最底层的兵差做起，1994年当上了主干，也就是我们常说的主角。她还和我们介绍了她的四个传统节目：《梁山伯与祝英台》《五子图》《恩仇记》《张家奇案》。

汗水是滋润灵魂的甘露，奋斗是实现理想的阶梯。学艺之路有苦也有甜。这来之不易的学艺机会，这让她更加坚定了她对采茶戏的信念。幸运不可能持续一辈子，能帮助你持续一辈子的东西只有你个人的能力。施杨春觉得自己只有不断提高自身的能力才能在采茶戏这条道路上越走越远，因此在戏班中她虚心学习，认真揣摩自己扮演的每一个角色。

如果青春的时光在闲散中度过，那么回忆岁月将会是一场凄惨的悲剧，我们只有不断奋斗才会充实自己的人生，人生才不会有遗憾。施杨春在青葱的岁月里为自己的采茶戏梦拼搏。她感谢自己曾经的那份拼搏……

三

聊着聊着她想起在剧团时的往事，也忆起了自己在剧团的青春岁月。这时她的脸上浮起了浅浅的笑意，和我们聊起了剧团里的事……

施杨春说，当时剧团有个普遍的现象就是戏班女生少，男生较多，很多演员都是"男扮女装"。她和我们说这个的时候把我们在场的人都逗笑了。

其实"男扮女装"背后有着许多历史的说法，这在中国戏曲文化中也非常常见，不仅存在于采茶戏中，也存在于其他剧种中，如京剧中著名的梅兰芳。这种"男扮女装"现象其实是古代流传下来的，因为封建时代女子无权登台演出，男权思想的左右，出现了男演员较多的现象。而现今中国女性的地位有了很大的提高，在戏剧舞台上占据一席之地，慢慢地越来越多的像施杨春这样对采茶戏感兴趣的人加入。她也说如今"男扮女装"的现象越来越少了，没有以前那么多了，现在有了很多漂亮、年轻的女生也加入到采茶戏的团队。

施杨春还是一个挺幽默的人，开玩笑地和我们说，别看她现在胖胖的，年轻的时候也是一位大美女，身材苗条、五官清秀，当时她能留下，部分原因也是她的美貌。

虽然岁月无情地在她脸上留下了痕迹，但是五官依旧别致，始终也挡不住她身上散发出的一种特有的气质……

她所在的这个戏班是一个民间戏班，在酬劳问题上，有多少大家就一起平分，有时候多，有时候少，有时候也会分文没有，但是凭着对采茶戏的一份兴趣，一份坚持，大家不在乎收入或多或少。

她说她并不是一直在小董镇，后来加盟其他戏班，从小董镇到大寺镇，再到钦州，然后到防城港的茅岭。1994年，当上主角后，名气在圈内也传开，哪个戏班有需要就会请她到哪表演，相对自由，不单单只在一个戏班工作。

四

遇见采茶戏是她一辈子的幸运。采茶戏不仅让她收获了事业，也让她收获了爱情。说到这里她低头遮脸露出了腼腆的笑容，和我们聊起了她的丈夫。

施杨春和她的丈夫是在采茶戏剧团相遇的。聊起相识过程，她说两人有点像一见钟情，感觉对了就在一起了，不早不晚。

两个人都从事有关采茶戏的工作，有着共同的话题，既是恋人，也是知己。知己之间，可咫尺，可天涯。相知相惜的情谊是缠绵于曲径通幽处的酒香，纵然巷深，难掩其醇。其实人生是无奈的，当我们感到孤独痛苦和失意的时候，多么需要身边有一个懂你的人陪着，陪看风起云涌，陪看潮起潮落，陪看世间沧桑……

1997 年施杨春和丈夫步入婚姻殿堂。她的丈夫名叫陈建亮，婆家在那蒙镇竹山村委。婚后他们开启了幸福的小日子，育有两个女儿和两个儿子。

2001 年他们成立了属于自己的剧团，两人一起创业，携手并进，一起为采茶戏奋斗着。

采访那天她也和我们介绍了剧团的一些情况。人员一共有 15 人，男女各占一半。剧团演员的流动性较大，缺乏固定性，有人出，也有新人进，新人为剧团注入新血液，加入剧团的演员一般都是有基础的，在培养上不用花费太多的精力。不过乐器演奏人员是固定的，有两位固定的师傅拉二胡、弹杨琴、击鼓，还有两位是管理财务的。

采茶戏剧团表演一般是下乡表演，有时是单位邀请演出，办酒席请采茶戏剧团的唱上一出，是很喜庆的一件事。因此，民间的结婚、百岁宴、老人大寿等喜庆的事都会请上剧团表演采茶戏。

他们主要是在钦州、北海、防城港这一带进行表演，而南宁、崇左一带有时也会去。对于收入报酬，如果是受邀去表演的话收入就会比较可观，而如果是下乡表演的话，其实就是服务群众，让一些感兴趣的群众能够看上一场采茶戏，观众想给多少钱就给多少，不做强制性要求，通常是表演结束后就拿着盘子去接，喜欢给就给，不喜欢也没事。

五

经常外出表演的他们，生活流动性比较大，条件艰苦。我们去采访的那一天正巧接触到了她外出表演的生活环境。

那天，映入眼帘的先是一个他们自己搭建的舞台，旁边是一个帐篷，帐篷里摆着琳琅满目的表演服装，还有演出的设备，如音响、灯光等仪器。在这狭窄的空间里还摆着一张小木床。她说这张床就是她睡的。她和我们说因为服装、音响对于表演非常重要，所以晚上需要人看守。接着她和我们说别看这样，这次在这里表演还是比较好的，因为有房子可以提供短期租房，其他人就可以住在出租房里。因为如果是自行组织下乡表演，一次一般要逗留15天，也就是长达半个月；如果那个地方收入可观还会停留一个月左右，所以能有一个短期住房对他们来说非常幸运。如果没有的话只能大家一起住在帐篷里，或者打地铺。如果是单位邀请的话，条件会相对好一点，有些单位会提供食宿；下乡的话，为了节省开支，大部分是自己煮，拿着一个电饭锅，一个煤气灶，一个简易"厨房"就出来了。在我看来，剧团就是她第二个家，一个"流动的家"。

施杨春演出剧照

常常外出，身为一个妻子和母亲的她怎能不想家，不想念孩子呢？牵挂一个人，是闲暇的全部，忙碌时的休憩，母亲牵挂着家中的孩子，那是放不下的情怀，剪不断的情思。可为了生计，为了给孩子、家人提供更好的生活，她们只能作出取舍。

其实很多传统佳节他们都没能与家人欢度，因为节日他们常常会受邀去表演。施杨春说他们夫妇常常白天开车赶回家陪陪老人、孩子，然后晚上又开车赶回来上台表演。寒暑假是她与孩子相处的最好机会，因为可以把孩子接到采茶戏剧团里，带在自己的身边，因此她的孩子从小就接触了采茶戏。她还笑说，她的孩子小时候也会模仿大人唱戏，有时候角色需要小朋友，也会让她自己的孩子上台表演，她的孩子多多少少对采茶戏也有了解。如今她已经感到很欣慰，虽然很少陪伴在孩子的身边，但是孩子们都很懂事，大女儿在广东打工，二女儿是一名幼师，大儿子在职校读书，小儿子上初中。她也没有说一定强制要求他们学习采茶戏，继承她的这门技艺，对她来说兴趣才是最重要的。这么多年来，常常在外漂泊，生活条件艰苦，但是她从没想过放弃采茶戏。是兴趣支撑着她，采茶戏已成为她生命中的一部分。

后 记

采访接近尾声时，她带我们参观了一下衣服和一些道具。采茶戏的服装以绚烂缤纷的色彩为主，男性服装以黑、蓝为主，女性服装大多数是红色、紫色、粉色。舞蹈表演的道具也是体现艺术特色、表达情感的重要载体。采茶戏源自生产劳动，因此她和我们介绍说采茶戏的表演道具相对简单一些，女性大多以手绢、篮子、花扇等，男性一般是手持彩鞭或者是扁担。桂南地区的采茶戏，主要以八音乐队伴奏，唢呐、鼓、锣、钹是主要乐器，还融入了二胡、扬琴、笛子等民族乐器。

其实采茶戏面临着社会关注度不够、政策扶持少、经费入不敷出的问题。钦州采茶戏剧团在逐年减少，戏迷慢慢老去，加之互联网、电视媒体的冲击，当年"茶鼓一响，万人空巷"的景象少之又少……

施杨春和丈夫都希望相关部门能够采取措施，加大专项资金与活动经费的支持力度，扶持非物质文化遗产传承人，为采茶戏的传承与发展提供动力支持。

合影之后，我们的采访结束，施杨春与我们握手告别……

黄一婷 / 文

采香悠扬，薪火永传
——记防城港采茶戏代表性传承人黄国凤

采茶戏是流行于江南地区和岭南地区的一种传统戏曲类别，产生于清代中期至清代末年，种类繁多，各地特色鲜明。2006年5月20日，采茶戏经国务院批准列入第一批国家级非物质文化遗产名录。据《防城县志》记载，防城港采茶戏至今已有150多年的历史，是防城港在其乡土中多年打造的一个民间传统文化艺术品牌，是广大农村、圩镇群众喜闻乐见的地方戏。它以浓厚纯朴的生活气息，通俗易懂的艺术风格，深受广大群众喜爱。2012年防城港采茶戏经逐级报

防城港采茶戏代表性传承人黄国凤

批获准，进入广西壮族自治区非物质文化遗产名录；2014年防城港又获得了省级的"中国民间文化艺术之乡——采茶戏之乡"称号。可以说采茶戏在防城港得到了很好的发展。

2018年1月19日，春节前夕，笔者一行人历经艰辛终于在钦州扬帆大道旁边的巷子口见到了衣着朴素的代表性传承人——黄国凤先生。他很热情地接待了我们，随着我们的交谈逐渐深入，采茶戏的神秘面纱在我们面前缓缓摘下，他与采茶戏之间的传承缘分也一一浮现。

一、缘起父母望，艺与少年长

1974年8月一个普通的日子里，黄国凤先生诞生在钦州这片热土上。由于父亲是采茶戏剧团里面的二胡演奏者，他从小就受到了采茶戏的熏陶。当

时每个地方还有一个生产大队，每个生产大队都会有一到两个采茶团，这都是民众根据自己的兴趣爱好自发组织的，大概会有十几个人在晚上搭台表演。因为那时候晚上还没有太多的娱乐活动，莫说手机电脑，电视都是一个稀罕物，一个村可能只有一台，还会经常停电，所以看采茶戏就成为了人们晚上娱乐活动的最佳选择。村民们闻戏而来，特别是小孩子，更是对采茶戏期待万分，看得目不转睛。有时兴起，孩子们还会跟着唱那么几句，如果被剧团的表演者们听到，发现了合适的苗子，也会教他唱几句，甚至收徒授艺。黄国凤先生就是这样在懵懂的孩提时期初步地接触到了采茶戏，从此开始了与采茶戏一生的缘分。

他第一次真正意义上接触采茶戏还是在 16 岁的时候。时间匆匆流逝，昔日的懵懂孩童被岁月拔高成了俊朗的少年郎。少年心中怀揣着对远方的渴望在初二那年离开了学校。可也正如歌里唱的那样，外面的世界很精彩，外面的世界也很无奈，他还是回到了家中。父亲不忍看他颓唐无为，推荐他去剧团学唱采茶戏，在儿时美好印象的影响下，他欣然应允。于是他便迎来了白日勤快干活、夜晚学唱采茶的学艺时光。这样忙碌而又充实的生活转眼就过了三四个月，为了锻炼初学者的水平和胆量，他们这批新生都要上台扮演一些跑龙套的角色，或作为一名小兵大声应和，或成为一个小将站成布景。虽然角色很小，可是却给了他面对灯光和处于观众目光焦点的机会。经过了跑龙套的磨练之后，他终于得到了出演正式角色的机会，饰演一个阴险狡诈的反派角色，演技虽然稍显稚嫩，可也博得了满堂彩，一切努力都得到了回报。然而这离达到一个真正的采茶戏演员的标准还很远，还需要通过多年的上台实际表演的经验的积累才有可能达到。

婚姻是讲缘分的，在一次偶然的去别的剧团唱采茶的机会，黄国凤结识了现在的妻子，如今琴瑟和鸣，恩爱有加。他们育有一儿一女，儿子读了中专之后就去当兵了，并没有学习采茶戏，女儿现在读初中，夫妻二人从小也带他们去参与演出，只是没有对他们进行专门的训练，孩子们也没有表现出想学的欲望，所以没有与他们进行更深入的沟通。

现如今他已经 40 多岁了，已经过了唱采茶的最佳年华，但是承蒙剧团的人对他十分信服，在 2011 年接任了茅岭采茶剧团团长一职。在接下来的日子里，他转战幕后把上台表演的机会让给了年轻人，但对采茶戏的热爱一如往昔，还是会在台下给演员们讲戏，每次演出结束都会和大家一起总结，争取做得更好。整个剧团也会一起对剧本,一起讨论表演,一起商量怎么才能表演得更好、更打动观众。

二、年长世易,剧团发展靠技艺

茅岭剧团的历史十分悠久,是防城港最早的采茶队。它由本乡著名民间艺人周仕材也叫周六公牵头,成立于1914年,至今已超过100年。当时唱采茶,上场的仅有男童3人,分别扮演"采茶公""采茶妹""采茶仔",同台演出采茶快板表演。"采茶公"头戴草帽,鼻钳短须,手拿花扇;"采茶仔""采茶妹"手拿钱尺或竹板。演员们载歌载舞,快板和演唱均用防城白话,衬词"那支个了开,个依个开"则是南腔北调。100多年来,茅岭采茶队为防城采茶戏的传承、保护和发展做出了突出的贡献。黄国凤先生在小时候就听说过这个剧团。据了解,该剧团一开始是由周六公等几个唱得比较好的人自发组织形成的,最初的时候各方面都十分简陋,没有音响设备,全是靠自己的嗓子喊;服装也不那么讲究,甚至只要拿上一个破草帽就可以开始演唱;幕布也比较短;舞台也比较小。那时候,剧团收来的钱不会分给每一个人,要全部收集起来供剧团使用,采买一些设备,所以当时演出采茶戏的演员没有任何收入。这些演员也不像现在以唱采茶戏谋生,只是因为有相同的兴趣爱好才集结在一起,白天依然要干农活,只是晚上听到哪里需要唱采茶戏,就会去哪里唱采茶戏来增加一点剧团的收入。那时候的交通工具也只是手扶拖拉机,多少个演出的日子里,演员们都是用这个拖拉机拉去唱采茶戏的所需道具。

那时候的照明工具相比于现在也十分简陋,是一种简易的油灯,就是斩一截竹筒,把油灌到竹筒里面,再在外面罩上一层布,然后点燃布,如果火小的话,就直接把竹筒倒过来让油滴到布上,火势就更大,实际上类似于现在的火把。等到黄国凤先生演出的那个时候,用的就是气灯,是烧煤油的,然后把气打进去就是气灯。一般舞台两边左右各一个,亮度大概相当于现在40瓦的电灯泡,也不是很亮,勉勉强强可以看到人影。

随着时代发展,如今采茶戏的服装变得更加讲究,衣服一般都像是唐装,也随着角色的不同有着不一样的样式,如反角就穿得花一点,而正面角色的话就会穿得素一点,大概以此作为一个区别。时移世易,到团长自己唱戏的时代,设备好了很多,有了电灯、高音喇叭。到了近些年,采茶戏成为非物质文化遗产项目之后，政府也拨款，让他们采购设备。在政府的支持下他们有了显示屏、电脑、扬琴、二胡、电子琴、音箱等，甚至还有了一辆大卡车，更加方便剧团的成员们四处奔波演出。剧团也考虑到了听不懂本地白话的观众，每次正式演出的时候，舞台的两侧都有 Led 显示屏，那里会及时滚动着演员唱到的桥段还有独白，让一些非本地的观众也听得懂故事，弄得清情节。曾经有一位来自山东的老板就得益于 LED 屏幕听懂了故事，甚至觉得茅岭采茶剧团唱得非常好，想请他们去山东演出。

虽然设备条件有了很大的改善，但是剧团的发展说到底还是要靠演员的技艺。一般来说，每个采茶剧团都是 15 或 16 个人，这样才够维持剧团营生。茅岭采茶剧团也不例外，现在该剧团包括团长共有 16 个人，其中有一个是编外人员，随心来去，一直固定演出的只有 15 位演员。他们大多都是从小就开始学习采茶戏，基本上没有半路出家的，因此演出的质量都很高，很能打动观众。就在我们去采访的前两天，茅岭剧团表演《磨坊产子》这出戏时，甚至有观众看着看着就流下了热泪。尽管如此，演员们还是在演出之后积极讨论，争取改进自己的唱腔和一些步法。就算是非常有经验的演员也难免会出错，有时候也有演员在台上忘词，由于音乐是当场演奏的，根本不会因为一点小差错就停，演员们遇到这种情况基本都能够自己编词演唱下去。以前还有人专门在台下提词，但是随着唱采茶的人越来越少，剧团每个演员基本都有自己的活干，台下提词这种事也渐渐少了。然而还是会有老一辈的人能够听出差错，和剧团的人反映。虽然都不会有什么实质上的惩罚，出错的演员自己也会觉得不好意思，下次演出会记得更加认真，唱得更加卖力，演出水平就这样逐渐提升了，剧团的名气也越来越大，吸引来了更多有实力的演员。在每个成员的努力下，茅岭剧团逐渐从名不见经传的小剧团发展成为了如今防城港市的知名剧团，现在只要一说起采茶戏就绕不开这个剧团。

三、技艺难传，千般思量为传承

虽然采茶戏的发展已经得到了政府的支持，也被列入了非物质文化遗产名录，但是它的传承还是一个很大的问题。"什么是非遗，简单来说就是很少有人愿意学的东西。"黄国凤团长一提起这个就很沮丧地说道。他回忆起 20 世纪七八十年代很多人都愿意学采茶戏，他有很多的师兄师姐，同届的学员也很多，但到了现在还在坚持唱采茶戏的已经寥寥无几了。80 年代剧团里基本上都是年轻人，只有几个老前辈带带新人，现在剧团里大多是中年人，很少有年轻人了。后继无人这个问题早在五年前他就已经提出了，可是到现在也没有什么切实的解决办法。毕竟现在年轻人都要读书，中学毕业了大多选择去外面打工，而不是回来唱采茶戏，毕竟要成为一个能养家糊口的采茶演员并不容易。曾经也有一些人慕名前来学习，但是都坚持不了多久。这些人一般都是在高中毕业之后就来跟他学习，学习时间比较短，还没有能够完全学会的时候，就已经要到了结婚的年龄，结婚之后如果不是两夫妻都唱采茶戏的话，那他们就会面临着一个人在外面唱采茶戏一个人在家里等着的两地分居的局面。大部分学徒考虑到这个因素就选择了一起外出打工，就这样辛辛苦苦培养出来的苗子都舍弃了采茶戏。现在茅岭剧团里的演员全都是夫妻，他们多数是在唱采茶戏的过程中认识的。以前对采茶戏团队的要求没有那么严格，只要你想去唱，就可以进那个剧团里面去唱。他们就这样在缘分的指引下结为了夫妻，于是两夫妻就一起出来唱采茶戏了。

在以前，大多数学员都是在十五六岁时学习，然后十八九岁的时候就可以上台。现在大部分人都是十八九岁来学，学到二十岁左右，之后就到了适婚年龄，结婚之后也没有心思再学了，宁愿去打工。因为表演采茶戏是没有固定的演出地点的，基本上是哪里有人请就去哪里，一年到头都会在外面到处奔波，所以有一些团员在一个地方待久之后，就喜欢上那里的风土人情，留在那里结婚生子了，也不再随团演出采茶戏了。采茶戏唱一场就是三个多小时，演出的时候又都是在户外露天的地方，没有空调等调温设备，夏天汗流浃背就不用说了，更难以忍受的是冬天的寒冷，所幸唱一场戏通常需要好几个人，并不是一两个一唱到底，倒也还能忍受。唱采茶戏没有国家的资金补贴，都是剧团自负盈亏，完全靠本事吃饭，唱得多得钱就多，唱得少得钱就少；也因为都是在户外露天演出，演出受天气影响也很大，大雨大风天基本上也不会演出，更没有五险一金之类的保障；每年防城港市文化馆只会补贴买设备的钱，却不会补贴给你演员个人。农村有挺多人想学，但是一般高中毕业之后再学几年就到了适婚年龄了，大多数都会选择回家成家立业。

现在采茶戏传承遇到的问题主要有以下三个方面。

第一，传承最严重的问题是没有专门的培训学校。现在采茶戏没有专门的学校，基本上每个人都是自学的，通过模仿人家，看人家怎么唱，然后自己就吸收模仿。以前，钦州有一个专门的教采茶戏的地方，叫成年团，但是后来因为没有足够的资金支持就倒闭了,之后就再也没有听说过哪里有学习采茶戏的专门学校了。包括团长本人也没有受到过专门的学校培训,都是跟着村里老一辈直接学习的。没有专门的培训,要成为一个真正的优秀的采茶戏演员,要经过更多更苦的磨练。

现在,这些想学采茶戏的年轻人都只能选择跟团学,团里的师傅能教的有限,因为师傅自己也有自己的演出要准备,也不可能一直抽时间来教,零零散散教的话就不够系统,只能靠个人的领悟能力,要用大量的演出来磨练。然而一个团里就这么多人,赚的钱也基本上固定,如果要多加一个学徒进来,要包他吃喝住等费用,而且出师时间最快就两年,慢一点的话要三四年,长此以往,每个人得到的钱就会减少,团里的人心里也会不乐意。再加上也不是每个学员学了采茶戏之后就能红的,团长曾经有一个徒弟学了两年也没有出名,之后难以维生也就放弃了唱采茶戏。

第二,剧团里面人数饱和。一个剧团里一般就十五六个人,如果有新人加入的话,首先就没有那么多帐篷给他住了。其次是饮食,平时的三餐就不说了,在人家请剧团吃饭的时候,15个人刚好能够凑一桌,人家请你吃饭就比较方便,一桌就够了;如果有新人的话,那么一个团就要占两桌,要用两桌的菜,人家也怕承担这个负担,肯定就不怎么乐意了。最后是分配工资的问题,新人来的话,剧团要按百分比给他分工资。钱如果从剧团里面出的话,那肯定就要扣掉一些别人的钱,别人辛辛苦苦唱一个晚上,还要被你这个不上台的分走一些,肯定会不乐意,这样下去,就留不住人才,剧团就不能很好地发展。

第三,归根结底也是资金的问题。剧团方面希望能够获得更多的资金支持,如果政府那边有人带头创办学校的话,剧团的演员是很愿意在里面担任教师的。如果新人的工资都可以由政府那边包了的话,那么剧团只要教新人采茶戏的知识就可以了,如果是这样的话,那剧团也能抽出一定的资源培养新人。然而,现在的问题就是没有那么多的资金。尽管政府、剧团方面都在努力,但冰冻三尺非一日之寒。

四、传承不堕,采香悠扬万里闻

就算传承的路上有着许多可见可不见的困难,各方面都在为之努力。首当其冲的就是采茶戏演员们的演出、生活状况,这直接关系着传承。采茶戏的演出条件一般都很艰苦，但是每个剧团就算再困难也会买一辆大卡车，装完他们的所有家当，剧团成员都是车走人走。每到一个地方剧团成员们就会自己搭好足够的帐篷供演员们居住休息，表演的舞台也是在居住的帐篷前面搭好的，所需的木材、幕布、锅、碗等生活用品都是放在车上的，车子就像是剧团成员们一个移动的家。而帐篷里的水、电等日常生活所需的东西如果不能随车带走的话，都需要他们自己想办法解决。世上好人多，但也有不那么好的人。有些地方的村民不愿意给他们接水接电的话，那他们也没有办法，只能另外去找愿意给他们接水接电的人家。有时候一些村民也不愿意给他们用自己的厕所，因为他们剧团的人有十五六个，如果都用一个家里的厕所的话，就非常麻烦，会使得那个家的主人自己有时候也不能用，所以他们只能分散开来去各个人家借，非常麻烦。谈及这些困难黄国凤团长感慨万千："但是这么多年风风雨雨的都过来了，没什么事情是不能解决的。"对采茶戏的热爱使剧团成员努力演出，获得了收入，更获得了许多观众的喜爱，这也是剧团能够继续发展壮大的一个重要原因。政府也在资金、宣传方面帮助剧团，每年基本上都有一定的资金供剧团采买设备；在2015年还组织过采茶广场舞比赛，也向上级部门申报过惠民演出；在2017年4月还创办了一个防城采茶协会，主要成员包括茅岭采茶剧团、永明采茶剧团、江山采茶剧团、春天采茶剧团，在提高采茶戏艺术整体水平、发扬传统文化、丰富市民的文化生活、加强精神文明建设等方面都起到了积极的作用。

什么事都要从娃娃抓起，学习采茶戏也是这样。防城港市现今很重视戏曲方面的传承，举办了一个戏曲进校园的活动，取得了不错的成效。可是茅岭剧团的演员大部分是钦州人，大多更愿意在钦州、合浦等地演出，方便回家照看亲人。虽然防城港文化馆方面邀请他们回去教学，但是茅岭剧团并没有太多时间和人手回防城港参与，黄团长谈起此事觉得非常遗憾，可是也没有切实的办法来解决。所幸在防城港的永明采茶剧团积极响应政府的号召，也让"戏曲进校园"这个活动办得如火如荼。

谈到技艺的传承，黄团长瞬间来了精神，给我们详细讲解了唱采茶戏的三个要求，即"声、色、艺"。"声"顾名思义就是指演员的声音；"色"就是指演员的长相、身材；"艺"就是指演员的技艺技术，包括上台的身段、表情、言语等。前两者是天生的，除非整容一类的后天手段干预，否则很难改变，所以艺人们追求的就是最后一项"艺"的掌握。学习采茶戏不可避免地要学习曲牌、曲调，比较广泛运用的是南音、高平调、低平调，应和之间都有一定的规律。而采茶戏的一些特色表演技巧，如矮子步、扇子舞、打钱尺现在已经很少有人会跳了，只有一些老前辈还能掌握。这些一般是热场时候跳的，现在剧团演出热场基本都用电脑播放音乐，渐渐地也很少有年轻人去学了。

剧团对采茶戏的改进也从未停止，时代在发展，观众和演员都在进步，观众对采茶戏的要求更高了，剧团也在不断改进。近年来，剧团不断创新，在演出前都有宣传政策、法律的节目。如自编现代采茶快板说唱《防城港市创辉煌》《诚信计生新创举》《文化吹响进军号》《禁毒缉毒不放松》《十八大精神指方向》《神州唱响中国梦》等节目，在开场前进行宣传演出。还为建高铁征地搬迁创作了《横财梦》，为计生宣传月创作了《婆媳劝家公》，为司法局法制宣传月创作了《荒唐婚姻》等采茶小戏。

黄团长还特意提到了广东的粤剧。粤剧相比之下各方面都比较规范，因为粤剧是国家级的项目，有专门的培训学校，采茶戏就没有这种条件，所以黄团长也在向粤剧的改良方向不断学习。现在更是赶上了采茶戏在北部湾的发展机遇期，回想90年代的时候，当时没有什么人请剧团演唱，只能唱个三五天，然后等活干，不能维持生计，那时候好多人都改行了。到了21世纪初，政府扶持，加上名气已经有了，经济效益高了，就吸引到了更多的人来唱了，一年到头都没有停过演唱，像茅岭采茶剧团去年就演唱了290多场，人均工资赶上了出外打工的人，算是发展得比较好的，再加上老一辈有些听不懂普通话，宁愿来听采茶戏，所以这几年发展得更好。

当然，现在娱乐活动增多了，电脑、电视、KTV、广场舞等休闲活动有越来越多人参与，采茶戏也不可能像刚开始那样吸引到整个村的人都来观看，但是对采茶戏的积极创新从来没有停止过。黄国凤团长每年大概都会创作10个新剧本，融入现代的段子，由于采茶戏基本上都是古装戏，所以表演效果还在不断地摸索。采茶戏也积极宣扬新政策，关于党的十八大、十九大都有一定数量的唱词和剧目。黄团长表示："虽然采茶戏不会在我这一代灭绝，但也想把老一辈的文化传承下去，流传上百年的文化在我们这代断绝的话，我们就是罪人了。"值得庆幸的是在申遗成功之后，采茶戏得到了被更多的人了解的机会，大大促进了采茶戏的传播。

几十年来对采茶戏的热爱和付出，使得黄国凤和他的采茶剧团赢得了不少荣誉：2005年8月，该剧团获广西壮族自治区文化厅授予"优秀村屯文艺队"荣誉称号；同年12月获中宣部、文化部授予"全国服务农民、服务基层先进民营文艺表演团体"荣誉称号；2013年采茶戏被列入广西壮族自治区非物质文化遗产项目名录；2015年黄国凤被授予防城港市首届民间文化人物。茅岭采茶剧团的传承人先后换了五代，队伍历经坎坷始终不散，并长期坚持为基层为农民服务；他们继承传统、古为今用，不断创新，坚定走民间传统表演艺术的复兴之路、发展之路。他们为防城港采茶戏的保护、传承及发展做出了突出的贡献。千辛万苦采茶忙，如今终闻茶香飘。

后　记

防城港采茶戏早已成为广大农村白话地区群众喜闻乐见的戏曲剧种之一。它以独特的防城港采茶曲牌，独特的矮步、上三步、下三步和花扇舞、钱尺舞、手绢舞，以及唸白、唱段都用防城白话演出等三大特色逐渐流传开来。经前辈们多次深入基层采风、挖掘、整理，大胆吸收，外为我用，防城港采茶戏的曲牌由原来仅有的"十二月采茶""十月怀胎""南音"几种，发展到唱腔有"大落茶园""小落茶园""高四平""中四平""低四平""十绣""仙腔""哭腔""强盗腔"等，击乐有"冲头""三排九""洗马板"等，曲牌共70多种，并整理成《防城港采茶戏音乐集》。伴奏的乐器由原有的唢呐、二胡两件头，增加了扬琴、笛子、三弦、琵琶等多种。演出的采茶戏，除了小戏外，还创作或改编演出了大型古装传统采茶戏《刘三姐》《五子图》《状元与乞丐》《二女争夫》《隔河看亲》等多个；排演了大型现代采茶戏《山乡恩仇记》《南方来信》《三里湾》《三约湖心亭》等多个。演出的范围除了在防城港县城和各乡镇外，还巡回钦州地区各个县城、乡镇，以及广东部分地区县城、乡镇。

政府更是以巩固现能正常开展演出活动的茅岭、江山等采茶团为主要工作，每年都给予一定的经费，解决各团队剧目生产、排练演出中所存在的困难问题；还充分发挥区文化馆的职能和防城港采茶戏传承人的作用，每年举办一至两期"采茶戏表演艺术培训班"，在一定程度上解决各团队演员业务水平提高及后继乏人的问题；在防城港采茶戏的发祥地茅岭乡，建立"防城港采茶戏展示及传承基地"；在2015年第一次创作、辅导"防城港采茶广场音乐健身舞（操）"，使其增加新的表现形式，以达到其社会效益的更大化。结合农村奔小康、新农村建设，重点抓好重建或新建若干支村级采茶队的工作。防城区文化馆派出人员深入区内各村，做好调查摸底及协调组织工作，尽力为村一级采茶队的重建或新建创造必要的条件；凡有条件重建或新建并已经组建的村级采茶队，区文化部门都将给予一定的启动和扶持资金。

政府还坚持每年举办"防城港采茶戏表演艺术培训班"，着重于新队伍、新人员的业务培训，区文化馆业务辅导人员带上根据防城采茶戏的传统艺术表演程式而编成的"采茶组合"深入各团队、学校、社区进行巡回培训，以扩大防城港采茶戏的普及面。防城港采茶戏作为主要为最基层广大人民群众服务的民间文化传统艺术，100多年来能生生不息，主要因它浓厚的地方特色、朴实的艺术风格、通俗易懂、贴近生活、贴近群众，而具有顽强的生命力；更因有一代又一代热爱这一民间表演艺术的广大民间艺人，不辞辛劳，刻苦传艺，坚持不懈，奉献真情，才让它春色常在。

今天，防城港采茶戏的传承、保护和发展工作仍然是一项长期的工程。它面临着文化艺术多元化、群众欣赏习惯大变化、原有的观众已老化等突出

黄国凤为采茶戏演出弹扬琴伴奏

问题。要克服这些困难，必须勇敢面对、积极改进。防城港采茶戏和其他非物质文化遗产一样，其传承、保护和发展要依靠政府扶持。防城区文化主管部门制定了《防城港采茶戏保护措施及发展规划》。但这个规划仅为这项长期工程奠定了基础，要想让防城港采茶戏这一防城港民间艺术品牌千秋万代传下去，仍需要好多代人不懈努力；更需要我们这一代人明确自己的责任，发扬敢于担当的精神，做好每一阶段的具体工作。

如今随着各采茶团队活动范围的不断扩大，演出场次的不断增加，防城港采茶戏在广大农村早已家喻户晓，深入人心，采茶戏的VCD也走进了寻常百姓家。在各级部门的高度重视和大力扶持下，在所有采茶戏艺术工作者的继续努力下，这一非物质文化遗产相信会得到更好的保护、传承和发展。

正如防城港市文联、市诗词学会所创作的词所说："艺苑长青树，文坛锦绣花。植根百姓众民夸，茅岭数采茶。古调乡村唱，党恩颂万家。唱红南国誉中华，老戏绽奇葩。"

最后，衷心祝愿防城港采茶戏薪火永传，永葆生机！

向春珍 / 文

茶香醉心人神往，一曲名乐永流传
——记防城港采茶戏代表性传承人钟永

采茶戏是流行于江南地区和岭南地区的一种传统戏曲类别，产生年代是清代中期至清代末年，种类繁多，各地特色鲜明。广西的采茶戏剧目多为喜剧、闹剧，传统剧目有《马京与冯凉》《一枝花》等。主要唱腔包括茶腔、茶插两部分，用桂南的八音伴奏，唱腔较轻松活泼，气氛热烈，有浓郁的地方特色。时至今日，在北部湾一带仍旧有着许多大大小小的采茶剧团在演出。这些剧团的存在对于采茶戏的传播和发展起到了不可忽视的作用。防城港市防城区的永明采茶剧团就是其中的一支队伍，而钟永团长在这个采茶剧团中发挥着重要的领导作用。

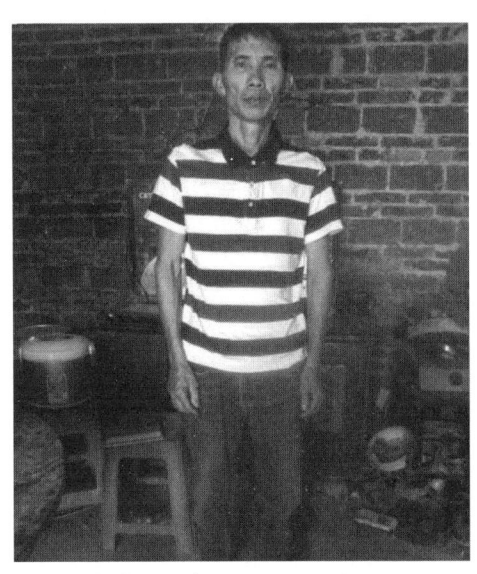

防城港采茶戏代表性传承人钟永

一、初见

2018年1月16日，我们在老师的带领下乘车去了防城港市。我们一行几人要去拜访的是永明采茶剧团团长钟永师傅。正巧采茶剧团在当天晚上有演出，于是决定到演出地点。我们对能够亲眼看到采茶戏的表演内心激动万分。

晚上七点，我们来到了防城区防北路路口。一下车，看到戏台已搭好。所谓戏台，其实很简单，几根柱子、几幅红色的幕布。此时，演员们有的整理幕布和在地上铺毯子，有的在戏台前面和两侧摆放电子显示屏，有的摆放二胡、扬琴、电子琴等乐器。

不一会儿，一个衣着朴素、身形消瘦的老人向我们走过来，腼腆地和我们打招呼，那便是永明采茶剧团团长钟永师傅。在简单的交流中，我们感受到了钟永师傅的亲切和友好，也拉近了彼此之间的距离。未及细谈，钟永师傅又忙着指挥演员们布置戏台，瘦小的身影穿梭于舞台前后。

晚上八点，随着富有采茶戏独特韵味的歌声响起，演出拉开了序幕。当晚演出的是经典曲目《状元与乞丐》。这个故事讲的是算命先生给两个孩子算命，算出一个以后是状元，一个以后是乞丐。被算是状元命的孩子的母亲心想自己的孩子是富贵之人，于是将孩子保护起来，不让他受一点苦。而被算是乞丐命的孩子的母亲害怕预言成真，严厉的教导孩子为人处世的道理。最后，有状元命的孩子变成了乞丐，有乞丐命的孩子却成为了状元。故事生动而真实，演员们在舞台上倾情表演，将充满历史感的故事活灵活现地展示给观众。

我们不禁感叹：原来这就是采茶戏！

我们正式拜访钟永师傅。去到约定的地点，他早已等候多时，看到我们，依旧带着腼腆的笑容。坐定之后，他开始讲起了他和采茶戏的缘分……

二、童趣

在1963年一个平平淡淡的日子里，随着一阵响亮的啼哭声划破小村落的上空，钟永来到了这个世界。

在钟永师傅生活的那个年代，当地有一种民间戏曲特别盛行，大家称为"采茶戏"。在20世纪80年代末至90年代初的中国，传媒不发达，采茶戏自然而然地成为了民众最为普遍的共同娱乐。当时几乎每个村落都会有几个采茶剧团，都是老百姓自发组成的，目的也是为了给忙碌的生活增添一些乐趣。当时，人们白天干农活，晚上就会去听戏。也许采茶戏是当时唯一的娱乐，所以大家常常一听就是几个小时，而剧团也是一唱就是几个小时，有时甚至唱上一整夜，你唱我听，倒也乐此不疲。钟永师傅因为年纪小，对采茶戏不感兴趣，听说过采茶戏但却从未看过演出，自然地，当时也还没有萌生学采茶戏的念头，对采茶戏也是一知半解。

20世纪80年代，经济格局发生了变化，农作已经不是唯一的经济收入来源，商业经济的发展使得选择务工的人越来越多，因此村里的年轻人大都出去外面打工挣钱。钟永师傅的父亲是乡镇干部，母亲是农民，家里加上他共有5个孩子，生活负担较重。钟永师傅为了帮父母减轻经济负担，初中毕业之后毅然放弃念书，选择外出打工。那时候的采茶戏表演已经不只是一种娱乐活动了，而是慢慢地成为了一项工作。剧团的演员通过到各个村落演出赚取生活费用，维持生计。钟永师傅在钦州本地的一个工厂打工一年后，钦州康熙岭团和采茶队的老前辈希望能把以前的采茶戏传承下去，于是他们就找到了钟永师傅，希望他能够回来学习采茶戏，并建议钟永师傅说："既然你在外边也是打工，不如去学习采茶戏进剧团表演。"就这样，钟永在17岁那年开始学习采茶戏。

三、学艺

学习采茶戏的要求不算很严苛，只要身形好，嗓音适合唱，就可以去学。在剧团前辈的带领下，钟永到钦州康熙岭团和采茶队学习采茶戏。当时和他一起学习的学徒有十几个，他们每天在戏班里跟着李师傅和杨师傅练习基本功。

据资料记载，广西的采茶戏最初以一男二女持钱鞭花扇载歌载舞，后来才发展成为戏曲。主要唱腔包括茶腔、茶插两部分，用桂南的八音伴奏，唱腔较轻松活泼，气氛热烈，有浓郁的地方特色。采茶戏有着自己独特且比较完整的表演方式，不管是角色行当、唱腔还是吹奏曲牌都具有自身特色。角色行当从原来的旦角和杂脚发展到了今天的生、旦、末、丑四大行当。独特的传统表演有扇花、中花、钱尺花、酒杯花、"交叉跪转步"、"七点梅"、台步等。唱腔主要以茶腔为主，还有"大台""盘茶""正茶"等。锣鼓和吹奏曲牌有"茶花锣鼓""长流水""三排九"等。钟永师傅一边在戏班里学习采茶戏，一边跟着剧团到处演出，不断跟着前辈学习。

钟永师傅回忆起以前在采茶剧团的生活感慨万千。以前的条件比较艰苦，交通不发达，演出服装和道具都要自己搬运，到达演出地点后还要自己动手搭舞台、挂幕布、摆乐器。那时农村很多地方还没有通电，没有用上电灯，晚上演出时常常是将用竹筒灌上煤油制成的火把悬挂在舞台两侧。茫茫黑夜中，只有舞台是亮着的，在台上表演只能看到台下观众模糊的身影。乐器也只有二胡、扬琴、锣鼓等，更没有音响设备，全靠演员的一副嗓子唱，尽量让所有观众都听到，真的很辛苦，但看到观众很开心，大伙也就很开心。

付出总会有收获。经过几个月的虚心学习和刻苦钻研，钟永师傅基本掌握了采茶戏的表演技巧，终于有机会上台表演了。当时他饰演的是经典剧目《朱买臣》中的男主角朱买臣。回忆起第一次登台表演，钟永师傅感慨着说，自己当时非常紧张，不时忘词，为了不让观众发觉，影响表演，只好临场发挥，硬着头皮唱下去。但毕竟是第一次，演的还是男主角，经验不足加上过于紧张，所以发挥得不是很理想，观众回馈的反映也不是特别热烈。回忆到这里，他强调说："一个演员在舞台上表演，难免发生一些意外情况，因此，必须做到随机应变。"此后，钟永师傅更加发奋苦练技艺。随着登台表演的机会越来越多，经验越来越丰富，表演起来也越来越熟练了。

四、钟爱

经过岁月的沉淀，钟永师傅从最初学习采茶戏的毛头小子成为了能够教别人采茶戏的老师。防城港市与钦州市相邻，那里的人们也喜欢听采茶戏，因此，钟永师傅2014年决定去防城港唱采茶戏。他把唱采茶戏当作一生的事业，一唱就是几十年。当年跟着他一起唱采茶戏的伙伴有很多都中途放弃了，可他仍然坚持着。因为自己喜欢采茶戏，加上政府对采茶戏愈发重视，钟永师傅就酝酿筹办采茶剧团，把采茶戏继续唱下去。2014年7月，在防城港有关部门的支持下，由钟永师傅挂帅的永明采茶剧团成立了。

万事开头难，剧团成立之初，面临的问题很多，如招募演员、经费筹措、观众基础等。钟永师傅以其恒心与毅力，一一加以克服。发展至今，永明采茶剧团在当地有了一些名气，也有了一定的群众基础。剧团成员也从最初的几个人扩大到了十几个人。剧团成立几年来，演员换了一批又一批，走了几个人，又来了几个人，并不稳定，年龄大多是三十到四十岁。除了下雨天，剧团几乎每天晚上都有演出，大多在固定的地方。采茶戏用本地方言演出，所以地方特色浓郁。本地人每逢过节、婚姻嫁娶、满月做寿，甚至是安葬祖先，都喜欢请采茶剧团来演唱。除了传统乐器，还增加了电子琴等，添置了音响设备，加强了音乐的衬托感，营造剧情气氛，提高采茶戏的欣赏性。剧团虽然有麦克风，但大家不常用，因为用了麦克风就体会不到采茶戏独有的韵味了。以往为了预防演员忘记台词，必须安排一人在舞台侧边向在台上表演的演员提示。现在有了电子设备，在舞台前方和两侧都安装有显示器显示台词，舞台前方的供演员看，舞台两侧的供观众看。剧团的每个成员都是身兼多职，有些演员没有上场时，就在台下演奏乐器，剧团的成员都会演奏一两样乐器，而且常常是自学的。剧团里没有专门的化妆师，演员都是自己对着镜子化妆。钟永师傅回忆起他当学徒时，也是跟着剧团里的前辈学习，依样画葫芦地慢慢描，练得多了就熟了，一个妆容只花十来分钟的时间。

作为团长，钟永师傅同样身兼多职，不仅负责剧团事务，指导演员表演，有时还亲自登台演出，尤其还得经常修改、琢磨新剧本。剧团演出的剧目为了紧跟时代潮流，满足现代观众的需要，时常要编写新剧本，以新鲜有趣的故事吸引观众。钟永师傅有时会请人帮忙编写剧本，但这种剧本不能马上用，还得斟酌、修改唱词。采茶戏源于江西，用客家话表演，传入广东后，则变成用粤语表演，传入防城港后，又改用防城港白话表演。新剧本的唱词是用普通话来写的，因此，必须依照防城白话的发音进行修改，只有这样，唱出来的曲才流畅，才符合观众的欣赏口味。因此，修改剧本是一件苦差事。从钟永师傅的讲述中，我们感受到他为剧团所付出的心血，就像是在悉心照顾着一个刚刚出生的孩子，尽心尽力守护着它成长。

五、传承

随着国家加大对非遗的保护力度，采茶戏也同样得到了当地政府的支持。在剧团成立的这几年，当地政府会相应地给予一定程度的经费补贴。钟永也致力于发扬采茶戏，积极配合政府工作，所以一有空就会去到当地的文化馆交流采茶戏。

2017年10月，正值党的十九大召开，防城区文化馆请钟永师傅创作一个宣传党的十九大精神的采茶戏。钟永师傅全力以赴，与文化馆探讨交流、合作，创作出新剧本《颂歌献给十九大》，将党的十九大精神的核心内容编成快板，以采茶快板表演的形式呈现给观众。他们不仅在街道旁演出，还到校园里表演。这出采茶戏将党的十九大精神和采茶戏融合起来，用独属于采茶戏的唱腔唱出了党的十九大精神。

除此之外，钟永师傅在2017年还积极响应政府"戏曲进校园"的倡导，到学校里表演和上课，给对采茶戏有兴趣的孩子传授采茶戏表演技艺。"现在的孩子生活条件好了，小脑袋也聪明，学起动作来也快，常常不出几天就能把动作学得像模像样的。"钟永师傅谈起"戏曲进校园"的点滴时，脸上露出了欣慰的表情。钟永师傅还曾带领小徒弟们参加采茶戏的比赛，并取得好成绩。虽然很辛苦，但是也觉得很开心，因为采茶戏能够继续传承下去是钟师傅的心愿。

六、希望

钟永师傅从认识、学习采茶戏到热爱、传承采茶戏，几十年与采茶戏相伴，早已将采茶戏当作不可或缺的朋友，把唱采茶戏当成一生的事业，把传承采茶戏作为今后生活的一部分，令人可敬可佩。

钟永师傅在谈到采茶戏的现状时有诸多的感慨。一是艺术的多元化。广大群众对娱乐有越来越多的选择。采茶戏只是众多文化艺术中的一种，而且不是主流的那一种，换言之，采茶戏的影响力大大减弱。二是群众欣赏习惯的变化和原有观众老化的态势使得采茶戏的群众基础大不如前。虽然现在还有观众在观看采茶戏演出，但早已不再出现次次满场的情景。三是年轻人对采茶戏的认识很模糊，没有真正体会采茶戏独有的韵味和美感，不太愿意去学习采茶戏。钟永师傅曾经也尝试着让自己的孩子学习采茶戏，希望将采茶戏传承下去，可惜他们并没有坚持学习。

钟永弹奏扬琴为采茶戏演出伴奏

为了生存，永明采茶剧团注意更新表演形式，引进新的多媒体设备，创作符合时代要求的剧本。作为具有地方特色的非物质文化遗产，政府进一步重视采茶戏，采取多种措施进行扶持，除了倡导"戏曲入校园"外，近几年还举办了"防城港采茶特色广场舞培训班"和"防城港采茶特色广场舞首届邀请大赛"等一系列活动，也积极创作出《春满茶乡》《欢乐茶园》《乐游防城》等多个具有防城港采茶特色的广场舞。钟师傅去学校里教采茶戏，也是希望越来越多的年轻人知道采茶戏，让它不被人遗忘在岁月的长河中。

采茶戏有着悠久的历史和顽强的生命力。我们相信，有钟永师傅这样的传承人的不懈努力，采茶戏不会失传。

黄静仪 / 文

烟墩大鼓声声震耳，声声学问大
——记灵山县烟墩镇烟墩大鼓代表性传承人劳传永

在位于南海之滨的北部湾经济区的钦州市，坐落着一座民风淳朴的小镇——烟墩镇。在这里生活的人们古道热肠，勤劳朴实。这里有历史悠久的传统民间艺术——烟墩大鼓。要说这烟墩大鼓，可是纯手工制作、祖传制作工艺，是十分别出心裁、独具匠心的，在广西，乃至全国范围内是独一无二的。

灵山县烟墩镇烟墩大鼓代表性传承人劳传永

烟墩大鼓承铜鼓遗风，于明代后期演化而成。起初洪亮的鼓声是各村间传送战争的信号，也用于吓跑猛虎野兽；到后来成了以示祈福、驱邪、民和年丰，以及娱乐、体育竞技等民间活动。烟墩大鼓文化底蕴十分深厚，具有较高的艺术价值。烟墩镇石堆村的劳传永师傅便是这个历史悠久的传统民间艺术烟墩大鼓的代表性传承人。斜依半盏清茶，让我们一起倾听劳传永与烟墩大鼓的故事。

一、耳濡目染　不学以能

烟墩大鼓是起源并流行于灵山县烟墩镇的一种古老的民间鼓乐。这门民间艺术是世代相传的。劳传永说，一直以来，村里大人、小孩都会敲大鼓，他也不例外。

1962年，随着一声响亮的啼哭，劳传永来到了这个世界。他在这个山水相依、民风淳朴的石堆村慢慢成长。

那会儿的农村并没有什么娱乐项目，最为热闹的就是春节了。和大多数人的儿童时期一样，劳传永也非常喜欢春节。村民们喜贴春联，辞旧迎新的活动热闹非凡，尤为喜欢的便是敲大鼓。劳传永回忆，按照传统，到了12月24日，村里的大人们会绷好所有的大鼓，然后把大鼓搬到门前或是村前集结在一起擂打，场面十分壮观。到了晚上，村与村之间又会相邀打大鼓。夜是柔软的，星星也好像跟着鼓声的节奏，一眨一眨的。天亮后，为了表示友谊，村与村之间会拿出家中的大粽、粉利、腊肉，互相祝贺、共享欢乐。在这里冬日的风也会变得温暖，包裹着世间的万物。

就是在这样浓厚的文化氛围之下，劳传永从小就对烟墩大鼓有了认知。

二、世代相传　始龀学鼓

自打有记忆以来，每一年的春节，劳传永看着村里鼓手们的身姿，穿着统一的服饰，站在高处，甩开膀子，使劲全力敲打着，把鼓敲得震天响，鼓声浩大，气势雄壮。因此，他对鼓手们有着一种发自内心的崇敬。这鼓声如雷，更是一下又一下地敲击着劳传永的心；又加之年少对事物都抱着一种好奇心，觉得这打鼓甚是有趣，劳传永想要学习打鼓的欲望越发强烈。

劳传永仿佛又回到了当年学艺的时候。这烟墩大鼓的打法也是很讲究的，打法可分为开鼓、正式打鼓、滚鼓、收鼓。就好比这开鼓，首先锣钹要跟上，鼓与锣钹互相配合，童年时期的他每次看到强健壮硕的鼓手，都是用力敲响，鼓声和锣钹的节奏快慢一致，做到了鼓声跟着锣钹。

扎堆站着听大鼓演奏的乡亲们，笑声悠扬飘荡，其乐也融融。随鼓声由慢到快，进入正式擂打大鼓，当鼓棒击打鼓面时，有一种洪亮划空，振动在场每个人的心。随着鼓声、锣钹相伴奏的结合，达到锣钹大鼓喧天之时，逐渐就进入正式打鼓。劳传永说这打鼓是很消耗力气的，一般敲十几分钟就替换一次鼓手。当时，村子里的很多小孩都和他一样，喜欢打鼓。在尽兴之后，他们也能敲上几下，满足自己的愿望。

劳传永是在他八岁这一年开始学习打鼓的。笔者忘不了他回忆起往事时情不自禁地发出的笑声，很是爽朗。劳传永脸上带着微笑并且有点自豪地说，在他开始不断学习打鼓的过程中，全村人都是他师傅。因为每个人都会，每个人想学，都教。因这烟墩大鼓的打法没有完整的鼓谱，都熟记于鼓手的脑中。于是，这代代相传的古朴的民间艺术成了石堆村的文化。

20世纪六七十年代是我国农村经济最困难的时候。劳传永是长子，家中生活贫困，温饱都已是问题。初中毕业之后，劳传永便放弃了学业，一边帮家里做力所能及的工作，一边学习烟墩大鼓的擂打。

三、天道酬勤　厚德载物

每一种艺术都有独特而存在的意义，烟墩大鼓这传统的民间艺术把乡亲们内心对生活的朴实向往而又火热向上的态度展示出来。不仅如此，还蕴含着我国农村社会看重邻乡关系友好往来、崇尚和谐的道德观念。

时光流逝，岁月让劳传永成长、沉淀。烟墩大鼓的打法也熟记于他的脑海。笔者了解到，这烟墩大鼓是没有完整的鼓谱的，那又是怎么做到擂打时整齐划一的呢？劳传永说这烟墩大鼓的打法类型少，看着简单，但实际操作起来却是不易的。虽然没有完整的鼓谱，但经过鼓手的调试和锣钹的伴奏后，从开鼓到收鼓，要做到每个步骤、程序都运气自如，手法灵活。使鼓声、锣钹声浑然一体，那种节奏和激情雄壮、激昂，感染力特别大，给人的感觉犹如万马奔腾、气吞山河，迫使你把大鼓越敲越响，直到冲破云霄。这种激进而亢奋的鼓声总是让村民们很容易进入情境，如丰年的喜悦、团聚的感动，更是为了来年开春的耕作劳动鼓气。

因为擂鼓技术好、为人和善兼之乐于助人，他在村子里的威望很高。劳传永担任村中鼓队的鼓长之后，更是注重这项传统的民间活动，多年如一日，组织打大鼓活动，活跃村中的氛围，为村子带来更多的生气与活力。劳传永说："擂打大鼓不是一项简单的民间活动。如今，大多数村民会选择外出打工挣钱，在春节归来时候，擂打烟墩大鼓这项活动把他们聚集在了一起。"这是一项不简单的文娱活动，用于打发他们的闲暇时光。村民盛装出席，共同欢度节日，更是有效促进了全村人的集体观念，有利于形成团结和谐的村风民俗，形成当今时代下优秀的新农村文化。村落之间互相邀着打大鼓，搭建了村与村之间的桥梁，使村落之间的联系更加紧密，团结友好。

烟墩大鼓的音乐、文化内涵丰富，对历史、民间民俗、传统手工技艺等具有很高的学术研究价值和文化价值。它不仅丰富了石堆村人们的娱乐交流，增强村民的自豪感和自信心，更是增强了村民们对民族文化的认同，对传承中华民族传统的文化有重要的意义。

四、知之非难　行之不易

在《年轻时要选难走的路》中有这样一句话："知难而退是本能，迎难而上长本事，年轻时要走难走的路！"劳传永正是这般，在年轻的时候毅然拒绝安逸，选择努力奋斗。

1980年，18岁的劳传永结婚了。历经岁月的考验，当年那个肆意张扬的少年已成为了村子里鼓队的一分子，贤惠的新婚妻子更是帮了他不少。春节时，村里少不了的热闹，劳传永在鼓队里为过年丰收而用尽全力擂打大鼓时，妻子便会默默地帮着煮饭、包大粽、做粉利……生活是幸福又美满的。

1989年，劳传永27岁，已经是三个孩子的父亲，最小的孩子才3岁。他靠杀猪为生，养活家人，是家庭的顶梁柱。时光飞逝，劳传永不断成熟，有着男人的担当。虽然村里的人都会打鼓，可这做鼓的人却是不多的，而村中做鼓的人也渐渐步入老年。这项手艺的传承又该何去何从呢？他记起每当村中制作大鼓的时候，村里人都会放下手中的活前去观看。劳传永也是如此，对这个能发出如此震撼人心的大鼓是如何制造而成充满了好奇。看着村中的老手艺人，对一整根圆滚滚的木头凿啊凿，凿成个木桶模样，再蒙上牛皮，难道就如此简单吗？

劳传永想要知道自己敲了十几年的大鼓制作的每一个步骤，不禁想起年少的自己学习打鼓的无所畏惧和满腔热血。村子里的年轻人为了养家糊口，大多数都选择外出打工，村子里制作大鼓的师傅年纪也是越来越大，这项技艺的传承会是个问题。在当时，制作大鼓的收入微薄，而自己还需要养家糊口，但劳传永还是毅然决然地决定要学习制作大鼓，传承这村里传了13代的烟墩大鼓制作手艺。

五、迎难而上　必有所得

"纸上得来终觉浅，绝知此事要躬行。"劳传永虽然看过很多师傅制作大鼓，但真正的学习是需要付出行动并为之努力的。当劳传永真正学习制作大鼓时，才发现并没有自己所看到的那么简单。无论是凿木头所需要注重的力度和倾斜角度，还是绷牛皮时所需要注重的松紧程度，都是自己用心探索，慢慢练习才能掌握的。他迎难而上，必有所得。

烟墩大鼓的声音响与鼓的制作师傅的水平息息相关。烟墩大鼓一般鼓桶直径为1.3米，高1.4米，大的直径也有1.5—1.8米，高2—3米。劳传永提到，凿鼓时是按照高度、大小选择木料。木料是原生古老的樟木，不仅防潮而且防虫防蛀。劳传永在选取木料时是十分认真、一丝不苟的，主要选择直木头，小心地察看是否有虫蛀的现象。以前是选取村公所中的木料，这时候的木料还是一整段实木头，重达千斤。凿镂鼓身是比较重要的，因为这直接影响到大鼓的声音。劳传永笑着说在刚开始学习的时候，凿开硬质樟木，很难控制力道，容易打到自己的手，到后来才慢慢熟练。在凿镂鼓口入木三分要岩形，边框圆周厚度为3厘米左右，沿直径中心点向下挖凿，鼓底要尖，凿挖成蕉花形。鼓底中间开一小圆口通向鼓脚下进口，这样再经过细细打磨，一个大鼓便制作完毕。再喷上特制的药水，这样的大鼓保存的时间便更加长久了。

到了今日，制作大鼓对木材的消耗巨大，那种直径大、粗壮的樟木已经少之又少。这对烟墩大鼓的技艺传承造成了困难。劳传永师傅说，那种用一整段樟木头凿空的技艺需要做出改变了，现在一般是采取刨制木板，浸染之后拼接箍起来。这看似变得简单的工序，实际却不简单，这样就更加考验技术了，因为这拼接的紧密度会影响到鼓声。为了做出鼓声更动人的烟墩大鼓，劳师傅不断探索着。

下一道工序便是绷鼓，烟墩大鼓的绷制是不需要用到一颗铁钉子的，制造工艺十分独特。通常是采用坚硬的老箭竹头修成钉子模样，再扎进坚韧的老牛皮的四周，再用丹竹篾条固定在鼓口。这看似简单的步骤实则不容易。劳传永说这绷鼓太紧不行，太松也是不行的，因为这关系到大鼓的音高，只有最合适的松紧度才能达到最佳的发音效果。

劳传永对制作烟墩大鼓的每一道工序都一丝不苟地完成。他精心打磨，对质量精益求精、孜孜以求。在烟墩镇的村落文化中，烟墩大鼓就是以一种热爱的精神代代相传。劳传永与烟墩大鼓有着一种难割舍的情节，烟墩大鼓是一个拥有生命、灵气的生命体。他用心与大鼓进行交流，共同敲响烟墩大鼓这数百年的历史乐章。

在村子里自发组成的大鼓队，劳传永成为鼓长，积极组织参与烟墩大鼓比赛，屡获荣誉。劳传永颇为自豪地说，在2006年前，他们村每一年都是"鼓王队"。劳传永带领着鼓队在广西第十二届运动会、钦州蚝情节、灵山荔枝节等重大节庆上演出，烟墩大鼓已经成为民俗文化与节庆活动的代表。因为这些活动，石堆村的鼓队名声远扬。在春节时，劳传永会带领鼓队接一些商演邀约，不仅是在钦州市，还去到了防城港市，拿出一部分在商演时获得的报酬来用于村内的祭祀、修路所需要的资金。

我国各族人民在长期生产、生活实践中创造的丰富多彩的非遗，是中华民族智慧与文明的结晶，是连结民族情感的纽带和维系国家统一的基础。我国历来重视对非遗的保护。2008年，烟墩大鼓被列入广西壮族自治区第二批非遗名录。2008年12月，广西壮族自治区成立50周年，中央慰问团到钦州慰问，在中共钦州市委、钦州市人民政府的安排下，劳传永带领鼓队对中央慰问团进行了汇报表演，引起了中央慰问团的浓厚兴趣。

2009年，劳传永被认定为广西壮族自治区第二批非遗项目（烟墩大鼓）代表性传承人。劳传永不仅传承了这历史悠久而传统的烟墩大鼓技艺，更是为村子做出了卓越的贡献。他处处为村民着想，利用春节邀约互相敲大鼓的活动，促进村民之间、邻村之间的交流。他们淳朴善良、团结友爱、尚群贵和，贯彻了中华文化中的"和合"的价值观。深得村民信任的他为村子义务做工，都言"要致富先开路"，应群众的呼声，筹集资金修水泥路。劳传永身上所体现出来的是仁义、善良的品行。他为鼓队，为村子默默付出，不求回报。

六、传承大鼓：欲学者皆传

俗话说："教会了徒弟，饿死了师傅。"但是在石堆村可不是这样的，无论是擂打烟墩大鼓还是制作大鼓，只要想学，都教，劳传永也是如此。当初他向村子里会做大鼓的几个师傅学习时，师傅们都是毫无保留地教他。现在的劳传永也逐渐年老，在村子里物色自己的传承人。他笑着说当初全村人都是他师傅，现在全村人都是他徒弟。只要想学，他也会像当初的老师傅一般将全部技艺都传下去。

这就是石堆村优秀的村落文化。这里依山傍水、绿树环绕，这里生活的人民简朴敦厚。烟墩大鼓定会在这里继续传承，走出村门，走地更远，为更多人所知。

后　记

2018年7月，笔者与师友一同采访了烟墩大鼓代表性传承人劳传永。与劳师傅的交流令笔者内心充满无限的敬意和感动。原来，任何优秀的作品都不是一蹴而就的，少不了几十年经验的累积，厚积薄发。原来，在我们的生活中，还有这样一批民间艺人，愿意用几十年甚至一生的时间守护传承手中的技艺。劳师傅用最质朴的心，给我们呈现这有温度的烟墩大鼓。劳师傅所彰显的不仅是一门手艺、一种品质、一份专注，更是一种态度和一种令人肃然起敬的气质。

在一切讲究效率、减少成本的时代，我们需要这样的始终如一。"器物有魂魄，匠人自谦恭。"劳传永师傅做到了这一点。无论是学习擂打烟墩大鼓，还是制作烟墩大鼓，他都做到了精益求精。这种对于匠心的坚守，是我们优秀的古老文化的传承。从孩童到年过半百，劳传永师傅仍坚守着非遗的传承和保护，值得我们尊敬。

"三月三"百鼓齐擂闹春

梁铭铭／文

鸳鸯对凤凰，唱响客家情
——记合浦县公馆木鱼传承人廖烈莲

北海市合浦县公馆镇是著名的客家之乡。这里人杰地灵，民风淳朴，人才辈出，有一位因能将客家山歌公馆木鱼唱出浓浓的家乡味而成为客家人骄傲的自治区级非物质文化遗产代表性传承人——廖烈莲。

公馆木鱼（又名"金牡丹""牡丹花""金牡丹女"），是合浦县人民群众，特别是当地客家人喜闻乐见的一种曲艺说唱形式。公馆木鱼源于合浦廉湖书院（旧址在合浦公馆至曲樟途中，今曲樟乡荷树坪村路口处），是伴随着民间传说而广为流传的。

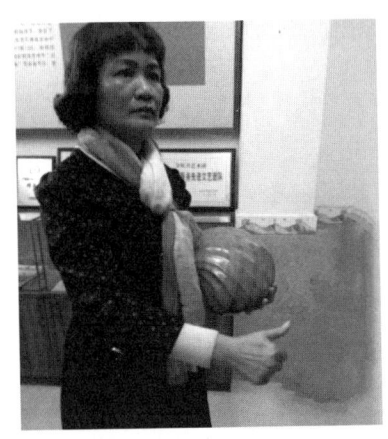

合浦县公馆木鱼传承人廖烈莲

相传明嘉靖年间，有位乡间民女名叫金牡丹，聪明美丽，与男友正在热恋中。廉州府张五老爷夺人所爱，将金牡丹强抢回府，欲纳为妾。廉湖书院师生就发动民众抗议，要求还金牡丹自由，但事与愿违，数人反遭监禁。是时，考期临近，监外的学子一边继续发动民众与官府抗争，一边给监内的同窗送油灯、书本，供他们复习功课。官府迫于民众压力，最终释放了金牡丹和收监的学子。被监禁的学子获得自由后，马上投入考试，并取得优异成绩。有识之士受书院的义举感动，纷纷捐献钱粮资助学费。为了答谢民众支持，书院师生筹办了一个"特别宴会"，不仅宴请支持者，还邀来乞丐一起共宴。席间，众人同唱书院师生事先谱写的本地客家方言木鱼调"牡丹花"，传扬民众合力救助民女的故事。此后，"牡丹花"便在公馆乡间生根开花。

合浦公馆木鱼的基本乐句源于原始的"牡丹花"曲调。由上下两个乐句构成，遵循方言歌"问字要音"的法则，按唱词文字的客家话读音配谱。每句前半段的歌词唱完后，紧接的是固定的尾腔和衬词。上句尾腔的衬词是"那个呢哪金牡丹女哪"，下句尾腔的衬词是"牡丹花，一对鸳鸯对凤凰哪"。这样结构的句式易编、易记、朗朗上口，颇受客家人欢迎。传唱至今的合浦公馆木鱼已经不再局限于"牡丹花"这个单一的曲式，已将木鱼调、客家山歌、快板、道白穿插运用于整个表演之中，进一步完善和丰富了公馆木鱼作为说唱曲艺的效果。由于歌词与曲调采用吻合型的方式，字音结合非常紧密，与自然语言表达方式十分相近，很适合说唱曲艺的行腔要求，往往都能产生唱者流畅自然、声情并茂，听者通晓明白、心生共鸣的艺术效果。

久而久之，由于史料的湮没以及传唱公馆木鱼的民间艺人的流失，如今了解和会唱公馆木鱼的人相比以前的红极一时真是天壤之别。因此，为了使本土的优秀文化能够传承下来，人们给公馆木鱼申请了非物质文化遗产。如今，在合浦，只要提到公馆木鱼，就会有人知道那个客家女就是公馆木鱼的传承人。公馆木鱼俨然成为了廖烈莲的代名词。

一、生在山歌屋　拾得木鱼调

廖烈莲与公馆木鱼的缘分要从她爷爷那一辈说起。那时她们家是当地的大户人家，爷爷比较重视子女的教育，爸爸廖梓材是公馆木鱼第三代传人，也很重视对子女各方面的培养。她的爷爷、爸爸都会唱公馆木鱼，而她的妈妈则是有着公馆"刘三姐"之称的叶素兰，是目前传唱客家山歌公馆木鱼曲目最多的传唱者，平时最喜欢做的事就是唱山歌。五个兄弟姐妹在歌声嘹亮的山歌家庭氛围中长大，都会唱公馆木鱼。虽然廖烈莲当时并不懂什么是公馆木鱼，但是她经常听父母亲唱传承下来的公馆木鱼曲目调，觉得这些曲目调朗朗上口，特别好听又好学，就跟着爸爸妈妈一起唱。这些曲目调从小就深深地烙在她的脑海里。虽然当时的廖烈莲还小，不懂得如何用公馆木鱼调来填词，但是可以熟记父母亲传唱的公馆木鱼，也正是从小就学习、喜爱公馆木鱼，为她以后的传承事业打下了坚实的基础。在五个兄弟姐妹中，只有廖烈莲把公馆木鱼当成至宝。只要一进廖烈莲的家，你就会发现，她家有两层楼专门用来展示公馆木鱼的成果。曾经有快递公司想租用她的房子，都被她一一拒绝了，因为什么都比不上她对公馆木鱼的执着。她还很自豪地告诉我们，她命中注定要把公馆木鱼的传承当作自己的终生事业，这是她的使命。

二、"烂泥巴"蜕变成闪耀的"金牡丹"

廖烈莲曾经是合浦县粤剧团的一名专业演员。当她决定重新学习已经断层很多年的公馆木鱼时,却受到一些来自各个方面的压力,从互不相识的路人到至亲至爱的家人,都曾误解过她的这一举动。

所谓的"烂泥巴",就是大家都听不懂的,也不认识的,很土的一个东西,又不好听又落后。当廖烈莲开始唱公馆木鱼时,就被大家认为是"烂泥巴",是登不上大雅之堂的。然而,廖烈莲统统屏蔽了外界的"干扰声",一心坚持走自己的道路。

廖烈莲轻松愉快地跟我们聊起她当年唱公馆木鱼的情景。2009年,她代表北海去参加自治区在刘三姐故乡举办的唱山歌比赛,要重新捡回公馆木鱼。她要写一个公馆木鱼的曲子去参加比赛,还要背词、练唱。当时正在驾校学车的她于是就一边忙着练习开车,一边趁着休息之余练习公馆木鱼。为了练习公馆木鱼曲目,一直在喃喃自语的廖烈莲遭到了其他学员的嫌弃。因为他们听不懂客家话,所以在他们眼里廖烈莲就是一个十足的"问仙婆",没有人愿意接近她。对此,廖烈莲也只是一笑而过,因为她会用行动证明她是对的。在驾校,廖烈莲总是形单影只,但她有精神陪伴——公馆木鱼。有学员嘲讽她唱得难听,她也只是回了一句"你懂什么",就再也不理睬他人,转而继续练习。陌生人的讥讽没有让她打退堂鼓,兄弟姐妹的不理解也没有让她放弃。兄弟姐妹们对她说:"二姐,你作为一个国家二级演员唱公馆木鱼是不是有失你的身份呢?"廖烈莲却用坚定的话语回答他们的问题:"我不觉得有失身份,公馆木鱼本身就是我们本土的文化,只是你不认识而已,终有一天公馆木鱼肯定会唱响我们珠乡大地,肯定会有更多的人来认识了解公馆木鱼,到时候我相信你不会唱公馆木鱼才是有失身份。"

上天绝不会放弃一个努力的人。结果证明,不忘初心,方得始终。廖烈莲的坚持是对的,也是值得的。

2010年,廖烈莲获2010年度广西广播电视优秀作品奖、广播文艺类音乐节目一等奖。

2011年,廖烈莲担任"世界客属第24届恳亲大会北海北部湾艺术节"总导演,将"金牡丹"搬上国际舞台。

2012年,她获首届海峡客家歌曲创作演唱大赛优秀奖;公馆木鱼被列入广西壮族自治区非物质文化遗产名录，廖烈莲成为代表性传承人；创立了"合浦县金牡丹艺术团"并担任团长，随后还专门开设了培训班。

2013年，她获和谐文化在基层——"千团万场"群众文化活动季大赛铜奖。公馆木鱼上了中央电视台国际频道播出的《客家足迹行》百集系列栏目，全国各地的观众都可以看到廖烈莲表演的公馆木鱼。她在节目上传唱的曲目是自己首创的《月光光照地方》，词曲融入了客家童谣、山歌和木鱼元素，给人一种原汁原味的家乡味，深受人们的喜爱。

2014年，廖烈莲精心打造的以"金牡丹"的故事编写的传承精品《金牡丹》，在县、市文艺比赛中接连荣获金奖，还曾获自治区的优秀奖。

2015年，廖烈莲获广西第十七届八桂群星奖。

短短的几年，廖烈莲凭借自己的努力取得了如此闪耀的成绩，是给追求梦想的人最好的鼓励。是廖烈莲以一己之力扛起传承的使命，并把公馆木鱼融入自己的骨髓，用身体力行诠释出公馆木鱼的精髓。

廖烈莲经常带着团队在各大媒体上演出节目，也活跃在大街小巷，为人们所熟知。因此，越来越多的人喜欢公馆木鱼，越来越多的人了解公馆木鱼，越来越多的人慕名前来向廖师傅学习公馆木鱼。他们形成一个共识，懂得公馆木鱼是广西壮族自治区的非物质文化遗产，是一种本土的文化，是客家情，是家乡味。

三、坚守本真向前看

如果只满足于眼前的成绩而止步不前，再辉煌的事物也只能在历史的尘埃里哀叹。

看着廖烈莲为我们表演的公馆木鱼片段，她夜莺般的歌喉，优雅的身姿，有力的动作，再加上那睁得大大的灵动的双眼，无不一一折服在场观看的人，我们都深深被这独特的艺术所吸引。"艺术的魅力不仅需要寻根问源，也需要创新，不创新就跟不上时代的脚步"，廖烈莲如是说。

创新有很大的灵活性，要听原汁原味的那就不改，要听新鲜的那就改，但公馆木鱼唱来唱去只能改一点点，不能变动太大。首先从唱词上进行改变。随着时代的发展，廖烈莲也创造了一些唱本，歌唱党的方针政策和表现人民幸福生活，如《春风温暖海丝路》就是宣传党的十九大精神的。其次创新公馆木鱼的伴奏，伴奏的乐器逐渐增加，不再是单调的木鱼声。廖烈莲深深地认识到，创新的元素来源于生活也高于生活，生活是文化的来源。

2014年，廖烈莲团队根据公馆木鱼的由来，特意编写了一个《金牡丹》节目，就是为了传承金牡丹这个故事。廖烈莲坚定地跟我们说："只要你唱好了，读懂了，理解了《金牡丹》这个节目，就知道公馆木鱼的由来。"同年，廖烈莲参加了广西壮族自治区每年一度的基层文艺汇演，由于节目各方面还不成熟，《金牡丹》第一次表演仅获得了优秀奖。后来，经过一段时间的磨练和修改完善，在2015年广西壮族自治区第十七届八桂群星奖获得了银奖，也获得了中央电视台的重视，作为一个公馆木鱼的特别栏目向全国播放。为什么在短短的一年时间里《金牡丹》这个节目就有了如此大的提升？这不仅是团队的努力，也是源于廖烈莲敢于创新，不丢失本真。

廖烈莲设立了一个创作组专门创作《金牡丹》这个节目，创作的过程可谓困难重重。首先，研究台本的创作、填词。公馆木鱼的来源就成了研究的对象。她们回到廉湖书院的旧址去采风，从一些老前辈的口中了解公馆木鱼的由来。在细致地了解之后才开始动笔写词，最终完成了整个台本。其次是如何编曲。既然是以公馆木鱼的由来编写的节目，当然少不了公馆木鱼调，但也不能整个节目都是在唱公馆木鱼调，因为这样会产生听觉疲劳，让人觉得枯燥无味，所以她们加入了民间曲调和山歌的元素，也适当地加入了一些现代的元素，这样才不会被新时代抛弃。台本的每个字翻译成谱是由公馆木鱼调加入现代的元素和客家方言把它的调和词译音翻译而成，由三个专家合作完成。一切准备就绪，接下来就要排练，但是要排练成一个怎样的形式，这又是一个摆在她们面前的大难题。廖烈莲一开始和唱戏曲科班出身的专家一起研讨如何排练，但在排练第一稿的时候两人就产生了分歧，廖烈莲希望按曲艺的方式来排练，这样才能保持公馆木鱼的本真，而专家则希望排成歌伴舞的形式。廖烈莲就和那位专家磨合，但双方都坚持自己的想法，眼看节目就这样被耽搁下来了，廖烈莲又找到了一些专家来一起讨论和排练这个节目，经过反复的商讨和排练最终决定走曲艺的路线。节目以曲艺的形式排练就有多方面的变化，可以有表演，一个人表演多个角色；也可以有伴舞，伴舞和表演于一体，主唱唱到什么就表演什么。这就很符合公馆木鱼的形式。公馆木鱼也是千变万化的，可以根据舞台的需要和节目的需要改编。结果证明，廖烈莲的坚持是对的，曲艺形式的《金牡丹》赢得了它应有的荣誉。

廖烈莲的创新之路除了比别人多了一份努力之外，还多了一份家人的支持。廖烈莲看着她的爱人关叔叔对我们说:"我的第一个观众就是他。"此时的廖烈莲脸上泛起了幸福的红晕。每当廖烈莲想创新一个节目,她都会一直惦记着如何创新该节目,乃至夜深人静,人们都在月光中沉沉地入梦,她还在寻找灵感。当灵感来临的时候,廖烈莲就迫不及待地摇醒身旁还在沉睡着的爱人,将刚刚想到的曲子唱给他听,以确定这样的创新是否可行。睡梦中的关叔叔每次都是不厌其烦地听着。在得到关叔叔肯定的评价之后,廖烈莲就一刻不停地将刚刚的灵感记录下来以防忘记,待到第二天打开记录就一目了然。廖烈莲的创作更多时候是根据生活、现代人的需要和现代的元素,以及自己的灵感创作出来的。这不仅需要热爱公馆木鱼,更需要有一颗勇于创新、紧跟时代步伐的心。

四、"牡丹花"开枝散叶终得果

廖烈莲既然是非物质文化遗产公馆木鱼的传承人,当然要把公馆木鱼发扬光大,让公馆木鱼代代相传,成为街头巷尾喜闻乐见的文化。

成功没有一蹴而就的,廖烈莲传承公馆木鱼的过程也并不是一帆风顺的,但她依然克服重重困难,不畏险阻地走上传承的道路。廖烈莲在2012年成立"合浦县金牡丹艺术团",就是为了将公馆木鱼传承下去。没有资金如何成立艺术团?好在上天不会让努力的人失望。廖烈莲遇到了能助她成立"金牡丹艺术团"的贵人。此人是一位房地产企业老总,也是客家人。廖烈莲找到他,就跟他说起自己的难处。她语重心长地对他说:"你那么重视我们公馆的文化,公馆木鱼也是我们客家的文化,你更应该要支持。我想成立一个'金牡丹艺术团',把公馆木鱼传承下去,公馆木鱼和'金牡丹艺术团'是相得益彰的,不能分开,如果没有这个剧团就没办法传承下去。因为需要有一个比较完整的团体,有节目、有排练、有演出才能够传承公馆木鱼。"她的想法和行动打动了那位老总,对方决定出资一万五千元赞助廖烈莲成立"金牡丹艺术团"。至此,廖烈莲有了自己的团队,团队的成员足够可以完成一场晚会。随着公馆木鱼和廖烈莲的名气越来越大,越来越多的人慕名前来向廖师傅学习公馆木鱼。前来向廖师傅学习的学员都说,跟廖老师一起学习真的很开心。

廖烈莲的孙女也很喜欢公馆木鱼。每当廖烈莲唱起公馆木鱼,她的孙女就说,这是"奶奶歌"。说到这里,廖烈莲情不自禁地哈哈大笑起来,看来公馆木鱼俨然已与廖烈莲融为一体。

廖烈莲最得意的门生是她的大弟子——钟华新，也是客家人。钟华新一开始也不知道什么是公馆木鱼，是廖烈莲发现他在歌唱等各方面的条件不错，就找他来录音，一字一句地教他。钟华新就对廖烈莲说："廖师傅，我不学这个，这个太难听了。"廖烈莲不想放过任何一个可以学好并对公馆木鱼的传承有帮助的人。在廖烈莲的坚持之下，钟华新还是把录音完成了。廖烈莲花了半天的时间就教会了他唱《妹送阿哥去从政》。在这之后，钟华新发现自己对学习公馆木鱼有一定的天赋，就开始学习这一项曲艺。他曾经获得自治区二等奖，获得了到上海师从歌唱家廖昌永免费学习一年的机会。廖烈莲有什么曲目也叫他帮忙录音。现在她的大弟子在福建发展，独自带一个团队，福建有讲客家话的地方，公馆木鱼在福建客家人中很受欢迎。

很多人不会讲客家话，自然听不懂公馆木鱼，但是廖师傅很自豪地说："很多人听不懂公馆木鱼，但是经过我一教他们就会了。我可以一个字一个字、一句话一句话地教你，你就懂了。好听的歌你模仿也就懂了。"

廖烈莲进校园给小学生培训公馆木鱼

五、走向国际,展望未来

公馆木鱼从原先的一张白纸到多姿多彩的"金牡丹",每一步都离不开廖烈莲的努力。廖烈莲虽然现在面临政府对公馆木鱼不够重视而造成的压力,还有自己资金短缺的困境,但是要将公馆木鱼唱响珠乡大地的决心没有动摇。她还有一个宏愿,就是将公馆木鱼迈出国门,走向国际,带团队去泰国比赛。这是她的一个大的设想和计划。廖烈莲还计划在2018年组织团队的精英排练好一个节目,哪怕是把《金牡丹》这个节目完善以后去参加国际性的比赛,最好能获得大奖。廖烈莲还希望有一天《孟尝审珠》(用公馆木鱼形式编排的一个《合浦珠还》的节目,代表一个地方的文化)这个节目可以角逐中国最高的奖项——金牡丹奖。不管能不能拿奖,只要能参加,她都就很满足了。

后　记

廖烈莲以一己之力撑起公馆木鱼的整个舞台。她不忘初心,方得始终,用艺术魅力感染着大街小巷的人们,让他们为公馆木鱼喝彩。她的努力也得到了回报,越来越多的人喜欢跟她一起学习公馆木鱼,廖烈莲也成为客家人心中绽放的"牡丹花"。我们祝福廖烈莲能完成自己的心愿,让公馆木鱼走上国际舞台,让全世界的人都知道公馆木鱼,也祝愿《孟尝审珠》节目可以获得中国最高的奖项——金牡丹奖。

王聪凤 / 文

千年古镇南康情
——记南康镇卖鸡调代表性传承人陈宜积

南康镇卖鸡调代表性传承人陈宜积

在美丽的北部湾畔,坐落着一个古老而又焕发着生机和活力的特色小镇——南康镇。这里沙鸥翔集,海天一色,既有丰富的植物资源,也有独特的骑楼、三婆庙、四大古井等人文景观。南康镇沙细水美、物产丰饶、民风淳朴、热情好客。人们在这里安居乐业、其乐融融。人与自然的和谐相处可以在这里得到完美的体现。也正是这个独具特色的小镇孕育着一种优美又具有韵味的地方小调——南康镇卖鸡调。

南康镇卖鸡调，也叫"南康调"，流传至今已有100多年的历史，是在长期的社会历史演变过程中逐渐形成的具有很强地域性的汉族民歌曲种，主要分布在北海市铁山港区南康镇、合浦县常乐镇，石康镇、山口镇等白话方言地区，其中尤以铁山港区南康镇最有特色，且一直活跃于当地群众文化中，传唱度较高。

一

带着早晨微微湿润的气息，笔者一行人踏上了南康镇这片土地。一月的南康镇，没有北方的银装素裹，没有凛冽的寒风，也没有枯黄的落叶。公路两旁，一眼望去只有一片片的绿色，偶尔点缀着一两朵零零星星的或紫或粉的三角梅，仿佛冬天的脚步不曾在这里驻足。些许的凉意令人精神振奋，让笔者的内心少了一份紧张，多了一份期待。到达南康镇文化站，发现早有人在此处等候，来人70多岁，一米七的个头，一对轮廓分明的大耳朵，脸上挂着和蔼的笑容。他里面穿着一件白色衬衫，外面套着一件深蓝色的牛仔外套，一条黑色的运动裤，脚上也是一双白色的运动鞋，精神抖擞的样子令人印象深刻、顿生好感。南康镇文化站的工作人员向我们介绍，他就是南康镇卖鸡调的第三代传承人——陈宜积。

陈老先生在他的办公室接待了我们。他的办公室离文化站不远，只有短短十几米的距离。地方不大，几平米的小房子，一张桌子，几张凳子，一台电视机靠墙对着门口，墙上贴着"铁山港区南康镇曲艺团"几个大字。右面的墙上还装裱了一幅字画，内容是"宝剑锋从磨砺出，梅花香自苦寒来"。陈列的物品简简单单、一览无遗。在浓浓的茶香中，陈老先生向笔者讲述了他与南康镇卖鸡调那遥远的过去……

二

1941年的夏天，陈宜积在中国南方沿海的南康镇的某个角落里呱呱坠地。小时候的陈宜积聪明伶俐、天真活泼，父母希望他能学一门手艺，以后养活自己，就把他送到学堂读书。20世纪50年代，中华人民共和国成立初期的南康镇文艺昌盛，活跃着十几个大大小小的粤剧团。那时候经常有粤剧团来镇上表演节目。当时的农村没有多少娱乐节目，每每粤剧团来镇上表演节目，台下总是挤满了干完了农活的农民。

陈宜积也非常喜欢看大戏。每次粤剧团在文化广场搭台子，陈宜积就知道晚上又有节目看了。吃完晚饭，陈宜积就迫不及待地呼朋引伴去广场占一个绝佳的观看位置等待节目开场。有一次，陈宜积发现台上有个身穿长衫、手拿竹板的人，就这么"咿咿呀呀"地唱了起来。"噢，怪不得这么熟悉，原来是经常听邻居哼唱的《斑鸠埇农民庆翻身》啊！"陈宜积心里想道。

南康镇卖鸡调早在清代在北海民间各地就有流传，在20世纪50年代的南康镇更甚，几乎人人都会演唱，而《斑鸠埇农民庆翻身》就是当时流传最广的一部唱本。它是由第二代南康镇卖鸡调传承人梁润田的唱本整理创作，同时也是现存南康镇卖鸡调唱本中最原始的版本。"斑鸠埇"是指隶属南康镇的一个村落，歌词主要是迎合当时土地革命的大背景，围绕"打土豪分田地"这一主题，通过哀述农民不易，控诉地主恶行，赞颂共产党，表达农民翻身的喜悦之情。《斑鸠埇农民庆翻身》第一次这么正式完整地在台上演唱，对陈宜积来说确实是第一次。

陈宜积本就喜欢戏曲，虽然年幼的他听不懂唱词的意思，但是那优美动听的旋律却深深地烙在他的脑海里，仿佛有魔力吸引着他。他也似模似样地跟着台上的人"咿咿呀呀"地哼唱起来。仅仅是观看了一次正式的卖鸡调，陈宜积便对卖鸡调产生了浓厚的兴趣，从此结下了不解之缘。

当时演唱卖鸡调的是南康镇粤剧团的团长，也是南康镇卖鸡调的第二代传承人梁润田。由于非常喜爱卖鸡调，每次粤剧团演出时，陈宜积总是兴致勃勃、目不转睛地观看学习。可以说，陈宜积也算是师从梁润田了。俗话说，兴趣是最好的老师。卖鸡调主旋律简单，音调复杂，但却简单好记。在长时间的耳濡目染下，陈宜积很快就掌握了演唱的精髓。

三

1958年陈宜积初中毕业，之后到南宁工业技术学校读中专。1965年，24岁的陈宜积中专毕业，然后被国家分配到白沙糖厂工作。工作之余，他总是与当地的粤剧团成员一起交流演出心得。由于兴趣爱好，他不仅会演唱卖鸡调，还爱屋及乌地学会了弹扬琴。渐渐地，陈宜积也成为了粤剧团里的一分子。

然而，好景不长，1966年，"文化大革命"的浪潮波及全国，大大小小的粤剧团被迫解散，陈宜积也不得不停止了演出活动。陈宜积和粤剧团成员们沉寂了整整十年时间。这十年，他们只能在记忆里寻找粤剧和卖鸡调带来的欢乐和感动。然而，陈宜积对戏曲的热爱却没有因"文化大革命"的压制而产生丝毫动摇。他一直渴望着有一天能重新站上舞台，给大家带来欢乐。

1976年，"文化大革命"终于结束。作为广西历史文化名镇的南康镇，本身就有着非常浓厚的粤剧氛围，等到改革开放的春风吹到了南康镇，大大小小的粤剧团如雨后春笋般争先恐后涌了出来。已经十年没有演唱过卖鸡调、弹过扬琴的陈宜积，虽然白天要上班，晚上才有时间练习，但是还是很开心。

然而没过多久，陈宜积又头痛起来。因为南康镇卖鸡调在"文化大革命"期间受到外力的阻挠，在流传过程中出现了断层，导致唱本丢失，很多传唱人的技艺减退，甚至丧失。面对如此严峻的形势，陈宜积心里很焦虑。1983年他调回南康镇，在南康镇糖厂任厂工会干事、宣传员。由于卖鸡调政治性、娱乐性较强，是政府在宣传工作中惯用的一种宣传调子，群众基础较深，是白话人家的主要精神食粮，于是卖鸡调又受到政府的重视，有了用武之地。陈宜积乐见其成。为了使卖鸡调不至于失传，他积极响应政府号召，结合"计划生育""反腐倡廉"等时政宣传编写卖鸡调节目，参与到粤剧、歌舞的文艺创新和宣传工作之中，并经常演出，获得群众的一致好评。

四

20世纪80年代初，一道难题横在这些刚有点起色的粤剧团面前。很多年轻的粤剧才人纷纷外出打工，掏空了剧团发展的人才基础，且市场化的发展模式让相当一部分剧团难以适应，生存成为难题，不得不相继解散。陈宜积所在的粤剧团也是如此，只留下一些年纪较大的不方便外出的中老年人。陈宜积带领着剩下的团员勉强支撑着，整个剧团就像奄奄一息的小火苗在风雨中飘摇。

1997年，退休后的陈宜积并没有放弃他喜爱的戏曲，反而把更多的精力投入到卖鸡调的创新和发展中。除了原粤剧团的成员，他的身边也逐渐聚集了一批曲艺爱好者。相同的爱好，相同的地域文化，使得他们自发形成了一个艺术团体——北海市铁山港区南康镇曲艺团。因为他退休前曾担任粤剧、歌舞的宣传员，有一定的威望，又会写词作曲，成员们推选他担任团里的负责人兼团长。同年，为庆祝香港回归，经他改编的南康调版《珠还神州》参加北海市供销系统演出，由于曲牌新鲜，赢得全场鼓掌，最终获得一等奖。

后来，陈老先生经常结合时政热点，写出广受群众欢迎的唱本，并带领团员们自编自演，均取得了不错的成绩。如2004年，陈老先生创作的作品《歌唱新农村》和《一曲唱陂塘》参加北海市举办"珠城之光"曲艺晚会，荣获优秀创作奖；同年，在北海市"人口与计生"文艺晚会上陈先生创作的《计划生育就是好》节目获得一等奖，等等。

五

陈老先生告诉笔者"卖鸡调"名称的由来，其实是一个凄美动人的爱情故事，相当于广西版的《孔雀东南飞》。

相传在清光绪年间，南康西面有一座沙塘岭书院，环境清幽，青山绿水环绕，东面是南康江缓缓流过。书院正门前有一口池塘，塘边的柳树吐出嫩绿的柳条随风飘荡，荡过水面泛起一阵阵的涟漪。池中的荷花含苞待放，青蛙坐在荷叶上呱呱地叫着，夕阳西斜，书院传来朗朗有韵的读书声。

一个女放羊娃常到书院玩耍，因其开朗调皮，村里人都叫她"调妹"。调妹长得眉清目秀，有着一双忽闪忽闪的大眼睛，仿佛天生会说话。一天早上她哼着小曲赶着羊群从书院走过，听到朗朗的读书声，便去池塘边问一个书生："哥哥，你在哼小曲吗？"男生说："我在此朗诵书文，你怎么不进书院来念书呢？"调妹说："一是家里穷，二是女孩子是不能读书的，你能教我读书吗？"看着女娃好奇的大眼睛，男生腼腆地答应下来。这男生很勤奋，五更鸡鸣便起床朗诵诗书，故得名"鸡郎"。日子一天天地过去，他们成了好朋友，随后相恋相爱，私定终身。由于封建思想影响，家里不准女孩到书院去与那男生相会。不久不幸的事情发生了，调妹的父亲将调妹许配给地方上一个恶霸为妾，调妹宁死不嫁。鸡郎四处告状未果，后来调妹受恶霸虐待，因思念鸡郎得病，郁郁而终。鸡郎当时为思念调妹，自编别具韵味的"卖鸡调"在民间传唱，最终也自尽了。从此以后，"卖鸡调"成为地方特有韵味的曲牌唱调流传至今。

然而故事历经多年，经过多人的口口相传，已经衍生出了多个不同的版本，甚至还有"鸡郎与调妹坚持婚姻自由，反对婚姻包办和封建势力，最终有情人终成眷属，结为夫妻"这样结局截然不同的版本，寄予了人们对美好爱情的期望，也赋予了南康镇卖鸡调美好的想象。

其实，陈老先生和他的妻子也是因为卖鸡调而结缘的。当时妻子是唱卖鸡调的花旦，年轻漂亮，是团里的一枝花。因为他是弹扬琴的乐手，帮她伴奏，所以便有了话题。她觉得陈宜积老实善良，又有才华，对他很有好感。于是这么一来二去，日久生情，他们顺理成章地相恋了，然后结婚生子。婚后的生活很幸福，两人白天上班，晚上下班一起练习卖鸡调，一个弹一个唱，偶尔陈老先生也会唱两句，夫唱妇随，唱到情起处，两人相视一笑，默契十足。真是应了句老话"只羡鸳鸯不羡仙"。

他们共同养育了四个孩子，一儿三女。由于孩子上学忙，没时间学习卖鸡调，他们也不勉强。南康曲艺团没成立之前，陈老先生已经收了好几个徒弟，有李蓝玲、邓绍婵、庞月香等。其中邓绍婵是陈老先生最小的徒弟，也是其最得意的门生，同时也是南康镇卖鸡调的第四代传承人。邓绍婵与陈老先生住在同一条街道，比邻而居。邓绍婵是个曲艺爱好者，自然知道她的邻居陈老先生。一次偶然的机会，邓绍婵拜了师，从此跟着陈老先生学艺。

六

陈老先生说，南康镇卖鸡调是宝贵的中华民族传统文化遗产，是乡村文化的重要组成部分，是先进文化发展和延续的根基，不仅富有地方浓郁的乡土特色，活跃乡村文化，也成了传递乡音、沟通乡情的纽带。但近年来，卖鸡调的传承面临着不少问题。由于人才缺乏、流传断层，以及社会关注度不够、经费入不敷出等因素，南康卖鸡调面临着失传的困境，亟须采取措施加以保护。

直到2015年，南康镇卖鸡调被列入北海市第三批市级非物质文化遗产项目名录。这对陈老先生和他的曲艺团来说，意义是非常重大的，因为这是一个把卖鸡调宣传出去的好机会。面对快要失传的卖鸡调，政府采取了一系列的措施。同年6月，北海市非物质文化遗产保护中心开展了非遗进校园和戏曲进校园活动。陈老先生为了把更多的表现机会让给年轻人，转到幕后创作。于是陈老先生的徒弟邓绍婵带领着其他团员们作为老师定期进校园为学生上课。邓绍婵优美动听的唱腔旋律深受师生们的青睐，每次授课回家，她总能收获一堆小粉丝！这个活动使学生们能够近距离、多角度地体味高雅艺术的精华，感受传统戏曲文化经典的魅力，获得对戏曲的感性认识和审美享受。

2016年6月，"南康调"（卖鸡调）被邀请到香港、澳门参加"健康世界·舞动香港"国际健康舞中国区邀请赛竞演并获得铜奖。这是卖鸡调首次走上国际大舞台并获奖。具有浓郁乡土气息的南康曲艺团自编自演的《喜看南康全国文明镇》,以其独特的唱腔,健康、朴实、时鲜的唱词,新颖的道具,古典的服装,以及演员优美、鲜活的现代舞造型,赢得了观众雷鸣般的掌声,赢得了国际级专家组成的评委组的好评,获得铜奖。

七

回想曲艺团成立初期,每年有人邀请演出仅有几十场,根本养活不了剧团几十口人,剧团成员们有演出时就集合演出,没演出时就在家种地。"最困难的时候,我和团员们一起向亲戚借钱买布料缝制演出服装,自己制作演出道具",陈老先生感叹地说。这个小剧团经历了长达10多年的经营困难期,摇摇晃晃地坚持了下来,如今在南康镇站稳了脚跟。

曲艺团一路走来,赢得了无数的鲜花和掌声。这些成绩的取得是陈老先生和剧团成员们一起努力的结果,更是他们对于戏曲无比喜爱的完美诠释。

展望卖鸡调的未来之路,陈老先生充满了担心和忧虑,态度却无比积极和坚定。他的办公室挂着"宝剑锋从磨砺出,梅花香自苦寒来"的字画。宝

陈宜积徒弟邓绍婵(右)和她的搭档在演出

剑的锋利和梅花的无比清香都是经过了很多的磨难才得来的。凡事都须艰苦锻炼，不断磨砺，才能取得成功。卖鸡调的传承过程中虽然有很多困难要克服，但是不历经苦难，哪里会有灿烂的明天呢！他相信南康镇一定会出现许许多多跟他一样愿意为家乡的文化和传统付出青春和热血的年轻人。

后　记

目前，南康镇卖鸡调主要借助于南康镇当地的曲艺团活跃在民间。曲艺团不仅是南康镇卖鸡调内部传承与发展的主体，也是其向外宣传与表演的主体。虽然南康镇卖鸡调面临着消亡的危险，但是只要大家都来关注南康镇卖鸡调，关注曲艺团，采取更多有效的措施，做好传承保护工作，就能让优美而具有韵味的卖鸡调继续飘扬在南康镇的大街小巷，流淌在每一个南康人的血液中。

胡中球 / 文

南国春风乘歌来，山歌传情万里暖
——记合浦县廉州山歌剧代表性传承人容君传

在美丽广阔的八桂大地上，有这样一颗熠熠生辉的美丽明珠——合浦。它历史悠久，底蕴深厚，文化悠长好似延绵不绝的滔滔长江！它山清水秀，物产丰饶，山河秀美犹如动人的人间仙境。它卧虎藏龙，人杰地灵，智慧的火花在这里一次次碰撞出惊天的奇迹！它因盛产珍珠，而被冠以"珠乡"的名号。能歌善舞的珠乡人民，以独具一格的数种不同语言为本，开创出了数脉众口皆碑的珠乡民间山歌文化。从遥远的秦代、西汉时期起，山歌就在珠乡民间开始流传。到现在，合浦民间山歌共发展出廉州话山歌文化（西海歌、双支头山歌等）、客家话山歌文化（金牡丹）、古郡民间童谣、疍家婚礼白话咸水歌、合浦地方粤曲文化等5个山歌文化分支。

合浦县廉州山歌剧代表性传承人容君传

廉州山歌剧是廉州话山歌文化的典型代表，是主要流传于合浦地区的一种地方戏曲表演形式，使用廉州方言演唱，是北海目前尚存的民间传统剧种之一。容君传老先生便是廉州山歌剧这一非物质文化遗产的第五代传承人，也是代表性传承人。

2018年1月17日，笔者一行人前往北海市合浦县拜访容君传先生。一见面，老人便给我们一种非常亲切的感觉，就仿佛久别的游子看见了亲切和蔼的家中长辈。他笑着引领我们进入他的办公室，然后便贴心地为我们泡起茶来。小小的办公室十分干净和整齐，往里一瞄，还能看见摆放得整整齐齐的一本本精美书籍和一叠叠荣誉证书！看到我们眼中的惊奇，他咧嘴一笑，向我们说起他的故事来……

一、生逢幸日举国庆，少年初崭非凡才

　　1949年农历二月初二，正是春回大地、万物复苏的日子。伴随着整个世界的盎然生意，一个可爱的新生命呱呱落地，仿佛为世界带了一丝新的温暖。

　　这个可爱的小生命便是容君传。而正是在他出生的那一年，发生了一件惊天动地的大事——中华人民共和国成立了！从此，他的命运便与华夏大地上千千万万的中国人一样，与"中华人民共和国"这几个沉甸甸的大字紧紧地联系在了一起。

　　时光荏苒，容君传茁壮而快乐地成长着。1958年，聪明伶俐的他9岁了。这一年，学校要组织一场文艺演出，于是开始向各班征集比较大胆的"小演员"。听到这个消息，容君传可乐坏了，想也不想地便跑去找老师报名。当看到眼前身材瘦小却兴高采烈的容君传时，老师有些哭笑不得。毕竟，上台表演不仅考验技艺，更要承受巨大的心理压力，而老师并不认为年龄过小的容君传可以做到。关键时刻，容君传没有一丝害怕，直直地盯住老师的眼睛，眼神里涌动的都是满满的坚定和自信。于是，老师被他的坚定眼神说服了。他顺利地成为晚会的小演员之一——这是他第一次登上学校的文艺舞台。

　　表演当天，台下观众人头攒动。面对心理上巨大的压力，容君传第一次展现出了非凡的表演天赋。只见他稍稍平复了一下心情，瞬间便进入了角色，神态、发音和走位都有模有样，与小伙伴们的配合更是默契非常，颇有几分名角风范。在表演现场，赢得了观众们一次又一次的掌声——这也是他第一次登台表演！

　　"从此我就爱上了舞台，爱上了在舞台上表演的感觉。在舞台上这一打滚，就是60余年。"回忆起第一次登台表演，容老先生的眼睛里有着满满的喜悦和激动，仿佛回到了那段激情洋溢的岁月。

　　而好学的容君传一爱上表演，便再也离不开这个不过数丈方圆的"新世界"。他开始更加刻苦地表演，登上各种各样大大小小的舞台，在一次次的热烈掌声中，演艺技能不断进步。到如今，虽然已经年至古稀，但容老先生仍然会亲自登台表演，在与徒弟搭档的过程中传道授业，将廉州山歌剧这一文化珍宝一代代传承下去。

二、初遇粤曲惊为神，麒麟才气不可掩

20世纪60年代初期，粤曲在珠乡开始火了起来。当时，年纪尚小的容君传也喜欢上了这种优美的歌曲，但却一直苦于无人教习——这可把他急坏了！直到一件神奇的物件儿——留声机，走进了他的生活。第一次看到这个可以发出人声的机器，容君传着实被吓了一大跳。但意识到了它的作用后，容君传欲学粤曲而不得的烦恼一下便烟消云散了！

于是，容君传从此便开始了跟这位"留声机老师"的粤曲学习之路。

在谈及学习"粤曲"那段时光时，容老先生的脸上始终洋溢着灿烂的笑容。看得出来，老先生学习粤曲时是十分愉快的。我想，这就是对他无师自通却精于粤曲表演的最好解释吧——因为兴趣就是最好的老师。

在学习的过程中，容君传也渐渐发现了自己的另一种才华——编写（创作）才华。因此，在别人都在模仿粤曲唱法的时候，他便已经开始了粤曲的创作之路。而他的创作天赋一经发掘，从此便一发不可收拾，就像一轮逐渐升起的火红骄阳，放射出万丈光芒。

20世纪70年代，为了筹备上级布置的一次农村文艺汇演，他独自背起背包，徒步走到了偏远的南城麻地生产队。当时，交通、生活等各种条件都十分艰苦，但他不怕苦、不怕累，与当地人同吃、同住、同劳动，虚心向他们学习，一住就是20多天。而这20多天的艰苦生活让他大受启发，写出了独幕粤剧《抗风夺粮》。后来，该剧参加1973年合浦和钦州地区举办的文艺汇演，皆获得了创作、演出一等奖！从那以后，他便树立起了一分汗水一分收获的理念。

当时，他的创作常常面临困境。因为经费紧张，他不得不省吃俭用，有时甚至要从自己的工资中抽出一部分投入到创作中去。但他从无怨言，反而更加卯足了劲搞创作。这一坚持就是50多年！其坚守之意志，让人敬佩，让人感动。

而他与廉州山歌剧的渊源也始于这一时期。老先生跟我们说，廉州山歌剧清代的传承人为冯笑天，民国时期传于常乐圩的"唱歌二"，而"唱歌二"又传于容君传恩师卢统，20世纪70年代才传于容君传。当时，山歌在合浦火得不行，大街小巷处处有人传唱。而每当有人唱起山歌时，他总会跑去听。刚开始，他根本没听清别人唱的是什么。后来，听得多了，便渐渐听清了，

他便更是喜欢。后来，他便遇到了他的恩师——卢统。而当笔者问及更多的传承细节时，老先生却无意再多谈，笔者也只能作罢。

容老先生在长达 40 多年的通俗山歌创作演出中，先后创作和主演的节目超过了 500 场。同时，他还不遗余力地收集整理广泛流传于合浦民间的廉州话山歌文化资料，较有系统地整理了廉州方言山歌的种类、曲牌与唱腔，使得廉州方言山歌中一些已经鲜为人知的曲牌与唱腔的资料得以保存下来。尽管这些资料还有所欠缺，但是在民间艺人日益稀缺、合浦山歌面临失传的情况下，这些资料显得弥足珍贵，对廉州山歌剧的传承和保护意义非凡！

三、艰难困苦才愈显，尝尽沧桑真金成

20 世纪 80 年代，有了创作经验的容君传粤剧和山歌剧剧本写得更勤，也更多了，常常是拿起笔就能一口气写下去，得心应手。然而正是在这一时期，容君传经历了他人生中的重大困难和转折时期！

当时，他进厂当了几年工人，工资稳定，勉强可以养家！然而，上天似乎特别喜欢开玩笑。他已经工作了几年的厂子说倒闭就倒闭了。于是，容君传就失去了赖以养家的"铁饭碗"！当时，妻子没有工作，家里又还有 3 个孩子需要抚养！一瞬间，生计的压力便如泰山压顶般向容君传压了过来！

绝境之中，容君传扬起素来坚毅而乐观的脸庞，给自己在广州的朋友打了一个电话。所幸，朋友不负所望，为他递上了寒冬里最温暖的一盆炭火——到广州学修表！当时，修表绝对算一份好工作，不仅收入高，而且稳定、风雨不愁！然而，朋友低估了他困难的程度。当时去广州的车费是 7 块钱，而他却连这 7 块钱的车费都已经拿不出来了！于是，朋友又贴心地为他寄来车费！

到了广州后，他果然没有辜负朋友的信任和慷慨相助，在工厂里手艺最好的修表师傅手下学习。仅仅 28 天，他便成为了一位修表的行家！在他即将出师的时候，老师傅轻轻拍拍他的肩膀，对他说："你就是注定吃这碗饭的人啊！"

然而，老师傅不知道的是，在容君传的修表箱里，一沓厚厚的剧本正等待着他的修改！多年来，他如痴如醉地自编自演着一部部粤剧和山歌剧作品，创作和演出早已成为了他的生命中不可或缺的一部分！

从那一年开始，他便以修表养家糊口。在常乐街口处，别的修表师傅工

作台上摆的是工具和配件,但他的工具箱中却塞满了没有写好的剧本。有人上门他便修表,没人来时他便修改剧本。也有人笑他不自量力,不务正业,他却一笑了之。

就是在这样的环境下,容君传先后写出了《洪大伯》《人情紧过债》《后母情》《易男》《残奥情》《珠乡赞》《高手》《绝招》《改邪归正》《山歌奇缘》《自有后来人》《仙姑归坛》《风流潇洒珠乡人》《红林相聚故乡情》等粤剧和山歌剧,以及"老杨公"等民间传统戏剧和小品作品逾百部。

他所创作的小品《改邪归正》荣获北海市文艺汇演二等奖,并在《中国文艺杂志》登出;他创作的戏剧《人情紧过债》荣获自治区、市、县三级汇演的创作、演出一等奖。

在创作和演出的同时,容君传不遗余力地收集整理广泛流传于合浦民间的廉州话山歌文化、客家话山歌文化、疍家咸水歌文化、粤剧文化和合浦民间童谣文化等五大非物质文化遗产,还比较系统地收集整理了民间艺苑中鲜为人知的催情歌、盘问歌、辩驳歌、苦情歌、庆贺歌、恋情歌,以及主要山歌曲牌唱腔《东海歌》《西海歌》《耍花楼》《西江月》《棹船调》《三爷调》《犯仙调》《地堂歌》《龙头凤尾腔》等一大批比较珍贵的合浦民间非物质文化遗产资料。

辛勤的耕耘换来了丰厚的回报。2004 年,容君传荣获广西壮族自治区文化厅授予的"广西农村基层文化骨干、文化能人"称号;先后担任全国多家文化机构创作员,还曾担任"中国基层党组织建设网"特约记者。他的作品也多次被选入在中央文献出版社、中共中央党校出版社等 9 个国家级出版社出版的书籍中;更曾荣获百花奖荣誉金牌三枚,以及"我爱中华""与雷锋同行""当代文艺先锋"等共和国荣誉称号。

2009 年 12 月,他被中华人民共和国日史编辑委员会授予"共和国六十年文艺创作突出贡献奖"荣誉。

2014 年,他的作品被选入《庆祝中华人民共和国成立 65 周年暨纪念邓小平诞辰 100 周年中华颂》一书,并荣耀地成为了该书的封面人物。

2015 年 5 月 1 日,他荣获"全国最美劳动英模"称号,并前往人民大会堂领奖!

万般荣誉加身,他却从来不会有一丝一毫的骄傲和懈怠!什么是榜样?我想,他就是最好的解释!

四、山歌婉转无人听，南国天籁谁来传

当我们问及继承和发展合浦民间山歌的初衷时，老人只是腼腆地一笑，说："我大半生都在这片土地上打滚，特别喜欢这份文化，想要把它发扬下去！"听到这，我们不禁对老人肃然起敬！是啊，非物质文化遗产是先辈留给我们的宝贵财富，它的继承和发展需要更多像老先生一样的人！

2015年12月10日，由中共合浦县委宣传部、合浦县文化体育与旅游局组织牵头，合浦县传统山歌文化传承人容君传发起的合浦民间山歌研究会正式成立，容君传担任会长。成立会上，他介绍说："合浦的山歌文化已经有2000多年的历史，但随着时代的发展，加上许多民间老艺人相继离世，保护民间山歌文化迫在眉睫。合浦民间山歌研究会将致力于保护、挖掘、传承合浦民间山歌文化，并将其发扬光大。"研究会成立时，时任合浦县文化局党组书记、文联主席亲临现场祝贺，中国民族影视艺术发展促进会从北京发来诚挚贺信！经过两年的努力发展，研究会现有注册会员82名。每年都要到北海各区县和钦州灵山县、浦北县进行山歌剧表演，年总表演场次20—30场。

2016年，容老先生被正式确立为北海市非物质文化遗产廉州山歌剧的代表性传承人！

当我们问及廉州山歌剧目前的发展现状时，老人重重地叹了一口气，素来乐观的眼睛里竟然有了几丝黯淡，失落地说："'没人练''没人唱''没人学'，这就是廉州山歌剧目前面临的最大困境！"

老人说，20世纪80年代后，随着改革开放的实行，外来音乐对中国本土音乐，特别是山歌产生了巨大的冲击。山歌的格调、旋律和唱腔都比较老，已经不符合当今年轻人的喜好。于是，20世纪70年代火得不行的山歌，现在已经渐渐销声匿迹。除了一些仅存的老艺人，已经找不到合浦山歌的表演者了！

因此，老人现在正在加紧收集和整理合浦民间山歌的文字资料，准备出一本书，书名叫《南珠韵》。当然，书中还将包括老人的一生佳作，以及反映当代反腐倡廉风貌的"利剑荡浊篇"。同时，老人也在努力地对山歌剧进行创新，让山歌剧的演出手法、山歌唱调、服装和化妆等更迎合年轻人的喜好，来吸引年轻人们学习山歌。

当我们问及他是否已经定下接班人时，老人更是满脸的无奈。他说，自

已有3个儿子，4个孙子，但对合浦山歌都没兴趣。他也动员过自己的孙子学习山歌，希望能带动其他人来学唱山歌。奈何，现在孙子也都已经失去了学习山歌的兴趣！合浦山歌现在正面临青黄不接、无人学习的尴尬局面。

不过，或许是老人的山歌创新起了作用。目前，已经有5个徒弟向老人拜师学艺。其中，合浦本地的徒弟陈宗平和来自玉林市博白县的女徒弟蒋倩学得最为深入，也是跟老人表演的场次最多的，目前已经一同表演了几十场。

老人告诉笔者，他现在最大的心愿就是让更多的人来认识合浦山歌，热爱合浦山歌，会唱合浦山歌，爱唱合浦山歌，让合浦山歌文化的接力棒代代相传，后继有人。

是啊，每一份非物质文化遗产背后都是因为有一个个像"容君传"这样的人不断努力着，才能一代代传承下来，并不断向前发展！

后　记

廉州山歌剧历经时光的洗礼，愈显魅力无穷！它的曲牌与唱腔独具特色，具有较高的艺术鉴赏价值、历史研究价值和实用价值。研究廉州山歌剧，可增进对合浦民俗、文化、历史发展脉络的认识和了解，有教科书的作用；其欢快的表演形式亦为人们所喜闻乐见，可以说是老幼皆宜，重拾该项艺术使其进入群众视野，可以活跃群众文化，促进社会和谐。

同时，非物质文化遗产的继承和保护更需要每一个人的共同努力。优秀的传统文化是国家、民族之根，只有扎紧了我们的根，我们才能不被外部风浪所击倒，才能更加坚定、更有力量地向上生长，才能创造出一个接一个惊天动地的奇迹来。

在我们离去的时候，我们回头跟楼上的老人轻轻挥手告别。老人在四楼向我们挥手，仍然灿烂地笑着。我们紧紧盯着老人的笑脸，感觉他的笑容里涌动着像阳光一般温暖的力量！

徐镇鹏／文

菩萨慈悲胸怀，杨公普度众生
——记合浦县老杨公代表性传承人李日喜

北海，一片神奇的土地，说到北海，不能不提老杨公，即当地的一种地方戏曲。它虽然无法与四大戏剧相比，却代表着合浦独特的民间艺术，2015年被列入自治区级非物质文化遗产名录。说到老杨公，有一个人我们必须得了解，那便是李日喜。

2018年1月18日上午，笔者与朋友驱车前往合浦县拜访这位老杨公的传承人。到达约定的地点，我们看到李日喜老师早已在此等候我们。李老师很热情，亲切地和我们握手，和蔼的笑容、爽朗的笑声一下子拉近了我们的距离。

合浦县老杨公代表性传承人李日喜

空气中弥漫着大家的欢声笑语，如此热闹的场面也吸引了繁华街道上路人的目光。来来往往的人群，老师显得稍有不同：皮肤黝黑，双手布满暗黄的老茧，脸上的皱纹虽然不多，但是每一条皱纹都十分深邃，说起话来夹杂着浓浓的合浦白话口音。他会的普通话不多，但能清楚地知道我们每一个人在说什么，并且能用地道的合浦白话有条理地表达出他想要表达的意思。

李老师说他是1949年出生的，家中有四兄弟，兄弟之间关系融洽，家里祖祖辈辈都务农。小时候虽然家庭困难，但是父母的思想较为开明，知道唯有读书才有出路，唯有知识才能改变命运，拼尽全力让这几兄弟获得文化知识。成长道路上的崎岖坎坷激励了李日喜的志向。他立志要成为一位人民教师，传道授业解惑，把知识播撒在这片他热爱的土地上，让更多的人能够走出大山看到外面的世界。经过十年磨一剑的拼搏，李日喜如愿地当上了当地小学老师。这一当又是十几个年头，大家都亲切地称呼他为李老师。

一、时代的印记，难忘的童年

李日喜老师也是经历过苦难的人。虽然获得了读书的机会，但是并没有我们想象的那么轻松。他在读书的时候还要兼顾家里的各种事情，放牛、插秧、背柴、种木薯。本该不属于这个年龄做的，他却要提前完成，为的是什么？为的是养家糊口。电视、电脑、楼房这些东西想都不敢想，也不存在。只有老老实实地做好当下才有机会考虑明天。

李日喜老师说虽然他在童年不曾享受过，但是与当今年轻人比也收获了许多。笔者不禁要问为什么这样说。李老师长叹一口气：我感觉你们这一代的年轻人总缺少了点什么，如果要准确的说那便是老一辈的一些精神，比如说，现在一部分年轻人越来越不懂得粮食的来之不易，对勤俭节约的概念也越来越淡化。俗话说新三年，旧三年，缝缝补补又三年，我看到家人要把不穿的衣服扔了，我心疼啊，不舍得，自己捡起来洗干净又继续穿，也没有觉得有什么不体面的。又比如说吧，每次家庭聚餐我都会要求自己的小孩要把碗里的饭吃干净，不能留一粒。一来养成节约粮食的良好习惯，二来尊重农民的劳动成果。

谈到往事，印象最深刻的就是三年饥荒、"文化大革命"，李老师的每一句话都透露着伤感。三年自然灾害时期，李日喜老师的母亲为了让家人填饱肚子只能去山上挖一些野菜来吃。李老师感触地说到："当时北海受到的影响也挺严重的，为了填饱肚子，什么东西都吃过。也不知道哪些东西有毒或者没毒，只要吃进肚子人没事，那它就是没毒的。当时也有一部分人就是因为吃了一些不知名有毒的菜而死亡。为了熬过那段时间，每日进餐的分量也被严格限制，当时几乎整个村的人都是有上顿没下顿的。"

二、万事沧桑唯有爱，神话故事远流传

李日喜老师给我们介绍了老杨公的由来。据1931年修的《合浦县志》记载：自清代以来，老杨公就在合浦、北海、钦州等讲廉州话的地区广为流传，至今已有几百年历史。

老杨公源自中原古老的宗教歌舞鼻祖傩舞，前身是驱鬼逐疫和祭祀并存

的宗教仪式大傩中的表演部分。因而，老杨公与傩戏同宗同源，是正宗的中原艺术品种传至广西的变种。

据资料记载，中原古代的傩舞是老杨公的源头，是直接从中原以傩舞形式传入合浦的民间艺术品种。它的歌舞形式活跃于东汉至明清时期，戏曲艺术定型并盛行于明清，后被耍花楼取代而式微，渐偏向说唱发展，形成崭新的民间曲艺。老杨公以固定的曲牌进行演唱和对唱，整套曲牌都由海歌和小调构成，主体由东海歌、西海歌、撑船歌、棹船歌等组成。此外，还有大堂歌、犯仙调和西江月、判家档等辅唱曲牌。

民间曲艺老杨公取材于一个神话故事。传说有一个叫蔡九娘的仙姑因为动了凡思，触犯天规，被玉帝贬下凡间受苦，降生于水潮院。蔡九娘家境贫寒但为人正直，却被卖给财主王国清为媳。因为地主和家婆百般折磨，难以忍受，欲投海自尽，幸遇南海观音老母化身为老杨公撑渡搭救。老杨公架着一艘破船与蔡九娘对唱，在此过程中老杨公多次真情流露，蔡九娘最后袒露心声，得知真相的老杨公帮助九娘，使她脱离家庭的困境。

三、听师一曲老杨公，雅俗共赏乐融融

笔者很幸运，李日喜老师知道我们要真切感受老杨公的魅力，便爽快地答应为我们表演一段老杨公。李老师在广场里换上表演的服装，没有其他剧种的那么华丽，那么光鲜夺人。整个老杨公的演戏只需要3人：菩萨（老杨公）、仙姑（蔡九娘）、鼓手。菩萨由李日喜老师扮演，身穿黄色大褂，大褂已有些褪色，整个服装都透露着年代感。要说最具有代表性的还是菩萨的面具。与其他剧种的面具比起，老杨公的面具可谓与众不同，整个面具只有一种色彩——棕色。面具的表情是它最大的特点。左脸是笑脸，右脸则为哭脸，咧开的嘴里有4—7颗牙齿。第一次看到的人都会有一种不适的感觉。听围观的群众说，一个好的老杨公面具，表情是较为狰狞的，给人的冲突感较强。面具的制作选材也有讲究，为了适应南方潮湿的气候特点，一般选择质地坚硬、防腐防潮、易于保存的上等木材，杨木、松木、槐木都是优选。老杨公在表演时至始至终都戴着面具。

我们亲切地称仙姑的扮演者为苏老师。李老师与苏老师的交情已有20多年了，大家都是彼此的挚友。老杨公缺其一不可。李老师大概90年代认识了苏老师，具体时间也记不清楚了。大家相识也纯属兴趣相投。那个年代，家

里没有电视机、电脑,唯一的娱乐就是看戏剧或者去电影院看电影,但是电影票又贵,一个月能去一次电影院已经很不错了,看戏也就成了村里村外大家放松心情的方式,并且在看戏的过程中也能结交众多志同道合的朋友。李老师和苏老师都因喜欢老杨公而认识,这一遇也就成了20多年的朋友,风风雨雨,大大小小的演出,大家一起走过。李老师认真地对我们说:"苏老师最打动他的地方是对老杨公的精神的体会,唱功底蕴的深厚,声线的柔美。在你们年轻人眼中,老杨公可能就是单纯的戏剧,但是我们这辈老人体会到的是一种传统文化的继承与发扬,里面蕴含着道教、佛教对于真善美的感悟。"

有时候,衣服一穿,粉一抹,就是一天。看上去平淡的剧,背后却倾注了他们太多太多的感情,台上三分钟,台下十年功。有时候喉咙唱哑了,也要坚持;有时候站得太久腰疼,咬咬牙也要挺过去。大家就是靠着一份执着的精神把老杨公传下去。岁月的洪流,卷走了青春,卷走了年华,剩下的只有一个被岁月刻下深深印记的躯体和一颗沧桑的心,几十年的时光说没就没有了。细数门前落叶,倾听窗外雨声,两位老人最担心的还是这份艺术没有人继承。唱了一辈子,人生的酸甜苦辣尝尽,老杨公早就成为二老心中不可或缺的一部分,如果它消失,那将是终身的遗憾和愧疚。

仙姑的服装与当地的其他剧种有几分相似,一个农村的女性形象穿的衣服多为清新的淡绿色,在衣服的袖子口和裤脚绣上红边。上台表演前还需在脸上抹上淡淡的粉红粉底,笔者猜这是为了凸显女性应有的气质而做的。

与前面两位人物不同的是鼓手,他在整个戏剧演唱中不充当任何角色,专门负责敲鼓,打节奏。对于服装也没有过硬的要求,除了大型舞台表演,在日常的小型广场表演只需穿着得体即可,无需过于华丽。虽然不是主角,却发挥着举足轻重的作用。

表演的道具就只有一张竹席和一条扁担,竹席象征着船,扁担象征着桨,全部表演都围绕这一席之地。从人员的配置上可以看出,老杨公作为地方剧,表演的随机性较好,不需要庞大的演出队伍,同时也适应民众。

表演开始了,仙姑手持花扇,坐水潮叹唱东海歌出场,老杨公带着面具,左手持着被点燃的纸筒,右手拿着扁担作为船桨渡海而上并吟唱西海歌与仙姑搭讪,一唱一对贯穿整个老杨公剧本。围观的群众越来越多,大家围成一圈,大部分都是老人,笔者二人在人群中就显得有些突兀。些许观众也轻轻地吟唱。也许对他们来说现在能观看到老杨公的表演是来之不易的,更多的是承载着老一辈人的回忆。他们聚精会神地看着,不错过每一个片段、细节。一同观看表演的一位陌生朋友告诉笔者,他时常关注老杨公,对这项民间艺术钻研过一段时间。我们现在观看的老杨公表演其实是删减版的,老杨公的扮演者李日喜老师已经老了,不再像以前那样手脚灵活了,老杨公剧本长,表演者岁数大了记忆力也不如以前了。此刻表演的这一段是老杨公试探真情的部分,还有很多问仙姑的问题都没有唱出来。听到这位朋友的解释,惋惜和欣慰涌上心头。惋惜的是昔日的传承人已是古稀,欣慰的是还有着为数不多的年轻人愿意看,愿意学这些艺术。

四、路漫漫其修远兮,吾将上下而求索

观看完表演,笔者向李日喜老师问了最后一个问题:"老师,您的家人,或者说有其他的人有愿意学老杨公吗?""没有了!其实我也想教授给家里的年轻人,但没有人想学,他们有自己的选择,为了生计,都出去工作了,哪有时间学?戏曲这种东西只能当兴趣爱好,不能当饭吃。"李老师的话语中透露着无奈。

一点也没错,随着物质社会的不断发展,人们追求的东西也随之发生变

老杨公传承人在演出

化，金钱成了维持生活的根基。文化的东西逐渐流失，底蕴也慢慢淡化。今天还能有幸看到这些非物质文化遗产，明天呢？后天呢？十年之后呢？百年之后呢？其他人呢？我们的子孙呢？还能看到吗？

在我看来，保护不是挽救我们传统文化的根本办法，关键是发展，是人们对待传统文化的态度！只有发展了才更有生命力，只有发展了才能长久不衰，才能被人们接受。

多么希望传统艺术不会再哭泣，而是在与现代艺术的碰撞中微笑前进！

谢金凤 / 文

传统戏剧——木偶戏
——记合浦县山口镇木偶戏代表性传承人陈耀文

山口镇位于在北海市合浦县的东部，那里有"一天秋色冷晴湾，无数峰峦远近间"的秀美风光，有"长安大道连狭邪，青牛白马七香车"的繁荣景象，有如诗如画的"海上森林"。山口镇既有着深厚的文化底蕴，又埋藏着巨大的精神财富，等着人们去发掘、传承和保护。山口木偶戏就是山口镇的文化瑰宝，是传承的文化载体。

中国木偶戏历史悠久，普遍的观点是"源于汉，兴于唐"。根据木偶的形体和操纵技术的不同，可分为布袋木偶、提线木偶、杖头木偶等。2006年5月20日，木偶戏经国务院批准列入第一批国家级非物质文化遗产名录。山口木偶戏主要是杖头木偶表演，在北海市南康镇、福成镇、山口镇、沙口镇、公馆镇等地均有分布，每逢春节、诞期及冬至等传统民俗节庆，木偶戏都会在广场、宗祠或者寺庙等公共场所进行演出，在某些民俗节庆期间的表演，即便是无人观看也必须演出，达取悦神灵之效。据《合浦县志》载，木偶戏于明代从福建传入，最初是单人在田间或树下卖艺演唱，后演变为多人演唱。清初，民间演木偶戏，用正字唱，后改用白话演唱。木偶戏以白沙、公馆、山口等地最盛，演出没有固定剧本，只有提纲，叫作"爆肚戏"；演唱用的木偶均为艺人自己雕刻制作，木偶眼睛能开闭、转动，嘴舌也能活动，旦、生、丑、武各种角色形象不一，生动逼真；全队音乐只

合浦县山口镇木偶戏代表性传承人陈耀文

一人掌板和演奏，手、脚、口并用，左手打锣右手打双皮鼓、沙的、扣锣，脚打锣，口吹唢呐。山口木偶戏所使用的人偶以70—80厘米和1米左右为多，大的达到110厘米，也有一部分存放年代比较久远的40—50厘米高的小木偶，由表演者操纵一根命杆（与头相连）和两根手杆（与手相连）进行表演，依手杆位置有内、外操纵之分。表演者用粤剧腔按故事内容即兴发挥，演唱的同时操控木偶表演，舞台多数是露天搭棚，背部设有遮挡操纵者的帷幕，以及"出将""入相"的木偶上下场门，演员立于幕后操纵木偶表演，观众可从三面欣赏。山口木偶戏演出剧目超过300个，主要有《穆桂英挂帅》《薛仁贵征东》《薛丁山征西》等。

陈耀文是山口木偶戏的代表性传承人，于2015年8月被确定为市级代表性传承人。他为我们讲述了关于他和山口木偶戏的故事。已经寒冷了多日的天气，仿佛知道我们正在做十分有意义的事情，一改往日的严寒，使我们得以轻松上阵。我们并不是要去打仗，而是采访非物质文化遗产的杖头木偶戏的传承人陈耀文先生。没有华丽的辞藻，没有跌宕的情节，陈耀文将他的"平凡"人生向我们娓娓道来。

一、非"偶"莫属

杖头木偶戏是人民群众喜闻乐见的地方戏艺术，在合浦山口、白沙、龙潭等区域流行木偶说唱，以此缅怀祖先。陈耀文先生与木偶戏结缘于在人海中多看了它一眼，就这么一眼钟情，深深为木偶戏着迷。15岁那年，陈耀文离开了学校，拜在师傅门下，正式学习木偶技艺。当时，隔壁村有木偶戏的演出，热爱木偶戏的陈耀文岂有不到场之理。去后，听说剧团有一个演员没有到位，团长正不知该怎么办，有一村民说："不如让耀文这个后生仔试试，这小孩唱得不错。"临危上阵，陈耀文没有胆怯，给团长唱了起来，那声音一发出来，团长的眼睛就亮了起来，称赞其唱词清晰，非常好听，适合唱戏。事后，陈耀文带上礼物前去拜师学艺，面对这个真心热爱木偶戏的孩子，师傅欣然地接受了陈耀文。在拜祭完祖师爷和庄重的拜师仪式之后，陈耀文就开始跟着师傅学习。1982年7月，陈耀文于合浦县山口中学毕业，同年8月开始在合浦县山口群兴木偶团接受木偶艺术专业的训练。

20世纪70年代，在那个吃不饱、穿不暖的年代，陈耀文的父母咬紧牙关，勒紧裤腰带，供孩子上学，对孩子有着深切的期望，望子成龙是所有父母的愿望。陈父陈母希望儿子能继续学业，强烈反对他学习木偶戏，但面对孩子的坚持，最后只能放手让孩子去学，去闯出自己的一片天。说到父母，陈耀文展眉一笑，仿佛想到了父母对自己的无可奈何，一开始父母不支持自己的选择，但看到了自己的坚持，也能理解自己的选择。

二、真金不怕火来炼，功夫不负苦心人

正所谓万事开头难。别看演员们在台上表演精彩，对答如流，真正入门后才发现，其实自己是个名副其实的"门外汉"，木偶戏表现形式是自做木偶、器具、道具，单人操作木偶进行演唱表演，将故事进行即兴式的发挥表演，现已将这种爆肚戏变成剧本化的表演。这种需要临场发挥的能力，没有三五年的表演经历是培养不了的，更别说刚刚入门的陈耀文。台词方面，杖头木偶戏将传统戏曲和传统曲艺巧妙结合，大量的唱词对演员的记忆力是一个考验；语言方面，杖头木偶戏以粤语演唱，原本就是使用白话，没有语言的阻碍，但要求唱词清晰；说唱方面，木偶戏以说唱为主，伴以锣鼓、笛子等按曲目节奏敲打，有快有慢，轻重搭配，可一人饰演多角，形式生动活泼，但这里要求演员的演出能跟上节奏，对演员的情感的控制有要求；唱的方面，要求唱腔圆润响亮，曲调流畅，富于情感，喜怒哀乐的说唱融入深情动人的表演，能引起观众的共鸣；演出木偶重达5斤，拿在手上可能觉得"轻若鸿毛"，但举着表演下来，就需要不凡的臂力。陈耀文回想刚刚入门的那段时期，因为犯错误被师傅训导是常有的事，常常在夜里哭湿枕头，不是为了被训觉得委屈而哭，是为了喜欢的木偶戏而哭，为自己不能达到师傅的期望、完成交代的任务而哭。真正接触到木偶艺术，动作演出难，技巧掌握难，唱词背诵难，面对种种困难，陈耀文没有喊苦喊累，打退堂鼓，而是日复一日地学习，反复地磨练自己的演技、唱功。

功夫不负有心人，陈耀文掌握了木偶艺术，任何一个角色都能信手拈来，随时都能唱。他在采访现场给我们露了两手，听了就让人不自觉陷入隽永的唱调，其中陈耀文最喜欢表演传统性、历史性、文化性的民族英雄。他学成出师，于1985年6月到合浦县山口镇新兴木偶团开始木偶演出工作，主演过《说唐》《薛仁贵征东》《薛丁山征西》《万花楼》《赵双阳追夫》等110多个木偶传统剧目，成为家乡传唱木偶最年轻的代表。其中，《赵双阳追夫》在2013年合浦传统文艺晚会上荣获二等奖。为了发展壮大山口木偶戏的规模、

大力宣传山口木偶戏,陈耀文于1998年8月自筹资金近10万元,创办合浦山口鸿运木偶团9个班,以演出木偶戏为主。建团以来,每年演出200多场,受到当地人民群众的热烈欢迎。国内人士的一致认可和上级文化部门的赞扬,为保护木偶戏和丰富当地文化活动,以及发展民族民间传统艺术做出了积极贡献。在陈耀文的带领下,木偶团热心公益,积极配合乡镇文化主管部门开展社会公益性活动,主动参与"文化下乡"等服务活动,其展演、宣传20多场公益木偶表演。随着年龄的增长,体力有所下降,长时间的演出对陈耀文来说有些吃力,但他从来没有停止过学习木偶技艺相关知识,2015年,作为北海市唯一代表参加南宁传统木偶培训,学习关于木偶的说、唱、动作等;从台前演出搬上银幕,同年,到浙江横店参加北京天演集团出品的电视剧《冯子材》的木偶拍摄工作。2016年参加梧州市文化日演出;2017年参加"三月三"文歌节涠州演出;2017年参加广西卫视《大地飞歌》的拍摄。

2017年11月30日,天气晴朗,陈耀文受邀来到合浦县山口镇石子岭四星级乡村旅游区与北海市级传承人为游客群众"零距离"表演由《薛仁贵征东》剧本改编而成的木偶戏片段。粤剧乐曲声、身着戏袍的木偶轮番登场,吸引了不少游客群众围观,享受这视听盛宴。两个小时的表演没有中场休息。在陈耀文先生和其他传承人的努力下,武将英姿飒爽、花旦妩媚娇俏,折扇、拂袖乃至刀枪格斗,鲜活灵动。观众只关注到这次的演出有多精彩,唱调有多好听,动作有多流畅,只有陈耀文知道,自己已经汗流浃背,手已经酸涩不已,原本轻松举起的木偶像灌了铅般重,嗓子干哑,但听到观众发出拍手叫好声和一阵阵愉悦的笑声,咬牙坚持下来,完美地完成这场演出。虽然辛苦,但与几位传承人聚在一起表演,也是一场别样的老友聚会。

三、木偶传承陷困境,技艺难传心难安

与木偶戏这门技艺相伴了半辈子的陈耀文先生深刻体会到山口木偶戏具有深厚的群众基础和世代传承的特点,具有重要的历史和文化价值,独特的民族性、地域性和多样性的社会功能。山口木偶戏是古代杖头木偶在广西的遗存。山口杖头木偶戏均系祖传,是最真实地保留了杖头木偶这一融雕刻艺术和操纵艺术于一体的综合艺术的"文物道具",始终保持传入时期的表演技术,演出风格和演出形式独具历史文化底蕴,有很高的审美情趣和价值取向,是研究合浦廉州方言在民间戏曲中运用的活例证,也是研究闽南和两广

地区各民族文化交流的例证之一。通过山口木偶戏的表演方式、身段、场合、习俗等方面的研究，有助于中国木偶艺术的发展。每一门技艺都需要传承才能流传到后世，明白木偶戏的珍贵，为了木偶戏的传承，陈耀文自参加传统文艺工作以来，先后授徒5人，其中重点培养了黄赐海等学徒，使他们能掌握木偶曲目的曲调的唱法和表演技能。鸿运木偶团总共培训新苗40人次，经过培训的学院各自在传承木偶中发挥了较大的作用，深受群众赞赏，收到了良好的社会效果，产生了一定的影响力。随着时代的发展，山口木偶戏虽仍在个别乡镇活跃着，但在当今文化娱乐方式五花八门的潮流冲击下，也不可避免地走到濒危的状况。对入籍木偶戏陷入传承困境的原因，陈耀文忧心忡忡地说道："一是人才的缺失，导致没有年轻一代学习木偶戏，传承陷入困境；二是缺少经济支撑，木偶戏演出收入低微，很多从艺者都是靠着满腔热情和对木偶戏的热爱在坚持，长此以往，木偶团将难以维持运营。""台下观众是下至三岁毛孩上至五旬老人，台上表演者年龄最小的都已过五旬。本来一个戏班至少5人，现在9个班才30多人，人手严重不足，因为木偶艺人有的退休，有的已经去世。"有一双儿女的陈耀文表示在广州等地打工月薪有几千元，而木偶戏演出一场数小时报酬也不过一两百，根本维持不了生活，很多年轻人都坚持不下去，更别说对这门技艺感兴趣了。

四、传承看年轻人，政府支持是关键

现如今，对非物质文化遗产的保护意识大大加强，北海市非物质文化遗产保护中心组织调研小组对民间剧团和传承人进行了较为全面的调查，做好文字记录采访录音拍照摄像等，建立档案数据库，做好资料保存，加强对外宣传和交流展示，抓住机遇推选山口木偶戏参加交流展示，建立传习基地保护、培育与发展传承人梯队，创新传承手段，鼓励剧目创新和开展传承活动。除了非遗中心的保护工作外，陈耀文认为，年轻人是继承的生力军，年轻人的加入可以为传统技艺注入新鲜的血液，使其焕发新的活力，创新内容、表现形式。科技发达的今天，年轻人可以借助科技手段学习木偶戏，如看视频、网上查找资料等，便捷可行。"只要有人想学，我就愿意教"，质朴的话语，崇高的理想，现任鸿运木偶团团长的陈耀文不会止步于现状，而是放眼木偶戏的长远发展。此外，政府支持是继承的关键，政府引起足够重视，加大补助力度，这对木偶戏的传承是强大助力。像陈耀文运营的鸿运木偶团，缺少专项经费的支撑,靠演出赚取的费用用于演员的酬劳、木偶的购买维修和乐器的采购维修,对木偶团来说是不小的压力。陈耀文及木偶团的各位成员完全是凭对木偶技艺的热爱坚持着这样"赔钱赚吆喝"的买卖。

可能有人会不解,既然木偶技艺不能使陈耀文走上人生巅峰,为什么不干脆选择其他的行业,有可能达到与现在不同的高度,但如果人人都不愿意继承古老的技艺,中国的传统文化迟早有一天会不复存在。这样的一天,我相信不会有人想看到。这些珍贵的文化瑰宝如果能够继承和发展下来,将形成最厚重的文化底蕴,增强文化自信。可能有人认为如果陈耀文是真正爱这门技艺,就不会考虑靠这门技艺能不能赚钱的问题,但如果生存都成问题,指责别人现实,未免太不近人情,颇有"站着说话不腰疼"的旁观感。

现已年过五旬的陈耀文为了木偶技艺的传承仍做着不懈的努力,演出不断,应广西木偶剧团有限责任公司邀请,义务参加2018年3月17日"世界木偶日"的"走进木偶世界,感受非遗魅力"惠民展演。在接受采访时,他也一直向大众推广木偶戏。传统需要继承和发展,希望木偶技艺能如天空最闪耀的星星一直闪烁着最亮的光芒。

陈耀文(右二)带领徒弟为游客表演木偶戏

后　记

　　采访结束，我们目送陈耀文的远去，但那个温和敦厚、耐心十足的陈耀文深深地印在我们的脑海中。我们敬佩陈先生为传承木偶技艺所做的努力，希望木偶技艺能永远流传后世。这是我们衷心的祝愿。

传统体育杂技

第三辑

庞小玲 / 文

蟾宫耀异彩，乐民舞青龙
——记浦北县乐民镇中秋舞青龙代表性传承人韦锦璠

在浦北县的西北部，有一个风景美丽的小镇——乐民镇。它坐落于南宁、钦州、玉林三市的交界处，山水秀丽，有着相对发达的商业基础，是长寿之乡浦北的一个宜居的好地方。它有着悠久的人文历史。2000年，在乐民镇莫村考古发现了大熊猫、剑齿象动物群化石遗址，是乐民镇的历史见证。在这美丽的乡镇中，还有一个非物质文化遗产传统习俗——中秋舞青龙。

舞青龙贺佳节，是浦北乐民镇圩市的一项传统节目。每逢中秋佳节，远在各地的乐民游子都会回到故乡，欢聚一堂，舞青龙庆中秋。届时人山人海，热闹非凡。2012年，乐民镇的中秋舞青龙入选了第四批自治区级非物质文化遗产项目名录。

浦北县乐民镇中秋舞青龙代表性传承人韦锦璠

2018年7月18日，笔者一行两人驱车前往南宁市兴宁区，邀约拜访一位老先生。刚进小区大门，我们就看到了一位满头银发、精神矍铄的老先生站在小区保安岗旁。经介绍，这位老先生就是我们所要采访的对象——浦北县乐民镇中秋舞青龙代表性传承人韦锦璠老先生。老人虽已84岁高龄，但身体硬朗，头脑清醒，思路清晰，十分健谈。

顺着悠悠茶香，随着韦老的侃侃而谈，我们走进了老先生的平凡世界，走进了自治区级非物质文化遗产浦北县乐民镇中秋舞青龙的传承历史中。

一

　　1934年，随着一声清脆的啼哭声，韦锦璠来到了这个世界。韦锦璠老先生出生于一个农民家庭，是家里的老大，家中还有4个弟弟和一个妹妹。家里生活很艰难，吃了上顿没下顿，穿新衣是一件奢侈的事情，衣服都是缝缝补补又三年，更不要说吃肉了。虽然生活艰难，但老先生家里还是非常重视读书，有着一定的文化情怀。老先生小时候还是能够勉强上私塾。但每于课余，作为家里面的老大，老先生必须要帮忙做家务，放牛放羊也不在话下，田里田外一把手。那时家里还孵化鸭子，做点小本生意，他每天还要赶着一群母鸭出去觅食。由于家庭经济原因，老先生小时候只上了几年私塾就辍学了。但在私塾里，韦老在启蒙老师的严格要求下，打下了深厚的传统文化功底，毛笔书法更是在同学中出类拔萃，这成为了他后来的一个兴趣爱好。

　　那个年代的生活中最热闹的莫过于逢年过节。而在乐民镇，除了过年搞得很隆重之外，还有一个节日是非常受重视的，那就是每年的农历八月十五中秋节。在中秋节这晚，乐民的老百姓都会欢聚一堂，不论是外出经商求学，还是打工游荡的游子，都会在这一天赶回故乡，舞青龙贺佳节，祈洪福求平安。据韦老介绍，舞青龙是他的高祖父传下来的。在他小的时候，他的爷爷就跟他讲乐民镇为什么有舞青龙的习俗。然后爷爷还带他去看，年幼的韦锦璠对舞青龙自然是十分好奇的。那时候的他总是喜欢向爷爷问这问那，爷爷也会很耐心地回答他的问题。后来，他将爷爷的讲述和镇上关于中秋舞青龙的各种说法进行一个集中整理，把中秋舞青龙的历史由来，以及如何制作青龙、起舞巡街、送龙祈福等流程整理成文章并发表，成为浦北文化传承重要资料。韦锦璠还说，他爷爷喜欢看风水，那是他的一个爱好，闲来无事的时候就喜欢研究乐民周边的历史与风水。幼时的韦锦璠喜欢听爷爷说故事，当然也就有大量关于当地风水龙脉的故事。久而久之，他对这些风水知识也略知一二，而恰巧这风水与中秋舞青龙也有着密切联系，使他对舞青龙产生了浓厚的兴趣。

　　在韦老的回忆中，舞青龙与舞一般的龙有所不同，它具有民间色彩和独特风度。舞青龙一共分为7个环节：扎龙、请龙（祭龙）、舞龙、会龙、送龙回宫、打扫卫生、品尝龙粥。其中，扎龙是非常重要的环节，龙扎得好，后面的环节才能精彩进行。青龙又叫"蕉叶龙"，这是为什么呢？韦老说，青龙的龙身龙尾是用芭蕉叶扎成的,可以说整条龙除龙头外都以芭蕉叶构成。一条龙扎成后,长的有100多米,短的也有几十米,故芭蕉叶扎成的龙叫"蕉叶龙";而芭蕉叶又是青色的,故又可叫"青龙"。在谈到龙头时,韦老说:"过去龙头的装饰比较简单,只有竹篾、砂纸,然后用色纸来装裱着色,再然后就是燃上一些蜡烛、仙香,整条龙的脊背上都插满,显得火光闪闪。现在不同了,科技发达了,龙头的装饰变得更加漂亮了,现在在龙头上装上一些小彩灯,晚上就会非常好看。"虽然不能亲眼看见现场的舞青龙,但是通过观看图片和视频,我们发现确实真的漂亮。舞青龙,见者有份,不分界限,男女老少都可以参加。在这7个环节中,请龙、舞龙、会龙这3个环节是最热闹的,场面雄伟壮观,人山人海,站得水泄不通。这样的情景,总是令人热血沸腾,使人沉浸其中。在这些环节中,做得最好的就是打扫卫生了。在舞青龙结束后,街上的各家各户都会主动地清洁卫生,寓意龙游大地,雨过天晴。这样不仅过的是一个开心而又隆重的节日,同时过的也是一个干干净净的中秋祈福之夜。

二

1949年9月,年仅15岁的韦锦璠在其父亲(革命烈士韦瑞荣,1950年剿匪牺牲)的影响和带领下,参加了乐民良水武装起义,继而离开家乡加入到灵山游击队,后部队整编编入粤桂边纵队四支队十二团,成为一名战士。中华人民共和国成立后,他接受组织安排回家乡接管地方政权,参加土改工作。1955年12月,韦锦璠同志光荣地加入了中国共产党。由于革命需要,韦老后来辗转于乐民、寨墟、浦北、合浦等地机关部门工作,直到1990年,因为身体原因,经组织批准后提前退休,安享晚年。

"文化大革命"期间,中秋舞青龙被定性为民间"封建迷信"活动,一度被禁止。韦老说,尽管当时中秋舞青龙被明文禁止,但每到中秋之夜,还是会有些街坊的小青年用几张芭蕉叶接起来偷偷地舞青龙。十年说长不长,说短也不短,但如果一样事物十年无人问津,肯定会被人逐渐遗忘。真的不敢想象,如果没有这些街坊青年偷偷地舞青龙,后果会是什么样。直到1976年,乐民中秋舞青龙的习俗才得以恢复。改革开放后,乐民的商业经济逐渐复苏,中秋舞青龙更是一年比一年热闹。

舞青龙不只是舞这么简单,像常见的舞狮子都要敲锣打鼓了,舞青龙更是有乐队伴奏。有哪些奏乐呢？在韦老的文献里记载着，五街五条青龙，每条龙都配有一堂锣鼓，一对大唢呐敲打伴奏。其中锣鼓又分战鼓、木鱼、白边鼓等。请龙和起龙所吹奏的乐曲又不同，请龙时用双、单打和锣鼓伴大笛吹奏《碧天大贺寿》；起龙时吹奏《地棉》《虎豹》《风入松》《六波令》《帅牌》等乐曲，游行间各种乐器吹奏打，节奏都是非常和谐的；最后送龙时用大笛吹奏《快小开》而结束全过程。一次舞青龙就需要吹奏这么多乐曲，果然和一般的舞龙区别很大。而韦老能这么清楚地记录下来，也得益于他的音乐爱好。之前他参加工作时，由于爱好音乐，并且对粤剧有一定的造诣，也曾受组织安排，负责领导过镇粤剧文工队，担纲二胡高胡主乐手，带队参加过县粤剧演出比赛。

三

乐民镇的舞青龙已有250多年历史了，其寓意是祈求一年四季平安、生意兴隆、家庭和谐、万事如意、福佑安康。关于舞青龙的起源有一个古老的传说。据《浦北县文史资料》记载，清嘉庆年间，合浦县康太府（康荃田）出巡时，刚踏入乐民地面，就被乐民优美秀丽的景色迷住了。可是，地方虽美，美中不足的是，乐民正居在卧虎口前，传说镇政府驻地是老虎头，老虎吃饱了，就生龙活虎，虎虎生辉，给当地人民带来平安、幸福、吉祥；如果老虎吃不饱，就会给当地人民带来灾难和遭殃。为此，父母官康太府指点迷津：一是必须在三帝庙面前建一个肉食市场，满足饿虎的食欲；二是每年中秋节舞青龙，用青龙降白虎。经他指点，乐民圩的民众每年八月十五晚不分男女老少，人山人海，锣鼓喧天，鞭炮齐鸣，热热闹闹地舞起青龙来，直到现在从不间断。自舞了青龙以后，乐民圩的人民每年顺利安康，商业发达，店铺日夜营业，街上的汽灯和酷纱灯彻夜通明，呈现一派"火树银花不夜天"景象。即使是在抗战时期，乐民的商业贸易也日夜经营，曾有过"小广州湾"的美誉。

这个传说且不说真假，至少说明了舞青龙作为一种独特的文化，是具有强大的生命力和传承价值的。不论哪个年代，中秋佳节舞青龙活动都是为了克白虎求平安。

我们都知道，一个活动的举办，经费是少不了的，那么舞青龙这样一个全镇性的活动是如何筹集经费的呢？来听听韦老如何说的吧！"这个经费筹集是有个规矩的,我们分东、南、西、北街4个区片点筹集经费。首先是居民户募捐,其次是机关单位募捐,最后是中秋节前三个圩日向所在市场上摆卖的摊点募捐。我们的捐款不限费用多少,反正捐多少都是一份心意。这就是我们的经费来源了。"

是的,不管捐多捐少,都是自己的一份心意,是对舞青龙祈福活动的支持。

四

在谈及自己是如何成为舞青龙的代表性传承人时,韦老也表示对自己被选为传承人感到很意外。老人拿出一本书指着一个名字说:"黄家玲这个人呢,那时候对我很好,知道我有一定的文化写作功底,并且对乐民的人文历史比较清楚、了解,就叫我写一点东西作为资料。当时我都不知道该写点什么,他说比如南部的跳岭头节啊,乐民的舞青龙,都可以写,作为人文历史资料嘛!我说那我就写写乐民的舞青龙吧!他就说好啊,这样就可以作为文史资料保留下来了。然后我就根据回忆,查阅各种文史记载,收集各种传说等有关资料,最终把有关舞青龙的民俗写成了一篇题为《乐民中秋舞青龙》的文章。其后,又接着整理写出了《蔡廷锴驻镇乐民》《抗战时期的乐民商业》等文章,都编入了浦北县文史资料。当时我没有想过要成为什么传承人,只想着把老祖宗传下来的东西告诉后人,让大家都明白乐民的人文历史是怎样的。等这些文章刊发出来后,县文化馆认为这对研究乐民甚至于整个浦北文化都非常有价值,又继续把我的资料上报钦州市,最后于2012年得到自治区相关部门的实地考察认可,我就这样被定为了传承人。可能是我对乐民中秋舞青龙这一习俗活动的来龙去脉知道得比较详细吧!"老先生虽然没有高学历,小学也没毕业,但文采却不输于我们这些大学生,这和老先生年经时工作之余的勤奋好学是分不开的。老人又紧接着回答我们的问题,说:"对于舞青龙的保护措施,以前的支持力度是不够大的,现在呢,我们意识到了这是一项传统文化,而且它也被列入了非物质文化遗产名录中,保护的力度加大了。2011年中秋,有中央电视台节目组过来采访拍摄,在中央电视台和广西电视台都有播放,这样的举动是相当鼓舞人心的。看着自己家乡的传统活动上了电视,我们感到很自豪,保护传承的信心和决心也大大加强。由于宣传力度很不错,每年都会有很多人来参观,也得到了不少好评。"说到这里,老人脸上不禁露出自豪的神情。

除了能写得一手好文章外,老人最拿手的就是书法了。1986年1月,韦锦璠担任浦北县乐民乡办公室主任期间,受人推荐,以"鲁青"为笔名,加入了浦北县文学艺术界的书法工作者协会。聊到他的兴趣爱好,韦老跑回房间把他的作品拿出来给我们看,开始还辨不出写的是什么字,但仔细端详,竟是毛主席的《沁园春·雪》,这是韦老书写的行草作品。韦老说:"以前我写有很多作品送合浦县文化馆、浦北县文化馆,但书画展后收藏的收藏,送人的送人,自己一幅也不保留,平时一些朋友来家里做客,也送一些书法作品给他们,现在家里也就剩下这几幅了。"老先生看着这幅作品,半严肃半开玩笑地说:"不管谁来,这幅作品都不送了。"随后,他把作品当珍宝一样收藏了起来。老先生还给我们看了他用行书写的《三国演义》《红楼梦》《水浒传》等几部名著的开篇词,同时他还建议说:"你们学文科的,应该要学学《草诀百韵歌》,对你们认识字、理解字有帮助,同时对练书法也具有重要作用。你们在书店看见它,就一定买了它,买来学肯定不后悔。"韦老先生虽然退休了,年事已高,但还没放弃书法练习,每日还勤练不辍,既能写得一手好文章,又练就一笔好书法,真是令人佩服不已。

对于舞青龙的下一代传承人,韦老并没有显出担忧之色。他说:"这是一个民间传统习俗,人人都可以继承的。毕竟现在很多年轻人都知道舞青龙的传奇,以及青龙的制作流程和巡舞技巧。只要他们好好传承下去就好,传承并发扬它,争取制作过程更细致,巡舞的时候更精彩。是不是我的子孙后代传承都没问题的,文史资料传给谁,谁就传承下去嘛。但有一个问题要值得注意,那就是卫生和安全。舞青龙的过程中燃放烟花炮竹是少不了的。这些烟花炮竹燃放出来的气体是有害的,既污染空气又危害人体,要控制好它们的使用量。还有就是放鞭炮的时候一定要注意周围的人,我就怕鞭炮炸伤人。"这不仅是老人的希望,也是老人对舞青龙的要求。

中秋舞青龙立项申遗获得成功,不仅对乐民的百姓是个喜庆的事,对整个浦北县的民众来说也是一个好消息。申遗成功对舞青龙这个传统习俗的传承和发展起了重要作用。首先,舞青龙成为了非物质文化遗产,对它的保护力度增大了,不仅传承了历史,还增强了地方乃至国家的文化软实力。其次,可以促进当地的文化和经济发展,推动社会的和谐和群众的凝聚力。舞青龙虽然"申遗"成功,但我们还要更好地去继承和弘扬它。

明月高空照青宇，青龙凡间佑民安。愿乐民的中秋舞青龙年年都这么热闹，民众总是欢声笑语。

采访结束后，韦老先生语重心长地说："你们这些90后的年轻人，一定要勤奋有担当。我们这些做老人的，都希望后辈在社会上勤奋有担当。自己不仅要勤奋，心里还要爱国爱人民，你们是大有前途的。"韦老在给我们这些年轻人提建议时，非常着重"勤奋有担当"。不管做任何事，我们都会谨记老人的叮嘱，关爱家乡，常怀家国，做一个无愧于时代的人。

已是傍晚时分，我们握别了老先生，踏上归来路。再回头，老先生依旧在目送我们。微风吹动着老人的衣襟，我们再次挥别老人，愿老先生一切安好！

韦锦璠（中）接受采访后与作者（右一）等合影

黄权兴　林晓兰 / 文

天赋异禀舞麒麟，不忘初心世代传
——记浦北县平睦镇舞麒麟代表性传承人李枝群

浦北县平睦镇舞麒麟代表性传承人李枝群（左一）

　　在广西壮族自治区浦北县的东北面，六万山的南麓，坐落着一座宁静闲适的小镇——平睦镇。在这个偏远的小镇上，流传着一种古老的非物质文化遗产——舞麒麟。

　　2018年夏天，笔者一行人按计划前往浦北县平睦镇采访舞麒麟传承人。7月18日我们来到浦北县城，入住后便匆匆赶到浦北县文化馆，做一些调研采访前的准备工作。县文化馆的王副馆长带我们到一楼的展厅参观，展示了许多浦北县非物质文化遗产的宣传图片和实物道具，如舞麒麟、舞青龙、鹩剧、木偶、浦北八音等。王副馆长向我们介绍说，近些年来，县文化馆、镇文化站及项目传承人等多方共同努力，组织并充分利用本地深厚的群众文化基础和民间艺术积淀，精心创作了一批反映时代特点、群众喜闻乐见、歌颂改革开放的优秀文化作品，把舞麒麟、竹马、舞春牛、唱鹩剧、采茶调等富含地方特色的文化节目发扬光大，在宣传党的路线方针政策、好人好事方面，起到了积极的促进作用。在王副馆长的帮助下，我们顺利地联系到了舞麒麟、鹩剧、木偶戏等几个非遗项目的代表性传承人，约好了时间和地点进行采访。

由于平睦镇和六硍镇地理位置很偏僻，路程遥远，出于安全考虑，带队老师黄宇鸿教授决定跟我们三位同学一同前往，开展对舞麒麟、木偶戏和鹩剧这3个非遗项目传承人的采访任务。第二天早上八点，我们赶到浦北县汽车站，询问到平睦镇的班车的班次和时间，也许由于路途遥远乘客少，去平睦镇的班车一天只走一趟，而且出发的时间接近中午，远远过了我们和传承人约定好的采访时间。我们只好随机应变，租了辆滴滴车前往平睦镇。一路上我们亲身感受到了大山的崎岖，道路均是盘山而修，一会儿几十度的大转弯，一会儿爬坡，一会儿又下坡，坡度很陡。这里山高水远，树林茂盛，森林被开发得较少，大都保护得很好。我们一路呼吸着大山深处的新鲜空气，沿途欣赏了六万山的风貌。司机恰巧是平睦人，很热情，一路上给我们讲起平睦的风土人情，让我们初步了解了这个素未谋面的小镇。

一、幼时即伴麒麟来，萌芽于心麒麟梦

约莫一个多小时的路程，我们准时来到了约定的地点——平睦镇文化站。刚到文化站门口，一位衣着朴素的叔叔也刚好风尘仆仆地赶到。我们跟他打了声招呼，便问他文化站的办公室在几楼，他说你们是来调研的呀，办公室就在二楼……原来他是横垌村的李支书，是陪着传承人李枝群老先生一起来的。简单几句对话后李支书带我们上了楼，一进门就见到了文化站的黎序德站长和舞麒麟传承人李枝群老先生。知道我们要来访，他们便早早来到这里等候。黎站长很热情好客，招呼着我们坐下，还给我们泡了茶。

此时我们注意到传承人李老先生身着灰色有领短袖上衣，搭配着黑色长裤和一双看起来挺新式的黑皮鞋。他静静地坐在沙发上，两只手搭拢在一起，显得有几分紧张。他面容看起来很祥和，头发剪得精短而显得有精神，还戴着一副旧旧的黑腿银色方框眼镜，看起来十分有文人气息。他身材瘦小，衣

服和西裤显得很宽松，乍一看之下跟美猴王六小龄童的身形有几分相似，看起来很是灵巧。可以想象他这瘦小的身材年轻时舞动麒麟是那么的灵活、生动。他手上戴了一只旧的银色手表，手腕很细，手表也是松垮地戴着。岁月无情地在他的身体上留下了痕迹，却也看不出他是一位80多岁的老人。他的头发黝黑，身体看起来还很硬朗，也许是常年舞麒麟运动量大的原因……简单做了一番介绍后，我们便开始了采访任务。由于李老先生年纪大了，听力有所下降，再加上语言不通，黎站长和李支书等人给我们做翻译，还时不时给我们补充一些重要信息，采访才得以顺利进行。由此，我们开始慢慢了解到舞麒麟传承人李老先生的人生轨迹。

80多年前，李枝群出生在浦北县平睦镇五峰村委会横垌村。父母均务农，家庭条件一般，兄弟姐妹多，有四个兄弟和一个大姐。在那个年代，他家里生活比较艰苦，因为兄弟姐妹多，父母的负担很重。农村的孩子自幼就很懂事很独立，李老也是这样的人，能够帮父母分担很多家务。他父亲是村里唱竹马的主角。每当父亲出去唱竹马，李群枝总会跟随其后，静静在一旁看得入神。父亲发现他对竹马这类东西很好奇，很感兴趣，就问他想不想学，他很干脆地回答"想"！竹马也是一种类似于舞麒麟的传统民间舞蹈，都是跟唱颂祈福有关的活动。李老在很小的时候同样对常在村里走街串巷的舞麒麟非常好奇，表现出极大的兴趣，每当有麒麟队进村表演，便立刻跑出去观看。麒麟身上色彩缤纷，舞动得很活泼生动，贺词都是用自己家乡话唱的，非常通俗易懂，贴切生活，他基本都能听得出来；有时很幽默又不失意味，常常引得他哈哈大笑。他被麒麟舞深深地吸引住了，每一次都是很认真地津津有味地全程跟着看完。他一有空就会自己学着唱，那些幽默风趣的贺词常常唱得滚瓜烂熟，有时也会学着即兴唱，见到什么就唱什么。有时候也会拿着父亲的竹马来当麒麟，自己学着舞动，舞得还挺像模像样的，连他的父亲都很佩服他。也许那时他已经深深爱上了舞麒麟，走进了舞麒麟的世界，并梦想着有朝一日自己也能亲自舞动麒麟，放声歌唱。

二、源远流长吉祥物，如意珍宝共祀奉

一番简单的了解之后，黎站长和李老先生很详细地给我们讲述了舞麒麟的历史渊源及其基本情况。麒麟为古代传说中的一种吉祥仁兽，关于其形象的描绘，普通的说法是"麒为雄，麟为雌"。民间有麒麟送子传说，孔母先时

无子，祈于尼丘山，后天降麟儿，吐血石板。孔母坐板后孕，生下孔子。孔母感谢麒麟恩德，从柜中拿出红绣绸，披挂于麒的燊角上。此外，相传在远古时代，六万山地区的乡民备受干旱之苦，田亩龟裂，无法桑受。观音派了麒麟大仙下山，降福凡间，使得风调雨顺，五谷丰登，因此，麒麟被乡民视为吉祥之物。后来，每逢春节或喜庆之时，便用红绸、色纸扎成麒麟，由两男四女分工合作，先舞后唱，祈求祝福。

说到这里，黎站长和李老先生就哼唱了起来：

有天有地佢出世，本来就住昆仑山。
瑞气衺衺游天下，观音派遣落民间。

舞麒麟是一种集歌、舞、乐于一体的民间艺术，其骨架用竹篾扎成，皮用各色彩布做成，分成头、尾两截，中间穿孔。舞者站在穿孔处将麒麟系牢在身上，并于春节期间，入村上街挨家逐户恭贺新年。舞唱队伍，最多七人，其中一人舞麒麟，一人掌彩门灯，二人撑彩联，一人打钹，一人敲锣，一人领唱贺词。有的尚有撑罗伞者，边舞边用力转动罗伞，罗伞旋得越快，越有劲，气氛就越活跃。有的队伍还配有吹绿笛，奏八音。现最简化者，则一人自己敲锣，自舞自歌。麒麟每到一家门口，便鼓乐齐鸣，主人则燃放鞭炮。在欢快的鼓乐声中，麒麟翩翩起舞，麟头轻摇，慢转缓旋，或进几步，退几步，或踏十字花，步履轻盈，节奏明快，多彩多姿。鼓乐一停，歌师便响嗓亮喉，大显身手，其歌七言四句，构思极其巧妙。

说到这李老先生又哼唱了起来，歌声很有节奏，比如贺农村家庭副业歌：

脚踏汽车行大运，我在副业贺起身。
黄猄入屋福禄到，水浸石灰发起身。
种养承包搞副业，养鸡养鸭一群群。
朝似黄峰飞出巢，晚如百雀回家槟。
养鸡好比出山凤，养鹅每只几十斤。

还有贺种田歌、贺商店歌等。有的商店不宜颂其生意兴隆，如医药店，若新年颂其发财，则民不吉利，故极少有麒麟庆贺；但高明的歌师却能避其顾忌，颂其医术妙，药性好。改革开放后，许多饭店在春节期间照常营业。

舞麒麟者口渴肚饥之时，便到饭店拜年唱贺歌，歌师的歌声令食客胃口大开，老板的脸上亦是笑容。主人于是捧来烟、茶、糖果、饼，逐个招待，然后让歌队人员在厨房用餐。舞麒麟演唱曲调有"大开门""金杯调"等。据查，1868 年，浦北北部六万山一带地区唱麒麟活动就很活跃，流传至今，已有 100 多年历史。中华人民共和国成立后，县文艺工作者多次深入调查采访，搜集整理，古为今用，发掘提高。1982 年，创作歌舞《麒麟下山》为全国文化馆工作座谈会献演，评价较高。全镇现有麒麟队 7 个，广泛流传在乡间。

三、成人不忘儿时梦，组建舞队创佳绩

1966 年，"文化大革命"爆发，当时"破四旧""斗争牛鬼蛇神"，舞麒麟这一类被列为"封建迷信"的东西就被禁止了。这一次灾难的到来使得平睦镇这头麒麟整整昏睡了 12 年。直至 1978 年改革开放的到来，舞麒麟等才得以重现民间。而成年之后，李枝群老先生仍不忘儿时旧梦，在父母等人的支持与鼓励之下，积极组织创建了一支麒麟队，并带领"麒麟队"上街进村进行表演，能唱能舞，会制作道具，名声大起。李老的麒麟队有不受内容、舞台、场地等演出条件限制的特点，易学、易唱、易懂，主要的代表作有《麒麟下山》等。唱农民们喜闻乐见的生活故事，如春种秋收、娶媳嫁女、男女爱情、探亲访友等，随编随演。唱了这村到那村，并结合形势，宣传党的方针政策，讴歌改革开放的伟大成就，讴歌群众中的好人好事、先进人物，起到了团结人民、教育人民的重要作用。他的麒麟队在每年的春节、庙会、农村喜庆吉日演出比较多，每年 100 多场，为舞麒麟的传承和发展起到了至关重要的作用，深受平睦镇百姓喜爱。

当我们问起麒麟队所获的奖项时，他很是激动，说了什么我们也听不懂，只见黎站长连忙起身，打开文件柜拿出了一大堆荣誉证书给我们看：2002 年 9 月，平睦镇选送的麒麟舞演唱参加浦北县民间艺术汇演，荣获一等奖；2003 年该作品被浦北县歌舞团改编后，由县歌舞团演员表演，参加钦州市农村文艺节目汇演，荣获一等奖；2005 年 12 月，在浦北县恢复建县 40 周年大庆民间艺术汇演中，平睦镇又选送了由该镇干部群众 20 人自编自演的大型麒麟演唱节目《蕉乡甜歌千万千》，荣获一等奖；2011 年，浦北县平睦镇麒麟文艺队选送的山歌《麒麟山歌》参加 2011 年钦州市群众文化艺术节暨全市"山歌唱好人，山歌颂党恩，山歌传礼仪"演唱大赛，荣获二等奖。我们还注意到，

在靠里的墙壁立着一块金色牌匾"广西壮族自治区非物质文化遗产——浦北舞麒麟",上面落款的时间是 2014 年 11 月。黎站长语重心长地对我们说,这块牌匾的意义重大!在证书中间还有一张较新的复印件。2015 年 12 月,广西壮族自治区文化厅给李老颁发了荣誉证书,正式认证李枝群老先生为自治区级非物质文化遗产项目浦北舞麒麟代表性传承人。看到这一沓厚厚的荣誉证书,我们不禁感叹李老那瘦小的身材居然能把舞麒麟舞得那么风生水起,着实令人由衷地佩服。

我们请李老现场给我们唱几句,他似乎由于紧张而有几分推托,在我们几人的恳求之下缓缓站起了身,理了一下衣服,清了清嗓子就给我们即兴地来了一段。由于是用当地方言演唱,我们不大听得懂,但是能够感受得到那有力的、节奏感鲜明而欢快的、押韵的唱腔。我们静静地在旁边听着李老先生的演唱,看着老先生协调的动作,激情昂扬的模样,欣赏着这位老人给我们带来的奇妙的颂唱,同时默默地用手跟着打着拍子,恍然间竟仿佛是到了舞麒麟的现场……尽管听不懂词,但是李老先生有感情、有力量的颂唱,深深地感染了我们。李老还说唱功要靠平时练习,见到什么唱什么,舞麒麟时一般都是看时间、地点、场合和具体场景即兴来唱。比如李老唱的《家门歌》:

各位同志与嘉宾,我是蕉乡平睦人。
平睦麒麟有名声,一唱麒麟就精神。
县单会演领头奖,钦州调演得高分。
哥妹盛装今又来,共同登台唱歌文。

接着又唱起了《银绣云头真好天》:

过去都说农民苦,改革开放农民甜。
机器耕田垌过垌,唱歌抛秧田连田。
更甜免了农业税,政府又发补贴钱。
关注民生富百姓,银绣云头真好天。

还余兴未尽唱起了《誓为教育献终身》:

> 天高必有驾云路，海深也有撑船人。
> 旺贵山上李群生，大山走教四七春。
> 步行累计九万里，栽桃育李千多人。
> 退休还要当义教，甘为教育献终身。

这里说的是这样一个故事：平睦镇旺贵村委沙梨坪、护龙塘这两个教学点都设在高高的旺贵山腰上，教师李群生从教47年来，坚持步行在两个教学点走教，累计步行了9万多千米，帮助1000多名山里孩子完成了启蒙教育，并有12人考上了大学，退休后仍继续义教，不要一分钱补助，被提名为全国道德模范！因此，这是歌颂李群生老先生对当地教育付出的词。

最后李老先生又唱了一首《文明之邦礼仪长》：

> 彭祖教书老实讲，文明之邦礼仪长。
> 八荣八耻要牢记，五讲四美不能忘。
> 不讲礼仪人睇小，猴子照镜出丑相。
> 和谐共荣讲礼仪，两个文明花更香。

四、忧思难断随龄长，孙儿继我麒麟梦

当我们谈到舞麒麟的发展状况时，李老无奈地摇了摇头：由于受到现代文化、外来文化等的冲击，舞麒麟面临严重的问题。年轻一代人对舞麒麟失去兴趣，大多数为了寻求更多更好的发展机遇，都纷纷去往广州、深圳等地打工，在街上已经很少能见到年轻一代。如果不加以保护和培养年轻一代接班人，舞麒麟失传的可能性极大。不过，让李老感到欣慰的是自己已经有一个孙子愿意跟着学。他从小就跟着李老学唱舞麒麟，见到什么就唱什么，还唱得有模有样，表现出了异于常人的天赋，深得李老厚爱。他跟李老一样，自幼就对舞麒麟充满好奇心，也有极大的兴趣去学，对于领唱舞麒麟也很有天赋。李老先生说舞麒麟终于后继有人了。

李老现在已经80多岁，退休在家安享晚年，平时除了忙些家务活之外，就是培养孙儿唱麒麟。他希望孙子李世聪能够继承他的衣钵，把舞麒麟传承下去，并且发扬光大。有时候他还自己动手用竹篾编织麒麟的骨架。舞麒麟

对于李老来说是生命中很重要的一部分。他舞了大半辈子的麒麟,为这个项目的保护和传承做出了重要的贡献。除了自己的孙子在学,他亲戚们的子孙也都来跟他学习舞麒麟,这让李老很高兴。他说他会毫无保留地将自己舞麒麟的一切东西都教授给他们,让麒麟常舞世间,永不消失。

黎站长接着补充说,麒麟舞一直以来在平睦民间广为流传,20世纪八九十年代被平睦镇人民政府和当地文化部门搬上舞台,参加一些大型文艺活动获奖颇多,已然成为平睦镇的文化品牌。此外,舞麒麟具有很重要的价值,在当地民间节庆文化中占有重要地位,不可或缺;剧本源于当地生活,有较深的群众基础;舞蹈通俗易懂,能够丰富广大群众的精神生活,娱乐于民!对于舞麒麟这个项目,各级领导都非常重视,成立了相应的领导机构,具体由县文体局和文化馆协助镇政府着手对项目进一步开展普查、挖掘、整理工作;还召开了专题会议研究项目保护措施,进一步完善项目资料的整理和归档工作,加大了经费的投入。可想而知,舞麒麟项目目前来说已经得到了很大的保护,相比以前,前景一片光明。

后 记

采访结束后,已经是中午十二点,我们大家一起下楼吃午饭,聊起了家常。黎站长一行人在饭桌上说我们现在这些大学生最缺的就是社会阅历,平时一定要多出来加强锻炼,对我们寄予希望,我们点头答应。而李老先生安

平睦镇麒麟文艺队在演出

安静静地在一旁吃着饭，面容仍是很慈祥可亲，我们给他夹菜，只见他不住地点头向我们微笑。午饭过后，由于我们的行程安排紧凑，时间很有限，跟我们道了别之后，李支书便骑摩托车载着李老回去了。我们挥手跟他们告别，望着他们渐渐远去，消失在街道的那头。当天晚上回到县里，我们整理着采访记录，还在想着像极了六小龄童的李老。现在唯有祝福，衷心希望舞麒麟能够得到更好的保护，继续传承和发扬下去，世代相传！

伍秀方 / 文

传承太极，传播太极
——记钦州杨氏太极拳代表性传承人陈家杰

钦州杨氏太极拳代表性传承人陈家杰

  2018 年 7 月 18 日，星期四，冯子材故居，时光正好，日光不晒，微风不燥。笔者坐在榕树底下，心怀忐忑地等待着他，紧张地一遍一遍检查采访大纲，生怕哪里出现纰漏。是啊，绝对不能出现纰漏，笔者可是好不容易才与传承人约到采访机会呢！不大一会儿，不经意地抬眼，望见一位年过半百的中年人踏尘而来。

  初见，他手里拿着刚刚从树上摘下的新鲜龙眼，招呼着我们。果然，音如其人，一样地亲切。这 50 多年来的风霜，多少大小事，岁月在他的容颜上留下了不少的痕迹。多看几眼，便对他与杨氏太极拳的缘分多几分好奇。他便是钦州杨氏太极拳代表性传承人陈家杰。

  陈家杰，1964 年 11 月出生，广西钦州人，杨氏太极拳第六代嫡传人。2009 年牵头成立了钦州市太极拳协会，并担任太极拳协会会长。2016 年成为钦州杨氏太极拳非遗项目传承人。

一、师承名家，造福社会

传统太极拳有各种流派（陈氏、杨氏、吴氏、武氏、孙氏等），其中尤以杨氏太极拳在全世界的影响力为高，传承和发展得较好。杨露禅创立杨氏太极拳，其子杨建侯、其孙杨澄浦代代相传。宗师杨澄浦的嫡传弟子中的佼佼者、一代太极拳名家李雅轩于20世纪40年代第一次将杨氏太极拳带入四川，兴旺杨氏太极拳。其徒林墨根在四川成都教学数十年，授徒众多，桃李满天下，以太极推手之神功扬名海内外，成为杨式太极拳、推手的一代宗师。陈家杰教练师承林墨根先生，并将杨氏太极拳引至钦州，光大门楣。陈家杰于2014年被选聘为广西武术协会委员，2016年被钦州市体育局授予体育工作先进个人。自2012年10月13日起6年多时间里，陈家杰与钦州市体育局、市体育总会联合举办20多期培训班，向社会义务教授杨氏太极拳，共培训学员2000多人。

二、初遇不识，再遇深恋

陈家杰与杨氏太极拳的不解之缘源于1988年。在此之前，血气方刚、年富力强的陈教练在南拳方面有很高的天赋，也取得了不少的成就。1982年成为钦州地区武术协会武术班的助教；1985年获得自治区级协会认证的拳师身份，年纪轻轻便得到了自治区级拳师的证书的陈教练自然前途无量。但在1980年冬，陈教练出差去青海高原地区，受气候影响，再加上其他一些原因，咽喉出现问题，并逐渐恶化，变为顽疾难以治愈。在医院五官科的大夫朋友建议陈教练去学习太极拳，提高人体免疫力。于是，陈教练开始学习太极拳。

"我那时也想像很多人说的一样，内外兼修。但后来遇到了我师傅，他说中国传统的武术在于专，如果你同时选择两种武术，南拳会荒废，太极拳也不会学到，两者之间，你只能选其一。"经过郑重的抉择，陈教练决定放弃十年来一直修习的南拳。

当时南拳师傅很不理解。如此决定，放弃以前一直坚持并且很有天赋的东西，一切都从零开始，自然是很少人能够理解的。

陈教练于1988年前往四川成都拜师学艺，拜在杨氏太极拳推手一代宗师林墨根门下。第一次成都之行，陈教练用15天的时间习得了四面揽雀尾带上起势和收势7个动作。林墨根先生的教学十分注重质量，要求彻底掌握一个动作之后再进行下一个动作的教学。

"每个动作都是千锤百炼的，千百次练出来的。"

1989年第二次的成都之行，陈教练用了7个月的时间学习了杨氏太极拳115式。学习有先后，但技艺没有。陈教练在学习完115式后，按照师傅的指示，周末跟着师傅去观摩师兄们练功，从师兄们的打拳细节中发现并分析细节错误，然后告诉师傅为什么这样打是错误的，为什么不能这样打。学会从细节中发现问题，才能够系统地掌握并准确地传习杨氏太极拳。

"很多人觉得学的久了，打的就对，但其实不是的。"

1990年陈教练从成都回来，师傅送别至车站，并嘱托。至此，陈教练铭记师傅的嘱托，潜心练功，不为名望，只为心中的那份热爱。

三、守得清苦，方见云开

这30多年来，陈教练始终牢记师傅教授他的每一个动作细节和说过的每一句话。他记得师傅说过，学成之后三年以内不要去看任何书籍和任何一个人打拳，你只要记得我教过你的，潜心练功。三年之后，你便可以辨别哪些动作是对，哪些动作是错的。他便谨遵师傅教诲潜心练功。这一练便是30年。30年若是荒废便也不觉得长，但倘若坚持，就不只是说说那么简单了。

在80年代，陈教练家里办过一些企业和工厂，也在一些单位里任职，但生活与练功并不冲突。陈教练每天早上五点准时练功，晚上下班回来之后也练。沧海桑田，时光荏苒，30年的朝朝暮暮，杨氏太极拳陪伴着陈教练，陈教练也坚守着杨氏太极拳。

"守得清苦，不光是我们自己，还有家里的人也一样。"1997年陈教练成家，妻子明白他的心，也一直默默支持着他。

陈教练这些年来对杨氏太极拳的坚守并不是为了迎合时代的需求，也不是为了个人的名声和荣誉。太极拳有多种练功方式，如推手、软兵器、硬兵器等。太极拳又分为很多式，每式都有几套拳，如杨式太极拳85式是太极拳的一个流派。这派太极拳是由河北永年人杨露禅及其子杨健侯、其孙杨澄甫等人在陈式太极拳的基础上发展创编的，定为传统太极拳；24式简化太极拳也叫简化太极拳，是原国家体委（现为国家体育总局）于1956年组织太极拳专家汲取杨氏太极拳之精华编串而成的。杨氏太极拳的传统套路是大架115式。而杨氏太极拳38式是陈教练保留传统要领融入刀剑步伐整编而成的。陈教练意味深长地说："每一样东西在于坚持，而不在于多与少，贵在坚持啊！"

随着时代的发展，太极拳在竞技方面慢慢形成一种固有的评分体系，有需求就会有发展。但传统的东西并不是能够盲目丢弃的，如传统杨氏太极拳中讲究的强弩之糯、神态凝视、视觉上同步放松、牵一发而动全身等精髓，都是陈教练所一直遵循的练功守则。

四、授徒众多，言传身教

2009年6月8日，钦州市太极拳协会成立，陈教练挑起重担，成为会长。为光大门楣，陈教练秉持着两条收徒原则：第一是必须热爱杨氏太极拳，只有喜欢才能坚持，才能有所进步；第二是人品，人品是一个人最好的底牌。只有重武德，行善事，功夫才会提高。没有高尚的武德，就练不出上乘的太极功夫。陈教练开始收徒，将毕生所学传授给众弟子。2010年选好日子，并于2011年阴历八月初举行拜师仪式，收了第一个弟子。之后陆陆续续收了很多徒弟。目前，男弟子有31人，女弟子有7人。年过半百、头发花白的陈教练说："中国传统注重一种传承，太极拳也一样，注重言传身教，师傅怎么教我的，我也丝毫不差地教给我的徒弟。虽然我现在年纪大了，但是如果遇到喜欢的，我一样会收徒。"

2012年10月13日陈教练开始举办太极拳培训班。6年多的时间里，陈教练与钦州市体育局、市体育总会联合举办了20多期的培训班，进行免费义务太极拳教学。培训班的招收对象是面向全社会的，往各个事业单位发送文件，收集好报名人数，周末在冯子材故居进行教学。培训班在大家的闲暇时间，也就是周末上课。周末有两个课时，分为上、下、夜3个班，一期共30个课时。在现场，陈教练亲自地给我们演示了很多遍。他一边讲解，一边做示范，飘逸的白色霓裳，柔和、缓慢、轻灵、刚柔相济的招式，一招一式教授杨氏太极拳。培训班自开班以来招收了2000多位学员。在这些学员中，既有白发苍苍的老者和身强力壮的壮年男子，也有英姿飒爽的少女和活蹦乱跳的少年。这6年多的时间里，维持培训班运行的资金来源主要是弟子的答谢、活动经费和陈教练自己的一些贡献。除了在冯子材故居开办周末培训班之外，陈教练还在中共钦州市委党校中心班、钦州学院、中马产业园等地方进行义务教学。

五、造福人类，光大师门

杨式太极拳拳架舒展优美，身法中正，动作和顺，平正朴实，由松入柔，刚柔相济，犹如湖中泛舟而轻灵沉着兼有之，因练法简洁，深受一般大众的喜爱，故而流传最广。杨式太极拳动作要求如长江大河，滔滔不绝。此动作之完成，乃下一动作之开端，绵延相续。心法上亦要求一气呵成。正如陈教练所说："学习太极拳要排除杂念，从整个形态上去放松，身心的放松，使血液循环，身体身心健康，而不是那个手与脚软绵绵地去放松。练功的时候顺其自然而行之，摇头晃脑，东张西望，脚上该动的时候不动，不该动的时候妄动，也是不对的，这是（练习）要领。"

随着时代的进步，杨氏太极拳逐渐由原来的主技击转为主健身，通过练习太极拳，达到强身健体的目的。陈教练举办的培训班里的学员大多都是慕名而来，很多学员的慢性疾病和亚健康身体得到质的改善，甚至对一些疾病还起到了治愈效果。

曾经有位女学员身体患有较严重的疾病，手脚很僵硬，去过很多地方的医院，花了很多钱却不见起效。经过陈教练的劝说后练习了杨氏太极拳，身体得到康复。后来这位女学员的德国丈夫亲自致谢。

一位在钦州市某医院任职的女学员也患有身体疾病，四肢僵硬。通过跟陈教练学习杨氏太极拳，身体的毒素得以慢慢排出，身体也慢慢开始康复。

一位陈姓男学员患有鼻咽癌，在医院化疗后，跟着陈教练学习杨氏太极拳，身体也慢慢开始康复。这位学员的同学说他这条命是陈教练帮忙捡回来的。

采访时一旁的女弟子黄姐说："练太极拳其实有很多的作用，不光可以健身，还可以美容。现代的女性都喜欢化妆，喜欢去美容院做美容，但是做太多了烧伤了脸部皮肤。我们有位学员就是这样的情况，去了很多医院都没有什么作用。然后来这里学太极拳，练了两个星期，脸上烧伤的部位开始蜕皮，长出新的嫩肉。"身为女弟子兼助教的黄姐接触杨氏太极拳已经很长时间。她一开始练习太极拳只是因为喜欢，并没有很深入地了解太极拳的功效。一直到现在，她见到很多人因为太极拳得到身体上的改善和康复，包括自己也明显感觉身体较以前更硬朗些了，她便带着丈夫和儿子在闲暇时来练习太极拳。

究竟杨氏太极拳的"宝藏"有多少，我们无法短时间内深度挖掘出来。

陈教练从 2012 年坚持开义务培训班到 2018 年，造福了很多普通老百姓。从清代一直到民国时期，只有大富大贵的王公贵族才能练习太极拳。现在中华国粹太极拳风靡钦州，走进普通老百姓的生活，成为全民健身运动的项目之一。全民健身的"太极之花"盛开在钦州湾畔，陈教练的无私教学功不可没。

六、弘扬国粹，薪火相传

当前，大家在审视西方文明的同时，发现太极拳和儒家文化这些代表东方文明的中国文化似乎能给人类带来更多的祥和。因此，太极拳超出体育的范畴，成了人类关注的一种文化现象。加强对太极拳这一非物质文化遗产的保护和研究，是有关部门和每个太极拳工作者应该引起重视的问题。

重视传统太极拳的发展，取消禁忌，鼓励民间传统太极拳的交流。自然，太极拳在这方面的发展就会衍生出很多不同的派别。陈教练对此认为："像我师傅教我的，一点一滴地积累，一个动作一个动作地研习，这才是最重要的。"

陈教练表示，当代很多人对太极拳存在误解。第一，大家认为太极拳是老年人学的，年轻人很少练习太极拳，其实这是不对的。太极拳是一个全民运动，因为很多东西要从小开始积累，如楼房基础打得好才能盖得高。其实太极拳从小开始学效果更好，因为从小得到训练，14 岁骨骼开始成型，才能够慢慢加深一点练功的强度。第二，当代很多人都不了解太极拳。30 年来陈教练在公共场合练功，只有两位专业人士认出他师承何人。第一次是 1996 年在上海八佰伴商场；第二次是 2010 年在南宁长林大酒店旁的人民公园里。

传播太极拳这个艰巨的任务不是一个人单枪匹马就能够完成的。陈教练带着徒弟们这么多年来做着力所能及的事情，但也有许多事心有余而力不足，因此也希望政府能够多一些支持，希望有更多的年轻力量加入到队伍里。

天地之间，世界之上，万物与机缘，无时无刻不在变化。树木花草，山岳楼台，看似静止，无不在渐渐老化。俗语说，只有"变"是不变的。优秀传统文化永远都是不能丢的，这就是钦州杨氏太极拳被列为非物质文化遗产的原因。传承人作为太极拳文化的传承者，具有重要的使命，太极拳传承人只有同时满足在大武术观要求下产生的全面性、代表性和权威性这 3 个条件，才能有非遗传承人的资格。

陈教练说："师承、悟性、苦练、体形、体能、人品、耐劳都很重要。"

笔者也认为加强对代表性传承人的培养和保护与非物质文化遗产的保护息息相关。要创新文化传承的新模式，从国家、学术和社会3个角度去进行综合性考虑，以国家为出发点，以社会为依托，以学术为灵魂进行综合培育；学校、政府和社会也应该提供条件，共同协作来完成新模式的形成和转变。正如陈教练所说，倘若有很多的年轻血脉能够加入到杨氏太极拳的行列，那么传统文化就能得到更好的传承。

梁振兰 / 文

编狮龙，一代传承人的手艺
——记钦北区编狮龙代表性传承人尹炳诚

钦北区编狮龙代表性传承人尹炳诚

在重大节庆活动或集会中，舞狮舞龙以助兴，是我国一项有着悠久历史的传统文化。舞狮的最早记载见于《后汉书》。据载，汉章帝时大月氏、安息等国贡狮子，当时称"狻猊"。从那时起人们便把雄壮威武的狮子视为吉祥、勇敢的象征，又模仿狮子的形象和动作，逐渐形成了狮舞，并把它作为驱魔辟邪的"辟邪狮子"。随着舞狮广泛流行，制作舞狮、舞龙的工具和编制手工技艺也得以发展与流传，编狮龙便成为人类一项珍贵的文化遗产。2018年，编狮龙被列入钦州市第二批非物质文化遗产名录。钦州市钦北区小董镇的尹炳诚被确认为这门传统手工技艺的代表性传承人。

2018年7月中旬的一天，笔者一行4人驱车前往小董镇拜访尹炳诚。到达镇上，在小董镇文化站站长的引导下，我们来到了位于小董镇中山路127号的尹家。在尹家西侧屋门前，我们看到一位穿着蓝色背心、身材纤瘦的老人正在用草纸糊面具。只见老人小心翼翼地用浆糊把一张草纸糊在面具上，然后细细地将草纸铺平、整理。细看老人，微微佝偻的身形，深土黄色的皮肤，两只深陷的眼睛深邃明亮，或许是捣鼓了多年的狮头龙头，一双粗糙的手爬满了一条条蚯蚓似的血管。已近80的他还是满头黑发，整个人看上去很精神。

站长向老人简要说明了来意。因老人正忙于工作，便示意家人招呼我们。老人忙完了一道工序后，入屋坐下，打开话匣子，将他与编狮龙的故事向我们娓娓道来……

一

1939年8月，随着一声清脆的婴啼，尹炳诚来到了这个世界。在他上面有一个哥哥和一个姐姐。尹炳诚说他的出生地是钦州市小董镇，祖籍则是广东省高州市茂盛的夏坡村。小时候，家庭条件不好，生活拮据，主要靠父亲摆摊卖一些香纸、蜡烛等祭祀用品来维持生计。父亲不会编狮龙，他所学的这一技艺来自于其哥尹达诚。

1949年，10岁的尹炳诚开始上学，就读于当时的小董国民学校。因为家庭经济困难，曾辍学，在家里帮父亲制作迷信用品、祭祀用品。1956年，尹炳诚小学毕业，但没能升初中继续求学，而是在家里帮忙。一天，尹炳诚看到了哥哥尹达诚在编狮龙，遂对编狮龙产生了兴趣。从那以后，尹炳诚开始跟大哥学习编狮龙。尹炳诚说，其实是偷师，因为他并没有明确地让大哥教他怎么制作，只是在大哥制作的时候站在旁边学习观摩，然后自己再摸索着去编制。大哥尹达诚"文化大革命"期间到南宁做小生意，主要是做一种叫"油团"的小食摆卖。由于生意不错而遭人嫉妒谋杀，命丧邕江。说到此处，尹炳诚许是想起了已经去世40多年的哥哥，脸上的笑容逐渐消失，两眼微眯。笔者似乎能感受到尹炳诚失亲之痛的悲切之情。

1958年，尹炳诚参加村民大会，看到了成对的舞狮，感受到来自舞狮的雄伟气势，从而更喜爱编狮龙，花更多时间去学习编织技艺。

1959年，尹炳诚离开小董镇，来到钦州坭兴厂工作，月薪11元。当时一个鸡蛋才2分钱，这份工资无疑大大地减轻了他家里的负担，也为他学习编织狮龙提供了一定的经济基础。

1969年，尹炳诚与妻子关凤英结婚。因为家贫，婚事从简。关凤英当时是小董镇民兵连的武装民兵。他们在民兵连相识相爱，后步入婚姻的殿堂。关凤英不仅跟大多数妇女一样相夫教子，而且是尹炳诚编狮龙最得力的支持者与合作者。尹炳诚负责编织狮头和龙头龙身，关凤英负责狮头和龙头的配饰及狮身狮尾，夫妻俩配合默契。那时，一具舞狮子头，通常卖16元钱。生活虽平凡普通却幸福踏实。尹炳诚讲到他与妻子相爱相守的过往，脸上洋溢起了幸福的笑容。

早在1963年，尹炳诚便萌生了将编狮龙作为谋生职业的念头。但接下来的"四清"运动和"文化大革命"时期，尹炳诚被迫停止了编织，但仍在坚持练习编狮龙手艺。尽管当时他的编织手艺已经很熟练了，但为了更进一步提高技艺，他经常去大寺镇找同是编狮龙艺人的李班信交流。

1976年10月，"文化大革命"宣告结束，尹炳诚开始恢复编狮龙。1978年，尹炳诚亲手编织的第一条舞龙先是在小董镇，后到钦州市里进行舞龙表演。看着眼前自己编织出来的龙"在空中飞舞"，尹炳诚有着说不出的喜悦与激动。这条舞龙不仅是尹炳诚编狮龙技艺的结晶，也是他那种锲而不舍精神的体现。

二

尹炳诚向笔者耐心而细致地介绍了狮龙的编织、制作过程。

编狮龙，主要是编织狮子或龙，也有一些面具。编织狮子主要分为编织狮头、狮身、狮尾，而最重要的是狮头。狮头主要是用竹篾来扎。扎竹篾框架是制作舞狮头的第一步，也是极为关键的和最难的一步，决定了狮头能否呈现出威武的气势。

编扎狮头主要有以下几道工序：①挑选优质的竹子，因为只有用优质的竹子做出来的狮子头骨才结实牢固、耐用。②破条，即把竹子破成同等大小的竹篾，然后晾晒。③用晾干后的竹篾扎成狮子头的头骨形状。④给狮子头表面糊纸。首先，用黏米粉制成的浆糊涂在扎好的骨架表面，然后糊上草纸；其次，糊上三层砂纸，保证狮头的硬度和牢固度；最后，再糊上一层白纸，因为白纸表面光滑，易于给狮头绘图上色。⑤给狮头绘图上色，一般用鲜亮的颜料，在狮头上描绘出千变万化的花色。⑥给狮头上光油，装绒毛。⑦安眼睛、鼻子、耳朵。⑧给狮头接上，用布做狮子尾巴。

因为是纯手工制作，没有使用任何机器，所以遇上天气不好，需要晾晒的各种材料的时间就会延长，就会导致制作时间变长，整个过程一般需要七八天时间。狮子头有大有小，大的有60厘米，小的有12—15厘米，或按照顾客的要求来做。

龙头跟其他面具一样也是按照这样的程序来做的。

尹炳诚编狮龙手艺高超，传遍了小董、大寺等钦州市北部片区，越来越多的人慕名前来订做狮龙。一次，某位钦州人带了他编制的3条小龙去香港，其香港朋友看到后觉得编织手艺不错，便通过那个钦州人的介绍前来订做狮龙，成了尹炳诚的常客。现在售价为大龙6000元1个，小龙4000元1个，大狮子2500元1个，小狮子2000元1个。主要在钦州本地销售，年销量为20—30个。

尹炳诚靠编狮龙手艺撑起了一个家。他现在居住的楼房面积大约600平方米，2015年前建的，建房子的钱主要是他编狮龙的积蓄。楼房的隔壁是十几年前建的老房。那间老房子见证了尹炳诚与编狮龙之间的情缘，见证了尹炳诚的辛勤编织、洒下的汗水、收获的果实，见证了他与妻子相濡以沫的爱情。

在这间楼房的二楼大厅，笔者见到了摆放在大厅里的狮子和龙，还有各种面具，如孙悟空、猪八戒、老虎、猴子、大头佛等，每一个面具做工精致、小巧玲珑、栩栩如生，格外抢眼，惹人喜欢，以致笔者忍不住上前拿了起来细细观赏。

在正对门口的墙上，悬挂着一个老式时钟，看起来有些年头了。尹炳诚说，这个时钟是他所做的狮子在某次活动上表演所得的奖品，具体是什么活动不记得了。尽管现在生活条件好了，那个古老的时钟却没有被丢弃。笔者想，它已经被赋予了一定的意义，连同尹炳诚与编狮龙之间的联系也被永远定格在那里了。

尹炳诚说，最近年年都有人来采访他，如2013年钦州电视台就来采访过。他希望通过采访与报道，让更多的人认识编狮龙，希望有人把这门传统手艺传承下去。

尹炳诚夫妇育有两子一女。大儿子外出工作，小儿子尹鹤鸣跟着他学习编狮龙，已经学得很不错了，只是描画手艺还差点火候。正在读初二的孙子尹林钧对编狮龙也非常感兴趣，平时有空或假期就跟他学，并表示要继承爷爷的手艺。尹炳诚也把传承编狮龙的希望寄托在儿子与孙子身上。

这几年，地方政府对"编狮龙"传承人给予一定的经费补贴，但尹炳诚对补贴看得很淡。他说："补贴不补贴不重要，只要能把这门传统手工艺传承下去就好，这也是我作为传承人该做的事。"

尹炳诚不仅拥有一手好手艺，而且年轻时还是小董镇振兴篮球队的五大主力之一。那时他身强体壮，对生活充满着激情与期望。回忆起自己年轻时的无限风光，尹炳诚脸上的笑容灿烂，仿佛一个天真烂漫的小孩子，依然精神矍铄，思维清晰，行动敏捷，仍然整天捣鼓狮头龙头，忘了时光流逝，忘了年龄的增长。

采访结束后，笔者一行与尹炳诚合影留念，握手道别。走出其门口不远处，回头望去，只见老人又投入到了编狮龙工作中去了，瘦削的身影在阳光下拉得顾长……

尹炳诚在为龙头绘色

宁 晴/文

攀登刀梯翻越火山的勇士
——记合浦县党江镇上刀梯过火山代表性传承人顾冠太

自古以来，人们常用"刀山火海"比喻非常危险的地方，把"敢上刀山，敢下火海"者视为勇士，由此便引申出克服种种困难去完成任务的意思来。但当刀山火海的场景真真切切地出现在眼前，又有多少人能勇于攀爬、跨越呢？你肯定料想不到，现实生活中真的有"敢上刀山，敢下火海"的勇士。踩着锋利的刀梯徒手向上攀行，又从烧得发红的碳火上踏过，一双赤脚却毫无损伤，这就是上刀梯过火山。上刀梯过火山是民间庙会、贺事、红白事、祭社、做平安的一项热闹杂技表演，主要流传于广西壮族自治

合浦县党江镇上刀梯过火山代表性传承人顾冠太

区北海市合浦县党江镇。党江镇三面环江，一面临海。这样一个被水环绕的"温柔之乡"，赋予了人们淳朴、温和、平静的外表之下神勇的性情。

2018年1月17日，农历腊月初一，在这个辞旧迎新的美好日子里，我们将要出发去寻找一位勇士——上刀梯过火山第五代传承人顾冠太师傅。电话里，得知我们想要拜访他，顾师傅毫不犹豫答应了。刚好这天顾师傅要去参加庙会，便带着我们一同前往。由于顾师傅一大早便要去帮忙准备庙会的事

情，时间紧急，来不及跟我们坐下来好好聊天，于是我们乘坐顾师傅的车到庙会地点——北海市地角镇大王宫。车子绕着一片浅海缓缓行驶，阳光明媚，明净的沙滩上，游人三两成群，绕过一段公路，一片宽阔的海域出现在眼前，视野顿时开阔起来。所能望到的天空的尽头似乎和海连成了一片，大大小小的轮船就泊在这一片平静的蔚蓝之上。海边长大的孩子会有怎样的人生和际遇呢？车内，顾师傅缓缓地跟我们聊起了他的故事……

一

小镇面朝大海，沐浴着习习海风，见证了潮来汐往。1980年11月，太阳从平静的海面上徐徐升起，党江镇在一阵响亮的婴儿啼哭声中迎来了第一缕阳光。婴儿姓顾，取名冠太。临海的人家见过太多风起云涌，只盼望海面无大风大浪，孩子也一生太平。作为家里的第一个孩子，顾冠太的身上承载着家人太多的希望与祝福。在海风里长大的孩子，潮起的时候似乎还在牙牙学语，走一步摔一步，潮落的时候却已经撒着脚丫子在柔软细腻的沙滩上，拾捡着贝壳，满地地跑。慢慢地，顾冠太长大了些，偶尔也会跑去跟着家里人到浅海去打鱼。生活好像一直是这样：打打鱼、晒晒网，在沙滩上追逐奔跑着，习惯了黏黏的海风和空气中腥咸的味道，看着海上大大小小的白色风帆，耳边是逐渐远去的轮船的笛声。然而，顾冠太不会知道，他以后的人生会像五六岁时手里抓住的那条鱼一样，活蹦乱跳，如此鲜活而富有生命力。

生活在农村，虽说家里不太富裕，但在乐观的顾冠太看来也还算过得去。家里人也并没有放松对顾冠太的教育，相反，家教是十分严格的，对顾冠太的礼数教育方面十分注重。虽说"靠山吃山，靠海吃海"，但是顾冠太的家里并不只是单纯依靠打鱼为生，祖父和父亲更多是会去做法事。顾师傅用手比了比腰处，说"那会儿我才那么高，就跟着祖父他们到处跑了"。想起小时候跟祖父他们去做法事的事情，顾师傅扬起了大大的笑脸，透着一丝孩童般的天真稚气。顾冠太一米多高的时候就开始跟着祖父出去，看着祖父他们摇头晃脑，一个项目一个动作，喃喃诵读着经文，自己在旁边，抬起头，歪着脑袋，大大的眼睛里充满了好奇。每当放学放假，顾冠太便跟着祖父他们每家每户跑去做法事，祖父们也习惯了身边跟着这样一个小家伙。顾冠太年龄尚小，个子不高，穿起大人做法事的衣服来，这边挽起来一点儿，那边又收进去一些，颇有喜感。每逢年头年尾跟着祖父他们出去，大人们便专门定制了合适的衣服给顾冠太穿。顾冠太是队伍里最小的，也是颇为受宠的一员。有时候祖父他们把做法事时得到的利是都给了他，一毛的、两毛的、五毛的，面额不大，但是对于小孩子来说也是很满足的了。顾冠太拿着这些钱去买些糖和零食吃，虽然这样奔波，但是小孩子的天性是如此烂漫，一颗糖就很满足了。爷爷见顾冠太如此有兴趣，偶尔也会逗逗他，教他几句经文之类的东西。刚开始学的时候，爷爷教一句他背一句，背出来了爷爷便给零花钱买东西吃。顾师傅并不觉得那段日子辛苦，那更像是童年的一种游戏，回想起来似乎都还带着甜甜的糖果味。

最初是得到了一些甜头，没想到慢慢喜欢上了这样的生活。习惯了跟着祖父他们出去，顾冠太的思想也慢慢转变了。这些宝贵的经历为顾冠太以后学习上刀梯过火山技艺做了一个长长的铺垫。

二

15岁的时候，顾冠太初中毕业。有一天，祖父把顾冠太拉到身边，对他说了一番话，想让他去继承上刀梯过火山。爷爷早已经年老体衰，两鬓斑白，顾冠太的父亲身子骨也大不如从前灵活利索，弟弟又还年幼，只有顾冠太正值当年。顾冠太跟着祖父们出去做了多年法事，见识多了，也颇有胆识，小小年纪便能沉得住心，身子灵活，学起东西来也挺快。不是每个人都能去做这个的，符合条件的人少之又少，顾冠太是个好苗子。

由于祖父是上刀梯过火山的继承人，顾冠太小时候就接触到上刀梯过火山这个传统杂技，对此充满了兴趣，觉得甚是好玩。祖父也常常跟顾冠太说起这背后的故事来：相传几百年前，山上有个妖怪兴风作浪，到处害人，弄得人心惶惶，山下的村民们的生活过得十分不平静。有一个道士要上山去学艺，听说了这件事，为保一方平安，决心要为民除害。他在山上架起刀梯，爬到顶端舞动着手中的降妖鞭，吹响牛角，高呼要与妖怪决一死战，跟随他上山的百姓则在树下点燃鞭炮和铁铳，敲起锣鼓，妖怪见此情景只好逃之夭夭。慢慢地就演变成了上刀梯过火山这项杂技，在民间庙会、贺事、祭社的时候表演，借以来祛瘟辟邪，祈求天地神灵保平安。这样的故事传说，顾冠太百听不厌。每个男孩子小时候都做过英雄梦，而那些身手灵敏、不惧危险、为人民做好事、赢得阵阵喝彩的表演者不正是英雄般的存在吗？在顾冠太看来，他们的形象都如此高大，因此年幼的他对每次表演都心生期待。

回想起小时候看过的一场上刀梯过火山表演，顾师傅摇着头啧啧称赞，直到今天内心依然充满了感慨和敬畏。那大概是他看过的最难忘的一场表演了，一个60多岁的老师傅光脚徒手爬上刀梯，在绳索上做着各种危险动作，底下的观众惊呼声一潮高过一潮。这样的年纪还在坚持着，是什么样的精神支撑着他呢？顾冠太心想，60多岁的老者还在坚持表演，那是怎样的热爱和对无人继承的无奈啊……对于这项技艺，顾冠太喜欢的同时，也是怀着敬畏之心的。面对祖父的要求，顾冠太一口便答应了。从此，顾冠太停止了学业，开始了他的学艺之旅。

学习技艺的过程是十分艰苦的，每天最常做的事情就是练功。先是在平地上练习，拉韧带、扎马步、倒立，在桩上练习，要求做到腰、手、脚各部位都达到平衡。慢慢地，平地功练得扎实了，就开始在桅杆上练习倒立和各种功夫。倒立下去的时候，整个世界都是颠倒的，眼前不断闪过的都是光和影，一起来便觉得头晕眼花。一天下来，被汗水浸湿的衣服都可以拧出水来，腰酸背痛，整个人都虚脱了。就这样日复一日，每天起早贪黑，风雨无阻。练功是需要时间和毅力去坚持的，没有任何捷径可走。俗话说"台上一分钟，台下十年功"，表演的时候人们惊呼他们有多厉害，却不知道这"厉害"的背后付出了多少汗水。练功的辛苦，哪能只是轻描淡写几句就能说得过去了呢？

顾师傅摊开手掌，手心是一层薄薄的茧，并排的四个手指全都布满了厚厚的老茧，那是多年的训练和表演留下的最有力的证据。我们问顾师傅，当初是怎么坚持下去的呢？顾师傅有些不好意思地笑了，说："那时候还年轻，没有其他想法，家里人支持，我也是喜欢的，就一直做下去了。"年轻往往无所畏惧，凭借着单纯的热爱就能坚持做自己喜欢的事情。正是这一腔热爱，支持着顾师傅一直表演直到今天。

三

时光荏苒，路边的小树在长了一茬又一茬新叶子后变得高大挺直。三四年过去了，顾冠太已经长大成人，逐渐掌握了上刀梯过火山表演的技术要领。什么时候可以去表演？顾冠太跃跃欲试，迫不及待地想证明自己。他满怀期待，曾兴冲冲地跑去问师傅，然而师傅始终不放心，一直不允许他上去表演。终于有一天，机会来了。一年一度的庙会到来，在庙会上表演上刀梯过火山是历来的传统，然而却没有人上去表演，这时候就只能让顾冠太上去了。虽然表演经历为零，内心也还是有些忐忑，但是顾冠太并没有考虑太多，迅速调整好心态，全神贯注地投入到表演中。没想到顾冠太的第一次表演大获成功，得到了人们普遍好评，师傅对这次表演也十分满意，顾冠太对自己更有信心了。从那以后，一有庙会、祭祀祈福的活动，就都是顾师傅在表演，这一做便做了20多年。

在不断的表演和刻苦磨炼中，他的技术更加成熟了。值得一提的是，如此危险的表演坚持了20多年，顾师傅也从未受过伤。即便如此，当他谈起这件事的时候脸上并没有表现出多骄傲的神情来。顾师傅有3个孩子，最大的在读高一，最小的还在上幼儿园，每次去表演的时候妻子总免不了一番担心。对顾师傅来说，努力表演好是他的工作职责，而保证自身的安全是他能给妻子儿女最好的承诺。

我们问顾师傅表演过多少场，他眨了眨眼睛，摇摇头，"记不清咯，都数不过来"。表演了20多年，顾师傅已经数不清演过多少场，但有一场表演却让他印象极为深刻。那一次顾师傅要到北海市高德镇表演，日子已经定好了，不能更改。然而天公不作美，那天海风呼呼作响，八级以上的大风，人要站稳都有点困难，顾师傅表演上刀山的时候要在摇摆不定的绳子上做七八个高难度动作，还没有相应的保护措施，情况十分不妙。当时很多老人都说太危险了，不做了！大家都劝顾冠太师傅走个过场就好了，意思一下就行，不要太冒险了。但顾师傅却认为既然上去表演就要尽心尽力去做好，不能敷衍了事，这样既对不起观众，也有愧于自己。最后，顾师傅还是冒着危险在大风中完成了表演。时间的沉淀加上技术上的不断追求，顾师傅的表演已经达到了炉火纯青的地步。

能在上刀梯过火山这个项目上取得今天这样的成就，顾师傅最感谢的人是他的祖父。祖父是对顾师傅有着最重要影响的一个人。起初他去做法事时会带着顾冠太去玩；待顾冠太长大了些，他又教会了顾冠太上刀梯过火山的本领。在这些年中，顾冠太不仅学会了技艺，也学会了许多为人处世之道。祖父为世人做好事的思想更是一直影响着他。顾师傅跟我们提起他的祖父时，一直称祖父为"师傅"，自从当年拜祖父为师后，便一直这样称呼了。有着既是祖父又是师傅这样一个双重身份，祖父对顾冠太的态度是既亲又严的。对于祖父，顾师傅内心是既亲切又尊敬、佩服的。虽然祖父已经去世了，但他留下的宝贵的精神财富却永远激励着顾师傅，不忘初心，砥砺前行。

四

一个多小时后,我们停在路上稍作休息。趁休息的时候,顾师傅掏出手机给我们看了几段他表演上刀山时的小视频,只见顾师傅徒手爬上刀梯,底下燃放鞭炮,敲锣打鼓,好不热闹。顾师傅跟我们说,活动开始前几天,表演者要做好扎立刀杆工作。两根约13米长的刀杆深深扎入地面,36把锋利的长刀捆扎在刀杆上。表演时用双手扣住上面的刀刃,再光脚踩在刀梯上,一步步向上攀登。在刀杆顶端进行金鸡独立、葫芦倒挂等一系列高难度动作表演之后,徒手从绳索上滑下。上刀梯在白天举行,过火山则在当天夜间举行。上刀梯结束后,大家把准备好的柴禾搬到刀杆场上,堆成七八米长、十几厘米宽的柴禾堆,燃烧四五个小时,待柴禾变成了通红的炭火,表演者从这炭火上飞快滚过,动作要干脆利落,一气呵成。

简单休息过后,我们又重新出发了。顾师傅告诉我们,他表演的范围都是在钦州、防城、北海这些地方,最初的表演比较多,有时候需要一天表演两场,在一个地方表演完了便匆匆赶往下一个地方。后来一年有20—30场次,慢慢地越来越少了,近几年每年也就只有十几场了。说到这里,顾师傅摇摇头,不禁有些唏嘘感慨。仿佛曾经光芒璀璨的明珠被蒙上了灰尘,依稀散发着朦朦胧胧的光。

车窗外,高楼大厦一闪而过,这个城市变化发展如此之快,时过境迁,早已不复当年的模样。时代的发展像海边的浪潮一样追赶着沙滩上的人们往前跑,人们不停地跑啊跑,把一些传统的东西遗忘在身后。

现在,顾师傅的主要工作是教练,遇到庙会、祭祀、红白事等活动有需要就去表演,一年下来表演得的费用也不多。为什么还要继续做下去呢?顾师傅微微叹了一口气,"我不做,就没有人做了啊……"。当初从祖父那里传承下来这门技艺,他就没想过要放弃,"责任"二字深深刻在了他的心上。传承并保护好这项技艺,让更多的人们了解它、喜欢它,这是作为传承人义不容辞的责任。"但是……",话锋一转,顾师傅的语气轻快了许多,"这是一件行善积德的好事,也是一种心灵的安慰吧"。顾师傅说,最初学习这项技艺,只是凭借单纯的喜欢,并非想着把它作为一辈子的谋生手段,况且这么多年以来,去表演的地方多了,认识的朋友也多了,心态变得更好了。顾师傅一直强调,表演上刀梯过火山是在"做好事",本着为人民做好事的心态坚持去表演，人们看着开心，自己心里也舒坦、高兴。有些事情与金钱从来没有关系。为了"责任"和"做好事"，这就是他坚定的信仰。

近些年来，人们对传统文化的保护意识逐渐增强了，上刀梯下火海项目也得到了一定的保护。顾师傅说，申请了非物质文化遗产保护项目后，市政府每年会给4000元的补贴。合浦县汉王宫负责人还计划给顾师傅在汉王府附近搭建一个地方，专门给顾师傅表演上刀梯过火山，每天表演一场。但这些都还远远不够。顾师傅最苦恼的还是找不到合适的继承人。学习这项技艺都要经过上刀梯过火山的考验，培训的过程又极其艰苦，并不是每一个人都适合这项传统技艺，再加上现在很多家庭的孩子都是独生子女，家里人舍不得让孩子来学习这项存在一定危险的表演技艺。因此，要找到一个合适的继承人是多么的不容易！

说起来，顾师傅还是个80后，年纪并不大。在交谈的过程中，我们时时能感受到他对上刀梯过火山的热爱，以及传承、保护好这个非物质文化遗产的决心。他的内心有着大海赋予的无限深情，又有着山一般的责任与担当。

浪潮滚滚向前，追赶着人们不断往前跑，潮退的时候，希望人们会拾起沙滩上的贝壳。文化需要

合浦上刀梯过火海传承人顾冠太在刀体顶端倒立表演

传承保护，我们不能一味地只顾着向前而遗失了那些美好的传统。保护好上刀梯过火山这个非物质文化遗产，顾师傅一个人的力量实在是过于单薄。希望社会多加关注，采取更多的有效措施，做好传承保护工作，总有一天，拂去了覆盖在明珠上的灰尘，这颗明珠定会大放光彩。

后　记

经历了两个多小时，我们终于来到了地角镇大王宫。腊月初一，人们正忙着烧香拜佛，顾师傅也忙前忙后。遗憾的是，当天并没有上刀梯过火山的表演，我们不能亲眼看到，只能通过顾师傅提供的一小段视频资料一窥其貌。我们想，若是能身临其境，那该是多么惊险刺激啊！

告别的时候，我们和顾师傅在一颗大榕树下合影留念，为这趟寻勇士之旅画上了圆满的句号。高大茂盛的榕树投下了一大片阴影，阳光从树梢映照下来，大王宫前的海面上，白帆点点，从海上传来阵阵船笛声。回头的时候，顾师傅就站在那晴天白云、绿茵茂盛、碧波浩淼的画面里，笑着对我们挥手作别……

廖 娟 / 文

百年龙舟数代人
——记合浦县廉州镇赛龙舟代表性传承人钟国坤

每当说到端午节，人们的第一印象也许就是粽子、屈原，以及具有代表性的龙舟赛。而说到龙舟赛，最先浮现在笔者脑海里的，就是赛前熙熙攘攘的围观群众，蓄势待发的龙舟队；赛时群众热烈的加油呐喊声，各队鼓手击打出的强有力而富于节奏感的鼓声，还有那整齐划一的划水声；赛后胜利队伍兴奋的欢呼声，围观群众对于比赛过程热烈的讨论声。这些都是龙舟赛留给笔者的深刻印象。在北海市就有这样一个地方，这样一个人，依然传承着几百年前他的祖先流传下来的赛龙舟习俗。他就是北海市合浦县廉州镇赛龙舟的传承人——钟国坤师傅。

合浦县廉州镇赛龙舟代表性传承人钟国坤

一

早在2008年，合浦县廉州镇赛龙舟就已入选第一批市级非物质文化遗产名录，钟国坤师傅正是这一非物质文化遗产项目的代表性传承人。

那么合浦县的赛龙舟又是怎么兴起的？它又有什么特点呢？

赛龙舟又称划龙船、扒龙舟，是端午节的标志性习俗，在中国南方十分流行。最早是古越族人祭水神或龙神的一种祭祀活动，发展至今已成为中国民间传统水上体育娱乐项目之一。赛龙舟也是北海人特别喜欢的一项群众性体育运动，北海市辖一县三区均有广泛分布，有史料记载的最早可追溯至清代。端午龙舟赛寓意人们向海龙王祈祷来年风调雨顺、家人平平安安。过去钦廉地区还有人认为扒龙舟可以驱瘟疫。民国年间编的《合浦县志》载："春夏之交，时有瘟疫发生，俗传龙船可以驱疫，谓每年闻龙船鼓疫势即杀。"

2007年，根据合浦县文化馆对廉州镇上新社区赛龙舟传承人钟国坤师傅的最新调查发现，明末清初，廉州镇上新社区钟国坤师傅的祖先从福建迁徙到合浦，在廉州镇现在的上新社区三甲社定居。其祖先善划龙舟，每年组织上新社区居民在廉州镇西门江举行龙舟赛，从此廉州镇上新社区就有了每年赛龙舟的习俗，一直延续到现在，已有300多年的历史。

300多年来，廉州镇将赛龙舟习俗保留传承至今，已经使其成为廉州镇居民们在端午节时十分期待的一项活动了。在当今中国，经济快速发展、科技不断创新、社会不断前进，大多数人只关注如何赚钱过日子，而钟国坤师傅与赛龙舟又发生过和发生着什么样的故事呢？笔者也很好奇！

二

2018年1月16日，笔者几人在微冷的早上，伴随着初升的冬阳，坐车穿过热闹拥挤的合浦老街，在约定时间前十几分钟到达了钟国坤师傅的家里。前一晚在联系钟国坤师傅前，笔者的心里充满了忐忑与不安，对方既然是非物质文化遗产的传承人，肯定已经接受过不少新闻媒体的采访，而笔者又只是一个名不见经传的无名小卒，已经连遭到拒绝后该怎么应对都想好了。可在联系上钟国坤师傅并说明我们的目的后，钟师傅很是爽快地答应了我们的请求，且声音听起来爽朗有力，并不像已过七旬的年迈老人，倒让人觉得他的身体很健朗，为人很亲切，这也让笔者的心定了不少。

钟国坤师傅是三甲社龙舟组委会的负责人之一。因年轻时经常参与赛龙舟活动，也常常进行关于龙舟赛方面的训练，钟国坤师傅给人感觉依然很年轻。也正是因为年轻时运动惯了，钟老现在还会每天出门运动，锻炼身体。然而万事万物都有新陈代谢，每个人都无法在时间里一成不变，因此随着时间的不断流逝，钟老头上已然白发丝丝，皱纹也在不知不觉爬上了他的脸庞，即使身体并没有什么大伤大病，在像桨手、鼓手这种需要大体力大动作的运动面前，却也无法再和年轻一代相比。于是钟师傅也渐渐不再参与龙舟比赛，转而当起了三甲社及赛龙舟活动的幕后工作者，如管理三甲社、积极申报举办赛龙舟活动、参与龙舟的制作、指导训练龙舟队伍人员等。

赛龙舟这项活动已有几百年的历史，钟国坤师傅家里更是从其祖父的祖父便开始接触赛龙舟，至今已经传了七代人。当笔者问到钟国坤师傅是几岁开始学习划龙舟时，钟老立马就神采飞扬起来，声音也跟着上扬。他骄傲地告诉我们，他的父亲是一名桨手，他从小跟着父亲和祖父，看着他们进行龙舟训练，自己在十二三岁就已上了龙船，操作龙舟以及划龙舟的技巧则是祖父教与他的。钟师傅也说了，在他们三甲社的龙舟队里，队员是作为桨手还是作为鼓手，都是不固定的，可能今年是桨手，明年就成了鼓手。

除了继承赛龙舟以外，钟国坤师傅1997年以前还曾在一家建筑公司做过木工，会一些木头雕刻。这次去采访，钟老就给我们看了他和他弟子联手雕刻而成的一个楼梯龙柱，还未上色。柱身刻了一条盘旋缠绕着的龙，龙嘴大开着，仿佛正在飞向天空，并一边吼叫，而且连龙鳞都一片片清楚地刻了出来，只是还未点睛，不然一定栩栩如生。由于会些雕刻之术，钟师傅通常也会参与到龙舟的制作中去，只是龙舟的制作工程较费时费力，单靠钟老一人之力是无法完成的。龙舟其实一共分为3个部分，即龙头、龙身和龙尾。这3个部分并不是一开始就连在一起雕刻而成的，而是分开制作，待3个部分都完成后再将它们组在一起，而钟师傅会提供设计图纸，自己动手或是请人指导他人完成。除了这些，从年轻时一直到现在，钟国坤师傅都将捕鱼作为一种闲时活动，会在闲暇之余出海或在家附近的水域捕鱼。

钟国坤师傅与其夫人共育有两儿一女，现均已成家，大女儿在香港，大儿子最近刚回到合浦工作，小儿子则在杭州工作。而当我们问到钟老是否会让自己的儿子继续将此传承下去时，他只是笑着说让儿子们自己选择，如果他们愿意就继续传承，若不愿意也不强求他们。可我却似乎从钟老的语气中听到了一丝叹息，儿子们是否会继续将这些传承下去，钟师傅也未下定论，只是在提到大儿子曾自己组织过龙舟队参加比赛时，语气中不难听出对此事的自豪与高兴。

在我们采访途中，钟国坤师傅总是很乐于将关于龙舟方面的东西展示给我们看。一开始，老师很是高兴地拿了3张照片给我们，都是龙舟队以前活动的照片。这 3 张照片拍摄于 2002 年的端午节，地点是廉州镇的西门江上，时值廉州镇端午节龙舟赛的赛前准备——闹江活动，正式的龙舟赛在五月初五端午那天。照片中几只龙舟上都坐着各自的队员，他们双手握着桨，桨正划入水中，而他们身后的桥上站满了围观的群众，神情作兴奋之态。看着照片中人们的神态，听到钟老说闹江活动现场还有表演者在渔船上表演《珠还合浦》《屈原游江》《舞狮》等节目，笔者就仿佛听到了当时的锣鼓喧天与人群的熙攘声，场面定是热闹非凡吧。

而后说着说着，钟师傅似乎又想到了什么，迫不及待就起身进了屋，再出来时手上正拿着两只船桨。听钟老说，这可不是一般的船桨。大家都知道，2008 年 8 月我国有一件举国欢庆的国际大事——夏季奥运会的举行。当时一是为了庆祝我国即将举办奥运会，二是正值端午时节，于是便喜上加喜，在合浦县廉州镇进行了盛大的赛龙舟活动，这两只船桨就是那时所使用的船桨。两只船桨中，一只是比赛船桨，是五月初五那天用来正式比赛的；另一只则是握杆和桨板都比比赛船桨要稍短一点，是用于五月初一那天闹江活动表演用的，与比赛船桨稍有不同。而最值得纪念的是这只船桨桨板的两面都印有 2008 年奥运会的会徽，握杆上至今还绑着当年表演时绑上的大红花，具有极大的纪念意义。

转眼便过去了十年，十年的时间足以使新事物变为旧事物，可钟国坤师傅收藏的这两只船桨，虽稍稍有些灰尘和刮痕，却依然色彩鲜艳、保存完好，可见钟国坤师傅极为爱惜这两只船桨，就连当年的大红花都未解掉。在我们聊天时，钟师傅也是面带怜惜不时地抚摸它们，为它们掸去灰尘，整理歪掉的大红花。人们都说，时间与人们对自己身边事物的感情是成正比的，时间越久感情也会随之加深。钟国坤师傅与龙舟之间数十年的缘分，使他与龙舟之间的感情又岂是路人可以随意揣测得出的？

三

钟国坤师傅每次都以三甲社成员身份参赛，而每次的龙舟比赛也都由三甲社组织举办，那么三甲社又是怎么来的呢？据钟国坤师傅介绍，在廉州镇曾出过两名二甲进士，因此先取了二甲社之名，而后人们都认为此地是一个风水宝地，在此地居住的人便也渐渐多了起来，人们怀着能中三甲进士的美好愿望，便又另取了三甲社之名，这便是三甲社的由来。

三甲社为此在合浦县廉州镇建有一庙，是为当地的土地庙，始建于明末，庙门前的两根柱子上并刻有一副对联，上联为"兴起文才三甲冠裳并耀"，下联为"仁胞庶姓一坊德泽均沾"。当地每年会在三甲社里举行两次祭祀的活动，五月初五那天也会先祭拜龙神才开始正式进行龙舟赛。后于1996年重修三甲社，同年竣工。1997年香港终于在国人的期盼之下回归祖国的怀抱，三甲社也特地举行了龙舟盛会以此庆祝香港的回归。为此，三甲社与街坊众人又集资造龙舟一对。从这时起，三甲社连续十六年成功地举办了十六届龙舟比赛。然而，龙舟赛的举行也并不是每次都那么顺利，由于各方面的原因，龙舟赛曾于2014年开始停办了比赛，直至2017年才恢复举办。

20年来，因为每年端午节的龙舟赛都是由三甲社义务举办的，而钟国坤师傅又是该非遗项目的传承人兼三甲社龙舟组委会的负责人之一，所以每次龙舟赛的举办，钟国坤师傅都需要做许多的赛前赛后工作，十分辛苦。然而一想到邻里街坊们对赛龙舟活动的期待，对于自己能够帮助赛龙舟活动的顺利举办出一分力，钟国坤师傅还是感到很开心。

十几年来，钟老凭着对划龙舟的热爱，觉得为赛龙舟活动付出的一切都是值得的，哪怕再苦也值得，并且毫无怨言。可一想到举办赛龙舟活动时的种种困难，钟老再乐观也忍不住叹息起来。先不说办赛龙舟活动是一项义务活动，需要耗费大量的精力，且办得好了，也不过是让人民群众开开心心、尽兴地看了场龙舟比赛，对三甲社不过是一个名声罢了；可若办得不好，不光是辛辛苦苦地为活动跑上跑下，不为人们知道，还要接受街坊群众的批评。这样一个任务重、压力大的事情，仅仅靠一个人是无法完成的，既需要联合有关部门，又需要社会各界的支持，所以鲜少会有年轻人愿意主动包揽这事。为此，钟师傅常常感到十分困扰。

2012年，为了能够继续顺利举办赛龙舟活动，也是为了满足本地老百姓的要求，在那年端午节前的一个月，钟国坤师傅便和廉州镇上新社区各领导各成员开始了活动的筹备工作。然而，活动筹备的过程并不是那么一帆风顺，而是充满着种种困难。租借活动辅助船只、购买各种活动用品等许许多多的琐事，都需要三甲社众人亲力亲为；活动的每一笔收入和支出也都要详细地记录下来，钟国坤师傅至今还保留着那时所有支出的收据和发票。

尽管通过多方面的努力，不少群众也都自发支持和帮助活动的筹备，有关部门也给予了支持，然而此次活动还是面临着许多难题。主要有三方面：

一是用于龙舟活动的 4 艘龙舟中，其中两艘已经损坏得无法修护完好了，其他工具也有部分坏烂；二是三甲社龙舟队的主要人员老化，却没有新生力量补充；三是活动资金筹集困难。关于龙舟问题，因为其中两艘无法修护，所以最后也只能把剩下能修好的两艘修好用来参加活动了，活动资金则是发动群众自愿捐助来筹集的。然而除了发动群众外，其他方面的筹集仍然进展困难。让人高兴的是，虽面临重重困难，端午节赛龙舟活动还是如期在西门江上拉开了帷幕，热火朝天地进行着比赛。

四

为了办龙舟赛，钟国坤师傅常常一年中的好几个月都停下了其他方面的工作，全力以赴准备活动相关事宜，和他的伙计们一起写各种材料报告，奔走于各部门之间，开着各种活动会议，然后修船、动员大家报名参赛等。如今坚持了十几年，看见街坊们高兴，钟老也跟着高兴。但十几年过去，钟老年龄大了，心也累了，渐渐觉得对这些工作力不从心，很希望能有年轻人接他的班，可是，很难啊……钟国坤师傅不禁有些伤感。

2017 年，合浦端午龙舟赛再一次在千年古城廉州的护城河——西门江上隆重举行。此次活动的顺利举办仍然离不开钟国坤师傅等人的努力筹备。钟老需要亲自向有关部门上报多份活动报告，而政府又无经费支持，活动的经费来源靠在 123 网上发布活动进行筹集。钟老和三甲社成员去寻找企业的赞助，好不容易才勉强筹得了举办活动的经费。接下来钟国坤师傅和三甲社众人又遇到了另一大难题，因为这一年连 2012 年仅剩下的两艘龙舟都因年久失修而无法使用，不得已只能做新的龙舟，可是龙舟的造价很高，最后只能由钟国坤师傅写一份倡议书，在三甲社里进行募捐，再加上自己的借款和社会赞助，才筹够了买木材的钱。有了木材，三甲社的几个老人就开始自己动手做龙舟，从龙头、龙尾、龙身、上油漆，全是自己做，能省就省。三甲社的人有钱出钱，有力出力，历经千辛万苦，才有了 2017 年江上那两艘全新的龙舟。最终此次活动共吸引了近两万市民去观看比赛，反响热烈。

其实，每年举办活动中遇到的主要困难大致都是那几个，活动经费困难，筹备工作极其辛苦，但最大的困难其实还是"赛龙舟"文化的传承问题，是精神文化的传承问题。赛龙舟活动不仅是一项能够强身健体的民间娱乐活动，而且包含着中华优秀传统文化中的团队精神和竞技精神。我们不应该只关注活动的趣味性，更应该透过活动的表象去认识它所蕴含的珍贵的文化精神。然而随着时代的发展，年轻人对"赛龙舟"这项民俗活动关注得越来越少，参与者更是凤毛麟角，如此又何谈精神文化的传承呢！

"'上德若风，下德若草'，三甲社数百年兴废，维系于民间乡贤善念义举，可贤教化，可传风范，是以为记。"钟国坤老人给我们的关于三甲社的资料中如是写道。

黎月梅 / 文

双狮跃起千人醉，李老昂首动云霄
——记上思县叫安镇磨福传承人李琉彬

上思县叫安镇磨福传承人李琉彬

一

人到了古稀之年会是什么样的感受？会孤独吗？会为一天天的衰老而惋惜吗？

你从他那张衰老而慈祥的脸上只读到了平静二字，然而年轻的你可能还不明了生活的艰辛，更不懂人生易老的含义。

那歪屯的村头，是李老先生和他的徒弟们刚回到的场景。他们刚一下车，就把狮头和服饰准备上了，张罗着要给笔者一行人表演一场磨福。

中国的舞狮文化博大精深，源远流长。它起源于三国时期，在南北朝时开始流行，至今已有1000多年的历史。舞狮是我国优秀的民间艺术，每逢元宵佳节或集会庆典，民间都以舞狮助兴，寓意是祈望生活吉祥如意、事事平安。舞狮作为一种传统的文化习俗，见证了古老的中国文明。舞狮又分为南狮和北狮、文狮与武狮，表演的场地有上桩、桌子、凳子、平地。我们这次要了解的磨福，是南狮的一种，主要是在平地上表演，但在很多方面，又与其他地方的舞狮不同。磨福是双人舞，舞狮人下穿灯笼裤，上面披着一块彩色的狮被。狮头是参照传说中年兽的模样来制作的，寓意吉祥平安、五谷丰收。通过各种优美的招式展示，时而动作滑稽风趣，时而寂静寡言，时而激昂奋起……各式各样，让人目不暇接。

　　鼓点对于磨福来说是至关重要的。磨福眨眼有鼓点，摇尾有鼓点，每个眼神、每个动作都不能缺少与鼓点的配合。只要你同时看过南、北狮表演，你就会发现南狮更贴合"舞"，因此，鼓就是舞蹈的节拍。南狮鼓的节奏非常清晰，甚至可以让人不自觉地跟着鼓点节奏一起舞动。南狮的鼓乐是自成一派的。只要是舞南狮，鼓一定要这么打，南狮要是随便放个音乐，一定舞不出味道。磨福亦是如此，一招一式踩着鼓点而起，顺应鼓声而落，击鼓声铜锣声此起彼伏，有时低柔婉转，有时响彻云霄。南狮的舞狮者同时也能给狮子打鼓配乐，因为南狮鼓已经与动作高度融合在一起了。鼓声其实就是狮的声音。用鼓声衬托出狮的静态动态的气氛和心理活动，如在受惊吓时瞬间消声，狮子小心四顾，确定无事后又转回热闹的鼓声；在狮子得意地小跑时用轻松富有跳跃感的鼓声；用鼓声模拟狮子咀嚼的声音或是眨眼的声音达到放大的表现效果。模拟并不追求真实，就像京剧脸谱，是符号化的表演。如果观众非要问怎么欣赏，也许就是在这种表现形式中感受到一种独特的味道，就像不同厨师端出来的菜肴有不一样的香味。如果你第二次看表演感觉到了熟悉的味道，那就已经足够了。

　　磨福（舞狮）是上思县一种具有悠久历史的民族传统文化，是春节期间以及重大庆典活动时重要的文体活动，也是该县独具特色的文化产物和最具代表性的精神载体之一。磨福一名取自壮语，分布在各地的壮族人民因地域不同，壮语也有些大同小异。在上思县壮语中，舞狮一词声似磨福，磨福由此得名。

二

上思县的磨福由来已久，20世纪八九十年代十分盛行。该县磨福的狮头和狮身模仿神话传说中的吉祥动物麒麟形状制作，登门磨福寓意"送福呈祥"。春节或者大型喜庆活动都会开展磨福进行舞庆，特别是春节，民间磨福活动从正月初二开始舞狮队巡村逐户登门舞庆，屋主以年糕、香烟、茶等请舞狮队员品尝，并随心赠送红包。

磨福的舞狮道具有狮头、狮袍，这是穿在身上的，还有锣、鼓、镲。舞狮以打击乐最为合适，其中的节奏是颇为讲究的：轻、快、欢乐的鼓点，表示狮子高兴、快乐，眨眼、微笑、轻摆头或轻跳转身，配弓步、马步、上膝或独立步等；重、急、快的鼓点，表示狮子生气发怒，怒目瞪眼、开口吼叫或用力抖动，配马步、弓步站立步等；鼓点要求轻、快、重结合，体现狮子欢喜快乐，摇头摆脑，眼、嘴随鼓点节奏而开合，配小跳、秧歌步、小步跑等步法。而击打乐鼓、锣、镲伴奏是使神态表演达到最佳效果的重要组成部分，节奏的度要掌握到位才能将味道舞出来。轻则轻打、点打，利用手腕之力；重则重打、高起高落，利用肘和肩、腰、腿之合力；快则是节拍快、拍与拍之间快，利用腕、肘之力；慢则是节拍慢、拍与拍之间慢；急则是每拍之间鼓点数多；缓则是每拍之间鼓点少；停则是各种击打乐不响停止一拍以上。

磨福在其寓意、狮身狮头的形状、舞动技法等方面与各地舞狮有很大不同。但随着时代变迁，现在掌握磨福技能的人及观舞的群众已逐年减少，该县磨福的传承已呈衰落趋势。

家住那歪屯的李琉彬，住在一层小平房和一间上了年头的泥瓦房，有50多亩的甘蔗地，种甘蔗便是他的主业。除此之外，他还到镇上的中小学给学生传授磨福技艺。一是为了能将传统文化继续传承下去；二是能给家里增加点收入。我们一行人到达李老家的时候，已经是下午四点多。一家人很热情地招待了我们，还把去给别人表演磨福得到的几瓶饮料拿出来给我们喝。坐在小板凳闲聊时，我留意了李老的房子，十分简陋，用的水是从井里打的，有一个大瓦缸用来储水，也养有鸡鸭，还有一条竹竿上，挂了几串腊肠和腊肉，进到屋里还是泥地板，是农村中常见的普通家庭。

时年76岁的李琉彬家住上思县叫安镇文明村那歪屯。在上思县大大小小的舞狮活动中还能常常看到他的身影，用一个成语来形容就是宝刀未老！

他自幼聪敏，懂事好学，喜欢跟着爷爷四处游走，参加各村各屯的舞狮活动。祖父就是他的启蒙老师，也是因为跟着祖父，耳濡目染，他喜欢上了舞狮。后来祖父走了，就跟着父亲，时不时能看到父亲舞狮表演，也不胜欢喜。在他念初中的时候，正逢社会主义"三大改造"，各村都在搞农业生产合作社，家里本就困苦，现又缺乏劳动力，双重压力下，他不得不辍学，在家帮着种甘蔗。上思县的农民一直以甘蔗作为主要农作物，家庭经济收入的主要来源也是种甘蔗。在那歪屯，站在高处放眼望去，目光所及之处无不是大片的甘蔗地。进入那歪屯的路极其不平坦，大部分都是乡村特有的羊肠小道，仅有的一段公路也都弯弯曲曲，路面不宽，勉强容得下两辆农用车并步行驶。在甘蔗收割的时候，村民们只能采取互帮互助的方式，先一起把甘蔗收割集中起来，然后收购公司再派出货车到地里装运甘蔗。即便白天忙着收割和搬运甘蔗，劳动非常辛苦，但李琉彬对磨福的热爱也并没有消减。面对忙碌的农活，他不怕苦不怕累，甘蔗收割一天下来，带着月色回家，而他还是利用夜间休息时间来熟悉以往在祖父和父亲那里学到的磨福表演招式。没有实物，他就发挥想象力，想象自己正身披狮袍，头顶狮头，偶尔也会把自己想象为狮身那部分。磨福需要两个人配合演出。虽然条件有限，但是李琉彬觉得单单掌握一个人的动作是不够的，要真切地学会这门技艺，它大大小小的每个方面都要了解。他认定的事情就会认真去做。这就非常考验两人的默契度了，虽然学会了基本的舞步，但是没有真正上台过，就不算学成功。

磨福一般会在一些重大节日进行表演。此外，还有上思县特有的窝坡歌圩举办的时候，会有很多不同的表演形式，磨福便是其中一种。如果有人家里有喜庆的事情，请李老的舞狮队前去舞狮祝贺，他也会欣然接受，一年大概有十几二十场这样的舞狮。每次去人家都会给个大红包作为酬劳，以犒劳李老狮队的辛苦表演。

李琉彬老人介绍说，上思县磨福特别讲究打击乐与舞步的结合，舞狮未动，先闻鼓声，紧接着铜锣声，手起鼓落。这边是鼓手们配乐，另一边则是舞狮选手蓄势待发。舞狮的开头，先是狮子跪蹲在地上，面向正前方，突然锣鼓大作，十分激昂，便看到双狮前掌跃起，在原地左右动作，便绕圈走，边走边舞。这其中加入不少高难度动作，如跳跃、大幅度摇晃狮头、狮身的摆动等，没有硬朗的身体是做不到的。这是在平地上的，如果是舞狮贺新居，还要加上走上楼和走新房四角这些环节，寓意团团圆圆、四季平安。李老已是高龄，却还能将磨福表演得活灵活现，让人由衷赞叹。

三

笔者有幸能亲眼看到李老舞狮表演。现场的感觉和看视频是不一样的，一具狮袍长两米多，刚好能将两位表演者的身体遮掩住，再穿上表演磨福的专用裤子，俨然高大威猛的雄狮。狮袍的主要颜色为红色与金色，还用很多图案花纹加以修饰，极具中华传统美感。最精致的还数狮头部分，最耗费时间和精力的也是狮头的制作。首先要用竹篾将狮头定型，把整个大概框架制成后用大块的纸张一张一张包好，再用一层一层的浆糊糊上去，很费时间。接着才是整个狮头的关键一步：漆皮画。这一步必须要有精湛的画功和耐心，一丝一毫都不能差，一旦不注意，将纹路描歪了或者某一部分着色过重，整个狮头就会毁掉，前面的功夫也都白费了。磨福所用到的狮头，与别处的有所不同，其头上有3个犄角，中间那个较为突出，另外两个分别分布在两眼之上，颜色主要为红色，部分为黄绿间隔，双目的眼珠子是黑色的，仿佛要把人瞧出个所以然来。狮头的嘴巴张开，吐出红彤彤的舌头，在前方可看到狮头的内在，耳朵呈束状。整个狮头的形状十分漂亮，古老的图腾极具特色。令笔者惊讶的是，如此精致的一件工艺品，整个制作过程都非常环保的，框架是用竹篾，所糊的纸张是用废报纸，浆糊也是用木薯粉熬制，且是手工制作……不得不佩服这些民间艺人的智慧。

"狮头的制作那么复杂，应该很贵吧？"

笔者首先提出疑惑，李老先是没有听清，笔者于是又说了一遍，他同意地点了好几次头。

他说："好贵，你看我们一个舞狮队十几个人，就有7个狮头，没有那么多钱买。"接着又说："有一半都是在磨福申遗成功之后，（当地）政府奖励购买的。"说完后，他摸了摸身上的口袋，似是在找着什么，他的一个徒弟拿出烟和打火机，递给李老。他抽了一口烟，又说："当年我第一次学这个，我们才有一对舞狮道具，我的祖父和父亲都十分爱惜。多亏了文化局，这是我所拥有最多舞狮道具的时候了，也是我们这个狮队最壮大的时候。"

"狮队有多少人？"笔者好奇地问。

他抖了抖烟头，回答道："二十几个，好多年轻人都去打工了，现在在家的就剩我和我几个徒弟。"

这时他的一个徒弟说:"别看我师傅年纪大,舞狮的时候灵活得像只猴子。"

这时的他突然变得雀跃,像是想到了什么高兴的事,站起来,往厅里走去,等他再次出来,手里多了一副金色的相框。

"这是我们前几年参加的舞狮活动的合照,这是到防城港市区的,有很多人来看。"他的眼里放着光,看相片的眼神就像看自己的亲人一般,亲切而充满温情,安静的样子让人不忍打扰……笔者听到门外有说话声,好奇看了一眼,是一位戴着毛线帽的老太太,这时其中一个徒弟喊了一句话,用的是方言,大概是让那位老太太进来坐的意思。老太太走进来,他的徒弟搬了张凳子放在李老身边,老太太和李老并排坐在一起,这时笔者才恍然大悟,这是李老的妻子!

李老的妻子有着和他同样和蔼的脸庞,笑起来有一种感染力,很温暖的感觉。两老笑得很幸福。看得出来两个老人的生活虽然并不富裕,因为在笔者的认知里,祖母这一辈的老人身上或多或少有着一两件首饰,而老太太身上没有任何一件,可见李老的家庭经济负担是很重的。听他的叙述,有两个女儿,三个儿子,女儿都出嫁了,有了自己的家庭,一年就回来一两次,儿子们也都成家了,李老也有了自己的孙子和外孙。

四

不经意说起李老的兴趣爱好,整个气氛都变得活跃了。他的徒弟争相发言,有说他厨艺好的,经常做饭,有说他不打牌、不赌钱的……

笔者问道:"那老先生没有什么兴趣爱好吗?"

大徒弟黄亲率先回答:"跑步游泳算不算?师傅喜欢游泳,而且无论四季变化,每天都会早起去跑步。"

紧接着又有一人说:"别的先不说,我觉得师傅这人心肠特好,屯里有谁家的电线坏了,我师傅就去帮人家查看修理;谁家的瓦房漏雨了,我师傅就去帮人家把屋顶修好。无论是谁,只要有需要帮忙的地方来找我师傅,他二话不说就过去。"

李琉彬老人有一种令人难以抗拒的亲和力。他戴着一副黑框老花镜,镜片很厚,可能是使用太久的原因,镜片有些刮花了。他说他也就是需要外出时候戴上,其他时间是取下来的。当笔者提出去更换的建议时,他笑了一下,说"老了,不太讲究这些了"。他的眼窝比较深,眼睑因为年岁老去的原因变得下垂,这样显得他的眼睛更小了,但依旧看得出他双目炯炯有神,黑色的眼珠子在和我们说话时显得特别灵动;双目上方的眉毛微短且稀疏,远远看过去就只能注意到他额上的抬头纹,这是岁月在他脸上留下的痕迹,是他饱经风霜的证明。他的鼻子是典型的南方人塌鼻子,大大的,听说这是有福气的象征;他有着与年龄相符的牙口,唇瓣不薄不厚,胡子有些日子没刮了。他摸了摸自己的下巴说:"让你们见笑了。"他两耳宽大,想来年轻的时候该是个耳聪目明的人。

传统民俗技艺是中华文化精髓。作为一种传递正能量的传统文化,上思磨福的真正目的是文化育人。舞狮队的成员文化程度都不高,但他们有一个共同点,就是对非遗文化保护和传承存有一片热爱之心。李琉彬认为:"每个人的强项、天赋都不一样,每个人都有着自己的长处,等待我们去发现。读书不是唯一的出路,学会一门技艺很重要。闻道有先后,术业有专攻。因此,舞狮便是他们的特别之处。无论你有没有读过书,一旦成为那歪屯舞狮队的一员,我就有义务教会他,有责任教好他。"

李琉彬师傅(右三)及其徒弟与调研小组合影留念

能看到上思磨福得以很好地保护、传承下去，这是李老毕生的心愿。他希望能带动更多的年轻人去了解磨福传统、学习磨福技艺。他语重心长地说："这些传统习俗很优秀，值得我们后代子孙和更多的人们了解学习。我向大家伙承诺，一定会将磨福完完整整地传承下去，我会教我的孙子、我的学生保护传承好这一份传统，将磨福发扬光大！"

　　这是我们临走前他说的最后一句话，也是我印象最深刻的一句。因为有李老这样一个传承人的存在，我国非物质文化遗产传承又多了一线希望。

　　在传承之路上，李老并不孤独。虽然他已经76岁高龄，可能为了永久地舞动磨福，乐观和积极的人生态度将让生活的艰辛也对他无可奈何。

　　他，就是李琉彬！

第四辑

传统手工技艺

何 波/文

心和手的完美结合
——记钦州坭兴陶制作传承人李人帡

钦州坭兴陶制作传承人李人帡

李人帡,1946年3月出生于钦州一个书香门第。他从小爱好绘画,中学时曾受过正规素描基础训练。20世纪70年代初涉足坭兴陶艺。1973—2006年在钦州坭兴工艺厂工作,1981—1983年进入北京中央工艺美术学院陶瓷美术专业学习,曾任雕刻技工、车间负责人、设计室主任、陶艺研究所所长。现任钦州坭兴陶工艺美术研究所副所长。从艺30多年来,创作设计新产品350余件(套),有30余件(套)获国家级一、二等奖作品,作品收藏于俄罗斯国家博物馆、中国工艺美术馆、中国历史博物馆等国内外10多家国家级博物馆,设计的日用陶产品畅销国内外,取得显著经济效益。代表作品有"高鼓花樽""龙纹君子钟""四神挂碟""巡天壁挂""海石花""陶牛角""电热汤锅""古香茶具"等,发表专业论文《艺术、功能与工艺相结合》《坭兴陶造型设计初探》《坭兴陶茶具》等20多篇。作品与从艺业绩入选《中国现代美术史》《20世纪中国陶瓷大观》《世界著名陶瓷艺术家作品集》《中国陶瓷》等。1994年被授予"广西工艺美术大师"称号;1995年获联合国教科文组织授予"国际民间工艺美术家"称号;1997年获国务院授予"中国工艺美术大师"称号;2004年获中国陶瓷学会授予"中国陶瓷艺术大师"称号;2004年获劳动部、全国总工会等国家部委授予"全国五一劳动奖章获得者";2009年成为国家级非物质文化遗产传承人等。

钦州坭兴陶作为一种传统民间工艺,至今已有1300多年历史。据地方史志记载:"我钦陶器,谅发明于唐以前,至唐而益精致。"1921年,城东山麓发现逍遥大冢,内藏陶壶一只及高四尺余陶碑一方,镌字千六百余言。经考证,始知乃唐开元宁越郡(即现钦州市)第五世刺史宁道务墓志,可见钦州制陶历史之久远。传至清咸丰年间,钦州陶器发展鼎盛,坭器得以广泛应用,故得名"坭兴"。现今香港、澳门、上海等地的"钦州街"皆因坭兴陶的流传而得名。钦州坭兴陶一时威名远播海内外,被誉为中国四大名陶之一。

坭兴陶的窑变艺术在国内陶瓷行业中绝无仅有,艺术品位极高,有"中国一绝"之称。钦州特有的陶土无需添加任何陶瓷颜料,在烧制过程所产生的窑变是无釉坭兴陶的一大艺术特色。当炉盘上升到1200度的临界点时,偶有发现极少部分胎体发生窑变现象,并自然形成各种斑斓绚丽的色彩和纹理,须打磨表层氧化物后才发现真面目,如天蓝、古铜、虎纹、大斑、墨绿等意想不到的诸多色泽。可谓"火中求宝,难得一件;一件在手,绝无类同"。

窑变艺术陶要达到最高境界的艺术效果,还必须要通过工艺设计造型,画面雕刻装饰结合,集春暖、夏绿、秋红、冬寒之灵气于一体,尽显色彩变化之奥妙。窑变乃火中求宝,得之偶然,并无定格,品位极珍,可谓火与土结合之极至。坭兴陶土质奇特,在装饰艺术上采用传统雕塑技法,纯手工制作、工艺精美、器型变化多姿,具有极高的实用价值、观赏价值和收藏价值。近百年来多次参加国际和国家级展览会评比并获大奖40多项,其中1915年在美国旧金山获万国博览会金牌奖;1930年在比利时获世界陶艺展览会金质奖。产品远销东南亚、东欧、美洲,其历代珍品更为20多个国家级博物馆所珍藏。

为钦州坭兴陶文化做出重要贡献的有广西工艺美术大师邓敦伟,当代书法家和雕刻家刘明洲,当代书法家和篆刻家王兆儒,当代书法家和陶艺雕刻家钟毅,中国美术家协会会员帅立功,当代陶艺设计师黄亚南,坭兴世家第七代传人、1987年被国务院授予"民间工艺美术师"称号的黎昌权,坭兴世家第五代传人黎仕清,钦州"拉坯第一人"、当代陶艺师梁遒龙,当代陶艺美术设计师李燕,陶器"蝉翼"雕刻艺术技法创始人袁浩等。

而作为国家级非物质文化遗产传承人的李人帡,与上举坭兴陶艺精英不同。他集设计、雕刻、拉坯和烧制等技艺于一身。他制作的坭兴陶器造型优美、窑变颜色绚丽多彩、表现手法丰富多样、民族文化底蕴深厚，达到了形、质、神三者和谐统一的境界。如"四神挂碟"，用我国人民喜爱的四种动物即青龙、白虎、朱雀、玄武为描绘对象，通过青龙腾空飞舞、白虎扑跳勇猛、朱雀起飞雄健、玄武遒劲浑朴，表达出吉祥、长寿、威猛、高贵的象征与寄托。"巡天壁挂"把中华民族龙的图腾、人类对月亮的依赖及由此产生的顶礼膜拜，以及花山壁画的千古之迷融合在一起，给人以充分的想象空间。"十二头铜鼓工夫茶具"更把壮乡铜鼓的豪放激越宣泄得淋漓尽致。"起锚"则从埃菲尔铁塔和港口吊车外形获得灵感，整体外形坚实雄伟，给人一种无形的力感。窑变后铁青色的蓝天，及用简练的线条勾勒出来海浪、铁锚，充分体现出一种蓬勃向上、奋发进取、乘风破浪的豪迈精神。

"高鼓花樽"是李人帡从事坭兴陶30多年中的经典作品，也是他这么多年"心和手完美结合"的辉煌回报。"高鼓花樽"所展现的是一幅万众欢庆图，画面热烈吉祥喜庆。近景是舞蹈的人群，一律是低姿，叉开双腿，上臂平肩，前臂向上，张开五指；舞者身旁鹿群在欢跳着，鹭鸟在穿梭飞翔着，身后是群山在奔腾，云雾在缭绕，一切都如此神秘、圣洁、原生态。中景是

李人帡指导学生采用传统技艺进行陶艺实践活动

一幅壮锦,远景是一幅清河竞舟图:一棵棵刚砍下来尚未去尽枝梢的独木舟上,头戴鸟羽饰物的远古先民奋力划桨乘风破浪,水下的鱼儿也不失时机,一起奔涌。"高鼓花樽"器表饰纹充分汲取铜鼓、壮锦、花山壁画的艺术神韵,用凝练、流畅和富于变化的线条,表现出古人竞舟、舞蹈和翔鹭穿梭往来等灵动飞扬的生活场景,充分展现了广西民族文化博大精深的艺术魅力。

为了创造出更多的坭兴珍品,近几年来,李人帡与全体科技人员开展坭兴窑变烧制技术攻关,经过无数次的摸索和实践,终于成功地应用现代梭式窑烧制出坭兴陶窑变珍品,极大地提高了艺术珍品的烧成率,为坭兴陶走出困境走向辉煌开辟了新的道路。如今,制作坭兴陶已成为钦州市的新兴产业。除了许多继承祖传技艺的陶艺师,仅钦州坭兴陶艺公司的日用陶厂就有陶艺工人300多人,不少学生和陶艺爱好者也乐于来这里参与实践。这个厂生产的坭兴陶远销日本、美国、英国、德国和东南亚等30多个国家和地区,一些珍品多次参加国际和国家博览会评比,并先后40多次获金、银奖。

也许和坭兴陶相处的时间长了,李人帡的性格也和坭兴陶一样:淳朴沉稳,不功利,不张扬。从事坭兴制作20多年,创作精品几百件,他却不曾拥有一件属于自己的精品;满屋的奖状证书,却很少在媒体上露面。

苏葆荣　莫才有/文

引领行业，发扬光大
——钦州坭兴陶大师李人帡

钦州坭兴陶，饮誉中外，已有1300多年历史，是钦州历史文化的骄傲，与江苏宜兴紫砂陶、云南建水陶、四川容昌陶合称为中国四大名陶。早在1915年美国举办的"巴拿马运河开航太平洋万国博览会"上，钦州坭兴陶就荣获金奖。四大名陶之中，钦州坭兴陶更具独特风采。说起坭兴陶，不得不提李人帡，他是坭兴陶的骄傲！李人帡是国家级非物质文化遗产钦州坭兴陶传承人，也是钦州唯一的国家级工艺美术大师，在钦州坭兴界大名鼎鼎，享有很高的地位。

一、入行并深造，攻关再突破

我们带着对大师的崇敬，在钦州坭兴陶艺术馆开始采访，渴望通过他对坭兴陶能有更多的了解。等待的过程始终是有一点紧张和不安的，想象着李人帡是个什么样的人。作为国家级非物质文化遗产钦州坭兴陶传承人应该多少都会有点高傲，甚至难以亲近的吧？然而李人帡的出现否定了种种猜想。一辆有点老旧的自行车，一身稍微深蓝的老式服装，稍微花白的头发，一张笑容灿烂的脸，李人帡就这样出现了。这完全就是一个普普通通、和蔼可亲的老大爷。人们记得他一身的光环，却忘了他一生与泥土打交道，泥土是人类的生命，一个用生命和生命打交道的人怎么会高傲呢！

著名学者及作家周国平说过一段话：人最宝贵的两样东西，一是生命，二是灵魂。老天给了每个人一条命，一颗心，把命照看好，把心安顿好，人生即圆满。把命照看好，就是要保持生命的单纯，珍惜平凡生活。把心安顿好，就是要积累灵魂的财富，注重内在生活。李人帡就是高度拥有灵魂财富的人。他的生命早已沾染了泥土的气息，质朴、老实。李人帡自己也说过坭兴陶是他生命的一部分，泥土已融入了他的生命。而他与坭兴陶的故事或许也正基于对泥土的热爱而发展。质朴的他沾染着泥土的芬芳，身上散发着一圈又一圈的光环，闪耀着光芒。

李人帡在钦州坭兴陶的传承和发展上做出了重要贡献。他创作作品数量相当多，具有新理念的作品就有 600 余件，60 余件作品获国家级金银大奖，30 余件作品获省级奖，此外多件作品被世界 10 多个国家博物馆收藏。他设计的"壮魂花缸""壮乡硕果""双环龙凤纹瓶""壮乡石榴瓶""2008 北京奥运陶钟"等多件作品获全国工艺美术"金凤凰"设计大赛金、银奖。2007 年，李人帡创作的坭兴陶精品"高鼓花樽"获得联合国科教文组织的"杰出手工艺品徽章"，是坭兴陶界获得的最高荣誉。

在钦州四桥桥边伫立着一家享誉坭兴界的陶艺公司——坭兴陶艺术馆。这家坭兴陶艺术馆的创始人之一就是李人帡大师。李人帡秉持发展坭兴陶的理念，在 2000 年与两位好友共同创立了坭兴陶艺术馆。在大师的带领下，仅仅几年的时间，陶艺馆就成长起来，如今已是国家级非物质文化遗产项目保护单位，也是国家文化产业示范基地和全国工业旅游示范点。

说起坭兴陶，说起他与坭兴陶的故事，李人帡就像吃了糖的孩子，开心地打开了话匣子。李人帡是土生土长的钦州人，高中毕业后便下乡回到农村工作。1973 年钦州坭兴厂刚刚恢复，基于人员的稀缺，坭兴厂决定从农村选拔工人回城。而自小就对坭兴陶饶有兴趣的李人帡，在中学时打下了良好的素描基础，得到了他们的青睐，也成为了此次被选拔回城的第一人。这一小小的机遇改变了李人帡的人生，使他自此走上了坭兴陶这条漫漫长路。

进到坭兴厂后李人帡开始跟着师傅专心学雕刻。他刻苦认真、勤奋好学，对坭兴陶有一定的悟性，短短几年的时间，技艺见长。他从开始的员工到班长而后又担任车间主任。如果说 1973 年是李人帡与坭兴陶之间的一次结缘，那么 1980 年就是他在坭兴界的转折点。1980 年，北京中央工艺美术学院专家到坭兴厂考察。李人帡协助考察并教授前来的实习生制作工艺，至此李人帡的坭兴技艺被专家赏识，并免试进入中央工艺美术学院二年级学习。经过三年的深造，李人帡学有所成却不忘故乡，学成归乡后创办了坭兴陶工艺美术研究所，担任副所长。从那以后，李人帡全心全意地投身到坭兴事业中。这一路他走了 40 多年，风风雨雨从未间歇。如今已年近古稀的他依旧在为坭兴陶的发展壮大而努力。

李人帡对坭兴陶的工艺流程和各种操作技巧了如指掌，在各流程上也带领队友进行了改革创新，如发明了机器磨光以及对坭板的改革。这些创新都提高了生产的效率。烧制是坭兴陶的灵魂，而原来的烧成率并不高。李人帡与队友们向各方学习，刻苦钻研技术难关，把传统的龙窑、推板窑等改制成电窑。电窑轻小，人工少，不仅烧制的效率大大提高，成功率更是提高到90%以上，最难得的是窑变率也达到了7%—8%。这一烧制窑变的技术攻关不仅是李人帡一人的突破，而且带动了整个钦州坭兴陶行业的突破，所有坭兴人都因此而受益。

二、擅长八大刻法，改写坭兴陶史

做了一辈子的坭陶人，李人帡始终以坭兴陶为骄傲。他说："坭兴陶无铅、无镉、无毒性，比其他三大名陶都要健康，使用坭兴陶对人体只有益处没有害处。"坭兴陶的窑变就像一场魔术，而这也是坭兴陶区别于其他陶瓷的最大特点。李人帡对窑变的解读精辟又通俗："窑变其实是铁元素的一个变化过程，碳元素和氧元素邂逅结合的一个氧化还原过程。窑变的颜色有很多，青色——蓝色——紫红色——墨绿色——浅红色，其实这是氧化亚铁变化过程呈现出来的色彩变化，随着窑变温度的不同，窑变颜色也产生渐变。窑变很难把握却很重要。"李人帡的一番话语似乎把人们带到窑变现场，见证了一场活灵活现的完美窑变。李人帡不仅只会烧窑，更是读懂了窑变的精髓和内涵，懂实践也会理论。

李人帡深知坭兴陶陶土的脾性：坭兴陶陶土细腻、坚固，可以精雕细琢，而其他的陶瓷是远远不能做到的。这也是李人帡最爱的地方，雕刻是他最擅长的一项工艺。雕刻八大法：平雕、浮雕、精雕、线雕、铲底、圆雕、镶嵌、镂空。李人帡以刀代笔，均能熟练驾驭。给他一个坯形，他就能把雕刻发挥得淋漓尽致，雕刻刀妙笔生花。

李人帡对坭兴陶的研究不仅停留在材质、工艺上，更是追溯到历史中。一个民族是不能忘记历史的，历史就是未来，坭兴陶也是一样的。曾有文献记载，钦州坭兴陶始于清咸丰年间。李人帡经过反复思考，认为任何一个事物都不可能在创始之初就走向成熟，因而他对文献记载的历史产生怀疑，甚至判定咸丰年间并不是坭兴陶的出现年代而是其高峰期。

李人帡在理性的思考和对坭兴陶的热爱的指引下，努力寻找资料证明自己的观点。他发现有一块唐碑上记载某一官员有一把陶壶。经过再三考证，李人帡证实了自己的观点。他执着地挖掘出了坭兴陶更多的文化内涵，也把坭兴陶的历史追溯到1300多年以前，为坭兴陶又做出了一个伟大贡献。在访谈的过程中，李人帡始终强调要认清历史，历史不容混淆，并希望所有坭兴陶人都能认真研究坭兴陶历史文化。

三、凭借影响，发扬光大

李人帡非常看好坭兴陶产业的前景。相比于以前坭兴陶的无人问津、发展停滞，如今的坭兴陶有市场也有政府支持。随着经济的发展，人们对坭兴陶的需求量也与日俱增，在钦州专门建设了生产坭兴陶的工业园。谈到这些时，李人帡激动不已，喜悦之情难以言表。但李人帡并不满足于此，他希望坭兴陶有更好的发展，希望更多的人认识、了解、喜欢坭兴陶，希望把坭兴陶推向广西、全国，甚至全世界。李人帡是这样定位传承人的：传承人最大的影响就是可以提升坭兴陶厂的规格地位，为坭兴陶行业的发展提供更好的机遇。传承不仅是要继承坭兴陶传统的精华，更是要把坭兴陶文化弘扬下去。获得坭兴陶传承人这个称号，李人帡首先想到的不是自己的荣誉，而是热爱一生的坭兴陶的兴衰。而他也始终铭记自己作为传承人的使命。如今的李人帡虽然很少，甚至不再在生产一线工作，但借着"国家级非物质文化遗产传承人"的荣耀，依旧在为坭兴陶的发扬光大奔波。

他奔波在科技创新之间。当今高科技迅猛发展，李人帡深刻意识到光有传统是不够的。坭兴陶想要有所发展还要结合科技理念。自2007年起，李人帡一直担任钦州市科技特派员，带领队员寻找坭兴陶与科学技术之间的契合点，把科技融入坭兴陶，生产更加适合现代人的坭兴陶用品。面对市场需求，李人帡使坭兴陶的生产从单方面的日用陶或者工艺陶向日用陶—工艺陶结合转型。他成功攻关10多个科研创新项目，也指导全市多家坭兴陶的发展。

他奔走在政府与政策之间，退出一线却站在了一个更高的位置。他时刻关注政府的动态，把握有关可以推动坭兴陶产业发展的纲领性政策，紧跟国家发展的步伐，不放过任何可以发展坭兴陶的机会。2009年，李人帡被确定为国家级非物质文化遗产传承人。同年，李人帡作为坭兴陶行业发展代表，被安排在钦州市成立15周年座谈会上发言。此后，李人帡经常出席与钦州坭兴陶相关的各种会议，在各种场合中都尽可能地为钦州坭兴陶的发展创造机会。李人帡在整个钦州坭兴陶的行业中已成为了不可代替的权威力量。问及坭兴陶的相关情况时，行业中的其他技师几乎都会推荐询问李人帡。如今李人帡就像钦州坭兴陶的代言人、头号专家，一言一行都有可能影响着坭兴陶的发展及其方向。担任坭兴陶工艺美术研究所副所长的他每年都组织举办坭兴陶有关活动，还与钦州市作家协会合作，让坭兴陶与丝绸之路挂钩，扩大坭兴陶的知名度。他也希望能有更多理论研究可以涉及坭兴陶。他创立的坭兴陶艺术馆也成了学生的实习基地，为后来者提供良好的学习环境，自己也会当面指导学生的学习，使学生更好地学习坭兴陶技艺。

奔走在非遗项目之中，李人帡比其他人更深层次地发掘坭兴陶的文化价值。如今坭兴陶成功申报了国家级非物质文化遗产，但他认为要更好地传承和保护坭兴陶文化还要申报世界级非物质文化遗产，还要对古窑进行保护。李人帡成为国家级非物质文化遗产传承人后一直在为此而努力。他创立的坭兴陶艺术馆专门设立了部门，有专门的负责人在负责整理世界非遗项目的申报材料，不久就可以提出申请。相信世界非遗项目的申报成功将会让全世界对钦州坭兴陶瞩目。在申报世界非遗项目之余，陶艺馆还鼓励一些有名气的

李人帡大师在工作室进行创作

坭兴陶工艺师参评各种奖项，甚至全力帮助他们。

　　李人帡对坭兴陶的评价很高。他认为坭兴陶的传承也应该与经济的发展相结合，让坭兴陶的发展带动钦州地方经济发展。作为坭兴陶的传承人，李人帡道出了自己的心愿：希望政府能够加大对坭兴陶产业的重视，做大产业，对坭兴陶进行产业性的保护。

　　如今的李人帡就如同坭兴陶界的一面旗帜，屹立在那里，引领着整个行业的行进。

张　帆/文

拾贝甄陶，实至名归
——记中国工艺美术大师贝雕陶刻家利成世

在广西北部湾"陶都"钦州与"珠城"北海两地间，人们经常看到一位身材适中、留着平头装、沉稳而憨厚的中年汉子的身影，时而忙于"陶都""玩坭"，时而忙于"珠城""拾贝"。他就是中国工艺美术大师、广西工艺美术协会副理事长、广西文艺创作铜鼓奖（2016年）获得者利成世。60后的他，艺迹不凡：21岁考进广西珍珠公司，与工艺美术结不解之缘；39岁被评为广西工艺美术大师；45岁被评为中国工艺美术大师。

中国工艺美术大师贝雕陶刻家利成世

一

利成世，字洪德，1967年出生于著名石膏之乡——钦州市钦北区青塘镇华岭村。在地图中查看，那里依山傍水，风景秀丽。其祖辈父辈皆精通诗书，是当地小有名气的"秀才"。受家学熏陶，利成世最初跟着父亲练字，后来以字贴临摹练习，有时候还跑进竹林里用钢锯片刻字涂鸦。由于书法了得，孩提时每年春节前夕他都忙着为乡亲挥春，小荷才露尖尖角。

利成世有一位不平凡的父亲。其父利奕立"亦工亦农"，尊师重教，在农村务农获"农民技术员"称号，在政府工作被评为"先进工作者"。由于那时收入低下，他平时以代人写对联、刻章挣钱弥补生活费用，含辛茹苦将7个孩子养大。在利成世升入青塘初中那年，其父就像儿子考上了大学那样高兴不已，连夜赶写《勉学诗》四首以及"成世"冠名联给学校，以壮行色。其中联曰："成名早立攻书志，世处先安怀国心。"诗曰："种树之人望木材，栽花人者盼花开。学生贵树雄心志，发奋攻书成秀才。"此诗联被校领导在全校会上宣读，引起师生共鸣。在父亲的鞭策鼓励下，利成世兄弟姐妹七人均学有所成。因教育有方，利家人才辈出，近年来，从华岭山沟走出了工艺美术家、工程师、公务员、警察、教师……值得一提的是，利家先后在北海、钦州共创办9家幼儿园，学生逾千人。鉴于利家耕读传家，家风优良，美名远扬，被评为第二届全国"书香之家"，成为全民阅读先进典型引领示范户。

利成世遇到了一位惜才的校长。他在平吉中学就读时，时任校长林隆邦喜欢书画，对有艺术特长的老师、学生给予特别关照，经常自掏腰包买回纸张笔墨供他们使用。1987年，利成世参加高考失利，惜才的林校长对他格外关注，生怕这棵艺苗夭折，特邀请利成世及家长到其家中商谈工作和续学问题。后来按照林校长的建议，利成世参加钦州市文化馆美术班专业培训，进入钦州四中文化补习，在艺术之路迈出可喜的第一步。

利成世有一位慧眼老总。千里之行，始于足下。广西珍珠公司（南珠集团）是20世纪80年代国内颇有名气的一家珠宝工艺企业。利成世曾在该集团工作7年。在南珠集团期间，历任首饰工、设计员、车间主任、团支部书记、厂办秘书等职。由于德才兼备，他得到刘文雄总经理的赏识，1992年被单位推荐到广西直属机关干部大学学习。最让他自豪的是，当年他竟能陪同老总坐飞机出差，平生首次尝到坐飞机的滋味。南珠集团人才济济，他从中学到了雕刻等才艺的绝活，为他搭建了一个广阔的艺术舞台。

父亲、校长、总经理，一副联、一首诗、一句话、一趟差、一辈子，令利成世终身难忘，无不激励和鞭策着他成长……

二

1997年是利成世人生中的一大转折点。由于机制改革，他所在的单位步入低谷，下岗的他只得离开心爱的南珠集团自谋职业。1997年是香港回归祖国之年，利成世机灵一动，围绕着"东方之珠""香江归国、合浦还珠"主题，精心打造海贝微刻"世纪见证"系列作品。此系列作品在香港会展中心展出之后，好评如潮，轰动海外。其中形神兼备的"董建华像"与精雕细刻的"香港基本法"分别被董建华先生及中国历史博物馆收藏，为广西赢得了荣誉。由于"世纪见证"系列作品在海内外产生很大影响，北海的珠宝老板慧眼识珠，以优厚条件诚邀其加盟。一招鲜，吃遍天。一个个五光十色的天然海贝，在利成世手中生花的刻刀演绎下，成为一件件极至珍品，广受众宠，很快在"珠城"打响第一炮，获取人生第一桶金。

利成世贝雕艺术取得成功的法宝，是以擅长细微雕刻取胜。一件精湛的贝雕作品，要做到材美工巧，在巴掌大的贝壳里容纳成千上万的文字，并且图文并茂，必须巧妙布局和采取微雕绝活。至于人像雕刻，更为难以掌握，除了平时多下苦功外，还要有悟性，方能学到家。好在利先生心灵手巧，经常请帅立志、黄孙祝、刘明洲、王兆儒等专家"把脉"，很少被"艺害"卡住，其贝雕技艺日臻完善。

一枚贝壳，一个故事，一段历史，一件珍品。鲜花与彩贝，同是大自然赐给人类的天然之物，利成世却偏爱后者，认为一个彩贝总比一朵鲜花更胜一筹。他早些年在《谈宝论贝》一文中写道：花之美，在其香其艳，可惜有"花开花落"的时限；贝之美，在其纯洁永恒，五彩斑斓的外观，使人产生无穷的遐想……贝壳本身就是一件很美丽的艺术品，外形千姿百态，流光溢彩。他十分重视原生态，每刻一件作品，均因材施艺，在保留贝壳自然形态的基础上加以创作，化蛹为蝶，锦上添花。贝类约有12万种之多，遍布世界各国海域。贝文化历史悠久，与我们日常生活关系密切，在饮食、服饰、建筑、文学艺术、宗教文化等领域无不有贝的影子；在我国文字中广泛应用，如财、贵、贸、货、赐、赏、赢等字均有贝字。随着贝文化的不断提升，人们对贝雕艺术刮目相看，视为珍品。美国前总统肯尼迪、日本裕仁天皇、著名诗人艾青等均为海贝迷，广为收藏。利成世传承贝工艺、弘扬贝文化，得到不少名人的亲笔题词。如"精刻细雕"（陈立夫，中华孔孟学会理事长）、"神刻绝技，为国争光"（任仲夷，原中共广东省委书记）、"长川含媚色、波底孕灵珠"（陈永正，中国书协副主席）、"艺海无涯"（邵华，少将）等。

让利成世感到遗憾的是，由他精心为著名诗人艾青雕刻的贝雕作品"大堰河——我的保姆"还没送到艾老手中，艾老便不幸与世长辞。艾老夫人高瑛女士为此深感惋惜，亲笔抄写艾老的名诗《珠贝》予以相赠，报以感激之情，也让艾老在九泉之下得以安慰。

三

"台上一分钟,台下十年功。"近年来,利成世以有"佛宝"之称的大砗磲贝雕刻作品,为了创作一件佳作,可谓用心良苦。他对观音、莲花情有独钟,每次外出旅游观光,只要有寺庙佛堂,他都驻足观看,不断对它们的神韵、面形、眼姿、手态、袖风等反复观摩,流连忘返,铭记心中。看图百遍,其景自见。由于他对观音有深入研究,让他在艺术创作中左右逢源,得心应手。

诗是无形画,画是有形诗。利成世深谙诗画的创作理念,功夫在诗外。一位出色的艺术家不仅具有娴熟的技艺、良好的书画基础,还必须具有深厚的文化底蕴与道德修养。他平时饱览群书,不仅知其然,更要知其所以然,在他的大量贝雕陶刻作品中,经常引经据典,根据作品安排配刻最适当的内容。吉金文字是书法中的瑰宝,然而繁学难精,大凡书家敬而避之。利成世却与众不同,千方百计接触它,靠近它。吉金窑采是他陶刻艺术的独特风格,也是利氏书法艺术中的一大亮点。

低调谦虚,虚怀若谷,没有一丁点架子,这是利成世给人们的印象。他常说,作为一位工艺大师,不只是为了钱,有时候工艺就是公益,应该做到"发现美、创造美和分享美"。他兼任多所院校客座教授,在钦州、北海建立工作室,校企合作,带徒授艺,经常有一拨拨学生到他的工作室参观学习。一旦发现有工艺方面的好苗子,他总是予以关照,免费让他们跟班学习,取得显著效果,2014年获得国家级教学成果二等奖。他说:"荣誉不一定是个人,可以是一个团体,只要能把贝文化与陶文化推上一个新的层次,才无愧于工艺美术大师的称号。"

四

利成世长期致力于贝雕及坭兴陶创作,结合贝雕、陶刻技法,将传统书法艺术、国学经典、吉祥图案等文化元素融入其中。他以刀代笔,迄今已创作出数以千计丰富多彩的贝雕及坭兴精品,其作品有技艺、有文化、有情感,如"论语明珠""碧海花山""老街风情""和合宝贝""四方同兴"等。时代的印记、中华文明的自信、民族艺术的弘扬、海上丝路的足迹以及幸福生活的追求,无不在利成世的作品中体现出来。正如中国工艺美术协会名誉理事长李铁映说:"今天的作品,就是明日的文物。"艺术当随时代。自 2012 年以来,利成世先后获得广西工艺美术大师精品创作工程金奖;八桂天工奖金奖;广西壮族自治区优秀艺术作品奖;2016 年获广西文艺创作铜鼓奖(广西壮族自治区人民政府授予文艺工作者的最高荣誉);"春秋大利盘""孙子兵法箭筒"获中国工艺美术"百花杯"银奖;参加第十、第十一、第十二届中国(深圳)国际文化博览会"百名中国工艺美术大师作品联展"。

由利成世发起、李人帡大师题名的"红日陶苑",是钦州一块陶刻贝雕及书画人才聚集之地。那里既有工艺大师、书画名家、大学教授,也有院校学生、陶艺新秀,陶苑汇英,成为坭兴陶文化与技艺的交流展示平台。2015 年 7 月 7 日,韩国金海陶艺协会李汉吉一行光临"红日陶苑",在利成世工作室共同创作"古陶传情"(三件组合)珍品,承载、铭刻着中韩陶瓷艺术交流的深厚情谊。同年 10 月,应韩国金海陶瓷艺术协会邀请,钦州坭兴陶行业协会 12 位同人参加第 20 届金海粉青陶瓷节,利成世将中韩陶艺家合作的"古陶传情"带至韩国,再次与李汉吉相聚。现在金海市陶瓷协会与钦州市坭兴陶行业协会已结为姐妹协会,"古陶传情"作为友谊见证,由金海陶瓷协会永久珍藏。一股汉风韩流正在刮起。

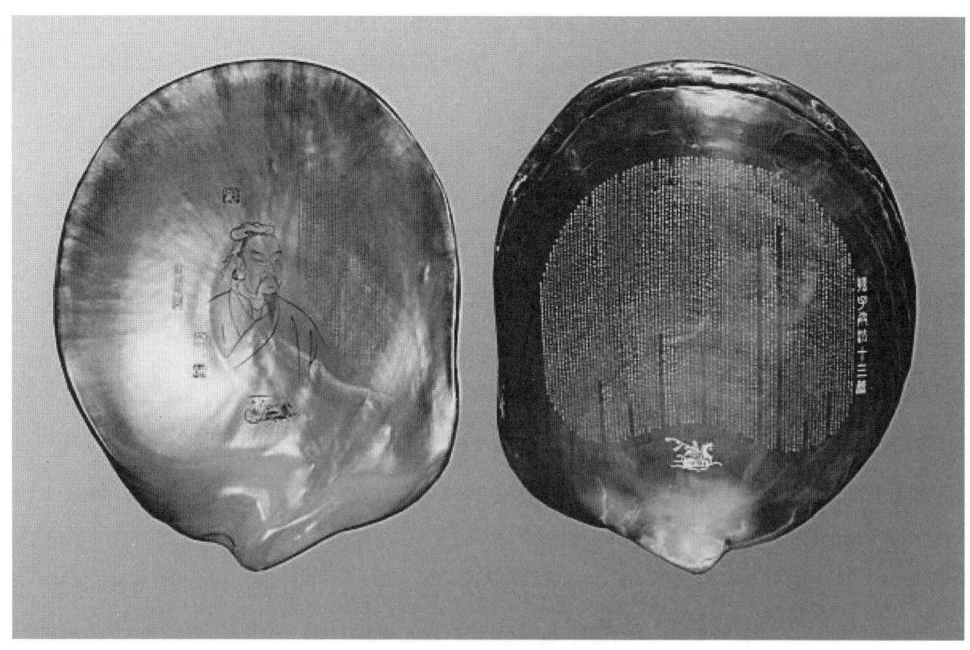

珠贝微刻"孙子兵法箭筒"获中国工艺美术"百花杯"银奖

利成世是广西四位中国工艺美术大师之一，第二位钦州籍中国工艺美术大师，中国工艺美术协会中青年人才专业委员会副主任委员。钦州是他的第一故乡，北海是他的第二故乡。两地均有他的工作室，贝陶精品琳琅满目，异曲同工，不同凡响。他爱海贝，更爱坭兴。他有个愿望，就是想与大家共同努力，整合钦州北海工艺资源，打造一个具有海洋特色的工艺文化的北部湾文化创意产业园！心有多大，事业有多大，但愿他梦想成真。

利成世的从艺事迹，分别被《大公报》《羊城晚报》《中国青年报》《广西日报》《钦州日报》《钦州晚报》《北海日报》，以及中央电视台、广西电视台、钦州电视台、北海电视台等媒体宣传报道。

苏葆荣　陈晓利 / 文

陶艺世家之全才，实业传承之楷模
——记钦州坭兴陶烧制传承人卢德辉

卢德辉是熟悉全套坭兴陶工艺的全才。他精通原料配方，其家族企业耀华坭兴陶厂是最大的坭兴陶陶泥供应基地，并成功造出耐高温紫砂电饭锅。他生于坭兴陶世家，在继承传统的基础上对烧制工艺革新，将窑变由偶然性转变为可控制性，极大提高了作品的出窑率、艺术价值和表现力。卢德辉因兴趣实业兴陶，后为保障收益提高市场意识，走上生产日用品的发展之路，实现了在陶器竞争中成功上位的壮举。通过准确的市场定位和稳定的客源，耀华厂已经实现了商业化生产。关于保护与传承坭兴陶非物质文化遗产，卢德辉认为：政府在技术研发、市场开发、宣传推广、人才培养等方面应发挥指导性作用，对企业提高产品质量、美誉度和知名度、商业化也有促进作用，而从业者个人智慧的绽放将推波助澜。

钦州坭兴陶烧制传承人卢德辉

卢德辉从艺几十年，收获颇丰，硕果累累。2010年获得广西工艺美术大师称号，也是获得首届钦州坭兴陶工艺美术大师的人员之一。在继承传统坭兴陶工艺的基础上，卢德辉敢于技术创新，先后建造了各种烧制窑炉，有龙窑、推板窑、梭式窑、电窑等，设计生产的产品有100多种，获得各级奖项10多种。其代表作"天随人意"在第十届中国艺术大师作品暨国际艺术精品博览会上获得2009年天工艺苑"百花杯"中国工艺精品奖铜奖；"祈天瓶"获2009年"金凤凰杯"全国工艺产品创新优秀奖；"生命之源"获2011年全国"金凤凰"新产品创作优秀奖；"祥和梅瓶""蒸蒸日上"获2012年全国"金凤凰"新产品创作银奖。

有人说，钦州坭兴陶的发展离不开他的贡献。卢德辉，一个生长于陶艺世家的艺人，像其他陶艺人一样有着孜孜不倦的追求，坭兴陶为其毕生追求的事业。卢德辉把自己的家族事业越做越大，在这一过程中也不断挖掘坭兴陶的价值，彰显其强大的艺术生命力。

一、陶艺世家，家族企业

卢德辉，1950年2月出生于钦州市钦南区缸瓦窑村。卢氏家族从事陶艺生产已有500多年。自幼生活在陶艺世家的他，从小便跟着祖父卢其先、父亲卢文祖苦学陶艺。因为坭兴陶是他成长过程中从未缺席的伴侣，所以卢德辉对坭兴陶有着与他人不一样的特殊情感。一方水土养一方人，南方沿海小城钦州滋养着这个热爱陶艺的坭兴陶人。因为长辈们都从事陶艺事业，所以好学的卢德辉得到了长辈们的真传。

卢德辉18岁到钦州坭兴陶二厂工作，历任钦州市陶器厂技术员，钦州市坭兴二厂副厂长、厂长。刚开始进入坭兴陶厂，卢德辉从学徒做起，从基础做起，刻苦学习坭兴陶的制作工艺，在这个过程中得到了老艺人们的引导和鼓励。人生一大乐事，莫过于从事自己喜欢的工作，并在工作过程中发现问题、解决问题从而获得认可。卢德辉得心应手，在这条路上积极探索、追寻。遇到困难时，他总会摆正心态迎难而上，和自己的家人与朋友一起解决问题。"天才，是1%的灵感加上99%的汗水"。卢德辉在事业道路上的奋斗很好地诠释了这句话的意蕴。卢德辉说："当初选择这条路纯粹因为爱好，那时候还没有今天的市场意识，无心插柳却有了今天的成绩。"

家族式的企业发展到卢德辉这一代，因为他个人的努力，加上时代的发展、技术的改进和人们对坭兴陶更深入的认识等因素，卢家的陶艺产业可以说是空前繁荣。现在，卢德辉与女儿、女婿合作的耀华坭兴陶厂员工有50人，主要生产坭兴陶日用品兼部分工艺品，产品远销全国多地。相信在坭兴陶界显赫的卢家，在今后的陶艺界里会越走越远。

二、精研泥料，革新工艺

现在从事坭兴陶工作的人越来越多，队伍正在发展壮大，有已经在这条道路上走了多年的老艺人，也有刚毕业的大学生。钦州坭兴陶已得到社会各界的认可。而做了大半辈子陶艺的卢德辉在谈及自己与他人的不同时，脸上不禁露出既谦虚又自信的笑容。

卢德辉说："每一件精美的陶艺品，都可谓是火中求宝。虽说坭兴陶的工艺制作流程每一步都十分关键，但令人既紧张担忧又喜出望外的要数烧制这一步。关于烧制中的窑变，我积累了丰富的经验。"

坭兴陶的烧制是利用氧化还原完成的，而最后烧制得到的颜色一般都是不可控的。卢德辉经过多年的工作，手艺越来越娴熟，经验也越来越丰富，烧制颜色方面已经逐渐把偶然性转变为可控制性。这不仅大大提高了坭兴陶的烧制成功率，也使得作品在窑变中的颜色也越来越多样，越来越独特，越来越能体现作者创作的思想和个性。

除此之外，对原材料的研究，卢德辉也有与他人不同的方法。他认为，不同产品的制作原材料配方不一样。多年的经验累积下来，卢德辉越来越精通原料的配方。他说："很多小作坊自己不会做原料，大多都是从我的厂买泥料回去做的。"这点是耀华坭兴陶厂在钦州坭兴陶行业中的自豪。大师还说，工厂也会按市场的需求，研究生产耐温的产品。早在2000年，当时市场上还没有用陶制作的电饭锅。紫砂锅作为全球第一锅，在业界内开了这一先河。卢德辉作为坭兴陶领域的领军人物之一，也参与到了紫砂电饭锅的研究制作中。紫砂锅的成功让卢德辉不禁想到了坭兴陶，要想占领市场、发挥坭兴陶的市场价值，就应该像紫砂一样做老百姓所需要的产品。今天，耀华坭兴陶厂真的做到了，生产出了耐高温的产品，得到了群众的赏识，做到了与时俱进。

坭兴陶发展至今已有1300多年的历史，制作工艺上有了不少的创新之处。在泥料的制作上，从手工嗨泥，到练泥机；在拉坯上，由以前的手工制作到现在的电力制作。这些大大解放了坭兴陶的生产力，也使得这一产业在这个信息技术快速发展的时代里站稳脚跟，道路越走越宽阔。

坭兴陶的实业家可以说几乎没有人能够一夜成名，大多经过多年脚踏实地的勤学苦练，最后才功成名就。回忆起刚到钦州坭兴陶二厂做学徒那会儿，卢德辉心里还是很开心。那时候在厂里，一般是拉坯比较多，也会根据工厂的安排，安排在哪道工序上就到哪儿做。几十年过去，卢德辉精通的工艺比一般人都要多，是业界内的工艺全才。作为非物质文化遗产传承人，卢德辉鼓励年轻人多动手做。在坭兴陶的制作上，他认为更多的是靠个人领会而不是手把手教学。当下，大部分人把学习精力放在雕刻上，但在卢德辉看来，年轻人应该学习一整套工艺流程。只有这样，才能将这一门技艺更好地传承下来，进而使钦州坭兴陶焕发出更强的生命力。

三、定位市场，实业发展

物竞天择，适者生存。陶艺产品竞争如此激烈，钦州坭兴陶想要生存就必须顺应社会发展潮流，走出一条属于自己的道路。卢德辉带领耀华坭兴陶厂所走的就是一条面向市场，主要生产日用品的实业发展之路。

有时候，市场非常神奇。它既能淘汰一样物品，也能保护它。最后的结果是被淘汰还是得到保护，就要看生产者能否准确定位市场和消费者了。坭兴陶在人们心中有今天的地位，是因其承载着深厚的文化，也因其本身可直接用于日常生活。

坭兴陶是我国的非物质文化遗产，其悠久历史为每一个钦州人所熟知。作为一张城市的名片，现阶段所要做的就是打响这一品牌，让更多的人了解并接受。而钦州坭兴陶所需要的就是生产性保护。

卢德辉谈起以前创办耀华坭兴陶厂的事情，说那时候自己并没有太多的市场意识，纯粹因为爱好才从事这项工作，如今事业却也渐渐走上高峰。可见兴趣是最好的老师，在这一条道路上努力和坚持，卢德辉和耀华才拥有了今天的成就。后来工厂越做越大，卢德辉不得不提高市场竞争意识，否则工人们最基本的权益和生活条件就得不到保障，工厂也无法正常运转。许多伟大的成功都是从一滴滴汗水和一个个脚印而来的，是由一个个小小的收获累积得来的，卢家的产业也就是这样慢慢壮大起来的。现今，耀华坭兴陶厂占地20多亩，卢家的产业规模在钦州坭兴陶界里可是数一数二的。其销售市场主要面向广东，客源订单也十分稳定，逐渐把坭兴陶做到商业化，女儿和女婿出色的生产管理都让卢德辉感到欣慰。

昨天的辛勤付出换来今天的功成名就。不论是在过去，现在，或是将来，坭兴陶与钦州人民密不可分。对卢德辉来说，坭兴陶就是他生命的一部分，如果有一天少了它，就像是生活中没有了阳光雨露，淡然无味，毫无生机。

四、文化遗产，共同保护

卢德辉说自己热爱坭兴陶，但坭兴陶不是他一个人的，而是钦州人的，是广西人的，更是中国人的。因此，钦州坭兴陶作为国家级非物质文化遗产，需要大家共同去保护。

首先，政府的努力必不可少，国家的政策是指引钦州坭兴陶发展的指向灯。想要更好地保护1000多年所沉淀下来的文化，就应该使它深入民心。在大师看来，政府应该首先做好宣传工作，支持坭兴陶文化的发展。在坭兴陶的研发、技术、市场开发、人才培养等方面，政府也应该发挥其指导性作用，以实现坭兴陶的队伍得以壮大和成熟。就市场秩序而言，虽说体制已有，但还不够健全，现今钦州坭兴陶的市场还有些不尽如人意。为了今后坭兴

卢德辉师傅在制作坭兴陶

陶能更好地发展，卢德辉也希望政府和每一个钦州人民一起努力，共同打造出一片属于钦州坭兴陶蔚蓝的天空。

其次，企业的努力也十分重要。生产性保护是保护发展坭兴陶的一个很好的方法，坭兴陶代表性传承人卢德辉、李人帡、陆景平都这么认为。因此，企业在保护国家级非物质文化遗产——钦州坭兴陶这一条漫长的道路上扮演着非常重要的角色。就企业而言，在生产产品过程中首要做到的就是保证产品的质量，提高产品的美誉度和知名度，在坭兴陶越来越商业化的同时也在无形之中保护了它。

最后，坭兴陶的保护与传承离不开匠人的创新。文化的魅力总是无限的，坭兴陶发展中的每一次飞跃都离不开行业骄子的卓越才干和优异成绩。看到那些巧夺天工的作品，让人不由地赞叹：这都是智慧的呈现！

一代传承人卢德辉，靠着那双厚实而又灵巧的手，把自己的家族产业发展壮大，坚持并成功实现了自己的理想。对于钦州坭兴陶来说，卢德辉的努力促进了其发展和保护。对卢家来说，卢德辉让家族产业空前繁荣。他没有辜负祖辈和父辈的教育和期望，也没有辜负自己内心那炽热的理想。

这是无法割舍的情怀，即使岁月不饶人，卢德辉内心还是充满对坭兴陶的深情，矢志传承，不离不弃。

苏葆荣　李丽颖 / 文

书香画艺，壮乡海情
——记广西工艺美术大师陆景平的陶艺人生

1979年，钦州坭兴陶艺厂到乡下招工时，陆景平凭美术功底获得学习机会，跟随李人帡、邓敦伟等学习拉坯、压坯、修坯、雕刻等技术。他于1981年脱颖而出成为江苏宜兴陶艺工艺学校第一位带薪就读的学生，学习雕刻、素描、国画等，并临摹敦煌壁画。学习结束后进入钦州坭兴陶艺厂，但因当时坭兴陶发展低迷和香港老板邀请，加入飞马公司从事金属工艺设计。后因坭兴陶发展上扬和自己的痴爱，他放弃广东的优越环境回到钦州，创办陆景平工作室。他的创作取材于生活，提倡艺术应发掘生活中的美。他的作品追求弘扬广西民族文化，采用现代技艺（如镀金、镶嵌、仿生等），也结合市场需求。除提高个人技艺外，陆景平也努力传承，如应邀到各类院校授课、带领徒弟参加比赛、配合媒体宣传、建议企业和政府维护品牌、提议文化部门举行比赛等。

广西工艺美术大师陆景平

陆景平幽默地把坭兴陶比作自己的生命。他热爱并投入。这样的一位巧匠，专注于创作，传承坭兴魂！

一、天生我材必有用，成就永留在人间

如今在广西陶艺界备受瞩目的高级工艺美术师陆景平已从艺30余年。陆景平现师承中国工艺美术大师李人帡，是高级工艺美术师、广西工艺美术大

师、中国工艺美术协会会员、中国书画艺术家协会会员、广西北部湾书法艺术研究院副院长、钦州市工艺美术学会副会长。

在这30余年的时间里,他在创作上硕果累累:1990年"金雀茶具"在全国旅游购物节荣获"天马"金奖;"华龙茶具"获首届全国轻工业博览会金奖;1992年作品"古币挂盘"作为国礼收藏于日本;2007年作品"壮家三口瓶"在第42届旅交会获"金凤凰"铜奖,并在墨西哥参与由国务院举办的"中国工艺珍宝展",作品现已被中国工艺美术协会收藏;2009年作品"洛越神韵"和"四季同心瓶"分别荣获"中国—东盟工艺美术大师精品展"银奖;2009年,文化部授予他"中国非物质文化遗产传统技艺大展"突出贡献纪念奖;"励志书画筒"在2010年第三届中国南宁国家级工艺美术精品博览会中获银奖;2010年多件作品入选世博会,被授予"首届中国名家世博艺术杰出成就奖",并被国家级、省级博物馆收藏;2012年"双龙戏珠葫芦瓶"荣获首届广西工艺美术大师精品展金奖;作品"卜神"获得由中国工艺美术协会举办的2013年"金凤凰"创新设计大奖赛金奖,并在《中国工艺美术》杂志中登载。从业30余年的陆景平成绩显著,因此广西壮族自治区工信委、文化厅等多个部门共同为其授予"特别成就奖"。

二、宝剑锋从磨砺出,梅花香自苦寒来

陆景平大师从小就喜欢绘画和书法。1977年他高中毕业,被安排到钦州平吉公社插队锻炼。1979年,钦州坭兴陶艺厂到乡下招2名具有美术功底的工人进厂学习。凭着自身的美术功底,他获得了进厂学习的机会,从此与坭兴陶结下了不解之缘。在厂里,他跟随李人帡、邓敦伟等大师学习坭兴陶制作的基本技术。拉坯、压坯、修坯、雕刻,每一项工作他都是从基础做起。他虚心工作,勤恳务实,凭借自己出众的才能和端正的工作态度得到了众多领导的赏识。1981年,江苏宜兴陶瓷工艺学校(现为无锡工艺职业技术学院)计划在广西招收10名学生。这一振奋人心的消息就像一块石头投入平静的湖泊,在广西美术界引起巨大的波动,众多艺术家磨拳擦掌,跃跃欲试。当时,广西报考的学生就有100多人。这样的机会陆景平当然不能让它白白流失。他一次又一次为自己加油打气。机会总是留给有准备的人,经过层层选拔,在这100多考生中,陆景平脱颖而出,成为江苏宜兴陶艺工艺学校第一位带薪就读的学生。

初到陶艺工艺学校，陆景平就像"刘姥姥进大观园"一样兴奋，对一切事情都怀有满腔的热情。在学校里，他有着海绵一样的精神，如饥似渴地学习雕刻、素描、国画等轻工美术，为陶瓷技艺打下扎实的基础。为了学好线描，他还不厌其烦地临摹敦煌壁画。但当时，陆景平最开始学习的并非是这些专业的技术，而是学习如何将铅笔削好。老师说："铅笔削得那么尖，怎么能将作品刻好？"于是，他开始学习将铅笔削出老师所说的标准。陆景平严格要求自己，懂得珍惜眼前的学习机会，快马加鞭地向老师和同学学习，弥补自己的不足，扩充自己的知识，提高自身的技艺。

　　对于艺术，陆景平有不同于常人的慧眼，能领悟别人欣赏不到的东西。例如一部电影，也许别人只是看到剧情表面所表现的东西，陆景平却能够专注于电影背后更深层次的内涵。他认为艺术是灵动的，只有专注于它，才能发现其中的美。就像喜欢书法，若是真正喜欢上一个人的书法，他会专注于那个人的字，研究他的写法，再模仿他的笔法，作出自己的风格。因此，在学校的三年时间里，他坚持自我，凭借自己的专注和努力取得了很好的成绩。他的同学说："陆景平，你这个人能做大事！"陆景平后来的成就也应验了这句话。

　　光阴似箭，1984年，在江苏三年的学习结束。怀着感恩的心，陆景平回到了钦州，进入钦州坭兴陶艺厂。然而，1998年，钦州坭兴陶开始走下坡路。由于工人的坚持，在领导的带领下，他们开始组建陶艺公司，希望能将坭兴陶文化继续传承下去。由于各个方面的原因，当时坭兴陶发展并不景气。

　　不久之后，香港的老板邀请陆景平去广东顺德，加入飞马公司。由于他是家里的长子，需要承担更多的责任，便举家搬到了顺德。在那里，陆景平主要从事金属工艺方面的工作，创造出了一大批具有影响力的作品，在社会各界产生了很大的反响。1999年，他设计了刘少奇故居的立体雕塑和刘少奇故乡的旅游纪念品。此外他还设计了清华大学校徽、白马海军纪念馆建军55周年纪念章、孙中山故乡的纪念章，以及北京天安门的大部分纪念品、浓缩着山水风景的名牌等。在广东的几年时间里，陆景平拥有优越的发展条件，成功的机会比别人多得多。但他却一心想回到钦州，因为这里是他的根，他最爱的事业——坭兴陶在钦州。直到有一次，他因家里有事回乡，看到了钦州坭兴陶的发展态势，便下定决心放弃广东优越的环境。回到广东后，他立马收拾自己的衣物返回钦州，着手开始自己的坭兴陶事业，创办陆景平工作室。刚刚起步时困难重重，他一心想要证明自己，后来通过自己的努力和朋友的协助，走到了今天这一步。

三、采菊东篱下，悠然见南山

可以说陆景平对坭兴陶的喜爱达到了一种痴迷的程度。他用自己的生命去热爱坭兴陶。对于坭兴陶，他执着地去追寻，创造了自己的一片天地。

陆景平的创作取材于生活。他善于从生活中收集创作素材，将生活中的细节融入作品中。陆景平的爱人说："他很喜欢捡自己喜欢的图案，看到街上垃圾桶里有自己喜欢的东西，他会不顾旁人的目光，将它带回家仔细研究。在书店看到书上有自己喜欢的画时，他会将书买回来，仔细欣赏。看电视、电影时，他一个镜头都不会放过，看到自己喜欢的，会将节目多看几次。为了做好仿生作品，他会把青蛙、蟋蟀等捉回家养。他很喜欢逛花鸟市场和书店，并且一进去就不愿意出来……他已经达到这样痴迷的地步。"陆景平注重生活。他认为好的东西是综合的艺术，只有自己亲身接触了，才会知道这样东西好在哪里，对我们的用处有多大。因此，人的创作不应该脱离生活，而应深入生活，发掘生活中的美，要懂得关注身边的每一个物体和每一件事。

陆景平这样疯狂的热爱，影响了他的爱人、儿子、儿媳。在坭兴事业上，他们稳定地发展着，甚至他的热情也对自己的小孙子产生了影响，不到三岁便开始喜欢绘画。自己的家人都在坭兴事业上发展，这种无形中的"传染"让他觉得自豪、幸福。

陆景平注重灵感的来源。只要有灵感，不论什么时候，他都会着手创作，因为灵感一闪即逝，若不紧紧抓住，将会失去一件好的作品。

四、一花一世界，一叶一追寻

弘扬广西元素文化是陆景平终身的追求。他的每一件作品都融入了少数民族元素，如壮家三口瓶的创作。越是民族的，越是世界的。他将民族元素融入作品中，将坭兴陶推向世界，让更多的人除了了解坭兴陶之外，还能够了解广西传统文化。

他的作品不仅注重广西民族元素的融合，追求弘扬广西的民族文化，并且注重采用现代技艺，如镀金、镶嵌、仿生等。1984年，陆景平在江苏宜兴学成归来，便进入钦州陶艺研究所工作。任职期间，他将自己在学校所学的技艺赋予坭兴陶，大胆地提出自己的设计理念。他在传统的基础上注入现代化的元素，对坭兴陶进行多方面的探索，并取得突破性的成就。如1985年的"气压茶壶""锦彩朱泥陶"，1987年的"孔雀小花文房用品"等具有技术性突破的作品，让他得到了鼓励，也获得了很大的启发。

陆景平做民族元素订单，首先是因为自己的追求。他希望能做出承载深层文化内涵的作品。只要有灵感，他便会去做。其次是市场需求，如十八罗汉、十二生肖等的制作，不仅是自己的追求，也是客人订单的需求。有了订单，才能有收入，才能把工作室办好。

目前，陆景平的作品以浮雕、平雕为主。他注重自己的设计理念，坚守自己的追求，把自己的理想融入作品中。他认为"雕刻是手段，设计理念难"，要将自己的理念融入作品中是一件很困难的事情，除了自己要有创新意识之外，还需要有技术的突破，只有将两者都做到才能将自己心目中追求的作品完整地表现出来。创作的过程也是他追寻探索的过程。陆景平也很注重技艺的传承。

五、运筹帷幄之中，薪火相传坭兴魂

他通过各种途径提高自己，如参加进修班、参观学习、与其他大师交流学习等。除此之外，为了钦州坭兴陶的发展，陆景平也在为技艺的传承而努力。他应邀到广西职业技术学院、北部湾大学、北部湾职业技术学校等院校授课。他注重学生的实际操作，在操作的过程中穿插理论基础知识。课堂上，陆景平手把手地指导学生，引导学生注意作品的每一个细节，让他们懂得如何才能将复杂的作品做好。除了到院校授课之外，陆景

陆景平在陶艺工作室创作

平还接收徒弟，目前就有10多位。他将自己的技艺、创作经验传给他们。为了让他们拥有美好的发展前景，陆景平指导他们参加比赛、评职称等。

陆景平能够跟上时代的步伐。他认为坭兴陶技艺的传承需要配合媒体，

特别是网络、电视台,才能够将坭兴陶推向世界,才能够让更多的人了解坭兴陶的历史与发展。此外,要将有故事的作品通过文字的形式记录下来,并将这些故事宣传开来。

除此之外,他建议企业、政府要维护好坭兴陶的品牌,将坭兴文化以多样化的形式向老百姓宣传,以便让更多的人了解坭兴陶,呼吁更多的人学习制作坭兴陶。

最后,陆景平认为,有关文化部门应该多举行相关的比赛,如钦州市青少年陶艺大赛。他说:"这样的大赛可以把小朋友从电脑上解放出来,动手做技艺。"对于来到坭兴村旅行的游客中的坭兴爱好者,他会不遗余力地教他们学习坭兴陶的制作工艺。

回忆自己的陶艺生涯,陆景平感慨不断。他说:"艺术是美好的东西,一件好的作品是综合所有的元素而创作出来的,就像我所做的'壮家三口瓶'是雕塑与陶艺的组合,融合民族元素更体现了我个人的追求。"

苏葆荣　陈晓利 / 文

陶艺世家，薪火传承
——记几位钦州坭兴陶世家的大师

在历史长河里，岁月改变了人的容颜和内心。在北部湾这块热土，坭兴陶制作工艺的传承却从未间断流失。传承一份工艺，更是传承民族的文化和精神。在钦州这座古老的城市里，一代又一代的工艺师对钦州坭兴陶不离不弃。也正是这种不离不弃的情感，造就了坭兴陶在中国和世界各地的重大影响，使得钦州坭兴陶在历史的长河当中焕发出更强大的生机。

在这座淳朴的城市里，每一个不同的年代都有一批热爱坭兴陶、靠坭兴陶为生的人为坭兴陶的发展而努力，也有在冥冥之中与钦州坭兴陶有着不解之缘的人来到这世上。他们的到来对钦州坭兴陶的发展壮大有着不可或缺的重要作用。

一、林朱勋——黎家园的多面手

在 1940 年那个战争与混乱的年代里，林朱勋来到了这个世上。林朱勋与坭兴陶世家黎氏之女结下秦晋之好，也随之成为黎家园的入室弟子。作为黎家园的女婿，他自然在技艺方面有着过人之处。林朱勋与众人不同的地方就是制壶。他是众人共同认可的制壶名家。

技艺精湛的他所制作出来的茶具精巧别致，雕刻精美，作品深受众人的喜爱。对于坭兴陶的各个生产流程，林朱勋可谓是了如指掌。制作精工细腻，再配以自己精心设计的文字及花鸟山水画雕刻，既增加了坭兴陶艺品的观赏性，提高了其品位，又深得各地商家、收藏家和消费者的青睐。

人们都说，每一个成功男人的背后都有一个默默奉献的女人在支撑着。林朱勋也没有例外。他的爱人出自坭兴陶世家，也就更支持丈夫的工作。与此同时，受坭兴陶世家家风的熏陶感染和长辈的悉心教导，林朱勋在这一行业当中也更显得出类拔萃。

在家人的支持下，林朱勋于2003年筹资创办了自己的公司。老当益壮，林朱勋并没有因年过半百而选择放弃坭兴陶的相关工作，而是继续坚持心中的那一份热爱，坚持守护坭兴陶。在自己的公司里，林朱勋的生活和陶艺创作更为自由惬意了。公司的规模不大，只有几个生产车间，员工也不多，很多事情林朱勋都亲自动手。这也让他成为了坭兴制作的多面手，是泥料配制师，又是坯体设计师；是雕刻师，又是烧窑师……公司的运转逐渐走上正轨，获得了成功。

林朱勋的产品表现出了精细的雕刻技术、绚丽的窑变色彩，美丽大方。他的各式茶具是最受人们喜爱的，古朴典雅。作为广西工艺美术大师，林朱勋的众多作品获得了奖项，"龙狮熏鼎""提梁古帛壶"是他的代表作，分别获得了1984年福建德化全国陶艺评比会一等奖和1987年北京全国旅游产品评比优秀玉牌奖。奖项是对陶艺人的肯定，但并不能代表他的全部努力和成就。

努力终究会有回报，在林朱勋的身上，可以看到一个坭兴陶工艺大师的付出和回报。

二、潘云青——潘氏八大技法的发扬者

1972年，高中毕业的潘云青跟随父亲来到钦州坭兴陶厂学习雕刻技术。一个人的成功离不开自身的努力，也少不了环境的促进作用。潘云青在当学徒期间，就得到了老一辈工艺美术大师邓敦伟的耐心授艺，加上父亲的严格要求，练就了坭兴陶雕刻的扎实手法，这是他一生中最宝贵的财富之一。

潘云青出生于坭兴世家，从小受到家人的影响，故对坭兴陶有着别人没有的熟悉和情感，因此在学习坭兴陶制作的时候更为轻松，却也更认真。他在一心秉承和发扬潘家的陶刻八大技法的同时，极力融入现代陶艺的雕法，形成了自己的独特风格。在他众多的优秀作品当中，"书画帽筒""万里河山"就同获2014年中国工艺美术"金凤凰"金奖，得到业内人士的一致赞赏。

这份古老的技艺承载着千百年来人民的智慧和文化，钦州坭兴陶成了中国非物质文化遗产中的一部分。相信不久的将来，在世界非物质文化遗产中也将占据举足轻重的地位，同时更好地把中国陶艺文化推向世界。在历史长河中，钦州的不断发展促进了坭兴陶的成长，而坭兴陶的成长也带动着钦

州不断向前，二者相互促进，共同进步。当然，坭兴陶的发展有赖于像潘云青一般刻苦努力且对坭兴陶不离不弃的艺人们。他们不仅自己认真对待，还带动更多的人加入这一行列。潘云青曾经不厌其烦地手把手地教大学生们玩"坭"，指导他们如何使用刻刀，雕刻机巧，并毫不保留地介绍潘氏陶刻八大技法，与大家一起探讨，一起增长知识和技能。

直到今天，坭兴陶既是潘云青的工作，也是他生命中必不可少的一部分。他所雕刻出来的山水花鸟，栩栩如生，犹如为陶艺品披上一件美丽的衣裳，像美景般让人陶醉。而目前，他正在自己的工作室当中陪伴着他那爱不释手的坭兴陶，用心雕刻，每一天的生活都充实而快乐。

三、黄亚南——壮乡风情的设计师

浩瀚的非物质文化遗产海洋中，钦州坭兴陶也许是浪花一朵。但在钦州坭兴陶艺术中，那些工艺师的杰出作品激荡出人类的智慧和精神。有人的精神赋予其中，钦州坭兴陶就有了灵魂，活了起来。在众多艺人的艺术生涯中，学艺是他们的终生大事。黄亚南就是这众多辛勤学艺的工艺师中的一位。

黄亚南1963年出生于钦州八寨沟风景区的一个小乡村。在那个物质条件艰苦的年代里，黄亚南的家庭十分清贫。即使家乡山清水秀，却也敌不过生活的艰难。每当放学后，煮饭、挑水、淋菜、喂猪成了他的主要任务，只有这样才能减轻家人的重担。不幸的是，在黄亚南读小学三年级的时候，母亲病故，这给黄亚南一家不小的打击，父亲便让他们兄弟三人跟随自己在钦州城内一起生活。

在城里，每天放学后再也不必忙碌于干农活，而是有了更多的时间去练习画画。多年下来，黄亚南的画技越来越成熟。1980年高中毕业后，他来到钦州坭兴工艺厂，与坭兴陶结下深缘，每天都以"坭"为乐。1991年，黄亚南有幸去景德镇陶瓷学院设计系深造一年。2012年又在清华大学工艺美术大师高级研修班结业。这两次学习，巩固了黄亚南的理论知识和实践技能，为他从事坭兴陶创作打下了坚实的基础。

艺术来源于生活。黄亚南长期致力于陶艺设计，梦想做一名优秀的陶艺家。他会用心留意日常生活中的各种物品、商标，以及书报中颇具民族特色的图案。这些给他带来了许多创作灵感，使得他所设计出来的作品灵动而独具一格。黄亚南不放过每一个灵感，即使是在睡觉的时候，当灵感涌上心头，他会立刻爬起来，用笔和纸记录下来。

每一个努力的人运气都不会太差。在理想与信念的坚持下，黄亚南创作了一件又一件优秀作品。"竹筒战马"入选1994年中国首届工艺美术名家展并被收藏。"琵琶魂""吉庆瓶"等被指定为外事活动的高级礼品，赠予联合国前副秘书长安娜、澳大利亚前总理陆克文等。越是民族的，就越是世界的。黄亚南的陶艺品中所呈现的民族元素得到了世界人民的喜爱和业内人士的一致赞赏。

人生坎坷，但穷且益坚。提到黄亚南，众人心里便会浮起他的样貌，标准国字脸，平头，一把五寸黑胡子，是个热心肠的人。多年来，坭兴陶业浮浮沉沉，兴衰交替，黄亚南的人生跌跌撞撞，坎坷不断。他从不计较得失，一心守护着坭兴陶这一生命"伴侣"，不离不弃。

四、周长元——来自重庆制陶世家的拉坯达人

以人为本是坭兴陶发展的关键。在周长元看来，坭兴陶的主要价值体现在人文内涵。坭兴陶要作为文化传承，因为坭兴陶堪称钦州文化代表。回首望去，坭兴陶能够历经千百年的发展变化而传承下来，已经承载着太多的地方文化和情感了。坭兴陶发展至今，承载的是人们的精神寄托，也就是文化。即使再怎么革新和改良，如果离开了陶人陶事陶语，或许就只剩下商品价值了，这样实属令人惋惜的买椟还珠。

享有"拉坯王子"之称的周长元，1970年出生于重庆的一个制陶世家。天赋异禀的他在制陶事业上步步高升，于2006年投入钦州坭兴陶行业。表现出色的他在这一行业中充分展示出他的高超技艺，为钦州坭兴陶的发展添柴加火，锦上添花。周长元并不是钦州人，但却因为坭兴陶与钦州结下深深的情缘，代表着中国各地的工艺师渐渐加入到钦州坭兴陶这一行业当中，也展示出钦州坭兴陶艺术的当代感召力。

周长元十分重视手工创作。在当今社会里，科技虽然在飞速发展，但机械制陶缺乏个性，作品没有灵魂，没有手工拉坯的独特韵味和气质，故手工拉坯自坭兴陶产生初期至今一直为人们所用且无可替代。经周长元的手制作出来的作品可谓是形神兼备、独具神韵、浑然天成。单单是这一突出表现，就已经让周长元在钦州坭兴陶行业中立于不败之地，并且深得众人的赞赏和喜爱。由此可见，拉坯这一工艺环节在制陶过程中是何等的重要。

好的陶品，必然是能够引起人们共鸣的作品。周长元的作品，多能体现陶性与人性的融汇，使得作品具有人的精神。作品"祥和之光"坭兴瓶获得2009年第六届中国—东盟工艺美术银奖，"步步高"茶叶缸2010年获得了天工艺苑"百花杯"中国工艺美术精品奖、金奖。当然，这只是他众多优秀作品中的一小部分，却也足以说明周长元早已走在这一行业的前沿。相信，在他所坚持的以人为本的理念下，钦州坭兴陶将会因此而大放异彩。

钦州坭兴陶有今天的辉煌与成就，离不开那些世家与大师的奉献。回望过去，坭兴陶的历史并不是一路光明、一路繁华，而是经过了无数次沉浮交替、跌宕起伏之后才有了今天的光彩。每一件坭兴陶艺品都承载着厚重的历史文化。在每一个年代，都会有与钦州坭兴陶有着深缘的人来到这片热土，用信念与理想克服困难，坚持把这珍贵的技艺代代相传。灿烂如繁星的坭兴陶作品，见证了无数个坭兴陶艺人孜孜不倦的追求。无论兴衰与沉浮，他们都坚持自己心中的信念，换来了满天星光。

苏葆荣　莫才有 / 文

我刀刻我心，我手书我情
——记以刀代笔妙手雕刻陶艺人生的钦州坭兴陶雕刻大师

钦州坭兴陶装饰技法讲究以刀代笔将中国的篆刻、绘画、书法、金石多种艺术融于一体，形成了古朴雅致、浑然天成的陶艺风格。雕刻把中国古老的艺术熔铸在坭兴陶身上，蕴含着博大精深的文化内涵。刘明洲楷书兼习诸体，学艺多访各地名陶，开创"单刀刻法"，字动于指端而形于刀尖，追求一笔而成，内容多选古代名篇，开辟了全新的雕刻领域。王兆儒喜爱古文字，主张弘扬国粹和传统文化的传承，书法力攻四体，楷书、行草、隶书、金文风格迥异、各具特色，坭兴陶雕刻中经常刀笔合璧雕刻甲骨文。张传瑞半路出家精研陶刻艺术，刻字五体皆能，尤其擅长行草。

钦州坭兴陶被称为中国四大名陶之一。2008 年 6 月，钦州坭兴陶入选第二批国家级非物质文化遗产名录。坭兴陶作为古老的民间工艺品广而周知，闻名遐迩。钦州坭兴陶的独特之处在于制作原料采用钦州特有的细腻陶土，非常讲究拉坯、烧技，装饰技法，以刀代笔将中国的篆刻、绘画、书法、金石多种艺术融于一体。坭兴陶艺术品晶莹雅致、精雕细刻，形成了古朴雅致、浑然天成的陶艺风格，成为一种独特的民间工艺品。雕刻把中国古老的艺术熔铸在坭兴陶身上，使坭兴陶蕴含着博大精深的文化内涵，而这应该归功于兢兢业业、专研付出的雕刻大师们。"钦州桥畔紫烟腾，巧匠陶瓶写墨鹰。"他们用自己的一双巧手雕刻出了坭兴陶精品，也雕刻了五彩的陶艺人生。

一、刘明洲——开创"单刀刻法"

刘明洲是中国书法家协会会员、广西工艺美术大师、广东省工艺美术学会会员、广西荣誉文化工作者、钦州文化馆书法干部、钦州市专业技术拔尖人才、钦州市文化工作先进个人。

刘明洲在书法界和陶艺界都有着很高的声誉。他生于1934年，受父亲的影响从4岁起学习书法，一生以研究楷书为主。1988年，他受钦州坭兴厂的邀请第一次接触坭兴陶雕刻，并从此走上了坭兴刻字之路。他越走越远，越走越精，把一生的书法功力都凝聚在了坭兴陶雕刻上。

刘明洲一生热爱书法，书法也成就了他的一生。他从4岁习字开始，对书法的研究学习从来没有间断过。经过近半个世纪的刻苦钻研，他在全国先后出版了毛笔、钢笔字帖共9本。真正优秀的人从来不怕比较。刘明洲参加了多次全国书法比赛，在汇聚一流大师的赛事中曾29次获得一等奖。书法界的"小楷王"王传善先生称赞刘明洲的"铁笔"书法"乃中国一流"。

刘明洲在人生道路上从来没有回头，书法也是。他将传统书法和千年古陶完美结合，积60多年的楷书深厚功力，让更多的人欣赏到了他精妙的艺术。在陶刻的世界里，刘明洲更是没有回笔。他以自身努力大胆创新，独树一帜，开创"单刀刻法"。开弓没有回头箭，下刀没有回头路，字动于指端而形于刀尖，一笔而成，绝无回复。刘明洲的陶刻自成一家，堪称中华一绝，为后来者开辟了一条新道路，开拓了一片全新的雕刻领域。他也成为了众多陶刻家追逐的对象和学习的榜样。

"滴水穿石非一日之功，冰冻三尺非一日之寒"，刘明洲几十年如一日地专研楷书。他主张书法一定要临摹，无论是《欧阳询结体三十六法》还是李淳的《大字结构八十四法》，不管是黄自元的《间架结构九十二法》还是孙过庭的《书谱》，他都认真研究，用心揣摩。他研究过众多古人的书法字体，无论王欧颜柳赵，还是魏碑、神策军碑、玄秘塔。那些前代知名的或不知名的大小书家碑、帖，他都反复临摹，精琢细研，博采众长。刘明洲的楷书笔笔皆有来历，"横""撇"取柳体特点，"竖"则为颜、柳合璧，"勾"却只是颜体，"三点旁"往往采用欧体，"捺"既仿欧亦效柳。于是乎，刘明洲的书法凝聚了刚劲强健、坚硬挺拔、风骨铮铮、丰腴壮实等特点，让人看得懂，看起来漂亮。简单的"横竖撇捺点勾"在刘明洲的手下都不知被练写过多少次。退休后刘明洲致力于陶刻研究，把铁笔变钢刀，把书法运用到陶刻上。知己知彼，方能百战不殆。为了在陶刻上有所突破，刘明洲先后多次到广东佛山、江苏宜兴、江西景德镇、四川荣昌、云南建水等地进行实地考察学习、试刀刻字。他认真拜访当地的工艺美术大师并进行经验交流，探讨书法与陶刻的精髓。经过对各地陶瓷的对比、总结，刘明洲开创了一套属于自己的陶刻——"单刀刻法"。刘明洲刻字非常讲究布局、章法和用力。他拿了20多年的钢刀，可是手上从来没有过一个小茧。

刘明洲的"单刀刻法"给钦州坭兴陶技艺再添新彩，而他刻下的字也为钦州坭兴陶增添了文化内涵。受父亲的影响，刘明洲一生崇尚孔孟之道。在雕刻上，刘明洲往往选择我国古代名篇巨著，如孔孟等人的著作中那些励志且具有实用和收藏价值的语句，选择那些与人生有关的诸如修身、治国、齐家的座右铭、箴言名句，选择那些能够陶冶观赏者的心灵、情操、道德、行为的章节，将它们有机地融入到坭兴陶的坯体雕刻中，使坭兴作品成为艺术表现和人生坐标的载体。

二、王兆儒——弘扬国学承传统

王兆儒在坭兴陶上花了太多的精力，有时几乎忙到争分夺秒。他见证了坭兴陶发展的低谷—复兴—发展，对坭兴陶的感情也逐年增加。他是钦州坭兴陶有名的雕刻大师，也是钦州杰出的书法大师。他热爱书法，更热爱雕刻。当书法遇上雕刻，他倾情一生。

王兆儒喜爱古文字，主张弘扬国粹。他的书法力攻四体，楷书、行草、隶书、金文无一不通，四体风格迥异，各具特色。此外王兆儒更是精通甲骨文，在坭兴陶雕刻中经常雕刻甲骨文，字体娟秀劲峭、刀笔合璧。对这古老的文字又有多少人能做到像王兆儒这样娴熟呢？

王兆儒认为书法是坭兴陶的点睛之笔，而他也在实践中践行了自己的观点。广西远长路桥公司董事长陈向进喜欢研究坭兴陶，在研究中发现王兆儒先生是将传统国学融入坭兴陶制作的第一人。

传统国学一旦与坭兴结合，便产生了强大的文化底蕴，将钦州坭兴引进了一个更广阔的天地，将其品位提升到一个更高的境界。一幅好的书法作品（含内容）可使坭兴陶的文化品位大大提高，正如锦上添花。王兆儒在坭兴陶刻字上非常讲究，所用的书体结合坭兴陶器型以及文字内容。每一件作品他都要经过再三思量才进行设计与创作，力求协调，相得益彰。在选文用字上，王兆儒力求选文精辟、用字准确。他常常将《论语》《孙子兵法》《中华美德》等传统国学中的经典雕刻到坭兴陶上，常常选择传统文化中给人以高雅艺术享受的诗词文赋等内容进行雕刻。他最开心的就是观赏把玩者第一眼看到自己在坭兴陶上雕刻的文字时便产生共鸣，并能从中获得教益和艺术享受。这也提高了坭兴陶整体的艺术品位，正所谓用书法为坭兴陶点睛。

王兆儒注重传统文化的传承，认为书法与坭兴陶之间实际上是一种文化传承的关系，二者的结合使文化内涵更加相得益彰。他曾多次赴新加坡、澳大利亚及美国举办个人书法篆刻展和讲学活动，展出中的作品以古文字为主。他认为这样可以弘扬中华传统文化，使外国友人加深对博大精深的中国文化的了解，也可以激发海外华人的兴趣，加深他们的爱国热情。王兆儒带出了3个优秀的徒弟，这体现了他对坭兴陶艺术、传统文化传承与弘扬的深情。在第六届中国美术陶瓷技艺大赛雕刻比赛中钦州坭兴陶名片再一次被刷亮，而这正是王兆儒大师门下的弟子带来的荣耀，其弟子黄夏洪、王茁、王海洪共获得了1金2银。在王兆儒的培养下，女儿王茁得到了他的真传，成为钦州书法界和坭兴界的"超女"。

三、张传瑞——半路出家深情追梦

他不事张扬，为人低调，自称只是一个普通的"挖泥人"，却在钦州陶刻界广为人知。他说坭兴陶雕刻艺人拿着刻刀，在陶胚上刻字刻画刻图纹，在刻刀的刮、削、刨镌刻之下，坭粉纷纷崩落，情形与挖地无异，因此坊间常常戏称刻字刻画为"挖坭巴"。而挖坭巴的人，也顺理成章成为"挖坭人"了。这个戏称自己为"挖泥人"的陶刻家就是中国书法家协会会员、广西陶瓷艺术大师、广西民间工艺大师、钦州坭兴陶实力派雕刻艺人张传瑞。

张传瑞并非出身书香世家，也没有从小学习书法。但他与书法和坭兴陶雕刻结缘却像是冥冥之中注定。张传瑞回忆说，他从小就是一个多梦的人，爱画画、爱看小说、爱拉二胡、爱打篮球、乒乓球，就是不爱写字。那时候他从来没有想过以后会当一个书法家。若干年后的一个夏天，他在电视屏幕里邂逅了一个既平常又神秘的精灵——书法。仅此一瞥，便惊艳了他此后的人生，也为钦州坭兴陶界增加了一位陶刻大师。那一次与书法的邂逅让张传瑞的心灵深深地受到了书法魅力的震撼、抚慰与滋润，无法抗拒。那一年他47岁，已过不惑之年，但书法从此成了他后半生不可或缺的精神支柱。虽然张传瑞的书法梦姗姗来迟，但他始终与梦同行，孜孜不倦。如今20余年已过去，他创造了一番属于自己的书法新天地。

张传瑞真正接触坭兴陶刻字是在他61岁的时候。张传瑞用了14年的时间练习书法。其间，他结识了不少钦州书法界和陶刻界的朋友，大开眼界，与他们相互交流、取长补短。但更多的时候张传瑞靠自己练习、琢磨。在无老师引领的情况下，他只能依靠博览群书择善而学。通过系统的自学以及与书友的交流碰撞循序渐进，在书路书风、创作观念和笔墨技法上提高比较快，为入门坭兴陶雕刻艺术打下了坚实的基础。

张传瑞精研陶刻艺术。他刻字五体皆能，尤其擅长行草。他刻的坭兴花瓶和茶壶深受客户的喜爱和收藏，有些佳作被有关部门作为礼品赠送给外国领导或友好人士。张传瑞以古为师，特别崇尚书圣王羲之。张传瑞的陶刻作品"千古书魂"就在陶瓶中心部分镌刻王羲之的代表作"天下第一行书"《兰亭序》，用刻刀将兰亭神韵这一传统经典展示出来，其惟妙惟肖为陶艺家及欣赏者赞叹。

张传瑞在坭兴陶雕刻的路上从来不敢怠慢。他每天就像上足发条的钟表，在自己的书画陶刻艺术工作室里不停地运转。张传瑞说，刻刀过处一个个龙飞凤舞的字、一幅幅栩栩如生的图画诞生了，这就是挖坭巴，这就是雕刻艺人的刀笔生涯。他把每一个产品视为自己的心血结晶，视为自己的"孩子"。"衣带渐宽终不悔，为伊消得人憔悴"，张传瑞在这条追梦的路上不曾停歇。刻字钢笔化倾向是钦州刻字的一大特点，其中有书法水平的局限，也有工具（刻刀、陶坭）的局限。张传瑞尝试探索在刻字中体现毛笔柔软的笔意，已初见成效。莫道桑榆晚，为霞尚满天。近年来，他先后被评为广西陶瓷艺术大师、广西民间工艺大师，个人简历和作品被编入《当代杰出工艺美术师》。

我刀刻我心，我手书我情。情不知所起，一往而深。每一个大师都有着自己与众不同的故事，但是他们都有着同一个愿望——希望坭兴陶能够在中国，甚至全世界绽放光芒。每一个雕刻大师一旦踏入了陶艺世界，就会在这条路上永无止境地探索追求，演绎坭兴陶书法雕刻的精彩。千年古陶也因为这些书法雕刻大师的用心而增加了更加深远广阔的文化内涵。

黎茵茵/文

万里荣归传承梦，一生情系小江瓷
——记浦北县小江瓷器制作第四代传承人陈世俊

小江瓷是一个具有1500多年历史的传统文化品牌，最早可以追溯到南北朝时期，同时也是岭南文化的重要标志。它历史悠久，享誉中外，产品远销欧美各国。小江瓷入选自治区级非物质文化遗产名录，是海上丝绸之路主要商品、对外经济贸易使者、文化交流传播者。越州绿、红绿彩发色鲜艳，立体感强，永不褪色，乃全国之最、世界之最；高温结晶釉瓷在70年代列入全国十大科技发明。小江瓷独具地方特色、产品精美，可与江西景德镇、湖南醴陵生产的瓷器相媲美，本地素有"北有景德镇，南有小江瓷"美称。

浦北县小江瓷器制作第四代传承人陈世俊

2018年7月16日，在钦州市浦北县小江瓷艺术馆，笔者与陈世俊先生相约会面。当一位年过六旬的先生带着满面笑容向我们走来，我们知道这就是陈世俊先生了，于是我们带着敬意跟陈世俊先生来到了他位于三楼的办公室。

"不好意思，让你们久等了，你们先坐下吧……"刚进到办公室，陈世俊就笑着对我们说，平易近人的态度让我们原本不安和紧张的心情都放松了。随着心情越来越平静，我们的采访渐入佳境。陈世俊先生缓缓地向我们叙述关于他和小江瓷的故事。

一

20世纪50年代，社会主义的春风吹向神州大地。1955年8月11日，在遥远的浦北县龙门镇一个不起眼的村子里，一个婴儿呱呱坠地，就注定了他与小江瓷的"情定一生"，这个婴儿就是陈世俊先生。

陈世俊生活的龙门镇是小江瓷制作的一个重要地点，龙门窑的小江瓷制作技术更是十分优秀。"小时候我可以说是在窑厂里长大的，祖祖辈辈都是做瓷器的，小时候家里人都去做瓷器了，我们小孩也在旁边弄泥来做小动物瓷器。"陈老说这句话时整个人都沉浸在回忆里，带着孩童般的笑容向我们述说他孩童时的故事。因为自幼跟随父亲陈永缔在龙门瓷厂生活，受这种环境的熏陶，动手制作一些玩具、动物、人物等放到窑里烧制对他来说是家常便饭。他也沉浸在小江瓷的世界里无法自拔，看着那一个个被自己创造出来的瓷器开心不已。小时候的他，看到普通的泥土，经过父亲那双灵巧的手，变成精美、琳琅满目的瓷器产品，源源不断销往各地，便从小立志传承小江瓷技艺。

中学毕业后，陈世俊如愿以偿进入瓷厂工作学习，开始和泥巴对话的故事。他如饥似渴地向老师傅学习、了解，参与生产与产品设计，从传统练坭、手工拉坯、修坯、上釉、彩绘，到装窑、烧制等生产工艺流程，每一道工序，每一个工艺，都熟记在心，熟练掌握。小时候的他就是在小江瓷的陪伴中长大，直到有一天他远走了。

二

1975年，20岁的陈世俊远离家乡，光荣入伍，到了广州军区某部队。他说："刚到军区，新兵连一个月，一个单纯无知的青年开始脱胎换骨。正规的队列训练、标准的敬礼、严肃的军纪、笔直的站岗，吃大锅饭、睡通铺、快速地紧急集合、5公里越野，进来的是'生铁'，在熔炼。"陈老在向我们述说他年轻时的故事，也是在给我们年轻人一个榜样的力量。作为一名参加过对越自卫反击战的老兵，陈老让我们从心底产生敬畏之意，为了保家卫国，远赴战场，置生死于度外。当他说起他身上的伤时，我们更加得敬佩。

就像陈老在他的自传上面写的题记"平凡是因为没有傲人的业绩，没有惊人的壮举，所以说平凡。历程就是经过的回忆"。在广州军区，陈世俊从一名懵懂的新兵到"五好战士"，到标兵再到干部标兵，付出了许多，这也是他刻苦训练、努力学习、严格要求自己的结果，也是他的人格魅力所在。养兵千日用兵一时，陈世俊跟他的战友们热血沸腾，随时准备着听候祖国的召唤。1978年12月的某一天，一级战备下达，12月14日凌晨2时，上级下达了开赴前线的命令，陈世俊跟战友们拔营行军、起运，再行军到达龙州，备战、防空、实战训练、研究战略战术是日常。为了保家卫国,他们毅然奔赴战场,守卫边疆。透过陈老坚毅的眼神,我们也在感受着那场战争的激烈与无情。陈世俊所在的坦克7连是尖刀连,陈世俊担任尖刀排排长。为了能够更快地赢得战争的胜利,他无时无刻不在想如何作战,如何最快最稳地拿下敌人的地盘。他清楚地认识到"这必定是一场激烈的战争,要有随时牺牲的准备,要生存,就必须迅速消灭敌人,才能更好地保存自己"。在占领越军最坚固的二道防线之一的博山时,陈世俊回忆说:"我们和步兵密切协同作战,步兵指示目标,我们及时开火,连续打掉敌人20多个碉堡,敌人的火力被我们打了下去,当晚我们就全歼了博山余敌,占领了整个博山。这是越军高平省的第一道重点防线,伤亡、被俘的越军不计其数,直到傍晚敌人都不敢抬头。"说到这,陈世俊先生脸上便有了一丝喜悦,下一秒却又带着伤感继续说:"战争也带走了我们好多的战友,我们一起出发却不能一起回来。"陈世俊带着沉重的语气向我们说出他的故事,带着伤感与怀念。在占领魁旦防线的时候,陈世俊的手跟脚不幸中弹,但是仍然坚持带领战士们顽强作战,一直坚持到最后,最终给他留下了这个难以磨灭的印记。

1979年9月,陈世俊作为战斗骨干被选送到石家庄装甲兵学院学习。他虚心学习,钻研知识,最终各项成绩前三名,总分第一,圆满完成了学业。陈世俊刻苦努力,是我们青年一代学习的榜样。从一名军官转业到地方发展,陈世俊更加兢兢业业地工作。1998年调到浦北县任粮食局局长兼党组书记,面临困难的时候,他没有退缩,而是迎难而上,带领班子和业务骨干想方设法、千方百计找出路,通过了一系列改革促发展,走出困境。2001年调县财政局任党组书记兼副局长,2003年调县农业局任党组书记兼副局长,2006年调县扶贫办任主任,2011年调县住建局任党组书记、第一副局长,2013年提拔为副处级主任,一次次的岗位调换,一次又一次为人民谋利益,做实事。陈世俊说:"无悔的是始终保持有一颗爱党爱国之心,锐意进取、勇争第一、忠诚、老实、踏实,一心扑在工作上,取得一定的成绩,做出了应有的贡献。"在其位,谋其政,永远都怀有一颗上进、踏实的心对待一切困难,这就是陈世俊先生。

三

在工作岗位上鞠躬尽瘁的陈世俊并没有忘记自己的使命。身为一个龙门人，他一有空便回家与父辈学习制瓷技艺，钻研制瓷技术。当我们问起小江瓷为何在浦北发扬光大时，陈世俊先生告诉我们：第一是两条河流的影响。这两条河流分别是武思江和南流江，通江达海，自古就有商船通航。第二是高岭土储量大。高岭土遍布于县境的寨圩土东、小江六新上村坪、龙门、安石阳岗岭、官垌平石、福旺关塘、大田等地。第三是松木储量大，森林资源丰富。烧瓷最好的是松木，因为松木有油脂，烧火特别旺。

陈老还告诉我们小江瓷工艺有72道工序，归纳起来主要有12个特点：①采：从寨圩土东、福旺、龙门等地采集优质高岭土。②碓：把高岭土碓成坭。③滤：用水拌坭过滤，得以"精坭"。④坯：沉淀、控干的坭作成坯。⑤揉：双手揉压坭坯，成长条，竖起压短，反复多次成团，俗称"卷羊头"。⑥辘：在行辘车上制坯成型，通过手工拉、压、捧、捏、粘、接、抹等手法成器型。⑦晾：成器后放在阴凉处自然风干，适时补水，防裂变形。⑧修：也叫利坯工艺，在坯件干至约六成时，将器身、足多余的泥利下，使之完美，基本干爽时再打磨光滑。⑨饰：青花装饰、釉下彩，雕刻坯装饰、釉上彩、绘画、书法、烤花装饰等。这个环节是能工巧匠、各类艺术大师施展才华的天堂。小江瓷除有景德镇特征外，还可看到广彩、梅州窑、醴陵窑、龙泉窑、石湾窑的影子，形成了博采众长、自成一家的综合性瓷窑，同时具有浓厚的地方风格和壮乡及客家人的艺术特色。⑩釉：施釉工艺，通常有浸、荡、拓、吹釉等方法上釉。⑪满：装窑，做到合理布局，科学有序。⑫烧：烧窑之技艺，小江瓷主要窑式有龙窑、阶梯窑。先祭瓷祖、神灵，窑师点火仪式，自头至尾赶火，以观、控、封（眼）进程，持续三昼夜，烧成温度达1200℃—1300℃。色艳纯正为窑宝。

小江瓷制作最难也最讲究的就是拉坯。陈老告诉我们："拉坯才是最重要的，拉坯决定整个器具的造型，非常讲究。拉坯要均匀，薄厚要一致，造型要好看。"陈老将20多年来手工拉坯成型技艺体会向我们述说："一揉：揉坭，边揉边转，达到排出坭中空气、泥土均匀、柔软之目的，尔后揉成羊头型。二定：定中心，把坯放置转盘中心位置，转动时一手用力往里压，一手扶，使坯位于中心。三拔：拔高，双手从底部向里、向上45°提拔，拉成锥型圆柱体。四压：压低，把柱体压平头型，再拔再压低，反复3-4次。五开：开膛，用手指或掌的根部在坯团顶中心开膛，五指并拢深开膛。六筒：拉筒，就是用双手的内外合力，经过几次均匀的向上拉成筒状。七型：造型，根据所需，用手指、手掌（工具）的手法，使用坯坯运动变化，达到理想的成型。"陈老一有空就投身于工作室，经过一次次的实验反复实践，总结提升，总结出了自己制作小江瓷的技艺特点。

四

陈世俊不仅满足于自身的学习，而是虚心地向国家级工艺美术大师徐秋福、李美玲夫妇学习，熟练掌握陶瓷制作各个环节主要工序，深入研究小江瓷的挖掘、保护、传承与发展，常年传、帮、带徒弟学习小江瓷器的传统手工技艺，培养出了热爱小江瓷艺术的青少年32名。同时陈世俊还是浦北县收藏协会会长，从70年代开始，收藏收集各个时期小江瓷传统生产有代表性的瓷器达3000多件。

当我们问起为什么会喜欢收藏时，陈世俊跟我们说："收藏家分三种，第一种是收藏产品转手倒卖；第二种是单纯为了摆设；第三种是为了写一本书。我觉得我跟他们是不一样的。我在北京学习的时候，最喜欢去各大博物馆看展览。我就觉得我们小江瓷是个特别好的东西。我收藏这些藏品不仅是喜欢它们，更是觉得只有小江瓷才能体现我们浦北的文化。从南北朝到现在，小江瓷已经存在1500多年了，它见证了浦北的文化，更是见证了先辈的智慧。"说完陈老更是自信地跟我们说："世界各地的博物馆如果没有藏有中国的瓷器，那根本都上不了档次，中国的瓷器见证了历史，见证了社会的变迁，见证了朝代的更替与人们生活的点滴。"当我们听到这个，内心更是被震撼到了。陈老不仅仅是喜爱它们，更是把它们当成了自己生命中的一部分，失去谁也不可以。收藏不是一件容易的事情，费心费力费钱。

当我们问到其中的困难时，陈老告诉我们："当时收藏多困难啊，首先是资金问题，我花了很多钱去把它们都带回来，有些开价比较贵，有些藏主不愿意卖，可是我觉得我不能放下它，多次找上门，不过最后幸运的是，我还是得到了。一开始我的妻子也是不支持我的，不太理解我，就觉得不能当饭吃，又不能换钱用。但是后面经过我的说服，她慢慢就支持我、理解我，觉得这对保护小江瓷以及浦北文化是非常有意义的。"说完陈老还给我们讲了一个在收藏过程中特别让他记忆深刻的瓷器，叫灭蚊灯。"我们的先辈是很聪明的，在古代，人们日常生活用具普遍是瓷器、陶器，并没有现在先进的技术，我们的先辈就发明了灭蚊灯这种瓷器。灭蚊灯的原理是里面有火，火的光线可以吸引蚊子，灯的两边各有一个小口，一边高一边低，当蚊子靠近的时候，把一边的挡板放下，形成一个气流，蚊子就被吸下来了。在《收藏马未都》这个节目中就有一个瓷器叫急死蚁瓷器，先辈们把食物放在里边，蚂蚁就碰不到了。所以说，我们的先辈是非常聪明的。通过这些瓷器我们学习了解到了先辈的智慧和其中的历史文化。"

五

曾经风靡欧洲东南亚一带的小江瓷器却在90年代却慢慢地萎缩，大量工厂倒闭，工人失业。我们对此充满疑问。陈老告诉我们其中缘故："首先，是市场经济的冲击，我们从计划经济走向了市场经济，工艺瓷器受到很大的影响；其次，领导不够重视，人才匮乏，导致大量工厂倒闭，走到崩溃的边缘。后来经过我们的努力与文化部门指导，在2012年时候，成功申报列为自治区第四批非物质文化遗产，从而引起了县委部门的重视，把小江瓷保护与开发正式列入浦北县经济发展规划，并予以经费支持"。说起了小江瓷的前世今生，陈老向我们说出他最大的担心："原来我们最担心的是资金和人才。现在小江瓷器的保护步入正轨，前期资金投入大，但收获却不成正比。还需要我们继续努力，培养传承人才。有一位年轻人从景德镇毕业来学习我们小江瓷技艺，我们都毫无保留地将技艺传授给他。保守是传承不了的，我们小江瓷要立足于中国，走向全世界。现在'一带一路'是我们小江瓷非常好的发展机遇，我们更应该要抓住这个机遇加快挖掘发展、保护和传承。"

"2002年，自治区文化厅副厅长拿一个苏州四合院盆景来，希望我们小江瓷能够按照这个模板也制作出一个瓷器，作为送给东盟十国领导人的礼品。但是那时候我们做不出来，因为时间比较短，要求一两个月内做出，批量较大，我们无法在规定时间内做出，我很是痛心。当时我们没这么多的人才啊！如果换成现在，我们半个月就可以做出来了，我们有人才、技术，从设计到绘制一个星期就可以做出来。"陈世俊沉重地向我们说出了他心中最大的痛，因为错失了一次让小江瓷走出国门的机会。但是现在，陈世俊自信地向我们说："现在我们不断地在全国各地邀请工艺美术大师来交流学习，高薪聘请大师来我们在钦州、北海的基地创作；与广西大学、广西民族大学进行交流，互相学习交流经验，培养自己的人才，并送人才去景德镇学习，我们也有传承人在广西民族大学的非物质文化遗产传承班学习。现在我们的技术在原来的基础上更加精细，浸泡过滤技术都比过去好得多，工具也更先进，绘画水平高。过去的技术都是祖辈传下来的，现在我们有专门培养人才，学习绘画，制作工艺更加成熟。我们不断在全国各地学习，去江西景德镇、湖南醴陵交流学习，不断在技术上得到突破。在越州绿、红绿彩的制作技术上，我们的研究也取得极大成功，可以制作出更好的越州绿、红绿彩瓷器。在过去，我们向湖南醴陵学习越州绿，民国时期我们甚至超越了他们的技术，成为中国之最、世界之最。在过去很多人都不理解我们，也不了解我们的小江瓷文化，宣传不到位，你可知道我们小江瓷在过去可是全国排名前三的瓷器，承载了很多文化，不止浦北文化、岭南文化，整个中华民族的文化都在里面，习总书记说要让历史说话，让文物说话，要培养我们的文化自信。"回首过去与现在，你会发现陈世俊在探索与学习的路上永不止步。

小江瓷是广西浦北文化的载体，也体现了浦北的社会现状。抗战时期制作了许多抗战口号瓷，如"抗战到底""抗战必胜""抵制日货""振兴国货""还我河山""民众如醒狮""抗战胜利"等特色瓷。还有小江瓷厂研制生产的毛瓷、精品瓷可与景德镇、湖南醴陵（当代官窑）生产的产品相媲美，在全国引起轰动，自治区内外的单位、群众争相购买，出现供不应求的局面。陈世俊先生及其师徒通过将小江瓷申请列入自治区非物质文化遗产名录，不断举办展出，宣传和展示了小江瓷的历史和文化，扩大影响，就是为了让大家更加了解小江瓷，让小江瓷重新焕发光彩。

"我一遍又一遍整理材料撰写申遗材料传承规划。我们认为写得好还不够，还需要领导的认可。不断地深入了解、挖掘我们小江瓷的历史，这才逐步恢复了小江瓷史的本来面目，编写了数万字的《南有小江瓷》。《南有小江瓷》这篇文章我已经来来去去改了10多版了，但还在修改中。这个过程太长太艰辛，我们不断投入大量的金钱和精力，就是不想让我们的小江瓷再没落下去，我们有这个使命。"陈世俊先生向我们吐露了这一路的历程与艰辛，向我们展示了保护和发展小江瓷是一个永久的事业。最终陈世俊先生向我们说出了他的愿望和对我们青年一代的寄语："我们将立足北部湾，走向全世界，让更多的人看到我们的小江瓷，成为广西品牌。而我们的青年一代首先要有很好的文化基础，学无止境，始终要怀有爱国报国之心，这是最基本的，永远不要忘记自己的根……"

后　记

夕阳落下，浦北这座小县城更加安静，更加让人感受到她的文化底蕴。临走时，我们向陈老道别。他感谢我们对小江瓷的关注，我们同时也在感谢像陈老这样的人在保护传承着我们优秀的传统文化。正因为他们，我们的小江瓷才能被保护、传承。最后陈老坚决送我们一程。我们在陈老的盛情邀请之下一起坐上了车，继续聊着，车子慢慢地开向目的地……

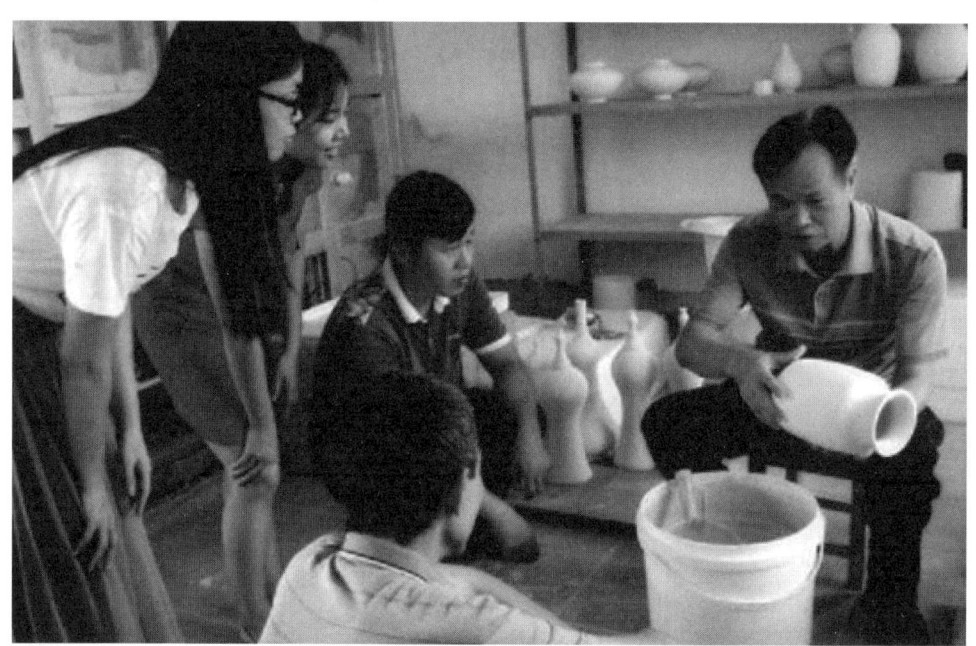

陈世俊（右一）深入社区传承小江瓷手工制作技艺

郑婉淇 / 文

传承千年古瓷韵，重焕魅力小江瓷
——记小江瓷手工制作第五代传承人林河源

2018年7月16日夜，在浦北县东风街的小江瓷艺术馆里，我们浦北调研小组一行六人会见了小江瓷手工制作第五代传承人——林河源。他同时也是广西小江瓷艺有限公司董事长、总经理。敲开林总办公室的门，他正站起身来欢迎我们。眼前的林总是一个40多岁的中年男子，身材高大，穿着蓝格子衬衫和西裤，留着乌黑的平头，眼睛炯炯有神，笑容可亲地对我们说："你们来了。"我们坐下后，环顾四周，木色的地板、沙发、橱柜、办公桌均呈现出古典大气的风格，办公桌后的墙上挂着一副行云流水的书法，橱柜里除了文件，最显眼的是摆放着的多件小江瓷，

小江瓷手工制作第五代传承人林河源

在暖白的灯光照耀下熠熠生辉。正在沏茶的林总看出我们有些拘束，就用朴实而轻松的语气告诉我们："你们就把这里当家，随便问。"我们被这话逗笑了，也消除了心里的几分紧张。

采访开始前，林总给我们播放了新近的一部浦北本土微电影——《小江有瓷》。故事通过一个香港义工杨达西带着一件瓷瓶回到浦北小江瓷艺术馆，为我们揭开了瓷瓶背后一段感人至深的爱情故事：抗日战争时期，浦北当地的宋、李两大制陶世家，由于烧制宣传抗战的陶瓷，被日本侵略者灭了满门。宋家的小姐和李家的阿龙本是青梅竹马，早已订了婚约，但一个被乡亲们救出，另一个下落不明，从而被迫分离。杨达西在瓷馆工作人员的帮助下找到了尚且健在的宋家小姐。此时宋小姐已是高龄，但依然能认出瓷瓶上那个翩

翩起舞的少女正是当年的自己。最后，通过视频，两位老人终于在阔别了半个多世纪后见面。这个感人的爱情故事虽然是虚构的，但表现出了当时小江瓷对宣传抗战的重大意义，以及人们在民族危亡的时刻不怕牺牲、为国捐躯的的伟大精神，让我们感受到了小江瓷背后承载着的历史和情怀。

一、山清水美，孕育古瓷文化传人

浦北县位于广西壮族自治区南部，钦州市东北部，是北部湾的后花园。浦北具有灿烂悠久的历史文化，可从距今1500多年的古越州说起。浦北原是百越民族的聚居地之一，后来逐渐成为了客家人聚居的地方。明代，因中原战乱一大批南迁的汉人安居在了这片土地上。在这样的多民族融合的背景下，产生了数十种各具特色的传统文艺形式，如跳岭头、舞麒麟、舞青龙、舞狮、鹩剧、木偶、竹马、唱春牛、鹤舞、粤剧、师剧、采茶戏等。在地理位置方面，浦北有着天然的优势：地形北高南低，气候宜人，风景优美；水系发达，境内有10条主要河流，通江达海，交通便利；森林和矿产资源丰富，有着大量适于制作小江瓷的高岭土。正是这样一片历史文化厚重、地理位置和自然资源得天独厚的土地，孕育了具有独特韵味的千年小江瓷。

出生于1974年的林河源，从小在浦北南流江畔长大，祖祖辈辈都是做瓷的手艺人。由于家里叔叔伯伯都是做瓷的，林河源从小就对小江瓷器的制作耳濡目染，为小江瓷制作技艺的精湛和历史底蕴的深厚所倾倒。当地人有着非常朴实勤劳的美好品质，每一件瓷器的制作都极其认真、用心。但也有一定的局限性：所做的瓷器多数是为了满足生活用品的需求，比较"低端"，不懂得如何开拓市场。为了让小江瓷的魅力展现在更大的舞台上，林河源踏上了传承和发展小江瓷手工制作技艺的道路。

毕业于广西师范大学的林河源，曾是一名中学二级教师。对于他的家人来说，教师无疑是份稳定的工作，无论是生活还是组建家庭都比较有利。但林河源心系小江瓷，想要传承和保护好这门技艺，并将小江瓷发扬光大。因此，家里人也渐渐理解并支持他的选择，希望他能保护好浦北的传统文化。作为市级非物质文化遗产传承人，林河源还是钦州市第五届人大代表、浦北县人大常委会委员、浦北县工商联副主席、浦北县小江瓷文化研究会会长、广西北海市收藏研究会副会长。拥有多种头衔的林河源，本质上是一个忠实的文化追随者。一辈子都在追求文化的林河源，可以把生命都放到文化里。

2009年,他不远千里去到了景德镇,师从徐秋福、李美玲夫妇。两位美术大师均毕业于景德镇陶瓷学院工艺美术系设计专业,曾于1968年支援边疆,分配到了浦北小江瓷厂。在那里,他们奉献了精湛的技艺和才能,将小江瓷的发展带到新的阶段。在夫妇二人和直系传承人陈世俊等大师的悉心指导下,林河源从练坭、拉坯、修坯、上釉、满窑到烧窑全方位熟悉掌握了小江瓷的生产流程,能够很好地鉴别其质量的高低和画工的优劣,更全面地掌握了小江瓷的瓷艺知识和制作技艺。

当时已事业有成的林河源,在多家公司都担任重要的职位。他面临的最大困难便是如何在身兼多职、工作繁忙的情况下坚持练习制作小江瓷。他给自己制定了一个目标:时间就像海绵里的水,不管工作再忙,也要坚持每天空出两个小时来拉坯。"因为所有技艺的东西,学多少都没用,一定要练。"林河源这样说道。林河源将学习和实践相结合,并坚持刻苦钻研,无论是拉坯、上釉还是造型方面都独具匠心。功夫不负有心人,2016年,林河源参与创作的"三人行青瓷"作品,在第七届中国(北流)国际陶瓷博览会上荣获金奖;"茶叶罐"荣获广西2016"天工奖"铜奖。他对小江瓷的这份热爱和坚持,不仅让他制作小江瓷的技艺愈来愈炉火纯青,更为他传承和发展小江瓷打下了坚实的基础。

二、奔走四方,挖掘千年古灶神工

小江瓷是浦北的文化品牌。据考证,小江瓷诞生于南北朝时期,成熟于宋代,发展于清代中叶,鼎盛于民国时期,在中华人民共和国成立后实现了创新发展。已有1500多年历史的小江瓷,曾发展到72座窑的鼎盛规模,所生产的陶瓷产品畅销海内外,是古代海上丝绸之路的见证者和贸易往来的宠儿。因其从生产工艺、流程、釉面、刻花等方面与江西景德镇瓷一脉相承、同宗同祖,故在民间流传着"北有景德镇,南有小江瓷"之美誉。然而在20世纪90年代,小江瓷由于种种原因没有抓住机遇,终因产销不景气而改制停产。

对小江瓷有着深厚感情的林河源,不愿看到小江瓷由盛而衰的局面,力图挖掘和重现小江瓷的辉煌。从20世纪90年代开始,林河源便先后多次去到了江西景德镇、湖南醴陵、广东潮州等全国有名的瓷都观摩和学习陶瓷知识。林河源参观过全国许多大大小小的博物馆,被博物馆里大量精美绝伦的瓷器所惊艳，萌发了收藏瓷器的兴趣。为了更好地研究和发掘小江瓷的文化，林河源逐步收藏了各个时期的小江瓷达 2000 多件，以及许多关于小江瓷的珍贵史料和书籍。在经过充足的人才、资金、设备等方面的筹备后，2016 年 1 月，小江瓷艺术馆和广西小江瓷艺有限公司正式开业。公司的成立为小江瓷产业的做大、做强起到了助推作用。为了更深入地挖掘小江瓷的历史底蕴，不断提升文化品牌，在林河源的倡议和推动下，成立了浦北县小江瓷文化艺术研究会。在这个平台上聚集了大批专业的瓷器大师和文化界人士，共同为推动小江瓷的研究、传承、保护、发展而努力。

三、排除万难，保护世界民族异彩

近年来，浦北县不断推进小江瓷的传承、保护和研发，以打造千年品牌小江瓷为突破口，加大产品扶持力度，瓷器生产企业重焕生机。目前，小江瓷已入选自治区级非物质文化遗产名录，多次在展览会中斩获大奖。2015 年，中共浦北县委、浦北县人民政府加大招商引资力度，引进本地投资 500 万元，成立广西小江瓷艺有限公司，同时设立浦北小江瓷文化研究中心、小江瓷非遗展示馆、小江瓷艺术馆、小江瓷传统技艺传习馆、小江瓷工艺大师工作室、小江瓷交流与销售中心及全套传统技艺生产与现代工艺美术品生产线。

作为小江瓷手工制作技艺的第五代传人，林河源对小江瓷有着深厚的情怀，并深感自己保护小江瓷的责任之重。见证了浦北县制瓷历史的古龙窑群，包含了大大小小 30 多个龙窑，其中仍有不少龙窑发挥着烧制瓷器的作用，让小江瓷的制作工艺得以薪火相传。林河源对于这片文物保护单位的古龙窑情有独钟。2017 年，一些老旧的古龙窑面临着被拆除的危险。林河源带专家组去考察古龙窑，积极向上级建议保护这些文物古迹、古窑。他说："一定要保护好古龙窑，如果把古龙窑拆了，不是两三百万可以做出来的，就是一千万做出来也没有了那种品味。"林河源为保护浦北许多面临毁灭的历史文化竭尽所能，为的是让这些传统工艺能够不断地传承下去。"民族的也是世界的。"这是林河源不变的信念。保护好小江瓷，不仅是保护了浦北的历史文化，更是保护了世界文化之林中小江瓷这株奇葩。

四、坚持学习，传承千年文化命脉

为了小江瓷传统技艺的传承发展，林河源积极参加传承培训。近年来主要的学习培训有广西"三区"人才支持计划非遗传统工艺美术创新人才培训班；2016年文化部、教育部非遗传承人群培训计划广西制陶技艺传承人群培训班。林河源通过参加这些培训，保持自身的学习积极性和先进性，紧跟时代，探索小江瓷手工制作技艺的发展与创新之路。与此同时还积极参与各种文化收藏协会、书法艺术协会、小江瓷文化研究会各项活动，为传承小江瓷做出了巨大贡献。

为了让小江瓷手工制作技艺能更好地传承下去，林河源设立了小江瓷传统技艺传习馆，让孩子们可以跟着老师学习如何制作小江瓷，培养孩子们对小江瓷的兴趣，也让对小江瓷感兴趣的人们可以到馆内参观和学习小江瓷。同时不定期地走进校园，利用传习馆培训学生，培养下一代传承人。到目前为止，林河源共带出小江瓷手工制作技艺学徒26人。

当问及是否想让他的下一代也继承小江瓷手工制作技艺时，林河源表示："肯定啊，我已经在培养我的大女儿。"如今他的大女儿已经十六岁了，比较感兴趣的是服装设计。面对这种问题，林河源说："我从来不干涉她，她喜欢什么我让她自由成长，她将来喜欢小江瓷，或者喜欢其他工艺美术，我都很高兴。不要逼小孩，她喜欢什么就让她做，她不喜欢的话逼她也没用。"

林河源还多次参加各类社会公益事业，曾捐款15万元参与各种公益设施及农村道路建设。尤其看重教育事业发展的林河源，资助过一名初一学生到清华大学完成学业，还经常资助各类有技能的人才参加全国各项比赛，并以广西小江瓷艺有限公司为代表向浦北教育发展基金会捐赠人民币6万元。对林河源来说，只有让下一代有更多学习知识的机会，才能更好地传承和保护好我们的传统文化。

五、打造品牌，发展古瓷文化胜地

对于小江瓷的发展和定位问题，林河源表示，会以保护、传承好小江瓷为立足点，不因追求解决多少人的就业问题、能上交多少税收而急功近利，因为文化是软实力的东西，虽然看不透，摸不着，但却比核武器还厉害。从这一点出发，又分三块来打造：历史文化、品牌、市场销售。

林河源深知小江瓷的发展离不开其深厚的历史文化底蕴，因此，其产品也以此为依托，展现出强大的历史文化魅力。其首批产品便是以服务当地文化，传承、展示和发展小江瓷为中心，把小江瓷向全国，乃至全世界推广出去。当我们走进小江瓷艺术馆的展厅时，可以看到馆内收藏有各个时期的数百件瓷器。如从汉代起，小江瓷的发源地越州古窑就开始生产的陶器、原始瓷；五代至明代中期土东窑生产的碗、盆、盏、灯、魂瓶等；抗战时期的抗争口号瓷；1949年后因工艺改善而生产出的一大批中高档瓷器等。另一个展厅内，则汇集了馆内生产的小江瓷精品，一系列瓷器琳琅满目，有浦北古代十六书院挂盘、五皇揽胜艺术瓶、八景仙踪艺术瓶等具有浦北历史文化元素的瓷瓶，还有许多关于地方文化、旅游特色、民风民俗的旅游产品、工艺美术品，如纪念民族英雄刘永福的瓷盘、宣传"山水浦北、常来长寿"的旅游瓷盘等。

品牌打造是实现小江瓷发展的重要一环。在谈到小江瓷的品牌对现实的作用时，林河源举例道："我们到北京的时候，很多人都说知道广西桂林，而且广西的简称是'桂'，他们便以为广西的首府在桂林。"对林河源来说，小江瓷的品牌打造不仅是为了让小江瓷的名号打得更响，更是为了使小江瓷成为一张名片，让众人了解浦北、了解钦州、了解广西的魅力。现今，小江瓷的品牌打造已取得了可喜的成绩，小江瓷手工制作技艺被广西壮族自治区列为非物质文化遗产代表性项目；2016年的广西工艺美术作品暨大师精品展览会上，来自浦北县的小江瓷大放异彩，"千古书韵""铜鼓声声把春闹""古寨乡风"等参展作品分获广西八桂天工奖金奖、银奖、铜奖，其他展品也获得嘉宾们的一致好评；同年4月初，6件小江瓷被选为国礼，赠予马来西亚相关领导人；现在东盟十国每个大使馆里都收藏有小江瓷……在这些显著成果的基础上，林河源奋起直追，为争取小江瓷成功申报国家级非物质文化遗产而付出更大的努力，下一步将依托小江瓷的历史文化品牌，坚持与世界长寿之乡、红椎菌特色小镇和五皇山旅游相结合的发展理念，借助习近平总书记提出"一带一路"倡议发展经济的有利条件，打造一个集生产、培训、参观、旅游、休闲等功能为一体的小江瓷文化旅游胜地。

最后，市场销售也是小江瓷发展的关键所在。林河源为小江瓷商标的注册、出口许可证的办理、产品专利的申请、人才技术的引进等方方面面做出了重要贡献。林河源深知人才短缺的不利性，采取外引和内培的方式，一方面向全国各地招揽名家大师进行指导；另一方面与广西大学、广西民族大学、广西艺术学院等高校建立培训基地。面对如何提高小江瓷在青年一代中的影响力的问题，林河源认为，这条路会很慢，要有耐心和平常心，并呼吁年轻人多去认识和理解小江瓷的历史和文化内涵。在传承和保护小江瓷这块文化瑰宝的路上，林河源也和小江瓷一样经历了起起落落，但凭着对小江瓷的这份深厚情怀，他能够不忘初心，坚持到底。如今，看到小江瓷的事业发展蒸蒸日上，重现历史的光辉，更焕发出新的光彩，无疑是他最大的欣慰。

采访接近尾声时，我们请林总给我们青年人一些建议和忠告。林总意味深长地说："首先，不要急功近利，因为做文化的东西，要耐得住寂寞和清苦；其次，我们作为年轻人，对国家、地方要有一颗有情怀的心。改革开放四十年了，如今在这个节点上，我们既要解决大多数人关心的问题，也要传承和保护好我们的传统文化。因此，我们作为年轻人，不要轻视很多貌似老土的东西，我们要传承创新。再者，年轻人一定要有正能量。怎么去爱国呢？先做好自己。比如闯红灯的问题，这是社会的一大弊病，我们要做好自己，看到红灯的时候，先停下来，一帮人跟在后面也就不敢闯了。我们作为年轻人，做好自己，可以带好一帮人。"

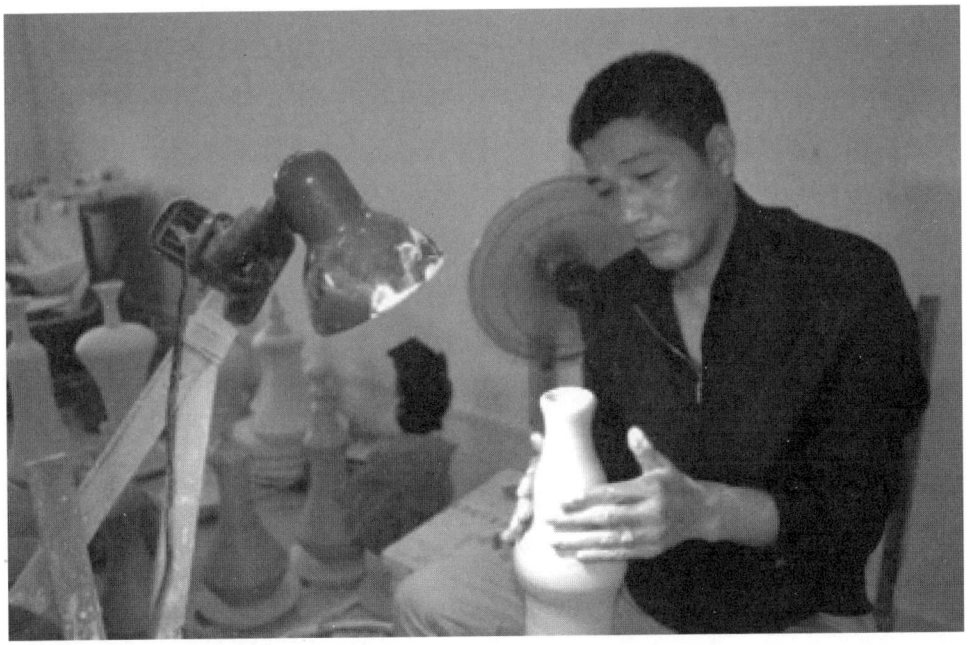

林河源在工作室制作瓷器

磨金涓 / 文

砂轮上的技艺与匠心
——记北海贝雕传承人林日光

北海是一座滨海城市。海洋孕育着这座城市。北海人热情开朗,随心自由。这里的人们生来就和海洋脱不了关系。笔者有幸能来到这海纳百川、热情似火的城市,领略这里的美丽与神秘。

这座城市有着一项魅力十足的工艺——贝雕。北海贝雕是广西传统的工艺品,历史悠久,沉淀深厚,是中国文化宝库中的瑰宝,也是北海市的"名片"。北海贝雕技艺是全国贝雕行业中最为顶尖的,这里有着多名老贝雕艺术家,手艺一流。北海贝雕作为一项重要的文化遗产,被列入广西壮族自治区非物质文化遗产名录。

北海贝雕传承人林日光

北海贝雕技艺历史悠久,有400多年的历史。其技艺成熟于明末清初,这从北海、合浦民间传世的明清贝雕家具及工艺品中可以佐证。合浦廉州是唐、宋、元、明、清各代州、府、县治所在地,达官显贵、士绅殷商都集聚于此。当时的富贵人家所使用的台椅、茶几、衣柜、屏风等大多是以酸枝木为原料,用珍珠贝壳加工各种花、鸟,人物图案和书法字体镶嵌在家具上。这种用贝壳加工镶嵌在硬木家具的表面的工艺叫"螺钿",做成各种花纹和图形的家具,叫贝雕工艺家具,多以家庭手工作坊形式传承。

北海贝雕是20世纪60年代初在"螺钿"的基础上发展起来的。1964年，北海工艺美术厂成立，开始进行专业的贝雕生产，并不断总结经验，使北海贝雕得到了快速发展。北海贝雕技法多种多样，选、磨、贴、拼、接、粘并用，借鉴了木、玉、牙雕和国画等技艺，使其形象生动、层次分明、风格独特。

从2005年开始，北海贝雕在原工艺技法的基础上，利用贝壳的天然色彩和纹理，潜心研发，合理搭配，终于生产出了纯天然不着色、原汁原味的贝雕作品。从此，北海贝雕迎来一个全新的发展契机。

一、天赐机缘，与贝雕相遇

2018年1月15日，笔者有幸在北海市认识一位贝雕技艺传承人——林日光先生。由于工作原因，他时间较为紧迫，在笔者一行说明来意后，他十分理解，挤出了晚饭后的时间接受采访。初见林先生，给人的感觉温润儒雅。60多岁的他，大概是由于艺术的熏陶，精神还是很好。他身材高挑，说话温柔细腻，谦虚有礼，对于我们想知道的可以说是知无不言、言无不尽。笔者一行还是稚嫩，说话难免有所唐突，但林先生十分理解，没有"大师"的派头。

1953年12月，潮涨潮落，伴随着海浪声和海风的轻抚，在一个平凡的日子，林日光来到了这个世界。在北海这座人杰地灵的城市，作为地地道道的北海人，林日光注定与海有着独特的情缘。

作为家里的老大，林日光注定要挑起家庭的重担。父亲是五金工具厂的厂长。家中一个妹妹，3个弟弟，他是家中的老大。由于家庭贫苦，小弟弟还被送给别人养了。他是幸运的，在20世纪五六十年代，生活贫苦，当时的北海市也不是如今风光亮丽的经济特区。林日光父母想来是知道文化的重要性，林日光有幸读到了高中毕业，并在毕业后分配到了北海市工艺美术总厂工作。

在20世纪70年代初，初中毕业已是很了不起了，何况是高中毕业。1972年高中毕业后，这个朝气蓬勃的年轻小伙子开始步入社会，加入为生活打拼的队伍中。年轻热情的他正式成为了一名贝雕学徒。在七八十年代，贝雕行业也是比较兴盛的，学徒的福利也较好。

1972年一起与他进厂的员工一共有90多人。这群年轻人给北海市美术艺术总厂注入了新鲜的血液。北海市美术艺术工艺总厂成立于1964年，由二轻局管理，属于国企，员工最多的时候多达 400 多人，在当时的北海市来说，算是规模比较大的一个厂。不同于其他非物质文化遗产多是家族传承，贝雕则是行业传承。进厂的年轻人一般从学徒做起，林日光也不例外。一位师傅带着多位学徒，当时带林日光的师傅是钟正章。钟先生是厂里的老师傅，同时也是厂长，是贝雕技艺的第三代传承人。他经验丰富，技艺传神。在他的指导传授下，林日光很快便掌握了贝雕技艺的基础，成为了当时年轻学徒中的翘楚。

当时，贝雕多用于出口，销往欧美等国家。当时是贝雕最为兴盛的时期，不时还有外地人来到北海学习贝雕技艺，工人的待遇也是较好的。林日光在做学徒工时工资是 19 元，每年工资涨 2 元，一共做了 3 年学徒，转正后工资为 28 元。在当时来说，这个工资算是比较高的，这个工作也是比较令人羡慕的。

贝雕工艺要求较高，其成品多是出口，要求更是高上加高。据林日光口述，贝雕产品主要有两种：一种是低浮雕，另一种是有框挂屏。贝雕制作过程复杂，耗时较长。上一辈为了学习更精湛的技艺，完善自身贝雕产品，最早去过大连。而后北海贝雕在这帮老师傅的努力下，越来越好，领先全国。

制作贝雕，不仅需要耐心，还需要有热情，有创新精神，有自己的想法。年轻人的耐心相对来说是较差的，且大多数人是按照设计师的图纸去制作，不善变通。但林日光凭着对贝雕的迷恋与热爱坚持了下来。他认真钻研，看到图纸，会有自己的想法。他看到图纸，便可知道哪类贝壳用于制作什么，了如指掌。大多数的工人只能制作半成品，对那些技艺要求高或精巧的作品是做不来的。制作贝雕多靠砂轮，用砂轮打磨、抛光，用雕刻机雕刻。因为用砂轮打磨制作，所以制作贝雕其实有一定的危险性。日常的割伤，在工人的手上留下不少大大小小的伤口。林日光在厂里时，有位女员工，头发被砂轮缴住，头皮都扯掉了，十分惊险、惊心。自从事件发生后，厂里操作安全方面的要求更高了，长发员工都必须将头发盘起来。林日光其实也害怕，但为了生活和对贝雕的那股热爱之情，他坚持了下来。林日光凭着那股热爱之心，制作贝雕的技艺日趋成熟，可以不靠图纸，独立制作贝雕精巧的产品。

林日光凭着自己的努力和天赋，在厂里当上了管理员，负责质检。1992 年当上了车间主任，1994 年成为工厂科长，能力较强，受到厂里重用。相比工人来说，工作比较轻松。厂里会经常派一些技艺精湛的员工出去采风，林日光自然也在其中，最远曾到过北京。为了寻找"桂林山水"的制作灵感，便有到桂林实地考察和采风。"桂林山水"是其制作完成的一幅贝雕画代表作。"桂林山水"历时数月，有一面墙那么大，十几平米，价值30多万，曾获得多个奖项，到多处地方展览。就这样在八九十年代，他凭着自身的努力，技艺超人，工资高达三四百元。当时，工资普遍来说都是几十块、100多块，能达到三四百是比较高的了。

在工作空闲之余，这个对艺术十分迷恋的年轻人创作了不少工艺品。在小小的贝壳上，不仅可以雕刻、画画，更用贝壳制作了他人想不到的东西。当时他曾用贝壳制作了一个烟斗，不仅具有观赏价值，还有实用价值。热爱艺术的人更热爱生活。年轻男子对艺术专研的同时，并不拘泥于方寸之间，还喜爱户外运动。他有一个手指是凸出的，真是在他年轻时打篮球弄伤留下的。

在美术工艺总厂里，林日光不仅收获了事业，还收获了爱情。1984年他与厂里相识的一位女工结婚，1985年儿子出生。两人在厂里一起工作，生活中互相扶持，可谓是爱情事业双丰收。

二、历史转折，坚定不移

行业兴衰，与政治、经济制度息息相关。2001年，"9·11"恐怖事件的发生，导致订单减少，成本提高，产品质量跟不上。加之2001年经济的不景气，没有销路，材料缺少，体制改革，厂里的员工越来越少，许多人选择了转业改行。原来林日光的车间有29人，后来只剩下3人。大连、青岛、北海是中国三大贝雕城市，在历史的淘汰轮换之下，如今只剩下北海贝雕了。而此时的林日光也正值中年。中年面临转业危机，像是站在人生岔路口的林日光，想了许久，还是不能放下心中所爱。在最后，林日光还是选择继续从事贝雕工作，哪怕贝雕大不如前，前景渺茫，依然坚定心中所选，选择从事自己热爱的事情，以能做自己喜欢做的事为乐，以此支撑自己和家庭。

2006年北海市美术工艺总厂倒闭停产，卖给了春天海景房地产。停产后，他曾迷茫、失落，不知何去何从。直到后来恒兴珠宝的企业家林雄收购了厂里的工具，租棚请老工人、老贝雕艺术家回来工作，并为贝雕付出了巨大的努力，拯救了这即将流失的行业，也拯救了这些失业的工人。林日光成为了恒兴珠宝制作贝雕的骨干员工，和大家一起并肩作战，为了自己，为了心中那份热爱。林雄成立这个贝雕厂，主要是为了制作顶端的产品。厂里的员工都是制作贝雕的老师傅，对贝雕都熟得不能再熟，制作尖端产品不在话下。

恒兴珠宝有限公司改革创新，追求自然美。从前在美术工艺总厂，大家在制作贝雕过程中会使用染料给贝壳上色。而到了恒兴珠宝，大家改革创新，不再使用染料，而是用贝壳纯天然的颜色。在产品制作中，通过打磨、抛光等手法，让贝壳颜色符合产品要求，达到自然和谐之美。

就这样，林日光坚持了下来，用贝雕技艺养活了自己和家人。2007—2014年，林日光都在恒兴珠宝公司工作，为恒兴珠宝，为贝雕都做出了很大的贡献。2014年，林日光正式退休。他在退休后依然不断地研究和制作贝雕，后来恒兴珠宝公司继续返聘他回去工作。到现在，林先生依然在制作贝雕。他的妻子和他一样，还是一如既往地在制作贝雕。其后来制作的"程阳风雨桥"贝雕更是美轮美奂，被放入人民大会堂广西厅之中，这也是他最喜爱的一件作品。

贝雕和林日光是共赢的。林日光依靠贝雕的技艺生活，并找到了一生所热爱的事业；而贝雕在他持之以恒的匠心精神下，得到了发展与传承。

三、展望未来，企望振兴

贝雕如今作为广西壮族自治区的非物质文化遗产，面临着许多困境。林日光有着不少的忧虑，毕竟这是他从事一生的事业和热爱一生的工艺。

林日光给我们讲述了贝雕制作的简要流程，一共有7大步骤。设计师画图纸设计产品、选材制作、工人分工合作、拼装、上色（如今的贝雕大多不需要上色）、上油光、提版装框。这些流程中，打磨最为困难，要求也越高，打磨不好，便无法进行其他步骤。常用到的贝壳有白蝶贝、珍珠贝、红口螺等十几种贝类。选用的这些贝类在保存恰当的情况下不易褪色。如今一些珍贵的贝壳越来越少，价格上也升高了，成本也跟着升高了。制作贝雕产品耗时较长，一件像扇子一样大小的产品需要一个月左右。有的产品有几十平米，要多人合作完成，要求精细，有可能要耗时好几个月。使用的工具大多是砂轮和雕刻机，类型有花鸟、山水、人物、博古。其中对他来说，制作人物是最难的，他较为擅长的是山水，做得也比较成功。他的代表作有"郑和宝船""丽江春晓""宝塔春色""江南胜景""桂林山水"等。2012年他荣获了北海市第一届美术工艺大师称号。除此之外，还获得了"百花杯"优秀奖、

"金凤凰"优秀奖、"中国工艺美术文化创意"奖等。如今,他是自治区级的非物质文化遗产北海贝雕第五代传承人。

成为了传承人,他的担子也更重了,需要思考的东西也更多了。国家虽然在不断地扶持,政府不断地重视,对待传承人也给出了一定的补贴,但作为北海市名片的贝雕依然身处险境。

由于制作贝雕工艺繁杂、困难,掌握要领需要两到三年的时间。没有想法、没有天赋之人,可能还要学习更长时间。林日光从业将近50年,才能做到如今不看图纸独立制作的地步。艺术的成就需要时间,需要耐心,需要坚持。在如今物欲横流的社会,年轻人缺乏的便是耐心与恒心。林日光所带的学徒大多数都坚持不下去,选择离开。恒兴珠宝有许多学徒。由于大多数学徒都是零基础,要制作出作品才会有收益。在学徒期间,薪水较低,且一切事物难在初始,但多数年轻人就迈不过这门槛,选择了半途而废。林日光有一个独子,也曾想让儿子继承手艺,跟他一起制作贝雕,发扬光大贝雕艺术。但由于缺乏耐心,不能吃苦,他的儿子并不愿意从事贝雕制作,如今在4S汽车店工作,从事销售行业。后继无人是林日光最担心最忧虑的一点。贝雕行业现如今正处于低潮,产品滞销,订做的也越来越少。由于工艺繁杂,成本高,因此产品价格高,普通人都无法买得起,所以贝雕大多接受订做。如今的工艺品越来越多,大多数都实现了工业化、机械化。而这贝雕,只能依靠

林日光创作的贝雕作品"八骏图"

纯手工，无法做到批量生产。由于工艺品的多样化，加之贝雕价格的昂贵，大多数人都不选择贝雕作为观赏、装饰品。现如今的贝雕大多数用于展览与收藏。

价格过高，少人购买；工艺繁杂，后继无人；过于传统，无法工业化；缺乏创新，欣赏的人变少……这些都是贝雕如今面临的困境，也是林日光的忧心之处。

在政府和社会的努力下，贝雕正在一步步复兴。政府宣传弘扬，让越来越多的人对贝雕感兴趣，来学习贝雕。贝雕工艺如今开始走入学校，校企结合，越来越多的孩子们了解贝雕，喜欢贝雕，制作贝雕。林日光说，在他还能制作贝雕之时，如有需要他之处，他一定尽心尽力，倾囊相授。他也希望，有生之年自己的手艺得到传承，贝雕能够再次振兴，发扬光大。

袁玉莲/文

何为传世好技艺，北海贝雕永留世
——记北海贝雕传承人曹世莲

漫漫海疆连丝路，古来今往系海城。在北部湾东北岸，坐落着闻名中外的旅游圣地，我国最美海滨城市之一的北海，其著名景点银滩更是被誉为"天下第一滩"。北海还是一座经济文化名城。经考证，北海是古代"海上丝绸之路"的重要始发港，还有国家历史文化名城的称号。

北海海域生长着种类丰富、天然珍稀的贝类，有通达国内外的交通系统和深厚的文化底蕴。俗话说"靠山吃山，靠海吃海"，在如此得天独厚的环境中，贝

北海贝雕传承人曹世莲

雕技艺承运而生。其材质高贵、工序繁多、技艺精湛、特色浓郁，堪称北部湾海洋艺术的精髓。北海贝雕技艺的历史可追溯到秦汉时期，在明清时期达到相对成熟的水平。北海贝雕艺人们经过400多年的不断探索、继承、发扬、创新，从贝串、贝堆、平面贝雕画到立体贝雕，成为北海的城市名片，也使北海贝雕艺术进入中华传统文化宝库，成为广西民族传统手工艺的一朵奇葩。

写到这，我们仿佛看到一个风韵温婉、笑靥轻盈的身影在缓缓靠近。她便是贝雕界的大师——曹世莲。40余年的技艺生涯里，她的一颦一笑早已和北海贝雕连在一起，其中究竟有着怎样的故事呢？

一、贝雕世家好女郎　天赋秉承照艺路

在临近春节的一次非物质文化遗产调研工作中，经过一番辗转，我们有幸在北海见到了广西工艺美术大师曹世莲女士。

在驱车赶往与曹世莲约定地点的路上，夜色已悄悄降临，到达夜巴黎酒店时，感受到空气中漂浮着丝丝凉意。笔者稍微有点紧张，左右注意着过往的行人，想像着见面可能发生的场景。突然，在夜色中出现了曹世莲的身影，步履轻快，颈间的淡黄色丝巾在微风中舞动。笔者热情地朝她挥手，她也远远地微笑回应。互表身份后，曹世莲细心地询问我们有没有吃晚饭，路途是否顺利等问题，自然和轻松的氛围使笔者的紧张瞬间消散无影。考虑到采访需要安静的环境，曹世莲邀请我们到她家里。

为了不给曹世莲添麻烦，我们提议就在一楼大厅开始我们的采访。也许是我们对贝雕技艺表现出的浓厚兴趣感动了曹世莲，她表示一定会积极配合此次的采访，随后便风风火火地上楼给我们拿她收藏的"宝贝"，不一会儿就满满当当摆了一桌。她向我们介绍说："这些是贝雕相关的书籍，这是所有获奖的资料，这是……"此时她的脸上洋溢着孩童般的笑容，向我们分享着她的珍爱之物，尽显她对贝雕深沉的爱意。

1953—1956 年是一段重要时期，举国上下都沐浴在三大改造基本完成的春风中，整个中国社会面貌焕然一新，朝气蓬勃，人民都铆足劲儿谋发展。1955 年 5 月 6 日，天空上彩云飘飘，春日和缓轻柔的风吹拂着大地，当天是曹家的大喜日子，伴着一阵清脆的哭声，他们迎来了期待已久的新生命，女婴努力地睁开小眼，看着这个新奇的世界。

她就是曹家贝雕的第四代传承人曹世莲。作为长女，她很早就承载着家庭的责任。从她祖父那代起，这个家庭的命运就和贝雕息息相关。170 余年里，曹家人兢兢业业，一心只为创造出更好的贝雕作品。

年幼的曹世莲很小的时候便显露出对贝雕的痴迷。她最喜欢的事情就是看父亲做贝雕。从几岁起，每次父亲工作时，她就蹲在父亲的身边，乖巧地当一名"监工"，哪怕是一个小细节都不会错过。贝壳的选料、雕琢、打磨、打孔拼接这些复杂枯燥的工作，同龄的小朋友没一个感兴趣，只有她搬个小凳子坐在旁边，一看就是一整天，遇上感兴趣的地方或一有疑惑，便求教于父亲。她的心思父亲早已看在眼里，每每这时，他都知无不言、言无不尽。

曹世莲在贝雕技艺上表现出的天赋和聪慧比她的痴迷更让父亲感到震惊。光是在一旁看，她就能掌握到七八分的精髓，在复杂问题上，更是一点就通。这使父亲骄傲而欣慰，并决定将毕生所学授与女儿。曹世莲十几岁时，已经算是贝雕的内行人了。灵感乍现时，她提笔就能画出贝雕的设计图案；看到贝雕作品，她就能领悟到作品所表达的内涵和制作关键的精髓。

　　曹世莲从小就深知知识的可贵和重要，要想出人头地，穷人家的孩子只有依靠知识的跳板，才有一跃枝头的机会。从踏进学校的那一天起，曹世莲就立志勤读书，梦想有一天学有所成，帮父母扛起这个大家庭。优异的成绩就是给予她最好的奖励，家里墙壁上满满当当贴着她的奖状。

　　日复一日，年复一年，转眼就到了1971年，曹世莲终于等到了中考的来临。当知道自己考上了北海最好的一所高中时，她热泪盈眶，但同时，她也看到了父母在喜悦后的担忧。20世纪70年代，寻常百姓家都消费不起贝雕家具，只有极少数大户人家才会定制。长期的惨淡经营，家里姐弟几个都在读书的年纪，父母的压力可想而知。

　　在几番激烈的思想斗争后，曹世莲毅然决定弃学走上社会。她的老师听说后立马到家里了解情况，力劝她不要放弃得之不易的机会。最终，她还是决定放弃。她在跟我们讲述这一痛苦的决定时情绪很平静，带着淡淡的笑，以唠家常般的口吻说："我当时一心想着要让弟妹读书，现在苦日子过去了，我们姐弟几个都过得很幸福。"语气里听不到一丝抱怨，而是一种知足和淡然。

　　幸运的是，此时北海的贝雕事业开始崭露头角，政府和行业看到了贝雕发展的前景，贝雕技艺的创新和生命力正以前所未有的趋势进行着。最好的体现就是1964年北海市工艺美术总厂的成立，曹世莲独到的眼光告诉她，一定不能错过这个好机会。1971年7月，在家人的引荐下，曹世莲进入了北海市工艺美术总厂，开始了她的贝雕事业。

二、柳暗花明又一村　　与君同道笑春风

　　工艺美术总厂成立初期，急需广纳贤士，很多优秀的贝雕民间艺人响应号召，积极助力北海贝雕事业。有了优秀的民间艺人，工艺美术总厂便向社会广招学徒，用师傅带徒弟的传统方法传承贝雕技艺，以达到增产来满足当时贝雕市场的需要。按照规定，曹世莲也需要有两年的学徒经历才能转正，

她的贝雕技艺基础让她很快就进入状态,成为厂里数一数二的优秀学徒,没过多久就具备了独立制作贝雕作品的能力。

贝雕的制作过程复杂,要求的技术含量高,不是人人都能顺利学成的。曹世莲在和父亲学习时也经常遇到难关卡,如果在制作过程中哪个环节出错了,整个作品要作废重做。这就需要制作者以十分的专注去对待,把贝雕作品当心爱的孩子般细细呵护,打造出它最完美的样子。

一幅完整的贝雕作品出世需要经过7道大工序,要创造一幅作品,首先要在图纸上设计好贝雕图样,接下来根据图纸的内容、形式、规格、效果选取贝壳,这是制作贝雕作品的基本准备阶段。选料完成后就可以进行雕琢了,用各种精细的工具,利用多重雕刻技艺,将形状大致相同的贝壳雕刻成各式各样、形状各异的零部件。由于雕琢好的贝壳表面平滑度不一,就需要进行打磨抛光的步骤,将切割和雕刻出来的雏形打磨抛光,作品黏合之前和之后,都需要对作品进行打磨调整。到这里,零部件就算准备就绪,可以进行打孔拼接了,这个步骤是为了使料件之间的连接更牢固。此时作品就基本成形了,接下来黏合成图纸形状就可以进行最后一步装裱工序了。

如此看来,贝雕艺人长期进行这样烦琐精细的工作,技艺必须精湛,具备稳定的情绪、持久的耐力,能坚持下来的人寥寥,这就是贝雕艺人宝贵的原因。

20世纪八九十年代,北海贝雕发展达到了空前的繁荣。北海贝雕在这个时期先后在自治区和国家外经贸部获得品牌产品称号和优质产品荣誉书,贝雕产品名气大增。大部分产品远销欧美。一时间,北海贝雕受到了国内外艺术界的关注,许多海城开始计划发展贝雕产业。1989年,北海贝雕作品"程阳桥"被悬挂在人民大会堂广西区,成为北海贝雕永不磨灭的荣誉。

工艺美术总厂的一路发展也见证了曹世莲的成长之路。1971年入厂以来,她多次被评为厂先进工作者和厂职工代表,并荣获厂先进工作者特殊贡献奖,还以优质、高效、低消耗的过硬技术获得北海市二轻局的特别奖。1984年开始,每年样品产品质量评比均获一等奖。

工艺美术总厂的繁荣,随之而来的是业务量迅速增大和领导岗位的空缺,厂里在经过研究后决定将曹世莲提拔为车间主任。她的工作重心从生产一线转移到生产车间的管理上。

工在于美,技在于精,精美合一是贝雕艺人共同的追求。从业以来,曹世莲就严格要求自己，在创作中追求完美。在工艺美术厂的同事里，她的作品的废材量是最少的，作品合格率是最高的，主要负责创作厂里的高尖产品。因此，工厂领导认为，没有人比她更适合质检员这个职位，曹世莲自此专职当车间主任兼质检员。痴迷贝雕制作的她心里明白，脱产意味着不能在生产一线创作了，不免难过，但依旧服从安排，只要是关于贝雕的工作，她就会义无反顾地劳心劳力。

对待事业雷厉风行、无怨无悔的她，谈及家人时，表露出的是无限的感恩和欣慰之情。能够使她心无旁骛，几十年如一日扑在贝雕事业上的背后力量来自她的家人。我们表示想了解一下她的家人，此时的她脸上浮现一丝神秘的神情，几秒钟后，笑着问："你们知道我的爱人是谁吗？"我们还来不及思考，她就忍不住揭晓答案，略带羞涩地说："是我当年在美术厂的师傅！"

同道知己何处寻，师徒爱意佳话传。原来，曹世莲的爱人就是当时北海市贝雕界的代表艺人金永光先生。在贝雕界，金永光先生有着极高的造诣和贡献，是数一数二的优秀匠人。据了解，人民大会堂广西区高挂的两幅巨型贝雕画"程阳桥"和"真武阁"均是由金永光先生独立或与他人合作完成的。除此以外，他还有许多优秀的传世作品。

当年的他们，缘于对贝雕事业有着共同的热忱。年轻有为的少年与温柔聪慧的女子相遇，难得的缘分让他们格外珍惜，历经风雨。

在众多的优秀作品里，曹世莲最喜欢的始终是"称心如意"这幅作品。这是她和爱人金永光先生共同创作的唯一作品。据曹世莲回忆，金永光先生最擅长山水图，而她最擅长花鸟图，由此而知，两人的合作可谓是珠联璧合，琴瑟共鸣。这幅作品后来以其天然色泽与精雕细作，在杭州斩获中国工艺美术的最高奖项"百花奖"金奖，名震一时。

20 世纪 90 年代末，工艺美术总厂进行改制。由于市场萎缩，青岛、大连等贝雕工艺厂相继倒闭，北海贝雕生产也逐渐走向低谷。厂家把能卖的贝雕产品都悉数卖出，其中也包括"称心如意"。得知消息的曹世莲难过不已。1998 年金永光先生患肝癌不幸去世，此后曹世莲一度想买回"称心如意"，可惜毫无途径，遗憾不已。

2005 年 6 月，达到退休年龄的曹世莲光荣卸任，结束了她与北海市工艺美术总厂长达 34 年的缘分。

2007 年，北海市工艺美术总厂宣布倒闭，北海的贝雕事业一度陷入停滞。

三、望尽天涯路坎坷　倾力贝雕传世梦

"真的不希望看到贝雕就在我们手中消亡！"在北海从事小规模生产和批发金银首饰的福建青年企业家——北海恒兴珠宝公司总经理林雄，看到北海贝雕在走下坡路，毅然买下工艺美术总厂的厂房和生产机器，重新组织原北海市工艺美术总厂的下岗职工，恢复制作贝雕艺术品，北海贝雕迎来"救星"。2005年曹世莲作为核心组织者，率先带领下岗工人们投身北海市恒兴珠宝公司，重振北海贝雕事业。

恒兴珠宝公司充分利用原北海工艺美术总厂的生产条件和技术力量，对原有厂房、设备进行改造，引进中国台湾、新加坡的先进贝雕生产技术，革新北海贝雕工艺，将传统与现代工艺相结合，创新开发出了全新、自然、原汁原味的贝雕工艺产品。

从业几十年，曹世莲不仅在贝雕制作上硕果累累，还致力于贝雕制作工艺的创新和改良。2005年，曹世莲和徒弟吴鉴峰一起研究改革了传统贝雕画上色工艺，避免人工上色掩盖了贝壳内含的各色荧光的透射。改革后增加了选材、配色的难度，但贝雕画面上的天然色彩、天然的荧光闪烁，更具美感，而且永不褪色，更有观赏和收藏价值。

为了贝雕事业的长足发展，在恒兴珠宝公司的鼎力支持下，贝雕艺人们积极参与工艺大师评选及非物质文化遗产的申报工作。2011年，曹世莲被确认为广西壮族自治区级非物质文化遗产北海贝雕的代表性传承人；2012年，曹世莲获北海市工艺美术大师荣誉称号。曹世莲所作的"称心如意""富贵锦绣""百鸟朝凤""万年红""国色天香"等作品先后荣获2007年、2008年、2009年中国工艺美术协会举办的"金凤凰"设计大赛金奖、银奖。这只是众多获奖作品中的一些，她所制作的"香港回归梅报春""梅兰竹菊""春夏秋冬""富贵锦绣"等作品作为广西壮族自治区人民政府的珍贵贺礼赠送给香港特别行政区政府、国外贵宾友人等。

曹世莲将贝雕作为自己的终身事业。年近花甲的她，也开始担忧贝雕事业的传承问题。为此，她作了一个令业界称赞的决定。

曹氏世代从事贝雕工艺事业，从清代开始就开始为望族制作贝雕家具等贝雕产品。曹世莲家祖传有一套"酸枝木贝雕家具"，包含两张长椅。四张单椅，一对花架，一个茶几共九件，对于北海贝雕事业的开端具有意义非凡的

影响。北海贝雕技艺主要由手工雕刻、贝壳打磨、镶嵌等操作程序组成，工艺技术娴熟、古老、全面。整个工艺制作借鉴了"酸枝木贝雕家具"技艺的制作手法，尤显制作技艺之高雅及凸显贝雕画之华丽与珍贵。

对于这套明清时期的祖传贝雕家具的由来，曹世莲的爷爷曾与她说过。据她爷爷所言，她家大约在1840年左右就拥有这套"酸枝木贝雕家具"了。这套家具本是为一个王爷定制的，家里人也参与了家具的加工和贝雕的镶嵌等工序的制作，后来由于定做此家具的王爷家中变故，致使这套家具散落民间。至于曹家后来是怎么拥有这套贝雕家具的，由于年代久远已无从考究。

这套家具如今已从曹世莲手上交由北海市贝雕博物馆收藏展出。幸有曹世莲的无私之举，世人才得以观摩这具有历史意义的贝雕大作。

2011年，海南省计划引进贝雕技术，利用得天独厚的条件发展贝雕产业，特邀请曹世莲作为技术指导，教授贝雕技术，填补海南省贝雕技艺的空缺。此时的曹世莲已将近60岁，两个儿子心疼母亲劳累，均不同意她只身远赴海南。她思前想后，这将利于北海贝雕技艺传承，向国内撒下第一颗传承的种子，于是毅然前行。同年，曹世莲应邀入职海南省高级技工学校。

2015年，正当在海南省发展得如火如荼的时候，曹世莲的母亲突然病危。这一噩耗猝不及防，她只能停下工作回家照顾母亲。母亲走后，心灰意冷的

曹世莲创作的贝雕作品"国色天香"

她再次受到命运的重击,弟弟患癌离世的消息几乎压垮了她的意志。

亲人的接连离世,身心疲惫的她身体已不如从前,儿子再次劝她放弃海南的工作,一家团圆。提着行李离开海南高级技工学校那天,她站在校门,不舍的泪倾然而落。关于贝雕事业,她的心里有着太多的遗憾,她还想把贝雕技艺教给更多的年轻人,给贝雕的传承多留一丝希望。

操劳半辈子的曹世莲如今已回归家庭,享受天伦之乐。最后她还表示,她愿倾尽毕生经验所学,助力贝雕技艺的传承。

后 记

采访结束后,曹世莲意犹未尽,邀请我们留下吃饭,我们婉言推辞,不想再耽误她的时间。出门前,她紧紧地握着我们3个女孩子的手,再三感谢我们对于贝雕的关注,感谢我们的来访,让她有机会再把这些故事分享出去。

走在夜色中,我们一行三人都若有所思,曹世莲的音容笑貌似乎还在眼前,心里反复响起一个声音:感谢您,感谢您为贝雕事业所做的一切。

梁钰旋／文

北海城市的名片——北海贝雕
——记北海贝雕传承人林雄

贝雕是最璀璨、最亮丽、最摄人心魂的明珠，体现着中华民族无穷无尽的创造活力，是世界艺术的精髓。北海贝雕则是以北部湾天然珍稀贝类为原材料，取贝壳海螺天然色泽、纹理线路，吸收海洋精华，通过精细设计、筛选材料、清洗切割、精雕细琢、运刀修饰、打磨抛光、镶嵌组装等十几道特殊工艺后铸就的艺术精品。其材质高贵，工序繁多，技艺精湛，特色浓郁，堪称北部湾海洋艺术的精髓。同时贝雕还能够巧妙地将人与海结合起来，是海的绮丽与传统文化智慧的结晶，具有贝壳的自然美、雕塑的技法美和国画的格调美。贝雕自古以来就记载着人与海的故事，传达着人们对美好明天的向往和期待。

北海贝雕传承人林雄

因为独特的地理位置因素，所以贝雕技艺是沿海地区才能发展起来的独特技艺。也正是因为这样，北海贝雕技艺已成为广西壮族自治区的非物质文化遗产保护项目。

2018年1月16日下午三点，笔者一行人驱车前往北海市恒兴珠宝有限公司，去采访北海贝雕传承人——林雄。

一、贝雕的前世今生

关于北海贝雕的起源历史，林雄先生向我们娓娓道来……

最早的贝雕可以追溯到五万年前山顶洞人时期，在那个时期只是被穿成串链来当装饰品,当然那个时候的贝雕也仅仅是最原始的的未经人工技艺加工的贝壳。如果从贝雕开始人工装饰技艺使用的时间计算,则可以追溯到汉代。技工艺人利用贝壳的色泽,将一种较为平整的贝壳磨成薄片,再雕刻出简单的鸟兽纹图样,镶嵌在铜器、镜子、屏风和桌椅上做装饰,俗称"螺钿"。

但如果从现在所拥有的工艺品考察时间来算,即从北海合浦民间传世的明清贝雕家具及工艺品考证,贝雕技艺成熟于明末清初。合浦廉州在唐宋元明清各代是州、府、县治的所在地,所以很多达官显贵、封建地主、贾商富豪都云集于此,达官显贵之家所使用的台椅、茶几、衣柜、屏风等大多以酸枝木为原料,用珍珠贝壳加工成各种花鸟、人物图案和书法字体来镶嵌家具,做成各种花纹和图形的贝雕。于是到了明末清初,便主要以家庭手工作坊的形式传承,主要是在硬木家具的表面镶嵌贝壳,做成各种花纹和图形的贝雕家具。

中华人民共和国成立后,政府号召民间贝雕艺人组成手工业合作社,1964 年建立北海市工艺美术总厂,开始进行专业的贝雕制作,并不断总结经验,使北海贝雕工艺得以传承并快速发展。而北海贝雕艺人经过 400 多年的不断探索、继承、发扬和创新,从贝串、贝堆、平面贝雕画到立体贝雕,也使得北海贝雕艺术进入中华传统文化宝库,成为广西民族传统手工艺中珍贵的一项。至此,北海贝雕的发展进入鼎盛时期。

二、结缘贝雕

1973 年 6 月的一天,随着一声婴儿的啼哭,林雄来到了这个世界上。虽说是北海贝雕技艺的传承人,但林雄并不是地地道道的北海人。他的老家在福建莆田,是福建省下辖的一个地级市。林雄在职业学院毕业以后便开始在家乡的镇上做雕刻技术工人,做了几个月以后便到了福州金得利集团有限公司旗下的金得利珠宝做珠宝首饰设计。

随着 20 世纪 90 年代初开发建设的热潮,同时因为北海作为沿海城市是重点的改革开放经济技术开发区,全国各地带着激情与梦想的青年们都纷纷涌到北海淘金。于是当时 20 多岁的林雄也背上了简单的行囊,独自一人于 1994 年来到了北海合浦。1994 年对于当时的中国而言是名副其实的"改革年""攻坚年"和"关键年",林雄工作的地方待遇并不是很好,工资很低,温饱问题也只是勉强得以解决。因此，林雄的生活质量也并没有因为来到了合浦得到明显的提高。在那时，房地产是赚钱最快的项目，绝大多数来到北海的青年都选择了房地产开发，开始了他们的炒楼炒房之路。而林雄并没有走上相同的道路，相反进入了当时做角雕的一间工艺厂，而后因为换了董事长，林雄便决定出来单干。在改制以后，林雄便承包了角雕厂的车间。

20世纪90年代初期的北海也正是南珠养殖、销售的高峰期，1995年养殖面积就已经发展到了2912公顷，产量更是增长到了8831公斤。通过经济链条的带动作用，南珠产业的快速发展相应地带动了珠宝产业的发展，因为做过雕刻技术工人和珠宝设计，从而积累了很多的制作珠宝磨具工作经验的林雄对晶莹剔透的南珠更是情有独钟。于是林雄看准了时机，利用自己所拥有的优势，从珍珠首饰加工工业入手，利用了一年的时间准备，于1995年注册成立了他的第一家公司即北海恒兴珠宝有限公司，专门从事各种珠宝首饰、各类饰品的加工生产和销售，就此开启了他的北海创业生涯的篇章。

随着时间一年又一年过去，2005年5月，林雄接到了一个来自迪拜的订单，要求加工一批贝壳首饰，而这也是林雄与贝雕最初的接触。同时，为了寻求合作，林雄第一次走进了北海市工艺美术总厂的大门。林雄也万万没有想到，他与贝雕就此结下了缘分，直至如今也不曾放弃。

三、为爱所爱

从小就在海边成长的林雄其实对贝雕并不陌生，因为他在家乡也见过这种贝壳艺术品，但也只是不陌生而已。1964年所创建的北海市工艺美术总厂可以说是北海贝雕的辉煌成长历史之地，每一个曾在厂里工作的人，不管是领导还是职工，也都为自己能够从事贝雕事业而自豪骄傲。2005年5月，林雄踏进了这个属于贝雕的神秘之地。在他的印象当中，他已经许多年没有见过这么美丽的贝雕画了，他甚至没有想到北海竟然还有这么大规模的贝雕生产企业。看着陈列室里面摆放着的各种各样的精美的贝雕画，天生就喜欢工艺品的林雄立即就被深深地吸引住了，直到今天也深深地沉迷着。

在当时因为整个二轻系统的企业所面临的困难，全国的贝雕行业更是受到了史无前例的重创，即使是有着40年历史的大连贝雕厂都已经被私人承包，青岛贝雕厂也被收购了，其他几十家贝雕厂也都陆陆续续破产消失。不难想象，北海市工艺美术总厂作为一家主攻贝雕生意的工厂，此时此刻的处境是多么的艰难。为了能够维持正常的运行，工厂甚至不得不以停薪减员的措施来应对，但这也仅仅是杯水车薪，完全不能作为长久之计。曾经的辉煌就像是一场梦，午夜梦回间总是让人回忆想念，也难免唏嘘惋惜。林雄所看见的便是一个偌大的工厂，一个处于停产状态的工厂，大部分的工人都已经回家待岗，只有少数的工人还留在这里坚守岗位，安安静静，没有欢声笑语，没有热火朝天的工作场景，只有一片让人心酸的孤寂围绕着。站在这里，看着贝雕画，脑海中可以清晰地想象到几年前的辉煌，林雄心里不免生出了几分遗憾：难道从此以后这般美好的贝雕工艺品就此磨灭了么？难道就甘愿如此，让它蒙尘，从此只能从书本上领会它的美好？

经过深思熟虑，林雄知道，自己没有办法放弃，因为他已经被深深吸引了，放弃谈何容易，也只怕以后自己会后悔。于是在经过市场考察并与厂方进行了多次沟通以后，林雄作出了他人生中的又一个重要的决定：投资贝雕生产。说干就干，林雄当即找到了北海市工艺美术总厂的领导，讨论协商以后，买下了部分的贝雕工艺制作设备，并召回了之前在工厂工作的26名技术人员。当时的林雄几乎把他所有的积蓄投入到了这个伟大的决定中。

虽然说林雄是"半路出家"，但是他仍然对贝雕的前景充满了期待、希望与信心。在林雄的介绍中，我们也了解到了贝雕的制作其实并不容易，甚至可以说是既精细又复杂。首先是创意构思、设计图样，要在图纸上设计好贝雕图样；其次是选料雕刻，因为贝雕可以分为花鸟、山水、人物、博古不同的类型，所以要根据作品内容、形式、规格和效果来选取贝壳，将贝壳原料进行切割和雕刻，这是制作贝雕工艺品的基本准备阶段；然后开始进行雕琢，利用螺钿、低浮雕、空雕、侧锋、跳刀、铲底等多种雕刻技艺，雕琢出花鸟鱼虫、山水、人物等形状零部件；下一步便是打磨抛光，将切割和雕刻出来的雏形打磨抛光；接下来便到了打孔拼接，由于造型的需要，料件之间的连接仅仅靠黏合剂往往强度不够，因此需要打孔用丝或绳连接；之后黏合成形，根据设计和事先演示效果，黏合成形；最后一步装饰装裱，贝雕成形后，根据作品的风格、效果，配以装饰框或底座装饰。经过这7个步骤，我们才能看到那美得令人惊叹的贝雕工艺品。而同样也正是因为制作艰难，之后才造成了贝雕的二次凋落，也让人十分唏嘘。

在贝雕的工序制作中，林雄感悟到：唯有创新，才是贝雕的新出路。任何一样商品如果不能适应市场的需求，那么它是发展不起来的，即便是一时的发展，那也只是昙花一现。林雄要的不是昙花一现，他想要的是贝雕的再次繁荣。最早期的北海贝雕采用的是原色的贝壳进行加工，而随着社会经济的不断发展，人们的生活水平不断提高，对贝雕的需求也开始有了新的要求。在这新的要求中，林雄认为在继承传统工艺的同时，自然、原汁原味才是贝雕工艺品的未来发展方向。即使这条路是多么的艰难，林雄也没有停止过前进的脚步。命运不会亏待努力的人，贝雕确实得到了市场的青睐。为了打开贝雕的市场，林雄还专门在广州和义乌两地设立销售点。这一切也都取得了巨大的成功。

2007年，林雄接到自治区的一个大单，做一幅贝雕画作为香港回归十周年的贺礼，于是"梅报春"这一幅四五平米的贝雕画应运而生。从那个时候开始，政府便开始对贝雕这一行业重视起来了。多年来在商海中打拼，能够得到政府的重视无疑是一件令林雄喜极而泣的事情，这证明北海贝雕技艺有了复兴的可能性，自己多年的努力也没有白费。

四、传承之路

一项古老的技艺如何得以保护、传承，成了林雄需要关心的一个重要难题。于是在2008年，林雄便开始以北海市恒兴珠宝有限公司的名义去申请工艺大师，因为林雄知道，想要一门技艺得以传承，就必须要有切切实实的基础，要有世人的承认，不然谁会去相信你。1985—2008年，整个北海没有任何一个工艺大师，甚至不知道什么是工艺大师，这无疑是一大难题。于是林雄便从中国工艺美术协会里开始寻找，功夫不费有心人，2010年有20多人评上了北海市的市级工艺大师。在寻找工艺大师的同时，2009年林雄也开始了为北海贝雕技艺申报市级非遗保护项目。2010年申报自治区级非遗保护项目。2012年评上了五六个省级工艺大师。同年，中央电视台《贝海奇韵·探索与发现》也拍摄了一个关于北海贝雕技艺的45分钟的纪录片。得到政府的承认以后，林雄还在争取得到社会的承认，因为林雄知道仅靠一个企业去试图挽救一门技艺是艰难的，甚至是不现实的。林雄与北海市第一职业高中对接，进行校企合作，以此来培养更多的技艺人，从而把这门技艺传承下去。

2013年下半年开始，林雄凭着自己的个人努力，建立了北海市贝雕博物馆。这是北海市第一家博物馆。为了建立博物馆，林雄投入了1000多万。林雄认为这是一个留给后人纪念的地方，即使花费了很多的人力物力财力，做这一切都是值得的，而今北海市贝雕博物馆也成为了 3A 景点。林雄告诉我们，每天起码都会有几百名游客过来观赏，在高峰期甚至会达到七八百人。博物馆里面包括了贝雕的基本知识、贝雕的起源、贝壳的分类、贝雕工艺品，更有获奖的贝雕画。可以说，博物馆展示了北海贝雕曾经的辉煌。令林雄比较失望的是，2014 年申报国家级非遗保护项目失败，但他也没有因此而失去信心。2016 年贝雕画作品"21 世纪'一带一路'"被林雄以博物馆的名义拿到了北京去参展。

林雄认为，做贝雕是一件自然而然的事情，只要在这个行业干得足够久，有学校、师傅的教导，理论是基础的，但最重要的还是经验。记在心里，学在手里，才是重要的。如今林雄面临一个困境：有单不敢接。因为懂得贝雕技艺的工人大多已经年纪大了，眼睛也不好，没有新生的力量，难以支撑。他说："现在的年轻人，没人愿意做这行了。"现在最大的困境已经不是市场，而是人。学做贝雕，最好是 18—25 岁手脚灵活的年轻人。学手艺，只有去克服学手艺的困难，才能够继续；如果克服不了，那么就没有办法继续下去。不是没有试图去培养，公司也曾安排了制作技术好、有经验的老工人师傅去教导，但结果却让人失望。更多的年轻人看中的并不是如何能做好贝雕，而是关心工作待遇如何。这么多年来，来了又走，能够坚持下来的没有多少人，最终留下来的也都是原工艺美术总厂的老工人。

最后林雄告诉我们："做的事都是好事，没有后悔。"我们可以想象得到，在漫长的历史长河中，贝雕曾经是多么辉煌的存在，达官显贵、封建地主、

林雄创作的贝雕作品《听泉图》获"金凤凰"创新产品设计大奖赛金奖

富商巨贾曾是多么的追捧和喜爱。而把这门技艺传承下来的一代又一代的传承人的付出我们更不能忘记。虽然现在面临着技艺无人传承的困境，但是只要我们更多地去关注，更多地去保护，更多地去了解，那么一切也都还是有希望的。做好北海贝雕技艺的传承，所依靠的是你我他共同的努力。

后　记

采访已经接近尾声，为了让我们更好地了解贝雕，林雄带我们来到了他所建立的北海市贝雕博物馆。只有当自己亲身去经历，去观看，才能够感受到这一项技艺的伟大。

采访结束后，林雄送给我们一本由他主编的《北海贝雕》。这本书倾注了他对贝雕的爱与希望，需要我们好好地去阅读，去珍藏。

蒙 杏/文

角雕守望者
——记合浦县角雕传承人白耀华

合浦县角雕传承人白耀华

璀璨东方，不离南海；合浦技艺，可数角雕。在北部湾这片热土上，几千年来，不仅衍生出具有地域特色的海洋文化，还孕育着令人叹为观止的技艺文化。这里有一种技艺生生不息，用工艺演绎传奇；有一位耕耘守望者，手持牛角，书写神奇。

一、走近角雕，感叹技艺

角雕艺术是指以牛、羊、鹿的角、蹄为原材料雕刻成工艺品的一种雕刻艺术，与中国众多雕刻艺术门类如玉雕、木雕、石雕、牙雕等相似，都有着精雕细刻美。但角雕也有其独特性：牛角表面为乌黑色，内中溅浅，为灰褐色，也有浅灰黄色。牛角特点是硬而韧、薄且透、弯而不折，耐用性强，可雕刻得细如发丝，薄如纸，雕刻出来的角雕工艺品温润通透，具有立体美，是其他雕刻材料无法替代的。

合浦角雕，始于秦汉，盛于改革开放新时代，被誉为广西民俗旅游产品中最著名的"三雕"品牌之一，艺术价值高。牛角雕塑最常见的特征为牛角发簪，具有吉祥饰物的特性，故而成为新娘嫁妆必备，出嫁时佩戴牛角发簪装饰，寓意夫妻白头偕老，丁财兴旺。而牛角梳、刮痧板、拔火罐、牛角按摩捶、烟斗、刀柄等东西都是百姓家常备的实用工艺品。20世纪60年代初期合浦角雕行业出现了工业化、规模化的厂家及作坊，有师徒相传模式为主，专业生产观赏艺术的角雕。合浦角雕艺人吸收中国传统雕刻技法的同时，不断创新角雕艺术的表现形式，形成国内独树一帜的风格流派。同时，改革雕刻打磨工具，使千百年来角雕工艺从纯手工雕刻生产转变为机械辅助手工雕刻制作，提高了生产效率，使得产品能大量进入寻常百姓家。角雕的某些工具因市场需求少且专业性要求较高，至今仍为角雕艺人自己打造。

1960年以前，全国各地都没有专业化、规模化生产角雕工艺品的厂家及作坊。1960年后，合浦有6位有志青年前往高州学习角雕工艺及相关的经营管理，学成归来，他们成立了合浦廉州工艺美术社，并于1966年春转为合浦工艺美术厂，专业生产角雕工艺品。艺人学成归来后，在单一的基础上不断改革工具、产品造型、产品种类，生产出多种题材的角雕工艺品，由师带徒，使合浦角雕工艺在全国同行业中形成了自己独特的风格流派，形成了一个角雕产业。为了促进角雕工艺的发展，合浦工艺美术厂内部成立一个专业的设计小组，专门针对每年春秋两季广州外销交易会、两次内销订货会设计样品。当时虽是计划经济时期，但有专业设计小组把握市场需求信息及工艺潮流大方向，因而当时的产品都能适销对路，供不应求。其中，最具有代表性的畅销产品有大母子虾、热带鱼群、中椰象。

二、牢记传承，不忘创新

千百年来，这里培植起一代代角雕艺人，其中来自合浦的白耀华大师，更是作为合浦角雕传承人一直在为合浦角雕的创新性传承不懈努力。

白耀华，高级工艺美术师，中国工艺美术行业艺术大师，自治区非物质文化遗产项目合浦角雕技艺传承人。1956年生于合浦，高中毕业后，1974年机缘巧合进入合浦工艺美术厂，开始从事角雕技艺；师从曾沛贤大师，无美术基础的"初生牛犊"，有着更多的恒心与毅力。他笑着说："当时，一开始是跟着师傅学走坯、磨坯。磨牛角片时要厚薄统一，如磨虾须。要学好这个功夫，手要勤快，脑要灵活。现在教徒弟也是如此。"白大师回忆起这些初学艺的情形，脸上露出了怀念的神情。

对于牛角原料的处理也不能疏忽，采购回来的原材料要及时处理：把牛羊角心除去，晒干后需离地30厘米以上存放。合浦角雕的独特之处还在于用烧制的谷壳灰、抛光膏、抛光蜡使其达到光亮的效果；用药水浸泡，使工件由黑蜕变为动物鬃毛或羽毛的金黄色效果；最后还要泡制。一件简单的角雕工艺品也离不开有序的工艺流程：作品图纸设计、排料、开料、雕坯、精雕、打磨、抛光、热造型、钻孔、镶嵌（局部组装）、工件表面处理（线雕）、工件表面处理（线雕）、整体组装、整型。这些看似简单，实则考验的是一个人的耐心，也离不开时间的历练。经过多年苦心潜研，白耀华也从略懂皮毛到擅长雕刻水族生物、花鸟草虫、飞禽走兽；从仅知单一工序到整个流程的熟练操作。如今，他也成了少数能独自完成角雕工艺制作工序的大师之一。

在合浦工艺美术厂解散后，白耀华不忍丢弃这门自己苦苦钻研的技艺，凭着一份远见与雄心，于1988年携妻自办起角雕厂。金蝠角雕厂从两三人的规模发展成至今享誉一方的角雕厂并非易事。这离不开白大师的苦心经营、远见及恒心。从开料打磨到雕刻镶嵌，从工艺美观到产品研发，几十年呕心沥血，只为更好地传承角雕工艺。娴熟的技艺流程，精湛的雕刻技艺，更是角雕匠人忘我钻研、永不枯竭的探索精神的最好见证。

办厂后，经营好金蝠角雕厂成了他的头等大事。"产品要靠市场来检验"是他一直牢记的，也是白耀华一直在坚持的标准。随着时代的发展，角雕也遇到了"瓶颈期"，可苦苦经营的心血不能就此付诸东流，要想生存，就得扩大销量，宣传就必不可少。但是要如何宣传这一民间工艺品呢？怎样才能扩大它的知名度呢？那就是参加相关的艺术展。艺术展扩大了他的眼界，也激起了他的激情，促使他不断创造新作品。

2011年，在艺术展上，一个工艺美术专业的教授对他的工艺品点评：做得不错，但是缺少特色、风格。经该教授指点，白耀华幡然醒悟：技艺的传承离不开创新,"万绿丛中一点红",在传承过程中,更应形成自己的风格特色。时光易逝,白耀华365天如一日地坚持早起,只为有更多的时间投入到角雕技艺研发。"没有输入哪有输出",于是,在钻研的同时他坚持阅读大量雕刻类书籍信息,不断接触新事物、新信息,坚持外出采风,以汲取更多的雕刻技艺的灵感。通过不懈的努力,他设计的作品在2012—2017年连续荣获国家级工艺美术大师创新设计大赛金、银奖。更值得一提的是,他于2014年在工艺美术大赛展出的灵感来源于杭州苏绣屏风的大型角雕屏风作品"中国梦"更是引起了角雕工艺界的震惊。这个创新也使角雕进入了新境界——打破了长久以来国内角雕工艺难登大雅之堂的局限。这类作品的表现形式属国内首创,是传承与创新的体现。

白耀华因纯熟的技艺于2013年获高级工艺美术师职称,因创新的研发于2016年荣获中国工艺美术行业艺术大师称号。他认为产业要与文化相结合;艺术品来源于民间,需要民间来检验;一件好的艺术品不仅要有实用价值、美观大方,还应注入文化底蕴。

其角雕"中国梦"充分展现了中国传统文化底蕴与时代精神的完美结合。作品特为中华人民共和国成立65周年献礼而作。他的作品角雕"中国梦"创意来源:①2012年党中央正式提出凝聚每一个人的力量和每一份梦想以实现国家民族复兴、梦想之路的"中国梦"。② 在中华民族文化历史认同中,虾、龙属同类,虾为龙的化身,而龙则代表中华民族形象。故而,以精雕细刻、形态各异、拼搏向前游弋的虾群,警醒中华民族要不忘国耻、奋进拼搏、自强不息;也寓意中华民族的伟大复兴、国家富强、人民幸福的"中国梦"这一作品主题。该作品采用国画形式、双面通透的屏风格局,将雕刻工艺和装饰工艺融为一体。在选材上该作品的框架及底座采用红木制作,采中国古色更添古韵。画内水浪选用形态奇特、纯天然的盘羊角制作;虾、蟹、鱼选用广西白水牛角,角肉色较通透,雕刻后能看到虾蟹的内脏,栩栩如生;蟹笼选用非洲黄牛角制作;其中水草采用西北黄牛角,画内头字题用墨中带蓝的水牛角;落款采用白水牛角制作。整个作品因材施艺,充分发挥牛角的特色,展现了角雕技艺的传神及匠人的智慧,赋予其文化底蕴,增加了该作品的价值内涵。该作品获得了第十五届中国工艺美术大师精品展"百花杯"金奖,2014年广西工艺大师精品工程金奖。

角雕作品"和谐梦"采用竖屏形式,红木框架的下方雕刻饕餮,角雕屏风选用形态奇特的黄牛角雕刻金鱼,用黑牛角雕刻石头,以白水牛角雕刻田螺和水草;作品活灵活现。手法上以精雕细刻虾蟹的写实手法辅以石头写意手法相结合。作品寓意万物和谐、包容、共处、发展,和风舒畅。该作品获得了第十六届中国工艺美术大师精品展"百花杯"银奖及2015年广西工艺大师精品工程金奖。

此外,他的作品"春潮"获2012年全国"百花杯"银奖;"鸿运当头"获2014年全国"金凤凰杯"金奖;"和鸣生财"获2016年全国"百花杯"金奖,广西工艺大师精品工程银奖等。这些成果都离不开白大师40多年来从未中断从事角雕艺术的雕刻制作及设计的辛勤付出。如今,他期盼着以中国文化为依托,以历史文化为背景,向大众全面地展示角雕这一项技艺,以促使更多的人认识角雕这一蕴含着中华民族智慧的技艺。

三、上下传承,方得久远

近年来,合浦角雕技艺被列入广西壮族自治区级非物质文化遗产保护名录。2015年合浦金蝠角雕厂成为传承保护项目单位,2016年白耀华被评为广西壮族自治区级非物质文化遗产合浦角雕技艺项目代表性传承人。合浦金蝠角雕厂在北海市工艺美术博览园内建有角雕文化博物馆、角雕技艺传承基地,为这门技艺的传承提供集挖掘、研究、传承、保护等功能的场所。

非物质文化遗产的最大特点是不脱离民族特殊的生活生产方式,是民族个性、民族审美习惯"活"的显现。它依托于人而存在,以声音、形象和技艺为表现手段,并以身口相传作为文化链而得以延续,是"活"的文化及其传统中最脆弱的部分。因此对于非物质文化遗产传承来说,人尤为重要。

传承人白耀华表示,因为角雕技艺是一项细活,需要耐心、恒心及毅力,投入大,回报低,当初和他一起学习角雕技艺的人,大多数转向了其他行业。白大师他一直用行动坚守着角雕这一技艺,用创新使角雕不断与时代接轨,期盼着把角雕推向大众。

上下传承,方得久远。白耀华大师作《角雕赋》:"角雕恒久远,千载永留存,千载永留存。佳作本无价,意蕴自诠释。传承千年艺,世代有班公。今若何处寻,人在合浦中。"《角雕赋》精确地诠释了白大师对角雕的挚爱。在推动角雕新产品研发的同时,白大师一直以来广收徒弟,每年收徒一二十人;设立技艺传承基地,在传授理论知识的同时结合实训,悉心指导,力求精到完美。在讲解时总不忘梳理角雕技艺的基本知识和创新技法，要求徒弟熟练掌握一道工序后再接着下一道工序的学习，要求徒弟稳扎稳打地学习、钻研角雕技艺，但能坚持下来的年轻人较少。角雕技艺作为一项有历史的民间技艺，与时代接轨的问题是一直需要解决的。现在求学的学徒都较缺乏美术理论基础，较难实现角雕技艺的创新。因而除了收徒，他还悉心地向前来学习的院校内相关专业学生讲解合浦角雕的历史，并讲解演示制作工序。这种"师带徒"的模式及"校企互动"的方式，为培养角雕技术后备力量提供了可能，也为角雕技艺的传承与发展提供了有力支撑。

传承，除了言传身教，还要承前启后。目前国内还没有博物馆对角雕历史文化及角雕技艺进行系统、专业、全面的阐述及记录，也没有一所大专院校设角雕艺术专业。白大师自费设立了金蝠角雕文化创意博物馆，以全面提供角雕学术研究资料来填补角雕技艺专业教学方面的空白。金蝠角雕文化创意艺术馆是国内唯一一家专业、全面阐述及记录角雕艺术文化进程的历史博物馆。在此，不仅可以通过阅读关于角雕历史的相关文字介绍，还可以通过观看角雕制作流程的视频，并辅以相关工具、成品，全面而系统地了解角雕的历史渊源，亲身感受角雕技艺的巧夺天工，乃至惊叹中华民族的智慧。除了创立金蝠角雕文化博物馆外，他还准备出版《中国工艺美术（角雕篇）》，以求从角雕历史渊源、发展的概况、使用工具、流程工序等角度，以文字结合图片的形式完善角雕的书籍资料。他希望能通过自身的行动，尽可能地填补角雕技艺资料的空白。作为传承人的他，期盼着能以更多人的力量、更多的形式去传承。

对角雕技艺的传承，对家乡的热爱，使白耀华心手合一，保持专注与沉淀，用仔细雕刻、反复打磨的雕艺人生，书写着一位匠人的初心和执着，在合浦角雕传承的路上"化腐朽为神奇"，让立体角雕永久流传。

后 记

走近金蝠角雕文化博物馆，上识远古工艺，感叹华人智慧；下品时代精品，体验文化荟萃。这里陈列着自新石器时代至今，人类制作牛角的工具、工艺品，阐述着角雕一段段历史的演化过程，使我们走近角雕历史，了解它的前世今生。黑色无奇的牛角在大师手上步步演绎为精品，如脱胎换骨般呈现在我们的眼前，晶莹剔透、棱角分明、生动传神。

深入了解角雕历史、欣赏角雕工艺后，在惊叹之余，也为它的传承而忧虑。一直以来，我们都在呼唤文化的传承。可文化的传承问题不是一件机械的程序，也不是能依靠建立几个文化基地可以解决的，更不能使其流于形式，且像这种已成为或尚未成为文化遗产的何其多。因而，传承之路，任重而道远。

话别白大师，他坚毅的身影使我们难以忘却，心中万般庆幸他的执着坚守，能尽自身薄力推动着角雕的传承。也希望越来越多的人能深入了解角雕，感受角雕的魅力，让角雕艺术的传承深入人心……

白耀华创作的大型角雕作品"中国梦"获得中国工艺美术精品展"百花杯"金奖

秦瑞芝 / 文

传统手工艺——赤江陶制作技艺
——记合浦县赤江陶制作代表性传承人陈李明

赤江陶制作技艺是北海市一门民间传统手工艺，起源于合浦县赤江村，于2015年7月列入北海市第三批市级非物质文化遗产代表性项目名录。赤江制陶技艺历史久远，工艺成熟，产品远销全国各地，对当地的经济发展具有重要的意义。赤江制陶发展至今已有800多年历史，主要产品有煲、盆、茶具等，最具代表性的产品是砂煲和炻瓷。制陶业之所以能在兴港镇赤江村发展兴盛，决定性因素是当地的泥土。兴港镇位于北海市铁山港区东部，辖区内蕴藏着丰富的高岭土、石英砂

合浦县赤江陶制作代表性传承人陈李明

等矿产资源，毛主席纪念堂的壁雕也选择赤江的陶土制作。赤江陶制作技艺主要分布在北海市铁山港区、银海区、合浦石康镇、钦州浦北县等地，以铁山港区兴港镇赤江村发展时间最早、手艺者最为集中。赤江陶制作技艺目前被确立为传承人的有两位，分别是陈李明和他的徒弟陈家宝。

2018年1月16日，天刚蒙蒙亮，笔者一行二人就前往车站，准备乘车到北海市合浦县铁山港区兴港镇赤江村，到广西壮族自治区国营赤江华侨陶器厂（以下简称"赤江华侨陶器厂"）拜访一位赤江陶制作技艺的传承人。到达工厂门口，笔者立刻按照之前的约定联系传承人，过了一会儿就看到了一位面相和善、穿着朴素、体型纤瘦，看起来50岁左右的中年人走到工厂门口迎接我们。他就是我们要采访的对象——赤江陶制作技艺代表性传承人陈李明。

陈大师很热情地招呼我们，一边跟我们聊天一边带我们到他的办公室。他态度温和、为人亲切，嘱咐我们畅所欲言。他这样的态度瞬间拉近了我们之间的距离。走进办公室里，映入眼帘的摆放在办公桌上和旁边柜子里的杯子、锅和茶壶这样的精美陶瓷工艺品。我们坐定后便开始采访。他向我们说起了他与赤江陶制作技艺的故事……

一、从小受熏陶，天生就热爱

陈李明跟赤江陶制作技艺很有缘分，他与陶艺的渊源要从他的曾祖父说起。他的曾祖父是做白沙陶的，赤江有几百年的制陶传统，于是家里的其他人就免不了跟陶瓷有点关系。陈李明大师的父亲也跟做陶瓷有关。他的父母都是赤江华侨陶器厂的工人，父亲早期是做颜料加工的，后来成为了陶瓷厂的机器修理工，因此陈李明有很多机会接触到制陶技艺。他在耳濡目染中与制陶技艺结下了不解之缘，也越来越喜欢这门技艺。

当我们问到为什么会选择制陶这个行业时，陈李明的话匣子一下子就打开了。他说："我真的是从小就非常喜欢这个工作，当时根本就没有把它当成一份工作，而是当成一种游戏。我们赤江的小孩都很喜欢拿一些泥土在手上把玩，上学放学的路上我们都会用一块块泥土按照自己喜欢的样子捏出各种花样，我们都觉得非常好玩，特别喜欢，我最喜欢的就是像小雕塑、小泥塑这样的工艺品。"说到这他的脸上露出了灿烂的笑容，仿佛品尝到了酿造多年但却还未尝过的好酒，沉醉其中。接着他又说："我们这个厂已经有100多年的历史了，不管是不是厂里员工的小孩，赤江的小孩都可以说是在厂里长大的，放学之后没事都喜欢到厂里玩。我的父亲不是制陶的工人，是厂里一个机器修理工，当时工厂旁边的职工宿舍就是我家，走几步路就到了，我到厂里玩很方便。"从小就生活在有着浓厚制陶氛围的环境中，陈李明受到了很深的影响，为他将来从事赤江陶制作事业作了重要铺垫。制陶需要很多道工序，像上釉和设计花纹这样的工序都需要有扎实的绘画功底，因此陈李明在绘画方面也下了很大的功夫。他从小就酷爱绘画，小时候的零花钱基本上都用来买颜料、画笔这些绘画工具了，每天只要有空就拿出纸笔来画画，每天想着怎么设计出新颖好看的图案。他每天花在绘画上的时间都有好几个小时。对于绘画，他真的可以说是达到了痴迷和忘我的境界。这种对制陶技艺深深的热爱已经融入了他的血液，并且根植于他的内心。

二、兜兜又转转，仍有不解缘

1958 年，陈李明出生在合浦县赤江村，高中就读于合浦县的南康第三中学（职业中学），在校学习的是农机专业，并于 1977 年毕业，毕业后作为知青下乡从事农业生产活动。下乡条件艰苦，按理说下乡期间根本就不太可能接触到与绘画或者陶器相关的东西，但是恰巧公社要举办美术活动，陈李明的美术能力被领导看中，让他来主要负责板报设计和活动。这是陈李明在下乡期间比较幸福的事。就这样过了两年，命运终究没有解开陈李明与制陶业的缘分，他终于在 1979 年结束了下乡之途，回到了他长大的地方——赤江村，在赤江华侨陶器厂接受了美术和彩绘的考试后顺利进入陶器厂学习制陶技艺。陈师傅在岗前接受了半年的陶瓷绘画培训，同年参加钦州地区工艺美术基础学习 3 个月。次年他再次被厂里选送参加为期 3 个月的由国家轻工部举办的全国性"陶瓷工艺及陶瓷雕塑"学习，然后又被选送到江苏宜兴进行为期 3 个月的"陶瓷浮雕与陶瓷坯釉装饰"学习。结束宜兴的学习之后陈师傅可以算得上是正式出师了，回到厂里被安排到陶瓷技术研究室工作。

尽管如此，陈李明还嫌不够。他一直都认为应该终身学习，才能有创新的能力。他始终没有停下自己学习的脚步，一直提升自己、积蓄力量。他于 1984 年参加全国成人高考，考入江西省景德镇陶瓷职工大学（现景德镇学院）美术专业，三年后以优良的成绩毕业并回到赤江陶器厂质检科工作，同时还担任职业中学的美术陶艺教育兼职工作。之后陈李明参加了很多比赛，同时也获得了很多奖项。陈李明在学习陶瓷制作技艺的过程中曾经下乡，然后又上了几年大学，但还是能不忘初心，兜兜转转依然回到家乡，并为制陶技艺培养后备力量。陈李明与赤江陶制作技艺始终有着解不开、断不了的缘分。

三、痴迷于制陶，努力为传承

陈李明带我们参观完厂房，看了工人制作陶器之后，又带我们到他的工作室去参观。工作室就设在他自己家中。在去往工作室的路上看到了当地非常有名的特色建筑，基本上有一定年代的房子墙壁都是用赤江华侨陶器厂生产出来的"缸"做的。陈李明边走边向我们介绍这些建筑的特色，非常热情地帮我们合影留念。在愉快的交谈中，我们来到了他的家中。他家里本来就不算很宽，还专门腾出两间房来钻研陶瓷制作，摆放制作陶器的工具和一个比较大的机器。有了这些工具在家里就能完成制陶的全部环节，但是它们占了很大的空间，厨房被挤到很小的角落，如果不仔细看的话，根本就看不到旁边还有一个做饭的小角落。陈李明的妻子也在赤江华侨陶器厂工作，两人有共同的爱好，工作室里摆放着很多他和他妻子的半成品，有些还没雕刻上花纹，有些还只是初具雏形。很多个制作失败了的小茶壶也摆放在工作室里。这些茶壶之所以被看成是失败品，是因为颜色不够均匀，或者因为表面不够光滑，还有的则是色泽不够好看。陈李明对自己的要求很高，做陶艺品时追求完美，要求精益求精，每一个作品都会尝试制作很多遍，直到自己满意为止，所以才会有那么多在外行人看来精美的茶壶被他当作失败品。

陈李明对我们很热情，还带我们去他的书房看了很多成品，其中包括很多获奖作品，还有他在上学时交的作业。他喜爱钻研，喜欢尝试各种不同的有趣的东西，看看加入新的东西或者改变一下配方中的东西会有什么不一样，因此在房间里摆放着很多相同款式却不同颜色的作品。他能从不同的角度看待自己的作品，比如一个作品没做好，有点变形了，他会从不够完美的作品当中看出不同的东西，将它加以改造，从另一个角度去解读这件作品，使它同样成为一件艺术品，并被保存下来。陈李明非常谦虚，我们眼中的潜心钻研在他眼中只是好玩和有趣而已。房间里的作品基本上记录了他从事这个行业以来的点点滴滴。陈李明的作品风格多变，每个时期创作的作品风格都不太一样，现在他的作品主要是与汉代陶瓷联系在一起，融入很多具有汉代特色的元素，如合浦汉文化博物馆的镇馆之宝"铜凤灯"。他的作品有些是具有时代特色的，有些是具有当地特色的，还有些是根据他的个人喜好来确定的，如将美女与蛇的故事融入到作品当中，或者做出一个少女背背篓的形象，又或者是将茶壶的手柄做成竹子的形状，有些作品又颇有现代派的抽象风格。他追求与时俱进，很多作品都能体现当时社会的特点，如90年代创作的一个作品就是一个拖着行李箱踩着高跟鞋的时尚女郎形象。习近平总书记提出"中国梦"后，陈李明又有了关于"中国梦"的作品。我们看完这些作品之后，陈李明又拿出了一个保存完好的袋子，里面装满了他的绘画作品，有的是为了练习绘画功力，有些是为了记录下周围的景色，有些则是作品的设计稿，粗略地看了一下，大大小小有四五十张。他把自己的很多精力都放在提高绘画功力和制陶技艺上，非常辛苦但又乐此不疲，沉浸其中。

出于对事业的热爱，陈李明一直在为赤江陶制作技艺的传承而不懈努力。

为了让更多的人关注赤江陶制作技艺，陈李明花了很多时间和精力去整理申请成为该项目传承人的资料。他希望通过这样的活动来让更多的人关注和学习这门技艺，将这门技艺传承下去。陈李明还计划自己出资开展览，更多地展示赤江陶的美丽，让更多的人了解赤江陶，喜欢赤江陶，为赤江陶制作技艺寻求更好的发展。他曾计划与中央美术学院合作，将赤江陶器厂建设成生产基地。中央美术学院的负责人对此非常感兴趣，多次前往参观、交流。陈李明一直都在为传承的事努力。这样刻苦钻研、终身学习、具有创新精神，并且一直为赤江陶制作技艺的传承而努力的人，绝对能担得起"匠人"这个称呼。

四、叹时代变迁，传人何处寻

陈李明向我们说起制陶流程和自己的经历时滔滔不绝、津津有味，但是谈到技艺的传承问题时，又有很多无奈。他向我们透露，现在传承面临几个问题，主要是人才来源、年轻人对该技艺的传承意向和政府支持力度。

第一是人才来源问题。赤江华侨陶器厂以前是国营企业，从全国各地可以吸引陶瓷专业的毕业生，有很多人才都愿意到厂里工作，现在还在厂里工作的师傅中从山东、湖南、江西景德镇、江苏宜兴来的都有。陈李明说："我们厂以前还办过职工子弟学校，主要是为厂里培养人才，当时属于职业中学。到这个学校学习的都是厂里员工的子女，每一届有两个班，要在学校里学习三年才能毕业，毕业后就可以进厂跟着师傅再学，基本上从子弟学校毕业的学生都可以成为厂里的正式员工。不过这个厂改制之后就不办这种子弟学校了。"现在也有一些从陶瓷学院毕业的学生想要到厂里工作，但是很多人的美术功底不扎实，还是没有之前专门培训出来的人基础好。有些人来厂里学 10 多天可以做一些像杯盖这样简单的东西，也有些人学几个月才可以，后面的这类人觉得没这个天赋，就会放弃，然后去寻求别的发展。

第二是年轻人的传承意向问题。随着时代的变迁，现在的年轻人都想去大城市发展，因为与赤江相比，大城市的发展空间更大、发展机遇更多。陈李明举了他孩子的例子："我小孩小的时候也是跟我学做陶瓷的，比较有天赋，20 世纪 90 年代美容美发专业比较受欢迎，他自己也喜欢，所以就去学美容美发了。我当时问他为什么不想学，后来知道他是觉得做陶瓷太辛苦了，每天一做就是十几个小时，总是跟泥巴打交道。那也没办法，他不想做陶瓷行业也只能尊重他的选择了。"陈李明的话里透着些许无奈，但又有着一丝因为孩子勇于追求自己喜欢的事业的自豪。其实有像陈李明孩子这样想法的年轻人一定非常多。一方面，现在大部分的年轻人相对老一辈的人来说吃苦耐劳的精神少了许多，也因为陶瓷制作这门技艺投资的成本高但是收益慢，学习的过程辛苦不说，还得要好几年才能正式出师。另一方面，在这个追求速度的时代，年轻人也有非常多的选择，对制陶技艺的兴趣自然也就减弱了，已经很少有年轻人有传承这门技艺的意向了。

第三是政府的支持力度问题。赤江华侨陶器厂作为赤江陶制作技艺项目传承的重要地点，一直积极开展各项传承工作。但是从国营变成私营之后，政府对于整个赤江制陶业的关注也变少了，基本上没有什么支持的政策。不过近两年政府对于赤江陶的关注又慢慢变多了。陈李明对我们说："我被确立为传承人之后，政府每年会给予600元的补贴，虽然不多，但是算是对我们的一种鼓励，也说明政府对赤江陶制作技艺的重视。听说政府现在计划将赤江打造成陶瓷小镇，做成一个品牌，但是项目太庞大，实施难度可能也比较大。另外北海市二轻联社也打算举办关于工艺美术的展览，打算展出贝雕、角雕这些工艺品，赤江陶器也计划参加展览，不过这些都还是政府的工作计划，短时间内应该还实施不了。"

陈李明在创作赤江陶作品

除了这些主要的因素外，社会关注度不够、人们的遗产保护意识不强、厂房残旧失修、产品得不到进一步更新换代等各个方面的问题，都制约着赤江陶制作技艺的发展。但它占据了优越的地理环境、优质的当地资源，再加上熟练的制陶技艺，有着良好的发展前景。我们不能让这门优秀的传统手工艺消失。相信只要大家给予这门技艺更多的关注和支持，采取更多有效的保护措施，认真做好传承工作，为传承保护工作出一分力，就能让赤江陶制作技艺经久不衰，永远传承下去。

后　记

　　采访接近尾声，陈李明跟我们合影留念，并且主动提出帮笔者和同伴合影，还告诉我们可以经常到赤江玩，帮助他们宣传赤江陶，让它有更高的社会关注度。

　　采访结束后，陈李明执意要走几百米将我们从他的工作室送到大马路上，一直到我们走出很远一段距离之后还站在原地，距离远得让我们快看不见时他才转身离开。赤江的交通相对来说不是很方便，陈李明担心我们等不到车，之后又给了我们一个司机的联系方式。返回的路上，陈李明和善、谦虚、努力又热爱自己事业的形象一直浮现在我们的脑海中……

李秀平 / 文

几度波折过,缘深情未了
——记合浦县南康镇扎花灯代表性传承人徐其芳

在风生水起、千帆竞发的北部湾畔,有一座美丽又神奇的千年特色古镇——南康镇。她有着深邃迷人的文化底蕴,犹如一颗璀璨明珠,镶嵌在北部湾。走近她,你可以感受那古味幽然的百年老街骑楼,可以领略那独具特色的人文风情。而正是这样一座千年古镇,孕育了一种古老的手工技艺——南康镇扎花灯技艺。

合浦县南康镇扎花灯代表性传承人徐其芳

自古以来,南康镇就有元宵玩灯的风俗。元宵夜间,在农村,即使是外出工作的人也纷纷返家参加闹元宵活动。闹元宵活动一般由村里当年生育男孩的家庭组织,全村人合力举办。届时,全村男女老幼齐聚于花灯祠堂,燃放烟花,直冲云霄,花灯竞放,美丽壮观,"闹元宵"通常持续4个小时。

南康花灯是中国优秀的传统工艺美术精品。它集雕刻、绘画、书法、造型、配色、漂染于一身,并以独有的刻纸、针刺工艺和料丝镶装技艺而闻名遐迩。南康花灯制作始于唐代,延续至今,历史悠久,其中最具代表性的是李氏花灯。李氏祖先自1768年扎花灯以来,至今已有200多年历史,经历了八代传人的不懈努力,形成了独具特色的李氏花灯。

2018年1月16日,笔者一行迎着冬日里的暖阳,沿着街道,手拿南康镇文化站提供的地址，一家挨一家地询问街坊和店铺，功夫不负有心人，在诸多热心人的帮助下，找到了此次采访的对象——南康镇扎花灯技艺的代表性传承人徐其芳。走进古朴的民居，笔者看到的是一位衣着朴素，尽管清瘦却毫不显羸弱的花甲老人，此时正忙碌于花灯的编扎。在我们说明来意后，老人欣然接受了我们的采访。

一、花灯姻缘一线牵，承缘结伴两相行

1958年2月，空气中弥漫着临近年关的喜庆气氛，随着婴儿呱呱坠地的啼哭声，徐其芳来到了这个世界。这也许是冥冥之中带来的缘分，徐其芳与花灯的情缘自诞生的那一刻起便结下了。

徐阿姨出生在贵港市瓦塘镇乡柳村一个普通家庭里，父亲徐能永和母亲黄长英是普通的农民，主要以种田过活，闲时也帮人扎些花灯换得些生活补贴。徐阿姨说，她在很小的时候就跟着父母亲学做花灯了，父母亲做花灯的手艺也是上一辈人传下来的。可以想象，一个家庭里父母带着几个孩子一起扎花灯的温馨画面。而正是由于这种亲人间手把手的教学，这门扎花灯技艺在她心里刻下了深刻的印记，也为她后来从事花灯手工制作打下了坚实的基础。徐阿姨自豪地对我们说，现在她做花灯是看到就会做的了。即使是从未做过的花灯，只要想做，也能够做出来。

徐阿姨在家中排行最小，有两个大哥和一个大姐，虽然家境普通，但父母亲都很支持子女读书。因此，尽管生活在那个贫苦的年代，徐阿姨仍旧读完了两年初中和两年高中。这种注重子女读书的好家风也深深影响了徐阿姨，让徐阿姨在面临同样困难的处境时，依旧坚持让自己的子女努力求学。上学时，每逢寒暑假或周末，徐阿姨都会在家帮忙给别人做花灯。如此周而复始的日子也一天天地过去了，对她来说，扎花灯既是帮家里的忙，也是自己的一个兴趣爱好，一直陪伴着她成长。"文化大革命"时期，由于全国兴起的"破四旧"，花灯传统技艺一度陷于沉寂。徐阿姨说，那时父母亲做花灯只能偷偷地做，不敢公开，否则就会被认作是迷信、信教，拉去批斗。做花灯也只是帮帮亲朋好友和邻里邻居，做好了得个一元两元的红包罢了，并不能用来维持家庭生活。幸运的是，徐阿姨说，因为是偷偷做，做的也不多，就是有人看到了也会睁一只眼闭一只眼，不会去告发，这门传统技艺也就得以传承了下来。

1978年高中毕业后，徐阿姨走上了工作岗位，在生产队里当了两年会计，之后便在亲戚的介绍下认识了丈夫李永淮，23岁时从瓦塘镇嫁到了南康镇，开始了新的生活。

婚后的徐阿姨育有两女一子，和老伴李永淮一起勤勤恳恳地为生活奔波。1981年，因国家分田到户政策的实施，夫妻两人做起了小生意，或是卖鱼，或是卖种子之类的。后来，徐阿姨看到街上的花灯又多了起来，于是重新拾起扎花灯这门手艺。一次偶然的机会，徐阿姨正在扎灯架，老伴李永淮过来帮忙贴纸。看到老伴也会贴纸，徐阿姨好奇地问了一句：你怎么也会贴这个？老伴笑笑说，以前我家也是做这个的。至此，两人的花灯情缘才如拨开云雾般呈现出来。徐阿姨扎灯架，老伴贴纸，一种祥和的氛围环绕着这个家庭。老伴李永淮是祖传做花灯的，发展到他这一代已经是第七代传人了。在李氏族谱上也记载了这样一个关于花灯的小故事：唐高宗年间，长安灯会盛行，武后当权，武媚娘携太子观灯，与民同乐，薛刚酒醉，纵马狂奔，京都元宵之夜大闹花灯，误毙太子，武后与张天佑共谋，垂帘听政，并命武三思斩薛家满门，樊梨花却被梨山老母收上山去。我们姑且不论这个故事的真假，从中可见的是李氏与花灯的渊源已深。但在笔者问及当年老伴与徐阿姨谁比较会做花灯时，她笑了笑，自信地说，当然是我啦！真是一个可爱的老人！只是后来因销售不多，夫妻两人做花灯的小生意也就被迫断断续续了。

1993—1994年，有人介绍徐阿姨去当代课老师，徐阿姨婉言拒绝了，只因当时老师的工资不高，而此时老伴正在病中，家里又有几个孩子需要供养，代课老师微薄的工资无法支撑整个家庭的开支。老伴的生病使得本就不富裕的家庭生活更加困难，徐阿姨只能外出工作赚钱养家，一个人撑起整个家。然而，老伴终因生病离开了人世，家庭的重担只能靠徐阿姨一个人撑起。

二、家有好儿女，无所惧辛劳

老伴李永淮的离世让原本清苦的家庭陷入了更加困难的境地，庆幸的是，孩子们都很懂事，很独立，从不让徐阿姨多操心。谈起自己的几个子女，让徐阿姨最自豪的是小女儿李世霞。李世霞上学时就很刻苦努力，成绩一直名列前茅，考上北海重点高中。提起小女的勤奋刻苦，徐阿姨说，小女读书时候常常是上个厕所都拿书去看，刻苦认真的样子让人看了都觉得心疼。徐阿姨也很支持子女读书，即使家境困难，她还是尽最大的努力送孩子上学。后来李世霞考上了大学，要到很远的外省去上学，徐阿姨不能送她去，李世霞只能一个人去。徐阿姨心疼地说，这本该是很高兴的事，换了别人家，肯定是又摆酒又亲自送孩子去上学，无奈自己却不能够。临行前，徐阿姨嘱咐李世霞说，到了学校要打个电话回家。李世霞懂事地说："妈妈，你放心吧！"到了学校，李世霞懂事地给妈妈通了电话。徐阿姨笑着对我们说，女儿当时给她打了电话，在电话那头，说：妈妈，我到学校了！您放心吧！就是因为有那么懂事的子女们，徐阿姨再苦再累也不怕了。

谈及做花灯的原因，徐阿姨很坦诚地对我们说："姑娘啊，这都是为了一斤米钱啊！"随后，徐阿姨又向我们谈及了她生活的不易。徐阿姨的儿子因为生病的缘故，现在还住在医院里，而徐阿姨也正努力为他筹措医药费。尽管徐阿姨在生活中经历过很多的挫折，但从她的脸上，你看不到一点颓唐失落之气，相反，在她的身上，看到的更多的是希望，是乐观。采访的时候，时不时会有邻居来串门或者是有顾客登门来预订花灯，徐阿姨总是乐呵呵地和他们交谈沟通。尽管生活总有这样或那样的不易，但只要家人都在身边，再多的困难又有什么可以畏惧的呢？

三、巧手扎起彩灯来，李缘徐续总相宜

南康镇的元宵佳节花灯会经历了唐、宋、元、明、清数代，长盛不衰，闻名十里八乡。1946年，南康镇举办了一次花灯大赛，当时有25个家族参与花灯大赛，李家的锦绣花灯穷工极巧，光彩夺目，美丽壮观，夺得了冠军。南康镇元宵夜的花灯盛况、花灯品种之丰富及工艺之精湛已闻名遐迩。当年生育的男丁从正月初八起到大众祠堂挂灯，称为"起灯"，谐音（起丁），为新生男丁入族的仪式之一，涵意深远流长。

随着人们的生活水平越来越高，人们对花灯的需求量越来越大，徐阿姨看到街上做花灯的人多了，便也燃起重操旧业的心来。于是，在2009年，徐阿姨又开始接收顾客的订单，与花灯的情缘再次连结。

徐阿姨说，她现在主要在做大肚灯和走马灯这两种一般用来生男孩时点的灯，这是两种比较受顾客喜欢的花灯。大肚花灯得名于花灯的肚子圆且大，而走马灯的灯内贴有武将骑马的图案，通电后，热气会带动灯内的武将骑马图案转动，好似几个人你追我赶的样子，故称之为"走马灯"。而这两种花灯与其他的花灯不同，主要是生男孩时用来点灯用的。徐阿姨说，也有些顾

客是觉得好看，就特地买来观赏的。

当笔者问及做花灯的技巧时，徐阿姨笑着说，没有什么技巧，做得多了，时间久了，自然就熟能生巧了。

徐阿姨做灯的原料属于就地取材，或是从街上买来五元钱一条的竹子，或是自己去乡下砍来粗细合适的竹子，再经过自己亲自去皮、裁条，每条大约裁成4毫米厚、7寸长的小竹条，再通过折叠形成一个个连体的八边形，然后就开始用折叠好的八边形扎成灯架形状。扎花灯扎得多了，手指会很痛，于是徐阿姨就自己发明了一个小玩意，用来保护手指。这件小发明就是用铁丝根据手指大小环几个环，尾端留一截铁丝，并将铁丝末尾磨尖，方便套在手指里用来破开已做好的八边形的开口，以便各个八边形扎成灯架。这不仅保护了手指，还提高了扎花灯的效率。

徐阿姨说，做花灯并不是一成不变的，而是需要不断创新，经过一次次尝试、改进，一点点地把花灯做得越来越好，这样才能赢得更多顾客的喜爱。在防腐方面，近年来，徐阿姨通过尝试扎花灯之前就先用石灰水将竹篾浸泡一段时间，这样就能够让花灯保存得更久。2015年，一位顾客向徐阿姨定制花灯时反映说，走马灯有点小了，能不能做得再大一点，徐阿姨当时就说，当然可以啦，不过要等到明年了，因为当年的花灯样式已经做好了。于是，第二年走马灯的大小就由63厘米高改成了76厘米高，满足了顾客的需求。

对于花灯上的彩绘，徐阿姨也是不断改进创新的。彩绘时使用的印油，别人家做花灯一般就直接用买来时印油的原色，而徐阿姨则会根据自己的审美来调色。因此，徐阿姨做的花灯，上面的彩绘就比别家鲜艳得多，显得更明丽好看。而彩绘用的印子更是徐阿姨亲自雕刻的，一个个灵活生动的图案经过徐阿姨灵巧的双手描摹、刻制，就呈现在观众眼前。而得到最终敲定的印子样板并不是那么容易。通常做好印子样板后，徐阿姨会拿去给邻居或朋友看，咨询他们的意见建议，让他们指出哪里好哪里不好，自己再做调整改进，直到他们说可以了，才可以确定彩绘的印子样板。在徐阿姨家里的一个小木箱子里，笔者看到了一个个精心雕刻、栩栩如生的印子样板，有龙凤图案，取意龙凤呈祥、望子成龙、望女成凤等，也有武将骑马、花样子等。看到我们好奇的样子，徐阿姨说："姑娘，你把印子都拿出来吧，我一个个地说给你们听。"第一个拿出的是凤，徐阿姨说，这个是新改进的凤的印子样板，随即又挑出从前做的凤样板，指给我们看，说以前的凤比较刻板，不够灵动，就重新做了一个。其他的龙和武将骑马的印子图案也有新做的。徐阿姨的女儿常常会在网上下载一些好看的花灯图案给阿姨看，徐阿姨就拿来借鉴参考，对那些觉得不好的图案也会提出自己的看法。徐阿姨拿出手机给我们翻看女儿给自己下载的图片，挑出一张指着对笔者说："就比如这一张，我觉得这里就不怎么好看，不够对称。如果是我的话，我就会把这里修改一下。"徐阿姨认真地研究着图片，对我们一一讲述她的一些看法。徐阿姨这种精益求精的精神也许就是她成功的原因吧！

徐阿姨做花灯的手艺属于家传，与老伴李永淮相伴的日子也与花灯有着不可分离的缘分。80年代，两人重新拾起做花灯的手艺，有过一段难忘的相守记忆。90年代，老伴李永淮不幸因病去世，对阿姨来说实在是巨大的打击。至2009年，徐阿姨又重新拾起做花灯的手艺。这既是徐阿姨口中的"为了一斤米钱"，笔者想，或许也是怀念逝去的老伴的一种方式吧。

四、结缘花灯不断线，万千期许待后人

在这个快速发展的时代，很多人都没法静下心来传承这一门需要极大的耐心和精力的花灯手艺。徐阿姨说，老伴的兄弟姐妹们已经几乎都不再从事扎花灯这门技艺了。听到阿姨的话，笔者更是感受到了这门技艺传承的艰难。但总有那么一些人，与花灯的情缘是割舍不了的。现在她的子女们每逢年底年初这一段时间都会回来帮忙做花灯，就连小小的外孙子看到了，也感兴趣来瞧瞧看看，帮个小忙。这不也是一种传承的希望火光吗？

尽管现在政府比较重视对传统文化的保护，但仍有相关单位漠不关心。一些传承人并不太懂得传承自己手中的传统手艺的重要性，正如徐阿姨说的，扎花灯更多的是为了"一斤米钱"。因时代的发展，人们的审美观念发生了很大变化，有些种类的花灯因顾客的需求减少，也就少有人做了。这对扎花灯技艺这一门传统手艺来说无疑是不利的。因此，笔者认为，在鼓励更多人学习传承传统手艺的同时，也应该鼓励传承人把自己的手艺用笔记录下来，以便更好地传承保护。

后　记

采访临近尾声时，徐阿姨给我们展示了通电后的走马灯，灯内几个骑马的武将随着热度上升而跑动起来，好似一场激烈的追逐竞赛，壮观极了。

采访结束，老人与笔者道别后，慢慢转身走进了那古朴的民居。一个花甲老人，平静地坐在一张小矮凳上，拾起地上已折叠好的八边形竹子样，用那灵动的手指编扎，仿佛就在眼睛睁闭间，一个接一个的花灯架子就成型了。笔者想，也许最平凡的坚守与付出就是一道最美的风景吧！

欧阳秀清 / 文

古朴技艺疍家情
——记北海疍家服饰制作代表性传承人吴常斌

在广西的南部,有一座古老而又年轻的滨海城市——北海。这里既有兼容并蓄的现代开放,又有着其独特丰富的历史文化。在这里,最具当地乡土风情的民俗特色文化当属疍家文化。

随着历史的车轮不断前进,以海为生、以船为家的北海疍民在长期的生产生活中,形成了自己独特的生活习俗和风土文化,也逐渐形成了独特的生活方式和习惯。疍家人喜欢穿着别具一格的阔腿裤、衣着马蹄袖、头戴垂檐海笠的疍家服饰。

北海疍家服饰制作代表性传承人吴常斌

疍家人和客家人一样,都有着漂泊、迁徙、避世的特点。在历史上,疍家人感到社会环境比自然环境更可怕,觉得在船上生活比在陆地上更安全,进而都有着"宁可战天斗地也不敢与权贵斗"的意识。但如今社会进步了,他们绝大部分已经成为"岸上的疍家人",已弃渔从农,上岸安家,上学接受教育,慢慢接近与融入了社会的发展,渐渐地不再唱咸水歌、不再哭嫁,衣着也慢慢随着汉化。那汉化之后的疍家人又是如何穿衣生活的呢?让我们一起迈步到北海市疍家服饰制作代表性传承人吴常斌师傅家里,去聆听和感受那别具一格的疍家风情吧!

2018年1月16日,我们一行3人从北海市区前往白沙镇沙尾村拜访吴常斌师傅。几经周折,在吴师傅的多次电话指路中,我们终于到达了约定地点。这天,阳光正好,集市上熙熙攘攘,颇为热闹。刚迈步下车,远远地望去,便看见市场的那头有一个穿着浅蓝色整齐干净的工作服的中年叔叔徘徊在门口,不停地张望着。我们知道那便是吴师傅了。见面前一天,我们和吴师傅通话，电话里时不时传来爽朗的笑声，我们便觉得这是一个淳朴、亲切的人。果不其然，见到我们，吴师傅满脸笑意，关切地问我们："路途这么遥远，累了吧？饿了吗？要不要先吃东西？"这让我们倍感亲切。一阵寒暄过后，吴师傅一听到我们对疍家服饰制作这一门技艺感兴趣时，马上在地上铺好席子，拿出了一套黑色的服装，小心翼翼地摆放好，细心地给我们讲解着。这件朴素的黑色服装似乎勾起了吴师傅的回忆，他慢慢停下了手中的活儿，把他跟疍家服饰之间的故事向我们娓娓道来……

一

吴常斌师傅说，他出生的时候正值混乱的"文化大革命"时期，就业机会相对较少，还好家里有一门祖传手艺，能为家里增添微薄收入；但当时家里人口较多，加上母亲体弱多病，家里的开支较大，小时候家里就比较困难。俗话说"穷人家的孩子早当家"，很小的时候，吴常斌就懂得要为家里扛起一份责任，经常帮助家里跑跑腿，打打下手。在很小的时候他对疍家服饰就有了一定的认识和了解，久而久之耳濡目染，也懂了疍家服饰的制作方法。

提到自己擅长的领域，吴师傅兴致高了许多，指着整齐地铺在席子上的黑色衣服，把制作方法一一道来。这一件寿衣，斜排的纽扣，整齐不乏特色。吴师傅说，在办理丧事的时候，已故的先人都会穿着一套整齐的疍家服躺在棺木中，让亲属瞻仰遗容，以示对先人的一种尊敬。直到现在还在坚持的也只有寿衣了。这种类型的衣服都是用黑色的棉布来做的。疍家服饰保留了比较原生态的服装样品，它的衣料底色以蓝色或灰蓝色和黑色为主，使用的布料为粗白布。在以前，疍家服饰从靛染、剪裁到完成制作过程都出于他的祖辈之手，现如今，他忙于水电工作，疍家寿衣的工作一般由他的爱人来完成。

吴师傅随即又找出了一匹红色的花布，一边裁量一边跟我们聊天。他告诉我们：虽然那个时代的疍家衣服颜色以蓝、黑调为主，但贫穷的疍民对追求寓意喜庆的红色的热情丝毫不减。疍家服饰的制作布料一般分为棉布和绸布，棉布是一般人家用的，只有家庭经济较好的人家才穿得起绸布。吴师傅给我们展示的红色花布是棉布，在以前一般是给新娘在结婚的时候穿的，服饰的制作也是男女装有别。女款的是红色的婚衫和有花边的裙子；而男款的则是高领空纽扣的上衣，黑色长裤子。在制作过程中，吴师傅不断地强调制作疍家服饰一定要注意尺寸，这是很关键的一点；另一个要注意的是尽量做到用布不浪费，如果有些地方布料太多就会裁剪下来补到需要填补的地方。

我们既陌生又好奇：这么有特色的疍家服饰应该有好多人喜欢吧！吴师傅小时候也是穿疍家服饰吧？"我小时候已经不穿这种服饰了，爷爷那一辈是穿的，到父亲那一辈开始穿中山装，再到我这一辈已经没有人穿疍家服饰了。我既没有穿过疍家服饰，真正给别人做的也不多，特别是婚礼服，更是少之又少，现在主要订做的只有寿衣了。"说到这里，吴师傅不无感慨。

二

过去的疍家人以善良朴实的心，编织出了绚丽多彩、别具一格的服饰。自吴师傅出生起，疍民们已经不在海上生活，但仍然生活在海边，大部分仍以出海打捞为生。吴师傅说小时候爷爷和父亲有时候也会出海打捞，赚点生活费，让紧巴巴的生活不至于过得那么拮据。作为一名生活在海边的疍民，出海打捞本是习以为常的事情，而吴师傅却是一个特例。吴师傅有着自己的兴趣和理想，对于出海打捞为生的生活并不喜欢，而是更倾向于那些手工制作技艺等，再加上当时没什么工作可以做，所以他决定跟着爷爷和父亲一起学习疍家服饰的技艺制作。他说，爷爷那一辈疍家服饰的生意还不错，有很多疍民都会来找爷爷做衣服，家里的经济还过得去。

吴师傅自幼懂事，为了减轻家里负担，上完小学就回家了。而这个时候疍家服饰也正在现代潮流中慢慢淡出了。改革开放前期，就业机会少之又少，吴师傅决定遵从自己的兴趣爱好去自学物理。虽然他知道在这个时代背景下放弃出海赚钱的工作转而自学电工知识是很冒险的做法，但吴师傅没有过一丝丝的动摇，没有想过要放弃。看到我们羡慕又崇拜的眼神，吴师傅更自豪地继续述说着他的成长史："刚小学毕业回家的时候我就自己去买了很多有关物理电工方面的书籍回家看，虽然刚开始觉得很难理解，但不知道为什么，越难我就越有一股劲想要弄个究竟，可能这就是心底的渴望吧，有时候实在弄不懂我就会去请教一下学过这方面知识的人，在这1800多个日日夜夜里，我除了给家里帮忙，在空闲之际都会泡在房间里继续着我的'研究'……"吴师傅的神情里满是留恋和自豪！"功夫不负有心人"，5年的坚持，专门钻研电工知识，终于得到了如愿回报……1996年，吴师傅参加所在镇上供电所的专门培训。经过3个月的专业培训，吴师傅终于如愿拿到了梦寐以求的电工证。1996年可谓是吴师傅喜上眉梢的一年。这一年里，吴师傅既获得了自己喜爱的工作,又找到这一生的伴侣!

说到爱人,吴师傅说他们跟很多人一样,也是经别人介绍认识的。吴师傅的爱人年轻时在白沙镇海边浅海区从事打捞工作,主要是靠挖沙虫赚钱。多一份收入家庭应该宽裕了一点,本是值得大家开心和庆祝的事情,可不料爱人身体不是很好,经常不舒服,后去看医生,才查出爱人患上了甲亢。听到这个消息,一家人的心情沉重了起来,本就不富裕的家庭,又雪上加霜。为了医治好爱人的这个病,吴师傅买了很多药,也让爱人吃了很多碘,病情才慢慢有所好转。但一波未平一波又起,甲亢刚好又患上甲低,这让吴师傅一家本就不宽裕的生活过得更加拘谨起来。好在坚持每天吃药终于治好了爱人的病,到如今他们已经拥有了3个可爱的孩子。最大的儿子现在已经20岁,出来工作了。受父亲的影响,儿子同样喜欢从事电工工作,最小的女儿还在读幼儿园!

吴师傅说,虽然在供电站从事电工工作,工资不高,而且每年还要去培训一次,但乐在其中,因为兴趣,因为爱好,因为执着。听到这句话时,我们感触颇多,一个人的一生能为自己的兴趣和自己的梦想奋斗,此生不悔啊!这对于吴师傅来说,确实挺好的,有了一份稳定的工作,才能继续追求疍家服饰制作技艺的传承。

三

父亲总是少言的,长大了,才愈加清晰感受到,那是一种不可抗拒的威严,那是一种深沉的爱。就像《背影》带给我们的感动。提到父亲,吴师傅似乎陷入了回忆里。他长长地叹了一口气:"他老人家这一辈子不容易啊!"在吴师傅看来,父亲是一个很慈祥和蔼的人,他的形象总是那么高大、魁梧,是家庭的顶梁柱。因为母亲的身体一直不好,父亲更拼命地工作,照顾着整个家庭。那时候父亲主要在家制作疍家服饰,偶尔在空闲之际出海打捞,只为多赚一点生活费。可"天有不测风云",自己还是个孩子,母亲就走了。3个孩子靠父亲一人拉扯,多不容易啊。说到这里,吴师傅沉默了一会儿,眼睛隐隐约约闪着泪花,我们不忍心打断,静静地听着,好像全世界都沉寂了,都在静听着这段父子情深的故事。吴师傅继续述说道:"当时邻居都劝说父亲再娶,我们太小,父亲一个人太辛苦;但父亲并没有听取别人的意见。父亲说'我一个人辛苦点没关系,但3个孩子还小,再娶的话,可能会给孩子带来心理上的阴影'。平凡的一句话,里面却装着满满的父爱。只是考虑到'可能会给孩子带来心理阴影'就决定不再娶,宁愿自己一手带大兄妹3人。这背后的付出不是简简单单就能做到的。父亲不仅在生活和学习上都尽量让我们感受到我们并不比别人缺少爱。他对我们的期望就是好好读书,开心就好!简简单单的八个字,就是父亲对我们的最大期盼。'父爱如山'大抵如此吧!"

如今,当吴师傅看到现在的老人,便会想起自己的父亲,觉得我们现在每一个人都应该尊重老人,帮助老人。每当听到筷子兄弟演唱的《父亲》中"谢谢你做的一切,双手撑起我们的家,总是竭尽所有,把最好的给我……"就想到从前父亲的不容易,想到现在生活变好了,而父亲却不在了,就会感到很惋惜,父亲还没能好好享受这个幸福的社会生活,甚是想念自己的父亲!

四

在聊天的过程中,吴师傅裁剪的衣服已经慢慢成形了。吴师傅拿起了3块布,告诉我们这裤子叫三旗裤,我们笑出声来,这确实长得很像一面面旗子。吴师傅笑着解释道,以前疍家人都生活在海上,不上岸,为了打捞行动方便,就制作了阔腿裤类型的疍家三旗裤。海上生活经常要与水打交道,便选择了较易晾干的棉布或绸布。当我们问到制作一套服饰需要多长时间时,他告诉我们,他爷爷那一辈没有裁缝机的时候,都是手工制作,一般需要2—3天,到父亲那一辈有了裁缝机,就很快,一般半天不用就可以制作一套衣服了。吴师傅说小的时候以这门手艺为生时,主要是父亲制作衣服,自己负责缝扣门,弟弟负责打扣结,而爷爷负责上衣肩上的扣子,当时妹妹还小,就没帮上什么忙。当时村里还有五六户人家以这门手艺为生,由于父亲手工娴熟,做工精细,大家比较喜欢父亲制作的衣服,那时候的生意还过得去。

北海人的生活其实处处是疍家文化的缩影,只是经过岁月的洗礼,疍家文化已经融入了城市人的日常生活,后辈人知道的越来越少。受多元的现代文明影响,传统疍家文化正在逐渐被淡化。

疍民子女结婚虽然遵循父母之命、媒妁之言,但有着自己的特色,不乏浪漫的色彩。可时代的快速发展使得疍家婚礼慢慢淡出了人们的生活。作为疍家服饰制作技艺的传承人的吴常斌师傅,在自己结婚的时候也没有采取疍家婚礼的独特方式。

改革开放的日益深入，各式各样的服饰不断地进入大家的视野，疍家服饰的制作随之也迎来了挑战。到今天大家已经不再喜爱，疍家服饰的生意也就大不如从前了。以这项技艺为生变得举步维艰，这时候大家都开始另寻生计。再也没有什么人需要定制疍家服饰了，也几乎没有人会制作疍家服饰了，只剩下吴师傅，吴师傅的孩子也不会制作疍家服饰。很多疍民就开始放弃了疍家服饰这项制作技艺，到现在很多疍民也就忘记了疍家服饰的制作方法了，导致今天疍家服饰的制作技艺甚至开始濒临失传了，说到这里吴师傅的脸上露出了淡淡的忧伤……

吴师傅说："作为疍家服饰制作技艺的传承人，我还是很骄傲的，如果以后没有人学习了还是会教自己的孩子来学习疍家服饰，因为这是一项技艺，不应该在我这里就断了。虽然疍家生活已成为历史，但疍家文化、疍家精神应该永远活在我们民族的集体记忆里。我们要学会把疍家历史当作一面镜子，折射昨天的过往，映衬明天的希望。但是单靠我们一家的能力是有限的，希望政府能给予一定的帮助，别让中华灿烂文明中的一朵繁花在我手里凋谢了。"沉甸甸的话语让我们深深地感到这是一项艰巨的历史使命，这是在期盼着下一代的疍家人来接手淳朴的疍家情！

值得欣慰的是，北海市人民政府极力地打造有着渔家风情特色的"疍家小镇"；2017年8月16日，北海恒大四盘联动举办了一个北海首届开海文化节，意在挖掘和弘扬北海疍家文化的精髓，以形成浓厚的本土民俗文化氛围，铸造出艺术节独特的气质和形象，将疍家文化艺术打造成为北海市，乃至北部湾的一个文化品牌，让世界感受疍家的乡土风情。

后　记

短短的两个多小时让我们看到了一位虽不善言辞却有着一颗善良心的淳朴疍家人！时间太快，转眼间就到了告别的时刻，在合影留念过后，吴师傅还考虑到了我们的返程路途，专门为我们联系了专属司机，送上车之前还依依不舍地握着我们的手："我没准备有什么礼物送给你们，那就祝愿活力四射的你们学业有成，青云直上吧。"普普通通的几句话，却装载着最质朴最真诚的情义。随着车子慢慢向前，吴师傅的身影渐行渐远，我们带着最真诚的祝福，慢慢地跟着疍家服饰淡出了这个民风纯朴的疍家村。但愿，集结着疍民智慧与经历的疍家文化永远地留在这里，留在单纯质朴的疍民心里！

李芳冰／文

融生命于雕刻之中，化深思于作品之内
——记防城彩石雕刻代表性传承人邓弦

据有关记述，防城彩石雕刻发展至今，已有230多年的历史，可见其具有深厚的历史文化底蕴。防城石雕与北海贝雕、合浦角雕合称"广西三雕"，防城石雕名冠"广西三雕"之首。

目前可考究到的学习彩石雕刻的就有四代人，第一代传承人邓成华（1905—1970年），第二代传承人邓彦达（1921—1981年），第三代传承人邓弦、邓朗，以及第四代传承人黄家进、郑光新、邓骐。目前，防城港市防城区的邓弦正是这门石雕技艺的代表性传承人。

防城彩石雕刻代表性传承人邓弦

2018年1月17日，微风轻吹，伴随着丝丝的海风的味道，树叶随风飘动，几朵浮云漫不经心地飘着……晴朗的天空忽然被乌云掩盖住了，太阳躲在它的后面，一切似乎显得那么沉闷，但我们的热情却丝毫没有减弱，因为不久我们即将访问一位重要的人物。到达约定的地点，从迈入这间屋子那一刻，我们就被壁橱上琳琅满目的石雕作品吸引了。一位年过花甲的老人很热情地跟大家问候，他就是我们今天要采访的对象——防城彩石雕刻代表性传承人邓弦先生。淳朴的气息、和蔼的笑容、爽朗的笑声，瞬间就拉近了我们的距离。来，让我们轻轻地走近邓弦，慢慢地聆听老人如歌的岁月……

一

防城彩石雕刻这门技艺的传承和延续，与家族的血脉联系得很紧密。

邓弦先生学习彩石雕刻有一定的家学渊源。他的祖父邓成华是陈济棠

1926年创办的防城中学第一届毕业生,有书法、篆刻、绘画技能,在当时算是有较高素养的文化人士,曾于1936年担任防城彩石产地扶隆小学校长。长期从事教学工作,期间用扶隆"北基石"(即防城彩石)雕制了不少图章印纽和花鸟小件,皆"精致耐看",在当时有一定影响。除此以外,父亲邓彦达受其父邓成华熏陶,爱好绘画、雕刻、音乐、体育。曾是中国人民解放军南下文工团支持组织的钦州地区文工团演员,后长期从事中学教学工作,任教美术、音乐和体育。他的版画和篆刻、石雕也得到时人的好评。

1949年,随着婴儿呱呱坠地的啼哭声,邓弦来到了这个世界。因为祖父和父亲的缘故,邓弦从小和彩石雕刻结下了一种说不出道不明的情缘。当时的他怎么也没想到多年以后的自己会担负起这一份责任。东流逝水,叶落纷纷,时光就这样慢慢地消逝了,时间若白驹过隙,很快地,邓弦完成了小学、初中以及高中的学业。此时本该接受高等教育的邓弦却暂时被迫止住了求学的脚步。"文化大革命"时期,邓弦先生也和大多数年轻人一样,走上了工作的道路,1970年开始学习彩石雕刻。20世纪70年代初与友人创办防城石雕厂,其作品能进入"广交会"高价销售,石雕作品由出口部门外销,所作的石雕作品多次参加省级工艺美术展,并多次获奖。1970—1978年,邓弦先后在镇一小、镇石雕厂、镇化工厂、县文化馆防城中心站工作过,这几年对他往后彩石雕刻的人生之路产生了重要的影响。

1977年,由于"文化大革命"的冲击而中断了十余年的高考制度得以恢复,中国由此重新迎来了尊重知识、尊重人才的春天,而邓弦也由此迎来了他人生中的春天。或许没有所谓的"鸿鹄之志",但当时的邓弦却是一位年轻气盛的小伙子,有梦想,有追求,不甘于现状。通过自己的不懈努力,邓弦先后考上了当时的钦州师范高等专科学校、广西师范学院,学的都是中文专业,1981年6月被分配至防城实验学校(今防城港市实验高级中学)工作至今。他具有深厚的文学底蕴,也为他的人生添砖加瓦,同时,为彩石雕刻的传承也奠定了良好的基础。他即使是在求学和工作期间也不忘传承、研究防城彩石雕刻技艺,坚持创作,后于西南大学美术学院研究生毕业,学习的中国画专业与彩石雕刻有紧密联系。曾得到浙江夏法起、福建方宗珪等著名石雕专家、大师指点。他目前在防城是真正传承石雕的仅有技艺人才,所传承的技艺日趋成熟,并有创新,因此被中国工艺美术家协会、中国工艺美术学会吸收为会员,其石雕作品由国家级出版社出版专集,并为中国画家协会批复设立"邓弦艺术工作室",其牌匾由启功先生于2004年题写,现已正式挂牌成立。邓弦表示,他是幸运的,与别人相比,他的艺术创作道路一直没有断过。

二

艺术大师罗丹说过:"美是到处都有的,对于我们的眼睛,不是缺少美,而是缺少发现。"提及防城彩石雕刻手工技艺所用雕刻材料,邓弦再也止不住内心的激动,向我们娓娓道来……

防城彩石雕刻手工技艺所用雕刻材料是防城十万大山所产彩石(叶蜡石)。所产彩石矿口山头属北基村管辖,故彩石又称"北基石"。以十万大山所产木料如格木等致密木材及越南红木作为雕件底座。

防城彩石的发现年代及最早使用年代已难确证,此时他的脸上露出了一丝疑惑的表情,接着说,据有关记述,230多年前,侵越法国殖民者及传教士已知十万大山中有彩石,认为是罕有宝物,曾派遣众人结队多次入山寻觅。可见,起码在法国殖民者寻挖之前,防城彩石已被发现。

据传,防城籍黑旗军爱国将领刘永福就有一批用防城彩石雕制的印章。近代以来,多有文化人士采用防城彩石治印或雕制笔筒等文房用品、花鸟小摆件等。抗战时期,防城革命青年多人随身携带防城彩石刻成的印章奔赴延安。中华人民共和国成立后,防城彩石逐渐为更多的民间艺人用于制作工艺品,诸多华侨购买携带出国。

至20世纪70年代初,防城、东兴有了彩石工艺雕刻厂。其时防城属东兴各族自治县管辖,县治设于东兴,故防城、东兴一带所产的石雕称"东兴石雕"。后因县治由东兴迁防城,乡村级地名划分更为准确,"北基石"被当地人更名"田心(村)石"。

邓弦表示,这种石头,全世界也都零零散散的有,但是资源相对来说是非常稀缺的,不像玉石,也不像玛瑙,它们在全世界的分布是很广的,但这种石头是很少的,一般分布在沿海地区,如福建、浙江等。老挝也发现有,这些都是从我们十万大山延伸过去的。这种矿产资源很少,它是软的,可以用刀刻,很多人用它来做印章。这种石头的颜色是非常多样的,有灰色、红色、黄色、白色等,起码一块石头都有五六种颜色,有时可以达到七八种,这些都是纯天然的。这时我们不得不感叹大自然的鬼斧神工。有时一块石头从表面上看只有一种颜色，越往里面刻可能会有其他颜色，又或者会有更多种，而雕刻要遵循的最重要的原则就是要把颜色利用好。

采集这种石头可以说是非常艰辛的，当时，根本就没有道路进入矿山，所挖出的矿石，也要用人工担出，非常艰苦。但值得欣慰的是，目前已经有道路通往矿区。邓弦还表示，过去很多人投入巨资试图开掘矿区，每年都有大量的外省人来寻觅。20世纪80年代，因有多伙外省人来扶隆矿山开采，争抢矿石而引起斗过殴，长期以来，矿源的开采使用及保护管理基本处于无序状况。这让我们捏了一把汗，就像是自家的宝藏被别人一直觊觎的样子，但我们却什么都做不了，只能认真地聆听邓弦先生的话语。

关于这些，我们并不十分了解，或许是因为我们不是本地人的缘故，对防城的历史也只是道听途说，以致于现在听到这些感到格外惊奇与欣喜。

邓弦表示，1990年出版的《香港旅游观光》画报以彩版专页发表推介了自己创作的石雕作品，推介文章称其作品为"防城石雕"。福建、浙江等外省到防城采石者称防城彩石为"广西石"，并大量用于雕刻。用防城彩石雕制的作品可见《中国青田石雕》等大型画册。对当时的邓弦而言，这些成果都在无形之中给了自己无穷的力量，也让他更加坚定了自己的艺术创作道路，信心倍增。

由此可见，防城彩石雕刻的历史非常悠久，令我们不得不惊叹它的生命力，历经了岁月的打磨，经久不衰。

三

邓弦传承彩石雕刻技艺至今已有40多年，长期的潜心钻研和创作，使他在彩石雕刻技艺事业上取得了丰硕的成果。

2012年，在由广西壮族自治区工信委、文化厅、人力资源和社会保障厅牵头，由自治区二轻工业联社直接负责组织的第五届广西工艺美术大师评审活动中，邓弦获授广西工艺美术大师称号。到目前为止，防城港市获此称号者仅邓弦一人。而此活动对作品的要求也是比较严格的，据有关资料提到，列入本届大师评审的品种和技艺需要有一定的历史传承，以天然原材料为主，采用传统工艺和技术，作品主要以手工制作，有较高的艺术修养和丰富的工艺美术作品设计制作经验，技艺精湛，具有鲜明的民族风格和地方特色等。而此次邓弦所申报的品种为防城彩石工艺雕刻，材料为防城区十万大山彩石，送评作品为"斜风细雨不须归""汨罗落霞""哪吒闹海"3件。邓弦彩石雕刻作品有"四好",分别是材质好、创意好、俏色好、雕工好,富有深厚的文化意蕴,因此得到了评委的一致青睐。

邓弦谈到防城彩石雕刻技艺及传承时,神采飞扬,激情燃烧,因为他把自己的生命早已融入这份事业当中了。几十年来,邓弦呕心沥血,有了一套属于自己的彩石雕刻的特色技法,讲究俏色和精雕细刻。因为石雕讲究生动逼真,需要懂得画面比例、构图布局以及颜色的变化等,没有这方面的知识,就很难达到这样的高度。他的雕刻口诀读起来也是朗朗上口的。"巧用石色是特点,随形就势为首选。传统题材宜继承,精雕细刻须认真。吸取众长为己有,一石一艺要创新。造型力求美、肖、妙,生动传神刀下生。"我们对这样一位知识渊博的工艺大师不得不竖起大拇指,为其点赞。

工艺的流程也是异常复杂的,从相石到雕刻,再到抛光,最后还要配座,所用的工具多种多样,有白钢、高速钢所制的凿子及雕刀,用于凿、刻石,另有木刻刀具及斧凿类,各类相关的电动工具,如砂轮机、吊磨机、电钻及各种合金、砂轮磨等,还有各种抛光材料如水砂纸及油漆底座的材料等。对于我们这些非专业人士而言,认识和记住这些工具都是问题,更别说像邓弦先生一样娓娓道来。他真的把自己的一身都献给了彩石雕刻,如果没有这一份真情,怎么会有这般优秀的艺术。

到目前为止,他已创造出很多优秀的作品,主要有"福花洒人间""麻姑祝寿""哪吒闹海""苏武牧羊""斜风细雨不须归"等。其中的"福花洒人间"曾为《香港旅游画报》等多家画册、刊物刊发推介,曾参加中日博览会拍卖拍至高价,但邓弦先生说当时由于某种原因而不作销售。他回忆说有几十件石雕作品为海内外人士所收藏。他透露,自己的石雕作品由中国民族美术出版社编辑为《中国当代工艺美术家邓弦石雕作品(第一辑)》出版发行。个人艺术简历载入《中国现代美术家人名大辞典》及《中国当代美术家人名录》等官方正式协会编撰的大型典籍。当谈到自己的个人业绩编入2002年防城区文史总第十四辑(教育专辑)"人物选介·莘莘学子"栏目,2002年防城港市文史资料总第五期《防城港教育史料》"教育知名人士"栏目,以及2009年新编《防城港市教育志》"教育人物"栏目时,他的脸上洋溢着幸福的笑容。

邓弦先生表示,彩石雕刻不仅是发现美,还是塑造美,更是创造生命的过程。每一块彩石都是有生命的，它们都在渴望着和你交流，而自己的任务就是与它们进行一次心灵的交流。在一点点剥开它外衣让其获得重生的过程中，自身也会感受到一种生命的力量。的确，对于彩石而言，遇到一个聆听石头声音，赋予石头生命的学者或一个技艺精湛的工艺雕刻大师，命运截然不同，它们是幸运的。如果说，邓弦先生进入彩石雕刻领域既是一种必然，也是一种缘分，那么他与彩石雕刻之间的缘分实在是与生俱来的。

四

艺术是无止境的，邓弦先生的创作追求也远未结束。

到目前为止，邓弦的石雕作品形式、题材多种多样，主要有把件、摆件、彩石镶嵌画等形式，圆雕、浮雕、扁雕、薄意雕均能制作，兼及山水、花鸟、人物，随石形、石色具体情况设计制作，所做雕件构思新颖，常有创意，构图合理，俏色巧妙，雕工精细、整体性好，既有地方特色也有传统文化因素。他的作品多取材于传统文化中的神话传说和历史人物、山水、花鸟、虫鱼等，作品因材施艺，"天人合一"，栩栩如生，有很高的观赏和收藏价值。

邓弦先生表示自己多次参加省级工艺美术展获奖，作品"斜风细雨不须归"获"天工神韵"2013首届广西宝玉石雕刻优秀作品展银奖。指导、合作的作品"斗蟹""和谐"获2013广西工艺美术展银奖、2015广西工艺美术大师精品展金奖及广西艺术作品展优秀奖等，取得了卓越的成就。

在潜心创作的40余载的艺术人生里，邓弦先生留下了很多脍炙人口的佳作，作品"斜风细雨不须归"题材选自唐代诗人张志和的《渔歌子》。其石料有红、黄、白、褐灰多种颜色，色彩丰富，色艳质好。石料的红色在中间，用"开窗"手法剥去面上的白色，露出红色作渔父及船、桃花等，白色部分作白鹭鸟和未尽化掉的冰雪，白、黄色的前景部分作芦苇，右上方褐灰色部分作树。还有小片红色作两条跳出水面的鱼。画面构图得当，俏色合理。人物稳坐船上，自斟自酌，乐不思归，白鹭展翅飞翔，嬉戏山前，动静结合，情景生动。圆雕、高浮雕相结合，繁简对比有度。作品同样以"国画入石"，如一幅立体山水画，富于书卷气，很好地表达了词意。作品"又见朝阳"取材《西游记》，刻画了多个人物，也以场景的表现来烘托了主题。唐僧红袈裟、白龙马，与悟空同为朝阳照红；白冰雪，灰山崖，白云缭绕，黄霾遮道，作品巧用了红黄白灰丰富石色。人物从朝阳中走来，构图新颖。作品充分地表现了唐僧师徒乐观坚定前行的姿态、神情。他在创作上融文化、思想和艺术于一身，作品气势磅礴，意境深远，具有深厚的文学底蕴，得到了世人的一致好评。当然，每一件作品所要表达的思想都不一样，也不会一样，这可能就是艺术的魅力吧。

五

2017年11月，广西壮族自治区文化厅认定邓弦为自治区级非物质文化遗产项目防城彩石雕刻技艺代表性传承人。无论对于邓弦还是彩石雕刻技艺来说，这其中的意义都是非常重大的。来自政府和社会各界的关怀和支持，让邓弦内心充满了不竭的动力，决心要把彩石雕刻办得更好。

随后他表示，因受到政治活动的影响，还受到经济体制的制约，主要用于出口的石雕业深受打击，逐渐处于萎缩状态。随着具有较高技艺的老艺人相继故去，众多从业人员转行谋生，防城石雕业从此一蹶不振。至今，在本土仅有极少数人仍默默无闻地对防城石雕进行传承、探索外，不再为人提及。

长期以来，邓弦在完成本职工作外，还坚持石雕技艺的探索研究，积累各种石种样品分类命名，在家里开设石雕作品陈列室。

展望防城彩石雕刻技艺的未来之路，邓弦先生充满了担心和忧虑。石雕是艰苦的劳动，创作一件作品耗时长，粉尘大，工艺复杂，难度大，因而没有多少人愿意真正热爱而从事，也无相关学校开设课程供学生学习此技艺。当地更无专门的开发研究机构，无专业的传承发展研究科技人员。当下防城彩石雕刻正在逐渐消亡。浙江、福建等省人说防城人是守着宝山不知宝。如不再对防城石雕加以重视并扶持，而由其自生自灭，此项技艺将不复存在。矿山也因管理及开发处于无序状况，造成矿脉洞口的破坏及乱采矿石现象，矿石大量流失外地，本地人无石可用。

虽然情况不太乐观，但我们都知道邓弦先生一直都致力于彩石雕刻的传承，一刻也没停歇过。他通过开办"美术工艺教学点"，希望可以培训青少年掌握本土的非物质文化遗产防城彩石雕刻技艺，为本土工艺美术发展服务。

后　记

值得欣慰的是，防城区文体局、民族局、旅游局、区（县）志办等相关单位联合对彩石雕刻技艺进行搜集、整理，把防城彩石雕刻产品推荐为旅游工艺品，走出国门，并建立一系列传承和保护机制。2018年2月13日，防城港市非物质文化遗产展览馆举行开馆仪式，这也为进一步宣传防城彩石雕刻技艺提供了一个更好的平台。

我们不能忘记曾经为了防城彩石雕刻付出了青春和汗水的一位又一位"邓弦"。虽然防城彩石雕刻面临着巨大的挑战，但是只要大家都来关注彩石雕刻，采取更多有效的措施，做好传承保护工作，就能让防城彩石雕刻重新焕发新的生机。

邓弦创作的防城彩石雕刻作品

黄小慧　黄静仪 / 文

汉族女子的京族情怀
——记京族服饰制作第四代传承人樊文英

衣食住行是人类生活中不可或缺的。早在上古时期，古人便以树叶蔽体，往后发展到皮、革、丝、麻，再到绸、锦、绮、纱、棉布、化纤的出现，更是向中华服饰迈出一大步。泱泱大国，地域广阔，56个民族，民族特色服饰丰富多彩，多种多样。地处中国最西南端的少数民族——京族，

京族服饰制作第四代传承人樊文英

16世纪初陆续由越南涂山等地迁徙而来，聚居于防城港市东兴市江平镇的巫头、山心、澫尾三岛。其京族服饰朴素美观、便捷飘逸，能突出女子的婀娜身姿，是少数民族服饰中的一朵花樨。而在京族三岛聚居地江平镇，目前仅存一家以手工制作的京族服饰服装厂，第四代传承人却是一位汉族女子——樊文英。

一、立志学艺

2018年1月16日，笔者在前往江平镇的客车上聊起将要采访的对象樊文英，身旁一位大姐主动搭话，加入了闲聊。下车后，她热情地为我们指明前往樊大姐民族服装厂的道路。到达江平镇时，太阳已经下山，街上行人稀少，分布在大街小巷两旁的大小商店的店主已经开始不紧不慢地收拾着店门外的货物。黄昏的江平镇显得格外幽静。

拐两道弯，便见一座简朴无华、南北通透的双层小商铺，一边是樊文英

丈夫经营的窗帘店，另一边则是樊文英的民族服装厂，占地不大却装修精致，一面墙的橱窗上陈列着樊文英制作精良的京族传统服饰，精致典雅。初见樊文英，婀娜的身姿，高挑的身材，不似娇小玲珑的江南女子，倒有一番征战沙场女中豪杰的韵味。她的一举一动，落落大方，在自己的一方领地中指点江山。

她带我们参观樊大姐民族服装厂，详细地向我们介绍京族服饰的特征及文化内涵。参观完其服装厂，樊文英带我们到她的工作室，和我们聊起了她的经历、追求、梦想。

樊文英的外婆是京族后人，她从小就喜欢跟在外婆身后，看外婆缫丝、织布、浸染、剪裁，制作京族服饰。但外婆去世得早，当时年幼的樊文英并没有学到很多技艺。

也许是自小受到外婆京族服饰手工制作技艺的熏陶，樊文英从小就喜欢缝缝补补，拥有一个多彩的"时装梦"。20世纪六七十年代是一个物资匮乏的年代，要想做一件新衣服极其不容易。"小时候家里穷，每逢过年过节才能穿新衣服，我们家7个兄弟姐妹，做一件新衣服必须排队，轮着来。"因此，樊文英经常找一些剩余布料，东拼西凑，设计裁剪，为自己和兄弟姐妹做新衣服，目的是为家里减轻一些负担。为家中成员制作衣服，是樊文英那时十分乐意做的事情。她做的衣服简洁大方、穿着舒适，家人对她的手艺赞不绝口。

樊文英初中毕业后，放弃继续求学的念头，毅然走上社会。她在食品站做过工人，也曾想过去酒店打工。但经过一番深思熟虑，她终于明白，这些都不是自己想做的。自己最想做而且能够做的就是制作京族服饰。1987年，是樊文英人生道路的一个转折点：她确立了未来为之努力的方向，正式踏上了手工制作京族服饰的道路。

尽管有着浓厚的兴趣，自小也有动手制作衣服的经历，但要把手工制作京族服饰当作谋生的手段，实现人生理想的平台，樊文英深知自己的知识与技艺还很不足。为了系统地学习手工制作京族服饰的技艺，樊文英到防城港拜越南归侨高红杰为师，学习手工制作京族服饰技艺。越南归侨高红杰是手工制作京族服饰的第三代传承人，当时颇有名气。高红杰被樊文英虚心学习、真挚诚恳的态度所打动，毫无保留地把毕生的手艺悉数传授给樊文英。基础好、悟性高、手艺细致的樊文英很快便出师了。对于师傅，樊文英始终心存感恩。

学成归来，樊文英在江平镇开办了自己人生中的第一间服装档口，开始经营自己纯手工制作的京族服饰生意。

二、默默坚守

20世纪90年代初是樊文英京族服饰大放异彩的年代。但好景不长，曾经引领潮流的京族服饰也渐渐衰落。随着人民群众生活水平的提高，衣服款式越来越多，定制京族服饰的人却越来越少。樊文英说："除了一些酒店的服务员或节日搞活动演出穿着传统京族服饰外，现在已经很少有人穿传统京族服饰了。就连京族人，除了京族传统节庆活动时穿着传统京族服饰外，平时也基本不穿了。"她的生意日渐衰落，教出的几个徒弟全都改了行。

后来，经商潮起，樊文英为生活所迫曾一度放下京族服饰的制作，转而在中越边境做起了时装批发生意。她从广东批发成衣，拿到越南出售赚取差价。"一件衣服至少赚一块钱，我一天能卖1000多件衣服。"显然，时装批发生意赚钱远比手工制作京族服饰多。然而，她终究舍不得就此放弃京族服饰手工制作。"平时还会有一些老顾客找上门来定制京族服饰，这也是我喜欢做的事情，就这么荒废了手艺太可惜。"于是，在那段时间里，手工制作京族服饰成了她的"副业"。她白天在外面做边贸生意，晚上在家摆弄她熟悉的粉笔头和剪刀。虽然奔波劳累，但樊文英乐此不疲，兴致丝毫不减。

随着市场经济的发展，时装批发市场呈现出饱和状态，不再是高利润的回报。尤其是2008—2009年，樊文英被越南的生意伙伴骗走了货款近20万元。在丈夫的支持下，樊文英开始一心一意地在家制作和改良京族服饰。

樊文英做时装批发生意近10年，手工制作京族服饰却坚持了30年。是什么原因让樊文英兜兜转转依然选择了手工制作传统京族服饰？对于这个问题，樊文英说了这样一段话："江平镇沿海一带，尤其是京族三岛，是京族的聚居地，我虽不是京族人，但我的外婆、母亲是京族人，从小一起长大的姐妹也是京族人。她们认为其他少数民族的服装华丽漂亮，唯独京族服饰很'原始'。"不难看出，樊文英对手工制作京族服饰的坚守，除了她个人的喜好外，更重要的是她的自觉担当。她要为京族同胞尽自己的绵薄之力，要让京族传统服饰绽放异彩。

樊文英坚持传承传统技艺的工匠精神受到了政府有关部门的关注。经调研评估，2010年，手工制作京族服饰技艺被列入广西壮族自治区第三批自治区级非物质文化遗产名录，樊文英被确立为第四代传承人。政府有关部门还拨给专款予以资助。樊文英的工作环境得到了根本改善，鲜艳夺目的招牌、宽敞明亮的橱窗、干净整洁的工作室，"樊大姐民族服装厂"成为江平镇一景。

有了政府有关部门的支持，樊文英手工制作的京族传统服饰的生产与销售呈现出欣欣向荣的景象。东兴市每年定期举办的"三月三"歌圩节、潭尾哈节等重大节日庆典上，总少不了樊文英设计制作的京族服饰。

三、改良创新

传统的京族服饰多采用丝绸原料，以白色等素色为主，颜色单一，款式缺乏特色。樊文英通过电视、杂志等途径了解到时代的潮流，便萌发了改良京族服饰的想法。

有了想法就去做的樊文英立刻开始了她的改良历程。她自己设计服装元素，使男、女装更贴合人体线条，展现出男性的魁梧与女性的婀娜；拓宽京族服饰布料的选择，根据季节的变化和温度的差异来选择适宜的布料；大胆采用颜色鲜艳的布料，并在其上绣花图案。樊文英对她的改良方案十分自信，认为："改良后的京族服装更能凸显身材；颜色、款式增多，让大家有更多的选择，符合大家的审美要求；京族服饰不再局限于丝绸这一种布料，为了实际需要也会采用雪纺、麻料等，京族服饰最重要的特点是飘逸，当女性穿着它走在海边，一阵海风吹过，那长长的衣摆就会随风飘扬，特别好看。"

樊大姐在制作裁剪中不断地创新改良，形成自己的"樊式风格"。樊文英始终关注时尚潮流的发展，结合每一季的流行元素制作出款式多样的京族服饰。她的创作风格不再局限于传统京族服饰，而是融合汉民族文化，使如今的京族服饰符合全中国的审美要求。"京族的女服形制与旗袍很相似，都是立领并且做修身裁剪，不同之处在于京族女服前后片的开叉会高至女子腰部，穿着时，在下身配一条白色的长裤，能显出京族女子婀娜的身姿。"她是一个汉族女子，却在服饰制作中将汉族文化与少数民族文化融合为一，是汉族文化与京族文化的搭桥人。

在技术上，她并不排斥采用先进的科技手段，反而认为科技的发展为她带来了极大的便利。在几年以前，制作京族服饰完全依赖纯手工制造，从挑选布料到设计花案,从测量裁剪到钉珠缝针,全都由樊文英亲力而为,完全不敢怠慢某一步骤,这也造成了手工制作一套京族服饰耗时长、要求高的特点。如今,她新购进了自动缝纫机与电脑印花技术。她说:"尽管京族服饰有些部位还是需要自己细心制作,但新式机器的发展也让我在制作京族服饰时更方便快捷,做出来的效果比手工更好,节省了不少时间和人力资源。"

改良后的京族服饰推出市场,款式新、颜色亮的服饰果然受到了热烈追捧。她改良的每一季服装都能引领时代潮流,江平镇上几乎每一个女人,包括汉族人,都有一套她设计改良的京族服饰。而一江之隔的邻国越南有很多人都慕名而来,只为拥有一套她手工制作的独一无二的京族服饰。

四、后继有人

樊文英深知京族传统服饰手工制作技艺传承的艰难。她说:"现在的年轻人很少能静下心来做衣服了,以前收了10多个徒弟,全都改行做成衣生意去了。"

家人理解樊文英的无奈与艰难。她的几个妹妹和女儿闲暇之时总会到她的档口里帮忙钉珠缝针,耳染目濡,也学到了京族传统服饰手工制作技艺。随着京族传统服饰畅销,樊文英的几个妹

樊文英在工作室制作京族服装

妹和她的女儿都先后辞掉了原来的工作,加盟到手工制作京族传统服饰的行列中。她们是家人,还是朋友,亦是师徒。樊文英将自己积淀30多年的技艺毫无保留地传授给几个妹妹和女儿。其中,樊文英的第五个妹妹,也是学得最好的妹妹樊文琪,在东兴市文体局的考察中被正式确立为手工制作京族服饰技艺的第五代传承人,为这一项传统服饰的传承注入了新鲜力量。

后 记

樊文英回首过去的50年岁月,好事坏事皆是笑意盈盈地侃侃而谈。她热爱她的家庭,对师傅始终心存感恩,庆幸自己从未放弃京族服饰,让她感

受到人生的意义，也完成了传承的使命。她从不埋怨小时候的穷苦，不后悔教导过却选择离开的徒弟。生活给她的，是一座巍峨伫立的高山，这山上既有娇艳欲滴的鲜花，也有长满毒刺的荆棘；既有宽阔平坦的大道，也有尖锐细小的碎石。有些人在这座高山里迷了路，只有一些人，却怀揣信仰，登上峰顶。樊文英传承着手工制作京族服饰的技艺，把京族服饰的美绽放在世人眼前。她成就了京族服饰，同样京族服饰也成就了她。她热爱她的工作，每一件出自她手的京族服饰如同她的孩子一般，注满了浓厚的感情。她也坚信，人生这么长，坚持自己喜欢做的事情，就是人生的意义。

蒙静诗 / 文

家族船业三代传承，家族船厂服务沿海
——钦州造船技艺代表性传承人伍荣进

钦州造船技艺代表性传承人伍荣进

广西壮族自治区钦州市是我国南疆北部湾畔的一座文化底蕴深厚的古城。而钦州湾的大观港则是古代海上丝绸之路最早形成的出海集结地，有"天朝第一港"之称。钦州位于南北钦防（南宁、北海、钦州、防城港）四市之中心位置，南濒浩瀚的钦州湾、北部湾、南海。独特的地理环境促进了钦州造船业的发展。

钦州的传统造船业发展历史久远。从钦州地区挖掘出的历史文物来看，最迟在宋代至明代就有造船业。在明代郑和下西洋之后，钦州作为通往西洋的一个重要港口，传统造船技艺得到了发展。清光绪年间钦州尚无汽车，海运一度繁忙,造船业发展兴盛。在钦州至北海的航线上,常有大三桅帆船在龙门或沙井舶港。钦州传统造船技艺已经存在了 600 多年,是我国传统造船业的一个重要组成部分,见证了钦州传统造船业的兴衰历程,也见证了明清时期钦州海运和港口贸易的繁荣。

笔者有幸采访了钦州造船技艺传承人伍荣进。打电话预约,刚接通电话,耳边传来的是伍荣进师傅亲切洪亮的声音。2018 年 7 月 16 日(星期一)下午两点,笔者到伍师傅的造船工厂进行了实地采访,才真正认识了这位自治区级非遗项目传承人的人生历程。

一、秉承祖业,乐意坚守

伍荣进,钦州造船技艺传承人,钦州本地人,1953 年 1 月出生,育有一儿一女。钦州造船技艺于 2016 年获批列入钦州市第四批市级非物质文化遗产项目名录。在钦州市滨江南路船厂,伍师傅有一家世代相传的造船厂,规模不大,但设备齐全。造船工人一般是伍师傅的弟弟以及他的两个侄子,忙不过来时偶尔会雇佣几个造船工人,这些工人年纪都相对比较大。伍师傅没有专门学过专业的造船技术,从小一直跟随着父辈学习造船技艺。他说:"这些手艺都是跟老辈人学的,小时候经常来这儿玩,耳濡目染。17 岁初中毕业后,我就来干这行了,在实践中慢慢摸索造船工艺技法,经过自己总结,一干就是将近 50 年啊!"这个已年过花甲的老人,回想起过去这段往事时,脚不由自主地搭在了造船的木板上,眼里净是"骄傲"的光芒。笔者随即问道:"家里是否支持您一直从事造船行业?"伍师傅笑着说道:"我们这个造船技术是代代相传的,传到我这里已经是第三代了。我的弟弟还有我的两个侄子都从事祖辈们传下来的造船技艺工作,我的妻子在闲暇时也会过来帮忙。""是什么让您在造船行业坚守了这么多年?有考虑过转行吗?"他说:"第一个原因是要谋生,学习一门技艺;二是为了传承老祖宗的手艺;三是因为感兴趣,喜欢就继续做下去,没有想过要转行做其他工作。"

二、独特技艺,堪称非遗

在钦州传统手工木制船厂,笔者问:"为什么钦州造船技艺被选为非遗?"伍荣进师傅向笔者解释道:"钦州传统造船业主要造的是木船,其制造工艺比较复杂,上排是传统工具,如墨斗、尺、木凿、榔头、斧头、木锯;下排是现代工具，如手拉葫芦、电刨、电钻、电锯、夹板铁栓。首先是选木料，要根据制作木船的大小选合适长度的原木。其次是开料，是整个制造工艺的关键，分两次进行。第一次根据船的用料厚度进行开料，第二次根据船的长度、宽度进行开料。然后是安装的问题，先把龙骨与头狮拼接，接着上板、上根，烧焦的部分要刨滑再安装。船体完成后，在船内压泡沫板，铺上面板。再安装绞车、船柁、驾驶楼。最后一道工序是密封，船体安装好之后，需要进行板缝填灰处理，外表还要刷一层防护漆。"

板缝黏合的材料也十分讲究：首先要将大蚝贝壳和福寿螺放到窑窑里高温烧制两三天，再放到冷水里发开，成灰碾碎后与桐油混合，放到搅拌机搅拌而成，这个"油灰"就是木船板缝之间的密封材料。随着现代科技的高速发展，传统造船业也使用了很多现代工具。但很多传统的造船技艺操作无法改变，如弯板技艺、油灰防铁钉生锈、油灰鲶料填板缝密封技艺等一直沿用至今，因此传统的造船技艺在漫长的历史长河才得以传承下来。"

传承保护传统船舶建造技术对研究东南亚造船史和世界造船技术的发展过程有重要意义。悠久的历史、独特的技术，钦州造船技艺被立为自治区级第四批非物质文化遗产项目名录。当笔者问伍师傅："钦州那么多从事造船业的人，您觉得您为什么被评为钦州造船技艺传承人？"伍师傅谦虚地说："也许是因为我是从事这个行业最久的人吧，我已经在造船行业干了将近50年了"。在采访伍师傅的过程中，笔者还了解到：在开工造船前，船主要选好吉日备三牲、发糕、红布等拜船头公；等装船头狮时再披上那块红布扎上红花讨红彩图吉利；等船下水那天，买船主人要在红花里放个红包感谢造船工人。"行船跑马三分命"是钦州本地的一句古老谚语，可见当时行船极其危险。因此造新船和新船下水都要有拜公头的祭祀活动，船主人都会选好吉日备三牲、发糕、香纸、鞭炮等祝福"龙船"下水，图顺风顺水、大吉大利。

三、历史悠久，几代传承

随着社会的进步，舟慢慢发展成了船。《钦州志》记载，1949年前，钦县拥有沿海木帆船68艘，内河木帆船256艘，均为私有。1953年进行民船改革，船舶归集体所有。至80年代后期，由于陆地运输业的发展，传统造船业逐渐萎缩，船舶承包给个人经营。伍师傅的祖辈就是在这种历史背景下开始造船行业的个体经营，他们的造船传统技艺都是祖祖辈辈传下来的。在第三代造船技艺传承人伍荣进师傅的家中，伍师傅给笔者展示了一艘精致的传统手工艺制造——长约1.6米的木船模型。这是在他的祖辈刚成立的船厂做的，在1958年进行过一次展览，2004年8月15日中秋节在钦州也进行过一次灯展，至今仍保留完好。当笔者问伍师傅："您是否有想过招收学徒来传承您家的造船技艺呢？"伍师傅笑了笑，回答道："没有想过这个问题，现在我的弟弟和侄子都在传承这门手艺。如果我儿子愿意，大学毕业后也可以回来学习这门传统技艺。我还没有招收学徒的打算，现在很多年轻人都不太喜欢干这个喽。"

四、回顾历程，甘苦百味

钦州造船厂原先是合资企业，位于钦州市滨江南路。旧的工厂倒闭后，伍师傅就开始分出来单干。根据造船厂地理位置的需求以及一些现实要求，2004年三桥建成后就选址于此。麻雀虽小，五脏俱全。伍师傅的造船厂虽然看起来规模不是很大，但是一切理应有的工具都有，更重要的是有着历史悠久且散发着独特魅力的造船技术。伍师傅堪称业界良心，从未与客户有过冲突。这不光因为他们本本分分，一心一意造好船，更是在人才的精选上有着一定的标准。虽然是家族流传，但忙不过来时也招聘工人。招聘的工人也尽是些"精英"，从事造船行业多年，有丰富的经验和精湛的技术。

一般的交易流程：客户讲好需求规格并交好订金下单，下单后由伍师傅乘船途经北海从上海拉回进口木头（由于近年来国家对砍伐树木的严格管控，伍师傅造船的木头大都进口，来自南非、刚果等地）；将木材拉回厂里后就开始进行加工。船造好交货时要进行交接仪式，交接仪式之前要挑选良辰吉日决定船哪天下水；交接时船盖有红布，下水后放鞭炮庆祝，举办交接仪式主要是为了祈求平安。据伍师傅介绍，他们一年大概可以接二三十个订单。造船大小都是由客户决定的。这些客户主要来自沿海的城市（钦州、北海、防城港），而造出的船主要用途就是拉禾苗或者出海捕鱼。

笔者问以前是否有过困难时期，或者特殊的时代有没有影响到造船工业的发展，伍师傅皆回答说："这个倒是没有，我们是一个小的个体私营户，而且是造船行业的，没有受到影响。"但笔者接着了解时才深深体会到了伍师傅这将近50年来的艰辛：工作危险系数较高，使用工具时一不小心便会被划伤；工资不固定，在以前合资企业的单位里每月工资非常少；几十年了从未停过，全年无休，有订单的话甚至大年三十还在工作。

五、直面困境，出路何在

现代世界，科技飞速发展，信息日新月异。一些新的元素不断引进并得以发展，许多传统文化、技艺面临着巨大的冲击，钦州传统造船技艺也难逃此劫。传统的造船将逐渐被现代高科技的造船所取代，传统的造船业发展受到了极大的冲击，技艺面临失传的境地。伍师傅谈到这方面的问题时，虽然是笑着回答，但眼里的担忧却不自觉地显露出来。钦州传统的造船技艺面临着许多严峻的问题。

首先是环保问题。随着科技的发展，新时代的人们环保意识不断增强，政府和社会都越来越重视环境保护、环境污染的问题。"绿水青山就是金山银山，"习近平总书记在党的十八大上进一步提出了环保的重要性。地方有关部门也开始采取相应的措施来绿化城镇，美化乡村，这一系列的举措对于手工木制造船厂造成了一定的影响。要求造船厂离河岸要有一定的距离，特别是有些地方政府要求渔民必须使用玻璃钢渔船，对于一些小的木制渔船进行强硬报废。

"我们一直都没有停过工，就是今年不知道怎么了，停了十几天。"伍师傅说出这句话的时候，一脸尽是茫然。三桥两头，钦江两岸，切割机扬起大量木屑。私人造船主都有大量木材堆放杂乱无章，占用公共道路堆放木材，与钦州的美丽形象格格不入。钦州传统的造船业受到了一定程度的冲击，环保是令伍师傅头疼的问题之一。

第二是材料的供应不足。20世纪五六十年代，材料供应几乎都在农村，现在的材料供应几乎都是进口，因为国家一系列的政策和举措，如砍伐、绿化、城建等方面。伍师傅也为了响应国家的号召，所有木船的原材料都从国外进口。然而近几年也面临着原材料奇缺难以进口的问题。

第三是没有证照和营业资格证的问题。个体生意从开始做到现在，依然没有被相关部门纳入管辖范围，就连税务部门收税时都不知道收哪一类型的税。笔者问："您在发展的过程中有没有遇到资金周转不灵或者得到政府的补贴？"伍师傅露出朴素的笑容说："没有，我们这个小厂都是客户下单后支付一部分现金购买原材料，等船完成后再支付全额，没有遇到什么资金周转不灵的问题。也没有想过要得到政府补贴，政府把这块地免费给我们开厂，也不收税，我就很开心了！"

第四，也是一个最大的问题，就是传承人的短缺。笔者到达工厂的时候，抬眼望去，工厂的造船工人大多是年过半百的老人，很难想象他们怎么加工这些巨大笨重的木头。笔者问伍师傅有没有想过招收一些年轻的学徒来传承这门造船手艺，伍师傅回答说还没有。笔者随后了解才知道，原来伍师傅之前招收过一些工人，干了十几年后就出来单干了。现在生意不是很好，没有想过招收徒弟，很多年轻人都不太喜欢这些木船工艺，也招不到什么学徒。谈话间语气似乎一如既往的云淡风轻，但问到有没有想要放弃造船行业的时候，伍师傅非常坚定地说："只要我还有力气，只要还有得干，我就会一直做下去，不会让造船手工技艺失传，这是祖宗们留下来的东西，祖产不能丢！"伍师傅及其家人都十分重视那艘象征着家族产业开始的小船模型，至今仍留在伍师傅的家中，保留得完好无损。

随着现代科技的发展，传统的手工业都面临着巨大的冲击。当笔者问伍师傅："您觉得您这么多年来一直坚持做造船工作，最大的成就是什么？"伍师傅笑了笑说："我觉得我没有什么突出的成就，如果非要说一些的话，可能就是我对造船这一行业的坚持吧，我做造船已经将近50年了，算是钦州传统造船做得最久的一个人了。"听着伍师傅这一席话，笔者不经感慨，一个人有多少个50年，又有多少人能坚持一件事情近50年呢？新时期的青年们不仅要传承优秀的中华文化，也要传承悠久的传统技艺。钦州是一个滨海城市，造船技艺历史尤为悠久。传统的造船技法融合现代高科技造船技术，一定可以将钦州的传统造船技艺发扬光大。

后　记

采访结束后，伍师傅带着笔者参观了他的家，展示了常用的造船工具，还有那艘象征着家族造船史开端的小船模型。他在即将告别时对笔者说："小蒙啊！祝你学业有成，学习进步。"这是伍师傅对笔者最朴素的祝福，也是对像笔者一样的年轻一代最真挚的期望。望着伍荣进师傅年过花甲却如松柏一般挺拔的身躯，笔者越发觉得伍师傅可钦可佩……

黄小慧／文

艺术难的不是技巧，是心境
——灵山县傩面具制作代表性传承人陈肇梅

在中国南方的广西壮族自治区，有一个隶属于钦州市的小县城——灵山。这里每年的农历八月至十月总是比往常要红火一些，村落一个接着一个，一场接着一场，红红火火地闹起了跳岭头。跳岭头是灵山岭头节一项重要的祭祀活动，其隆重程度仅次于春节，是村寨间为辟邪驱灾除瘟，祈求风调雨顺、庄稼丰收、人畜平安的宗教活动，因其多在村边缓坡岭头上举行，故称为"跳岭头"。

灵山县傩面具制作代表性传承人陈肇梅

在各村落热闹地举办跳岭头时，除诡秘朝圣的傩戏、铿锵有力的锣鼓和鲜明亮丽的戏服之外，最瞩目的当属跳傩戏人的脸上各种风格迥异、千奇百怪的傩面具。傩面具在灵山当地人中俗称"鬼面壳"，又称岭头舞面相，是灵山跳岭头表演中用于塑造各种角色的主要标志和重要道具。如今，我们有幸采访到了手工制作傩面具的传承人——陈肇梅。他向我们讲述了他与傩面具的今世奇缘。

一、初见

1948年，陈肇梅师傅出生在钦州市灵山县佛子镇芳兰村。这个村落位置偏僻，除家家户户自备的交通工具外，弯弯曲曲、四通八达的乡村公路上只有来回一趟客车，村落背靠着一座百米高的小丘陵，丘陵上树木林立、郁郁葱葱，高低不平的地势很难找到一块宽阔的平坦地方。

进入芳兰村，在热心村民的指引下，我们来到陈肇梅师傅的家中。只见一块高地上一栋朴实简洁的两层排列式小平楼出现在眼前，一条水泥路缓坡向上，直达门口，而 70 岁的陈肇梅师傅就坐在门口的长板凳上。长板凳的另一边固定着一个未成品的原木色傩面具，旁边的椅子上陈列着各式各样的工具，脚底下还有一个装满工具的篮子，有铁锤、直尺以及各种规格的平面凿、圆口凿和弧形凿。陈师傅正沉迷于他的拿手绝活——手工制作傩面具。当陈肇梅师傅抬眼看见我们，惊喜溢情于表，立马放下了手中的工具，热情地把我们迎进了内屋。

陈师傅是土生土长的灵山人，主要交际语言仍是灵山白话，但由于我们不熟悉当地语言，整个采访过程中他始终努力地用拗口的普通话与我们交流。

陈肇梅师傅见到我们的第一件事，便是带我们去观摩他正在创作中的雕刻作品"十大元帅"。"十大元帅"长约 2 米，宽 1 米有余。陈肇梅师傅从 2014 年开始创作，至 2018 年，除部分细节处理外已接近完成。整幅雕画雕刻有力，自然流畅，刻画人物活灵活现，细节方面表现得更为细腻，颜色搭配得当，鲜艳亮丽，由此足以看出陈肇梅师傅在雕刻技艺上的精湛刀法与独特表现。在"十大元帅"旁边，还堆积了几个未上色的傩面具，虽是原汁原味的傩面具，但面具的神情或庄严或华贵都显露尽致。陈师傅说，这是近期客户预订的，傩面具并不需要做好之后拿去叫卖，而是等客户预订之后才开始着手制作。

初见手工制作傩面具，我们对此充满了好奇。陈师傅由着我们提出各种不甚成熟的问题。好脾气的他一边拿起一个傩面具的半成品，一边详情讲解傩面具的制作过程，讲述着他一路走来的坚韧与向往、荣誉和收获。

二、初识

陈师傅说，他一开始并不是做傩面具起家，而是一名小学人民教师。陈师傅天资聪颖，学习能力过人，从小喜欢美术，在中学时认真学习了绘画，为了提高技艺，曾跑到广东、海南等地请教名师。因此，他的绘画技术突飞猛进，得到了老师同学的广泛认可。陈师傅对我们自豪地说："在六七十年代，附近村的宣传画、毛主席画像都是我画的。"1970 年，初中毕业的陈师傅以优异的成绩得到了领导的赏识，成为了一位民办小学老师，教授学生语文、数学、绘画等基础学科。1982 年，教育机构的改革迫使陈师傅早早下了岗，

12年的教育生涯由此结束。也是从此时开始，陈肇梅师傅踏上了学习雕刻技艺的道路，走上了一条与木头对话的人生之旅。

见识过傩面具的精致，想必大家都很好奇陈肇梅师傅出神入化的刀工与创作师承何人。但令我们惊奇的是，从教师岗位中退任的陈师傅，凭借着自己的一腔热血与自身拥有的美术基础以及对雕刻技艺浓厚的兴趣，一步一步地摸索着前进，在雕刻界走出了一条阳光大道。陈师傅解释道："那时候会做雕刻的人也不是很多，在家附近的更少，我本来就有绘画基础，也对雕刻有兴趣，就找木头回来从做简单的印章开始，后来做一些木雕摆件、房梁的雕画等，最后有人看中了我的手艺，找我预订傩面具，我才开始做。"陈师傅出生在一个新旧交替的年代，旧社会有钱有势的大地主阶级的房檐、床榻、衣柜、桌椅等，无不雕刻着精美的雕画，而灵山历史悠久，拥有着丰富的历史文化遗产，这些遗留下来的物质财富给陈师傅留下了富丽堂皇的传统审美。

虽然没有一位言传身教的正式师傅，但陈师傅的成就并非偶然。他身后所下的苦功夫并不比别人少一分。在学习初期，陈师傅常常独自琢磨、研究、模仿老艺人做好的雕刻作品。遇到瓶颈，他还会跑去其他老艺人家中串串门，观摩老艺人雕刻的手法，遇到不懂之处虚心求问，大多数的老艺人都很热心地指点他。经过漫长的摸索时期，陈师傅的雕刻技艺日渐进步。他雕刻的模具线条流畅，越发精致，跟他预订雕刻的人越来越多，要求也从雕刻简单的个人姓名的印章扩展到雕刻祭祀使用的大印、木制家具以及房梁上的雕画等，名声遍及灵山县城。

2003年，陈师傅的雕刻技艺在灵山县中已奠定了不可动摇的地位。灵山县有着传承了500年的跳岭头文化，而制作傩面具的老艺人却越来越少。就在此时，常年与跳岭头合作的锣鼓店找上了陈师傅，成为向陈师傅预定傩面具的第一位客户。

三、入行

从小浸染在灵山跳岭头氛围中的陈师傅对跳岭头中使用的傩面具并不陌生，甚至感到由衷的亲切。跳岭头的傩面具有具体的人物形象，而人物形象的特点却没有统一的标准，大多是老艺人根据神话传奇与天马行空的想象雕刻而成，不同的老艺人雕刻的傩面具总是造型各异，风格多样。在接受了锣鼓店的预订后，陈师傅摸索着记忆中的妖魔鬼神，几天功夫就雕画出别具一格的傩公、傩婆、北帝、千岁等一众傩面具形象。他所制作的傩面具既保留了传统风格，也融入了当代特点，独具陈肇梅师傅构思巧妙的创新。由此，陈师傅手工制作傩面具的招牌便打响了，灵山县越来越多的跳岭头团队纷纷找上门来，跟陈师傅预订制作傩面具。

与做印章的木料不同，傩面具选用的木料必须是樟木。陈师傅说："制作傩面具要选用樟木，因为樟木厚实却轻柔，不易折断，不易产生裂痕，而且还能驱虫防霉，非常适合雕刻，也能保存很长时间。"据陈师傅描述，在三隆镇蚌降村发现一套年代久远的傩面具，已有200年的历史，保存完整，色彩仍然光鲜如新，人物形象丰满，雍容富态，庄严肃穆，具有极高的收藏价值。

每当有人来预订傩面具，陈师傅就把家中风干储藏的樟木拿出来，锯成面具大小的木段，在木段上描好线条定好五官位置，先削毛坯，镂空背部，在镂空的同时要粗刻正面面孔，兼顾前后，以达到合适的面具厚度。每个民间艺人制作傩面具的手法都大同小异，初显不同的是刻好了基本型，陈师傅就对人物形象的理解对面部进行精刻，直至雕刻出清晰有力、与众不同的人物面部形象。在跳岭头表演时，傩面具覆盖了表演者的整个面部，因此傩面具在制作中往往需要挖空眼睛部分，让表演者在表演过程中便于左右观察，表演自如。于是，在眼睛部分陈师傅保留眼珠而镂挖穿眼的眼白部分，并用手钻钻穿鼻孔，既保留了傩面具的生动形象，也给予表演者观察的便利。

傩面具雕刻完成后，陈师傅便用砂纸慢慢打磨表面，使其变得光滑，最后便到了上色，这是陈师傅引以为傲的长处。上底漆、描眉目、装金饰、给傩面具上色，是每个民间艺人彰显个性与特性的环节，能充分体现出每个民间艺人绘画的基础以及自身对傩面具的理解。傩面具的基本色是红、黑、白、黄。他们用这几种颜色调制出傩面具所需要的色彩。在油漆的选择上，陈师傅有自己的想法。"我使用的油漆是常见于小车上的车漆，这种油漆色彩艳丽，很容易上色，而且有极好的光泽保持性、耐候性、耐磨性、防腐性等特点，有利于傩面具保存很长的时间而不褪色。"

待到油漆干透，一个个风格多样的傩面具便大功告成。技艺成熟的陈师傅一天能做一个傩面具。岭头队艺人购置面具时，需择吉日，带上生鸡、猪肉、面条、香烛到雕刻师傅家，进行"开光"仪式后方可请回去。陈师傅对傩面具神秘的宗教色彩常带着敬畏之情，却也并不会产生心理负担。相反，每个民间艺人都以能制作傩面具而感到荣誉。

四、坚持

　　灵山跳岭头文化发展至今已有将近 500 年的历史，而傩面具的使用并不局限于跳岭头表演，还可用于传统结婚仪式的"跳南堂"及白事、祭祀等仪式，人物形象丰富多彩，造型各异，人物类型达 36 种。陈师傅说道："这 36 种面具中，跳岭头表演常用的面具只有四种，其他面具很少用到，来预订傩面具的大多是这四种面具。"制作一个傩面具的成本并不高，面具在当地风俗中具有很强的宗教性、实用性，再加上只要小心使用，面具的使用时间可延长几百年。手工制作傩面具并不能为陈师傅带来多少财富，但陈师傅从不在意功名利禄，只是由衷地享受自由自在的雕刻时光。

　　陈师傅朴实无华的家里并没有什么贵重物品，斑驳的墙壁显示着这个家庭并不富裕。"我有两个女儿一个儿子，女儿早就嫁人了，三十几岁的儿子也给我生养了 3 个孙子，我们三代人住在一起。"生活中，陈师傅与其他村民一样，仍然需要种田务农来养家糊口。在农忙时期，他只能放下手中喜爱的凿刀与木料，一头扎进农活之中，只为了那几斗养活一家人的口粮。在雕刻中专注认真的陈师傅对待生活中的每一件事都报以热情。2002 年，陈师傅曾在水稻栽培教学班参加"跨世纪青年农民科技培训工程"，并获得了证书和嘉奖。

　　农闲时，陈师傅便沉迷于把玩手中的木料，制作买家预订的面具和雕画，或是随心所欲地雕刻自己想要的木雕。陈师傅讲到开心处，拿出了两个小指大小，分别用牛角与木材制作的个人姓名的印章。牛角制作的印章小巧玲珑，质地光滑，让人爱不释手。陈师傅自豪地说道："这是我年轻的时候给自己做的印章，最特别也是唯一的一个。"精细的雕工让我们震惊不已，陈师傅笑笑道："那时候年轻，做起来非常容易，但现在眼力不行了，前几年还有人找我预订，想要一个一样的，不是不想做，是做不了了。"

　　从古至今，中国便有"靠海吃海，靠山吃山"的谚语，以前的木雕艺人要想雕刻出一件好作品，最重要的便是要有一块好木料。灵山县气候温润，山高林密，适合各种树木繁殖茂盛，生长着大量适合雕刻傩面具的樟树。古时的雕刻艺人常常奔波于山间，只为寻找一棵健硕的适合雕刻的木材。如今随着人口增长和经济发展，人们对大自然的过度索求造成了树木的急剧减少，寻找一棵上好的树木变成一件难事。虽然今非昔比，如今的雕刻艺人不再需要亲自上山寻找木材,但是木料仍供不应求。陈师傅有长期合作的木材厂,每半年会与木材厂订购一批木料。然而,木料的价格屡屡上涨,但陈师傅的木雕价格始终不为所动。陈师傅只是平淡地说道:"雕刻本来就是我的兴趣爱好,除去时间和成本它还能为我带来一些额外收入。我已经很满意了,不要求太多。"

五、传授

2006年,跳岭头被确定为第一批自治区级非物质文化遗产项目。但与跳岭头表演相比,面具、服装、道具等手工技艺没有得到很好的传承,特别是傩面具的制作。灵山县内制作傩面具的艺人现存不多,而且年岁已高。由于面具制作艺术水平要求较高,年轻一代接上班的极少,目前制作傩面具最精良的当属陈师傅,但他已年过七旬,傩面具制作濒临消失。

据老一辈傩面具艺人说,制作傩面具的人有一定的讲究,一般是家传,只有少部分师传。如今,陈师傅的儿子与孙子在家会帮陈师傅做一些力所能及的事情,耳濡目染下也掌握了这一手艺。但为了不让这门手艺失传,陈师傅说道:"只要有人愿意学,我就免费教。"附近的村民来跟他学习制作傩面具,他从不吝教,耐心地传授给他们。他曾招收过一位来自附近村落的正式徒弟,但这位徒弟并不比他小多少。

2015年,手工制作傩面具举步维艰的传承与发展引起了灵山县人民政府的关注。经过调研考察,政府为其申请了非物质文化遗产项目,抢救性传承与发扬手工制作傩面具。2016年,手工制作傩面具被确定为第六批自治区级非物质文化遗产项目,陈肇梅师傅也被确定为手工制作傩面具的传承人。受到官方的关注以及大力宣传让陈师傅名声越传越远,有些买家从横县、贵港、玉林、浦北,甚至西藏等地慕名而来,只为购买一幅陈师傅亲手雕刻的雕画。陈师傅并不因各地买家慕名而来而骄傲自满,即便有些买家愿意出高价,只为得到一幅指定陈师傅亲手雕刻的雕画,可遇到陈师傅不擅长的雕画或是时间不宽裕的情况下,陈师傅仍然会礼貌地回绝。陈师傅如是说:"现在很多人都找我预订面具或是雕画,我并不是万能的什么都会雕,如果不是自己擅长的,我是不会接受预订的,而且我想留出更多的时间雕刻自己喜欢的东西。"最近,陈师傅常常研究古人睡觉的床榻上精美的雕画,他的最新目标是雕刻出一张仿古床榻。

一个民间艺人摇身一变成了非物质文化遗产传承人，给陈师傅的生活也带来了不少惊喜。陈师傅开心地跟我们说，政府有意在县城腾出一个空房，为陈师傅招揽学徒，做手工制作傩面具的培训。陈师傅虽年事已高，但仍热心参加各种非遗活动。自确定为传承人以来，他每年都会参加钦州市非遗展示周、文化与自然遗产日和灵山荔枝节，民俗文化表演上也能看到他的身影。冠上了光荣的传承人称号，陈师傅就自觉肩负起手工制作傩面具的发展未来，默默地为推动灵山的傩文化贡献出自己的一分力量。

后　记

勤勤雕朽木，细细导蒙泉。陈肇梅师傅精湛的雕刻技艺与淡泊名利的人生态度受到业界的一致好评与敬重。他如陶渊明一般，只愿做"采菊东篱下，悠然见南山"的隐君子，在自己的一方天地专注于手中的工具与木块，只愿让自己的思绪随着刀起刀落变化跳跃，让木料在自己的手中变化出各种与众不同的模样。

钟前前 / 文

淳朴粽香情，动容真故事
——记灵山大粽代表性传承人周家英

纯手工制作的灵山大粽

2015年2月23日，阳光明媚，在灵山县陆屋镇二街的老居民楼前，笔者与一群老者一边享受着温暖的阳光，一边聊起了关于灵山大粽那些有趣的事。说起灵山大粽，每位老者好像都不陌生，她们的眼神充满着对大粽的熟悉与热爱。她们的表情告诉笔者，关于"大粽"有故事要说。

其中，最吸引笔者的是坐在边角上已经满头白发的周家英老奶奶。她当时的一句"一辈子了"让笔者感觉她与大粽之间一定有着许多不为人知的故事。于是笔者就挪动凳子，坐到了她身旁。在笔者的好奇下，家英老奶奶就打开了话匣子，讲起了她和大粽的那些事……

一、淳朴乡情,质朴百姓

辽阔的祖国大地孕育着密如繁星的城市。然而,一个依水临海的滨海城市——钦州,正坐落在风生水起的北部湾,引起世人不断注目。如今开放的钦州,正凭借其鲜明的特色和独特的魅力茁壮成长。这个坐落在沿海金三角宝地上的城市,也同时养育着一个有着悠久历史、乡情古朴的县城——灵山县。隋开皇十八年始置南宾县,唐贞元十年易名灵山县,原属广东省,现属广西壮族自治区钦州市。灵山背靠大西南,面向东南亚,不仅四季温和,而且河流纵横,古迹众多,更有着千年古荔。在宋代,灵山香荔在中国物产和文学史上曾两次闪烁出耀眼的光芒。著名的文学家苏东坡从海南岛的儋州流放地北归逗留合浦期间,偶尝了灵山荔枝,便留下了脍炙人口的"日啖荔枝三百颗,不辞长作岭南人"的千古佳句。而宋神宗品尝梁世基上贡的灵山荔枝后,也欣然赐诗"横浦江南岸,梁家间世贤,一株连理木,五月荔枝天"。这些赞誉不仅仅是对荔枝的赞誉,更是对钦州灵山人民勤劳、质朴的肯定。

灵山民风古朴,遵从礼尚道化。无论是逢年过节,还是走亲访友,灵山人民都很重视礼节,老祖宗传下来的礼数传统一一遵奉,自古成风。这些人文就宛若一道亮丽的风景线,引人注目。在灵山,流传着一句这样的俗语——"包粽打饼做粉利,杀鸡宰鸭买烧酒"。这是对灵山人民庆祝春节最完美的诠释。每当大年三十,杀鸡宰鸭包大粽都是勤劳的灵山人民在这一天的重头戏。家英老奶奶告诉笔者,包大粽更是由来已久。她从老一辈的老者那里听说,自从诗人屈原农历五月初五自汨罗江死后,楚国的人民为了使屈原的身体不被江中鱼物所咬食,便以竹筒贮米,投入到江中喂食鱼物。之后,竹筒贮米的形式被人民用包粽子代替。至此,每年的五月初五,百姓都包大粽投至江中,这便有了包粽子。后来,由于时代的变迁,灵山的粽子虽也继承了粽子最初的文化意义,但经过祖先们的传承与发展,粽子的内涵在历史的洪流中发生了一些变化。它不仅仅是为了纪念诗人屈原,也成为了老百姓们敬神祭祀、祈求丰年的贡品。再往后,在灵山,无论是婚丧嫁娶,还是走亲访友,亦或是春节,都能够见到粽子的身影。自然,直到他们这一辈人,妇女们会包粽子已是一个普遍的现象。毫不夸张地说,基本每家每户的妇女都会包大粽。

二、稚嫩孩儿，躬行学艺

当笔者询问起家英老奶奶是如何学会包粽子时，她的泪水润湿了眼眶，想是怀念起她那过世的母亲了。吸了一下鼻子，家英奶奶说："这个，就要从我那过世的老母亲说起了。""当时家里只有我一个小孩，日子也还过得去。该要学会的女儿活，母亲一件也没落下，手把手地教我，一个细节一个细节地跟进，从不马虎。"家英奶奶的母亲每年春节的时候都会亲手包粽子。那时候，虽然家英还小，但母亲也要她帮忙打下手，像洗粽叶、淘米之类的……因此，从小时候起，母亲包粽子的时候她就坐在旁边帮忙。她的母亲时常叮嘱："粽叶一定要放到大锅里用水煮过，待到沸水滚烫才能捞出。过后，必要用清水、抹布一张一张地清洗。包粽子的另外一种材料'绿豆'，需要用温热水浸泡，再把它的皮给撮掉，最后用清水把绿豆皮给淘出来。这样包出来的粽子，才更黏、更香、更绵。"过了些年，母亲看她到了可以学包粽子的年纪，再不是只让她打下手了，而是开始着教小家英如何去制作一个完整的大粽。

家英奶奶回忆起第一次跟着母亲学包粽子的情景，感慨道：这些事情就仿佛昨日发生，仍旧历历在目，但却已物是人非，已过几十年。当家英的母亲说要教她包粽子时，她想着这么多年看着母亲包粽子，所有的步骤已经铭记在心，想必自己很容易上手，就嚷嚷着不用母亲教，要求自己独立制作，母亲也没拦着。于是，家英按着母亲的步骤开始了她的第一个粽子。家英先把随手拿起的粽叶铺好在桌子上，然后在粽叶上倒上两碗糯米，学着母亲的样子用手把糯米推平，接着再倒上一碗绿豆，推平。家英又在腌好的猪肉里挑上一块最瘦的放在绿豆上，最后再铺上一层绿豆和糯米，基本的步骤就算是完成了。家英瞥了瞥母亲，自豪地说："母亲，看，铺得多好。"她本料想着母亲会夸自己，可母亲没搭话，只是笑了笑。家英就暗自下决心一定要把粽子捆得严严实实。她转过了头，注视着铺好的粽子。紧接着，她小心翼翼地把侧边的粽叶往上翻，然后旋转粽身，把粽叶两个末端的其中一端慢慢地推到桌子的边缘，把粽叶往里折，另一边按着同样的步骤做。这就到了最后一个工作，用尼龙绳捆绑粽子。"这个可真是把当时的我给难倒了"，家英奶奶说。绳子刚饶了一圈，包好在粽子里的糯米就直往外蹿。这下她着急了，没顾得上给粽子捆绳子，忙着用手把露出来的糯米塞回去。谁知，这头的刚塞进去，另一头的又被挤出来了……家英更急了，一不小心用力过猛，没捆上绳子的粽子就全散了。家英的第一个粽子也就再也无法挽救了……她望着地上洒了的粽子，又看了看母亲，说"包粽子好像真不容易……"，然后尴尬地笑了笑。这勉强的笑容没能掩饰住她内心的失落，就低下了头，先前的那股热劲全泄了。这一切母亲都看在眼里。她摸了摸家英的头，意味深长地说："这包粽子啊，不能急。孩子，抬起头！母亲重新教你。"家英抬起头，看着母亲，一扫先前的丧气，决心跟着母亲认真地学一遍。

这包粽子啊，可真正是精细活。家英奶奶说母亲先是教她怎么选粽叶。她记得母亲是这样说的：这包粽子，选用粽叶可不能马虎。如果同一条粽子选用的粽叶大小不一，在后面给粽子捆尼龙绳的时候，就很容易造成铺在粽子心最外面一层的白糯米跑出来。家英听了母亲的这席话，才恍然大悟。她学着母亲挑选了几张大小基本相同的粽叶。紧接着，母亲告诉家英，要将挑选好的粽叶对半重叠铺好，而不是像刚才那样随便摆放。家英自然也学着做。接下来的平铺糯米、绿豆以及猪肉心的步骤就如同小家英刚才做的那样，两碗糯米配一碗绿豆，再加一块猪肉心。母亲悉心叮嘱她：这个步骤最关键的就是一定要使糯米均匀地平铺在粽叶的中央，四周必须留有空白粽叶，特别是两侧，否则也会导致在捆粽子时空间不够，糯米外泄。家英耐心听，并仔细观察母亲的演示，严格按照母亲的叮嘱成功地完成了粽心的部分。很快到了最为困难的部分——包裹粽子。家英奶奶说："因为当时就是在这里失败的，她显得极为紧张。"按着母亲说的，她先把两边的粽叶用比较慢的速度翻折起来，并保证了两侧翻叠之后有较大面积的交合。然后，家英又照着母亲说的，把两侧已经翻折重合的粽子两端的其中一端挪动到桌子边缘，把粽叶往底下折。之后用左手托起粽子，用较慢的速度把粽叶已经折合的一头朝下竖立起来，再用右手把粽米往中间稍微挤一挤，折起另一端正在待折的粽叶。按照母亲的方法，家英包的粽子再没有米窜出来。最后，母亲告诉家英，用尼龙绳捆绑粽子的时候，一定要从粽子的中间向两边沿捆，绳子的一头用牙齿咬紧，另一头则开始捆绑。在这个过程中，绳子要咬紧，眼睛要看准，手要灵活。粽子每绕一圈，要保持绳子间的缝隙基本均匀，这样包出来的粽子才结实、美观。家英回忆说："这个过程她处理起来要吃力一些。"首先是她还不习惯用牙齿咬绳子，速度很慢；其次她手掌不够大，托起粽子的时间长就会觉得累。兼合这两个原因，她的手很快就没劲了。然而，经过不懈的努力，她还是成功了。她欣喜地剪下打了结的尼龙绳，一条完整的粽子就算是包好了。尽管粽子还不尽完美，她止不住心中的高兴，把粽子连续抛了几遍……在成功了一次之后，家英对包粽子越发着迷。在多次尝试以后，家英包的粽子就越发漂亮。再后来，甚至超越了她的母亲，成为了一名包粽子的好手，这让家英开心不已。

三、守得云开，见得月明

后来，家英嫁给了同住在一个镇上的谢大哥。谢大哥是一个普通家庭的孩子，生活过得紧，但为人忠厚，又踏实肯干，很招家英的喜欢。家英的父母也乐意女儿嫁给谢大哥，这姻缘便定下了。家英自然晓得嫁给谢大哥生活会比较辛苦，幸得家英从小跟着母亲习得各种女儿活，人又勤快，懂得节俭，小两口的日子也还过得去。然而，没多久，便有了孩子，生活开支也就大了。家英想着这样钱是不够用的，就估摸着凭借自己包得一手好粽子，想要做点小本的粽子生意。虽然在其他地方有见过包粽子卖，但是在镇上却从未听闻。家英回忆道："针对这个生意是否值得做大家商量了许久，但也没有明白。那时候啊，我心一铁，没人做过，那就值得做。"就这样，即使家里人明白这是在冒险，那也只能让家英试一试。

家英和丈夫也就开始谋划。他们夫妇计划着要做起这门生意就首先要拿出钱添置必需的工具。当时，家英家日子并不富足，能拿出的积蓄并不多，只能够回娘家寻求帮助，费了好大的劲才凑够了钱。之后，便去找专门的打铁师傅铸工具。因为不只是包大粽卖，还兼出售灵山发糕等祭祀、走亲的附属品，所以也需要炊炉炊盘等大批工具。"其实当时倾家打造这一批工具，心里确实害怕，担心万一不成事，那家里的日子就糟糕了"，家英心有余悸地说。待所有的工具都准备齐全了，家英就着手制作粽子的事了。而谢大哥为了维持基本的家庭生活继续他的苦力工作，自然也顾不上孩子。那时候孩子也还小，家英只能背着孩子去买需要的材料。材料准备齐全以后还要清洗。当时，自来水系统还没有普及，所有的材料都只能够拿到江边去清洗。家英感叹道："确实很辛苦。"特别是在冬天，她每一次都得先把孩子哄睡着，然后一个人冒着寒风扛着所有的材料和工具到江边去洗。在温度只有一两度的环境下，只能随手拿起江边的石头搭放在脚下防止脚上长冻疮，但手就没有办法保护了，隔三岔五冻疮就发作，肿痛、瘙痒难耐，很是折磨她。家英也承认有过打退堂鼓的想法。在那个年代，基本上家家户户的妇女都会包粽子、做粉利。当自家需要的时候就自己动手，根本不需要出去买。加之那时候，这种生意刚开始，基本是无人知晓的，市场并不理想。为了让镇上的人知道这门生意，家英费了好大的劲。她只能选择在晚上准备粽子白天销售。每一天傍晚她开始处理材料并包好大粽，大概夜中就能开始熬制大粽。约六点，大粽就可以出锅了。趁大粽放凉定型期间，她赶紧去给家人准备早餐。喂饱孩子之后，把大粽装进大箩筐就出发了。那时候的条件只能凭借体力把大粽担运到街上。家英到达市场顶多也就八点，把大粽整齐地摆放在箩筐盖上便开始了一天的叫卖生活。为了吸引人群，很多时候，这一出去就是一整天。她基本上没有休息时间，大多都是趁大粽入锅的时候打个盹，但因为要定时起来翻粽子、加水，所以从来就只是浅睡。由于休息不够，又辛苦，她人显得特别消瘦。

除了争取更多的时间吸引客源外，家英也靠她"薄利料足"的生意理念吸引到了顾客。她一直秉承着母亲"包粽子忌急、忌躁，眼、嘴、手全方到位"的教导，包出来的粽子外形都很美观。此外，她包粽子所用的材料都很讲究。她所采用的"糯米"全都是农村亲戚亲自种植的优质大糯米。包粽子的前一天，她都会把次晚包粽子所需的优质大糯米淘洗干净，然后糯米放在冷水中足足浸泡一个晚上再捞出。她所选用的"绿豆"，都是货比三家之后精挑细选才确定采用的。家英挑选的绿豆一定要外观饱满。买回来的绿豆用热水浸泡几个小时之后，她亲自用手撮掉其皮，这是个比较漫长的过程。让家英最得意的还是粽心肉的挑选和腌制，这也是她卖粽生意最终成功的关键。对于用作粽心的猪肉，她要求很严格。每一块粽心肉都必须是半肥半瘦的五花肉，要均匀切成厚约1厘米、长约10厘米、宽约4厘米的长方体状，然后放入精盐、姜末、葱末、蒜末、酱油、耗油拌匀，最后放入她的"秘密武器"——米酒，进行搅拌。这米酒是她从亲戚家专门带来的，与外面市场的相比，更醇香，也更纯净。这是家英的亲戚酿来供自己饮用的，并不外卖，来得并不容易。所有的佐料都放完之后，密封一个晚上，粽心肉就完成了。精制的粽心，以及所有材料的精心挑选，使家英包出来的粽子不仅粽香芬芳，而且糯而不糊，肥而不腻，让人赞不绝口。聊到这些，家英奶奶也甚是开心，满是笑容。

这之后的生意也不是一帆风顺的。至今让家英记忆犹新的还是那几次三轮车的丢失。当时，她买粽子攒了些钱，就和丈夫商量着用攒下来的钱找铁匠做一辆简单的三轮车代步。这样既可以节约时间又可以多运些粽子。想着这些好处，夫妻俩就把这件事定了下来。家英奶奶回想起来说："那时候有了三轮车，的确减轻了不少负担，粽子也多卖出了些。"但是好景不长。碰上"文化大革命"，老百姓的日子过得紧巴巴，很长的一段时间，她家里的日子过得也很辛苦。一天晚上，这没用多久的三轮车不翼而飞了，想是被偷了。这更是使他们家的生活"雪上加霜"。生意还得继续，为了维持生计，家英只能采用以前的方法，又每天挑着上百斤重的大粽上街叫卖。往后有两次，又攒了些钱，做了三轮车，却还是被偷了……再后来，"文化大革命"结束了，百废待兴，包粽子在家英的家乡成为了一个行业，而家英正是其中最早的一批，堪称行业的领头羊，这是最让她自豪的。

可说到最让家英老奶奶欣慰的还是她的儿媳妇接过了她的衣钵，也包得一手好粽子。其实，改革开放之后，老百姓的日子是越过越好了，愿意学包粽子的女孩子越来越少了。然而，她的儿媳妇嫁进门之后，就主动地去和她学习这门技艺，很快，她们的粽子就包得有模有样了。她的儿媳妇秉持着家英老奶奶"薄利料足"的生意理念。即使做这门生意的人越来越多，竞争越来越激烈，但她的儿媳妇凭借着"老味道、老口感"，一直在这个行业中独树一帜，得到新老顾客的一致称赞。

后 记

2018年，家英老奶奶83岁了，在几年前已经把生意全权交给了儿媳妇打理，自己享受着儿孙绕膝的清闲。家英老奶奶与粽子结伴，对粽子的兴趣与偏爱，让她与粽子互相牵绊了一辈子。

老祖宗们留下来的传统后人们还在演绎着，并且熠熠生辉。家英老奶奶的大粽技艺也还在被继续传承，她的"老味道、老口感"依然在刺激着我们的味蕾。

陈杞虹　刘海锌 / 文

寻泰香之粽，觅"粽"华之根
——记灵山大粽代表性传承人张龙芬

说到钦州灵山，外地人都会想到灵山荔枝。这个有着"荔城"之称的县城人杰地灵，民风淳朴，文化氛围浓厚。在夜晚，小城在灯饰的点缀下显得更加妩媚动人，月光的清辉洒在山上、桥上、水面上。昏黄的夜色中，它像一位慈祥的长者向我们述说着过往的点点滴滴。这个有故事的小城还孕育着一种中华稻香文化——灵山大粽。

灵山大粽代表性传承人张龙芬

灵山大粽作为一种传统技艺，是灵山人欢度新春佳节的主要食品之一，以体大丰腴、色泽光亮、味香鲜美而闻名于广西，是祖祭、庆丰、贺喜等节庆的一种载体。灵山大粽既是一种民间传统美食，又是一种文化符号。为了更深入地走进灵山大粽，笔者们拜访了灵山大粽的代表性传承人张龙芬。现在就让我们跟随着张龙芬先生的思绪，一起去聆听他与灵山大粽的故事。

一

灵山大粽这门技艺的传承和延续，与家族的血脉联系紧密。1970 年 10 月 23 日，制粽世家灵山良公米粽迎来了第十四代传人——张龙芬。这个小生命响亮的啼哭声给这个家族注入了新血液，也带来了更多欢乐。小时候的张龙芬居住在灵山县旧州镇双金佛子岭村，那时候的乡村生活带给他的回忆是贫穷但又是幸福的。农民的生活经济并不可观，都是省吃俭用、勤勤恳恳地过日子，但是每到过年的时候，张妈妈就会包有肉馅的大粽子。看妈妈包粽子，到能吃上香喷喷的肉粽子，这其中的幸福感过了那么多年回想起来依然是心中的一股暖流。张龙芬自小喜欢吃粽子，10岁即师从民间包粽大师黄桂兰和黄秀桂学习包粽技巧和工艺调配。这两位是他的奶奶与母亲。他从小耳濡目染，对粽子有着不一样的感情。

张龙芬的父母深知知识的重要性，坚信知识能改变命运。正是父母的无私支持，张龙芬一路从双金小学读到旧州中学，后来考取了灵山中学。在1989年读完高中的他，凭着一股韧劲，又考上了广西农学院食品加工专业。由于能力出众，1991年毕业的他选择在灵山县凉果厂工作，历任灵山县凉果厂技术科长、生产副厂长、厂长和灵山县服装厂厂长等职务。其间深入学习了灵山农副特产、传统特色美食特别是灵山大粽的传统手艺、包制方法、馅料组织、熬煮办法等。

由于学的就是关于食品的知识，毕业后的他理论结合实践，与姐姐张明芳在1993年开始做灵山大粽的小作坊，为的是发扬光大"良公米粽"这个家族品牌，当时得到了家里人的支持。由于很多人都会自己制作粽子，很少会在外面购买，因此，小作坊刚开始就遇到了发展的瓶颈，资金与市场都受到了一定的限制。因此，张龙芬花了很长的时间到各种粽子厂家实习和实践，学习不同的粽子包制技术，多次到浙江、福建等地交流、学习、调研南北派粽子制作方法和口味的异同。从传统手艺到原材料的选择、猪肉的腌制等，还有粽子的起源与发展，灵山大粽的现状与创新，粽子文化的历史纽带等，他都了然于心。灵山张氏良公米粽至今已有400多年的历史，张龙芬从"良公米粽"然后一路创新，在2008年建造好了灵山县泰香食品厂，开始全身心投入到灵山大粽上，在2012年创立了品牌——"泰香粽王"。由此他在业界有着另一个称号——"大粽哥"。

二

张龙芬每每说到粽子，特别是说到他母亲的时候，脸上总是洋溢着浓浓的幸福感。粽子的传承不仅仅是对技艺本身的传承，更是对母亲的怀念。

在张龙芬的描述中，我们知道了标准的灵山大粽为四平八稳枕头形状，压边整齐，四面棱角分明，不塌不凹，角尖匀称、美观、有型。熬煮后的大粽绑线紧、饱满霸气，一般重量在2000克以上。灵山大粽选用灵山香糯、黑土绿豆、家养土猪肉、本地板栗、虾仁、香菇等优质材料包制而成，猪肉经秘制泰香料酒腌制以后香道更加醇厚。大粽经过8个小时的柴火熬煮，猪肉与糯米、绿豆、板栗、香菇等材料互相渗和、交溢，肉料经祖传"良公料酒"腌制香道更加醇厚、有劲道，猪肉肥而不腻、口感酥香，糯粒晶莹、绿豆绵烂，入口黏糯，过齿留香。灵山大粽以"硕大饱满、丰腴亮泽、糯香黏润、绿兰如蔻、肉香丰厚、糯香满溢、口味怡人、口感丰富"让人大开眼界、大快朵颐。

灵山大粽承载着中华稻米文化。张龙芬跟我们介绍灵山大粽的分类，以及深挖灵山大粽的文化符号和民间寓意，阐析、创新并升华灵山大粽文化，从传统角度解读灵山大粽的历史，努力打造灵山大粽的文化价值和特色品位，立志将灵山大粽做成"一个有文化的粽子"！

客家风俗，粽子首先用于庆丰祭祖、礼愿纳福。除了过年、端午必吃粽子外，每逢喜事皆用到粽子祈福、纳福和礼福，如洞房花烛夜的床头摆放一对粽子寓意传宗接代、早生贵子，金榜题名前的大考年必吃猪蹄大粽寓意高中状元，搬家住新宅必用鲜鱼大粽代表光宗耀祖、安居乐业，开业贺喜用88斤以上的猪蹄金鸡海鲜十全庆典大粽表示财源滚滚、吉祥如意等，大有"一粽得道，万象兴祥"之概矣。灵山大粽，有着祭祖、接福、庆丰收、团圆等特殊涵义，灵山素有"无粽不成年"之说，逢年过节主宾皆以"大粽、粉利、芝麻饼"吉祥三宝迎来送往，三宝齐聚寓意"幸福团圆，总之顺利"！其中泰香粽王更是因为寓意"传宗接代、高中状元、光宗耀祖、如日中天"而力拔头宝，因此"粽望所归"，成了客家"纳新首要"、学者"贺喜首礼"、亲朋"馈友首选"、商家"粽横九州"的节庆礼品。

三

在传承灵山大粽的同时，打造了"泰香粽王"品牌。在整个传承与创新的过程中，最开始如何保持特色、口味、限期成了最大的难题。张龙芬跟我们说，一路走来无论遇到什么困难，都一直坚持传统技艺。

因为对大粽文化的阐析到位和对大粽技艺的精湛传承，张龙芬荣登央视向全国观众讲解和示范灵山大粽的特点、制作方法等，并在各项美食评比节目中多次获奖，所包制的灵山大粽分别获得了广西壮乡之星、广西优质食品奖、灵山十大传统特色美食奖、网评钦州旅游必购特色食品、最佳风味奖等奖项，既体现了灵山大粽的传统特色，也亲自参与包制和开发了"光宗耀祖状元粽王、金榜题名猪蹄大粽、如意吉祥金鸡大粽、如日中天海鱼大粽、板栗腊味探花粽、绿豆腩肉秀才粽、红豆相思书生粽、苏木处子灰水粽"等诸多灵山名优美食新品种大粽，故得以让灵山大粽品种繁多、品类齐全、品质良好，让人过目不忘，过口难却！

张龙芬说："我做的是一种文化，包的是一种情怀。我经常用诗歌来抒发对粽子的情感，阐析和传播灵山大粽文化。在粽子江湖，我用粽横九州来驰骋我的'粽华梦'，用粽情天涯来书写我的诗和远方。"正因为对粽子文化的独到见解和工艺技术的把握，所以灵山大粽得到了央视和众多自媒体的青睐、采访和播报，张龙芬多次荣登央视宣讲、解读灵山大粽的传统文化和演示灵山大粽的包制工艺。如今他建立了一个"粽华在线"网站，收集全国各地的粽子文化和制造方法；同时注册"粽说芬云"微博、公众号和今日头条号，以及小视频直播平台等，打造属于自己的电商平台。

在采访的过程中，笔者们感受到了张龙芬的"大粽诗人"浪漫主义和"做大粽国梦"的家国情怀。他秉承一种文化，传承一种产业，一直有"做一个有文化的粽子"的理念。在这个信念坚持下，他创办了"灵山县泰香王食品厂"，成立了"泰香家园"绿色生态园，并以"造健康食品、做新鲜产品、送爱心礼品"为企业愿景，以"不自生故广生，不自利故大利；广生则大利，大利则广生；大利者共赢，广生者共荣，故百业兴焉"为企业宗旨，率粽而出，立志做强做大灵山大粽品牌。

张龙芬怀着强烈的时代责任感，兢兢业业做好"尖上的守护神"，凭借悠久的生产历史、丰富的生产经验、精湛的生产技术、良好的生产工艺和严密的生产制度，结合丰富多样的大粽文化，将传统与创新进行到底。由此荣获了灵山县农业产业化重点龙头企业、广西农业行业协会常务理事单位、灵山县食品行业协会秘书长单位、广西壮乡之星、广西食品行业优秀企业、灵山十大传统特色小食、慰问东盟驻邕总领事馆唯一指定民族文化礼品、钦州旅游十大必购特产、广西首届粽子文化节最佳风味奖、旅游钦州最美礼物优秀奖等荣誉称号和奖励。

与此同时，泰香粽王秉持"龙润九州天下春，泰香满城万家福"的经营理念和大爱之心，对社会的关爱永远在路上，泰香家园团队经常参加慰问留守儿童、看望孤寡老人、慰问敬老院，以及灵山乡村扶贫工作等公益活动。

而他们也会为学校的建设出一分力,如积极参与灵山中学"灵中八九届校友林""八角塘硬底化""感恩亭"等校园建设工作,为校园美化出力;高考前向有关学校赠送"金榜题名*状元大粽"给在校师生分享,以此祝福大考学子个个学业有成,人人金榜题名、光宗耀祖,用"粽国心"激励、温暖师生。

张龙芬这时候带出了一首别人为"灵山大粽"而写的诗:

卜算子·灵山大粽

江南食圣·安粽君

灵山灵,金榜题名,

多少学子几憧憬;

鸣珂江畔,

人杰地灵见真情,

天华物宝,岭南粽王!

王粽王,如意吉祥,

千家万户百盼望;

传宗接代,

书生意气把愿还,

光宗耀祖,如日中天!

短短几句诗,便可深刻感受到灵山大粽的魅力。

每年的"三月三"是广西壮族自治区特有的节日,肯定少不了灵山大粽的身影;在灵山的"荔枝节",也就是六月左右,也会在地方舞台上展示灵山大粽;还会在"钦州大蚝节"上登台展演。在2018年6月27—29日,张龙芬率泰香粽园人到南宁参加广西食品展览会和广西食品交易博览会。

四

灵山泰香粽王传自张氏良公米粽,至今已有400多年的历史,是客家风俗的一种文化载体,也是中华五千年文明史的一种交流图腾,具有深远的文化意义。

将灵山大粽产业化、标准化、专利化、品牌化、国际化,立志把灵山大粽做成一个有文化的粽子,是张龙芬毕生的梦想。从高中开始就对传统文化感兴趣,加上家族的传统技艺的传承,他一路走来在传承产品的过程中时时刻刻都在注意文化的注入。对于灵山大粽,他更多地回归传统,怀念过往,热爱技艺。做粽子不是一个生存技能,而是一个注入生命里的兴趣。

灵山大粽的传承之路并非一帆风顺,因为是技艺活,所以各种程序都要非常讲究。前期所遇到的重重困难,张龙芬都以平静的心态去面对,去解决,这才拥有了如今的灵山大粽品牌、泰香家园团队。灵山大粽获得了很多荣誉称号,但传承的道路上依旧布满荆棘。说到目前的困难,张龙芬表示,因为是文化与企业化这两元素构成的大粽家园,目前市场竞争大、推广难、粽子文化与商业性的冲突导致回报低,以及技术跟不上需求等问题成了发展难题。

在采访的过程中,我们深切感受到了张龙芬为中华文化,为灵山大粽的信念传播的那份深深的责任感。对于未来灵山大粽的发展,张龙芬表示:一是想建一个高科技的标准厂房作为灵山大粽的传承基地;二是打算把基地作为旅游观光的一个点,同时作为科技实践基地参与科技交流场所;三是通过加大电商范围来宣传灵山大粽,希望以此来与时俱进。总的来说,泰香家园的新使命是紧跟国家"一带一路"倡议,做好粽子工业,打造灵山大粽的传

张龙芬(左)在检查灵山大粽制作质量

承基地"粽华城",引领旅游,科普发力,面向东南亚,销往全世界,将中华文化传播出去,让更多的人切身感受这一份文化情怀。

说到继承人的问题,张龙芬希望自己的孩子来继承,但是小孩的重心都在学习上。因此他广招徒弟传授包粽方法,现在已经招收了张慧玲、李小环、邓开参等入门弟子200多名,为灵山大粽的未来储备人才。

尾　声

采访接近尾声的时候,张龙芬有一段话要说给年轻一代:"对于传统技艺的传承,一定会言传身教,不断去实践。现在年轻一代人,对传统文化的阐释和对传统宝贝的传承,一定要重视、留意和挖掘。在校大学生应该多拿几根'棍子',见蛇打蛇,见果打果。何为'棍子',通俗来说就是勇气和底气。"听者受益匪浅。

在整个访谈过程中,我们看到了灵山大粽的崛起。一个传统文化与现代技术相融合的"艺术品",在传承人手中熠熠生辉。我们也相信,传承人能带领着灵山大粽攻克荆棘路上的难题,书写一本独一无二的"粽"华之书!

黄建霖 / 文

钦州猪脚粉，神仙也打滚
—— 记钦州猪脚粉制作传承人黄力强

钦州猪脚粉制作传承人黄力强的粉店顾客盈门

2012年1月17日下午，在钦州老街二马路的猪脚粉店铺里，笔者与钦州黄氏猪脚粉传承人、二马路猪脚粉店的老板黄力强相约会面。刚进到铺里，笔者就被黄师傅的热情所打动。前一天，笔者经过多方调查才打听到这里，一见面，黄师傅就欣然接受笔者之约，答应今天详谈。

黄师傅不像笔者想象中的那样是位上了年纪的老者，也不像是隐居于街市中的高人，而是一位地地道道的钦州汉子。40来岁，不高的个子，清瘦但岁月洗练过的脸，是笔者的最初印象。

谈起猪脚粉，黄师傅就打开了话匣，道出了其中的百般滋味……

一、淳朴的家乡，梦始的地方

在风生水起的北部湾畔，在祖国的西南边陲，在英雄辈出的地方，钦州仿佛是天女掉落在凡间的一颗明珠。钦州，古称安州，自秦代就属象郡管辖，南朝宋置于宋寿郡。唐代谏议大夫姜公辅、宋代大文豪苏轼、清代奉政大夫冯敏昌都与钦州结下了不解之缘，清末抗法民族英雄刘永福和冯子材生在钦州、长在钦州，更是钦州人的骄傲。

或许是受英雄精神的影响，钦州自古民风淳朴，礼乐教化，崇文尚礼。海上丝绸之路始发港也在钦州辖区内，边境贸易发达。钦州人行商坐贾，重义轻利，童叟无欺，自古成风。

黄师傅在家乡淳朴民风的熏陶下，几十年如一日地经营着自己的猪脚粉店。他诚实而淳朴的性格很好地体现了钦州汉子的个性。

笔者不禁对黄师傅当初为什么要选择走猪脚粉经营之路产生了浓厚的兴趣。停下了砧板上的活，黄师傅沉默了几秒钟，想是问到了师傅的心里去了。

原来，黄师傅的家是四个兄弟姐妹的大家庭，黄师傅排行第二，街坊邻里都管黄师傅叫黄二哥。在20世纪六七十年代，国家遭遇了三年自然灾害和经济困难，大家的衣食温饱都难以维持。黄师傅一家兄弟姐妹多，而且都还没有长大，一家生活得也是异常艰辛。但艰辛归艰辛，黄师傅一家的生活并不缺乏温暖和关心。这些都多亏了街坊邻里的互帮互助。家里妹妹生病了，父母不在家，但也会得到乡里乡亲的出手帮助；他家要修房子，大家也一起去帮工。在这种浓浓的桑梓情关照下，大家彼此搀扶，彼此帮助……

起初，黄老师傅开猪脚粉店，除了维系生活之外，不为别的，其实还是为了方便街坊四邻的生活。黄师傅意味深长地说："20世纪80年代中期，父亲在钦州率先走上了猪脚粉的经营之路……"

黄师傅熟练地把砧板上的猪脚一块一块码在瓷盆里，然后示意我们看这块不起眼的砧板，满是骄傲地说："这块砧板从父亲的店铺开张就一直用到现在，用了将近两代人……"回忆起30多年前的光景，那时改革开放的春风早已吹遍全国。随着国营垄断餐饮业的局面被打破，大家纷纷下海经商，顿时，各类主攻餐饮的店铺像雨后春笋一样，纷纷探出了"脑袋"。

民营饮食业方兴未艾，黄老师傅心底里跃跃欲试。凭借着家中几代人对于猪脚烹饪的摸索，信心满满的他似乎有了干出一片天地的"本钱"，便一股儿脑地钻进了猪脚粉的制作研究上去了。就这样，靠着这股敢闯敢干的冲劲，黄氏猪脚粉不断成熟，成为了钦州独具风格的美食。

一晃30年过去了，黄师傅接过父亲的班，依然经营着这间100平方米不到的老店。在这里，令黄师傅感受最深的是一直以来街坊邻里的支持和照顾，才令这家店一路走到今天。可以说，猪脚粉店是他梦开始的地方。

笔者顺着话茬，问黄师傅的梦想是什么。他笑了笑，露出老男孩般的笑容。其实，只要猪脚粉这门家传技艺能够后继有人，并能方便乡里乡亲的生活，就是他最大的梦想。淳朴的钦州汉子，淳朴的梦⋯⋯

二、衣带渐宽终不悔，只为真味留人间

黄氏猪脚粉的制作工艺十分考究，仅从选料上就可见一斑。猪脚用的是猪前蹄，而且还必须从刚到出栏期的壮猪中挑选，这样就避免了乳猪的乳骚味和老猪皮厚难嚼。挑出上等猪脚之后，考究的就是黄师傅的刀功了。其实，钦州猪脚粉不像玉林猪脚粉把猪脚切成小块，也不像崇左的方块脆皮猪脚，而是注重猪脚整体的原汁原味，尤以黄氏猪脚粉突出。黄师傅通常把猪脚切成食指长，并保留猪脚的整块完整。待猪脚切好后，就到最关键的一步——炮制猪脚。炮制猪脚之前要先预烤褪毛，炭火烤到两三成熟后，将放入装满油的锅中炸，炸到一定程度，再放到砂锅里加入中药配料焖炖，炖到猪脚肉里都渗透了配料的味道，即可出锅。

黄氏猪脚粉的另一重要食材就是粉。米粉选用钦州当地生产的籼稻米制作而成，爽滑适口，入口即化。

在整个钦州市里，做猪脚粉生意的人也很多，但是能够把猪脚粉做出特色、品牌，并能引领钦州饮食风尚的仅有3家。坊间也流传着钦州猪脚粉"三足鼎立"说：一是二马路黄师傅的猪脚粉；二是钦州学院东校区的"民师老牌猪脚粉"；三是建设路红嫂猪脚粉。在制作工艺和汤粉风味上，三家在相互切磋、相互竞争当中也促进了钦州猪脚粉制作技艺的不断提高。黄师傅的猪脚粉总能在钦州猪脚粉行业中独领风骚，秘诀在哪儿？笔者感到佩服之余，不禁充满了好奇。黄师傅又是如何看的呢？

其实，不用说，答案就在黄师傅的身上。兄弟姐妹四人，继承父业干这行的就有黄师傅的哥哥和他本人。"大哥的猪脚粉买卖没有固定的店铺，做的是夜市生意。每晚在一马路至二马路之间的小巷口摆夜摊。虽无店铺，但客

似云来，车水马龙。"黄二哥解释道。

说到猪脚粉的美味，黄师傅更是充满了自豪和赞溢之词。或许他这辈人做了几十年的猪脚粉，对干这一行是带着感情的，或者更确切地说，黄师傅和父亲对于猪脚粉的感情是始终如一的。

就拿猪脚粉的主料猪脚来说，制作工艺是黄师傅和他父亲一步一个脚印摸索出来的。黄师傅说："其实猪脚粉的制作工艺，没有行业内共同掌握的标准或者大家都通晓的配方，只是各自相互摸索，相互借鉴，才有了今天的猪脚粉。"黄师傅的猪脚粉令人回味，靠的是他和父亲两代人的艰辛摸索和几十年如一日的辛勤付出。

猪脚粉从当初简单的用一两道工序制作的酸甜猪脚发展到今天的6道工序，煎炸烹煮，实属不易。黄师傅从小就跟在父亲的身边学手艺，一开始并不把它作为长大后的职业来看待，只是看着父亲开铺赚钱艰辛，希望从旁分担而已，没想到这一干就将近30年。每每回忆到这，忆苦思甜的快乐写满了他清瘦的脸颊。

"我小时候跟着父亲学做猪脚粉，也是很勤奋的，但是话又说回来，假如没有父亲这样严格教我，可能我不会做得像现在这么好。"黄师傅满脸自豪地说。当时，黄老师傅对他不仅期望很高，而且要求也高，近似于苛刻。就拿刀工的练习来说，黄师傅回忆当时的情景动情地说："父亲总是要求我全神贯注地切猪脚，有一些切得不匀称了，父亲就要我重切一遍、两遍、三遍……直到我切得像机器切的一样标准时，才允许我休息。"

至今令他印象最深的是他当帮工的时候。"看着父亲随身携带一个小本子，上面密密麻麻地记录着顾客关于猪脚粉的色、香、味、形的感受，如今天汤粉中的调味太咸或太淡，肉不够酥，粉不够爽等。其实，就是这些不起眼的细枝末节，常常会被大家所忽略，但这些总能被父亲'钻牛角尖'地从顾客口中'死抠'出来。然后父亲就把顾客们的意见分条别类记到本子上。等到晚上打烊时，父亲又把一整天的记录打开，自己总结。我当时还小，就打下手，忙着打扫店铺、收拾东西等，但是每每看到父亲对着本子若有所思时，就知道父亲是个很较真的人。他想不通的时候，就喜欢和帮工们或者是跟我讨论，偶尔还会就一个问题和我们谈到很晚。如果没有父亲这样的细心和耐心，我们的猪脚粉生意也不会走到今天。我把父亲这一多年习惯一直延续到现在。"他说："我们做生意的，就要干一行爱一行，干一行成一行。"

谈到父亲的过去，黄师傅的印象虽然不多，但是父亲的影响确实很大。"在以前，下海经商的人不在少数，但是要干得出一些名堂，也是不容易的。"正因为如此，师傅的父亲几乎把全部的精力都放在了生意上。他补充道："我们作为儿女的，在家里很少能见到父亲。基本一年到头，也只有在年夜的时候能够全家人在一起吃一顿团圆饭。"黄师傅略有所感地回忆着，似乎有着说不出的无奈，但令人感受更大的是一种事业为重的男人底气。"所见到的父亲，很多时候是做生意中的父亲，整天忙进忙出，既当帮工也当老板，连一天三顿饭都只能在铺里解决。"这些就是留给师傅实实在在的印象。

现在黄师傅这一辈接过父亲的担子后，没有忘记父亲的嘱咐。他过去是这样做的，现在也是这样做的。那本小本子不知道换了多少本，而猪脚粉的制作水平也随着本子的更换越发成熟，臻于完善。

三、忙碌且充实，忆苦且思甜

黄师傅一天的生活是怎样的？那就请跟随着笔者一起去弄个究竟。

一天24小时，除去休息时间，将近20个小时，他都是在铺里度过的。早晨八点，开着自己的面包车，挎着胶织大篮子，去沙园市场买做猪脚粉的材料，开始了他一天的生活。

一天用到的猪脚、瘦肉就好几百斤，再加上袋装粉更是不计其数。看似平常的采购，其实不易。要在市场菜价时起彼伏中平衡利润和成本，这项特殊能力靠的是他从小积累的经验和一双精细的慧眼，更重要的一点是经营理念。前几年猪流行病盛行、肉价攀升等不利因素对于餐饮业的影响也是颇大的。尽管存在这些负面因素，但是店铺的生意依旧红火不减。谈到这里，想必大家都会感到惊奇。

"那几年尽管餐饮业不是很景气，但是我们的生意还是挺过去了。"他意味深长地说："我们一直都是靠着'薄利多销'的经营策略支撑到现在。前几年肉价不断攀升，但是我们的粉价不能因此而不加节制地跟着猪肉往上蹿。再一个是真材实料地做生意。做生意凭的是良心，如果用猪的下脚料以次充好，利润虽然上去了，但失去的将是一群人。宁可自己亏一点，也要留得住人。"听到这里，笔者很受教育。以前牛根生也说过"小赢凭智，大赢靠德"的话，这也许是对黄师傅生意经最好的诠释。

采购回来到晚上七点半开始经营的这段时间，是做猪脚粉的阶段，也是经营的准备阶段。在这段时间里花的时间和功夫最多，也最关键。从生猪脚清洗、褪毛、斩件，再到油炸、着味、炒糖色，再到砂锅炖，每个步骤既费工夫，又讲究。黄二哥始终亲力亲为，这一点和他印象中的父亲很像，对待工作就是这股较真劲。且不说猪脚的制作，这个汤头和调料的制作就不简单。仅从干椒、盐、葱、姜、蚝油、味精、料酒、八角、香叶等配料的用量就足见功力。

仅仅是猪脚很难满足顾客多口味的需要，还可以按照顾客的需要搭配叉烧、卤味等。可以说这是一大特色，也是人性化考虑的体现。说的简单，做起来难。可想而知，黄师傅干这一行所要付出的不仅是汗水，还有更多的是与众不同的创新。

晚上七点半是生意开始的时间。白天的工作是黄师傅和一个帮工一起忙活的，到了晚上就是全家总动员。本来不是很宽敞的铺里从开始营业到打烊，硬是满满当当地坐满前来品尝的顾客。黄师傅说："如果生意好的话，一个晚上就要吃掉上千斤的猪肉和猪脚，粉就更不用说，第二天要拉上满满一大卡车餐具去消毒。"接着，他说："顾客一多，一家人也是忙得应接不暇。忙是忙了点，但是人多，就可以很快卖完猪脚粉，提前打烊。如果碰到顾客分散的情形，可能也会经营到天亮才打烊。"他的话其实也道出了干这行的辛苦和忙碌。顺着这个话茬，想必很多人会提出疑问：干这行你后悔吗？

当问到黄师傅时，他嘴角上露出了一抹浅浅的笑意。带着微笑的表情，黄师傅像是历经沧桑的老人一样说，后悔的事，其实他压根就没想过。黄师傅回忆道："小时候兄弟姐妹四人在一起的大家庭，仅凭父母手上有限的粮票肉票也难以满足一家人对于食物的需求。"令他印象最深的是小时候为了打打牙祭，就偷自己家的米，拿去换粉。改革开放之后，全家人不但可以吃得上米粉了，而且还能吃上用猪脚做主料的米粉，更难得是还当上了猪脚粉店的老板，这是偷米换粉时绝对想不到的。他底气十足地说："就凭这点辛苦觉得后悔干这行的话，不是我们钦州人的作风。"

好一句"就凭这点辛苦觉得后悔干这行的话，不是我们钦州人的作风"，让我们深切感受到钦州汉子的透骨底气和勇士般的豪迈。是啊，没有以前生活的艰辛就不会懂得今天的来之不易；没有钦州的改革开放，也不会有今天钦州人的丰衣足食。

四、坚守和期盼，明天会更好

"先前在钦州街面上做猪脚粉生意的人不在少数，但是能够坚持到现在的，屈指可数。"二哥的话打消了我们对于干这行的人不多的疑问。不用说也知道，其实干这行的人很辛苦，大多数人觉得艰苦，就改行了。只有黄师傅一直坚守着父亲的事业，一干就是30多个春秋，且能干得出名堂，成为猪脚粉行业中的领军人物，实在是可贵。

一做就是两代人，几十年的老牌子，生意至今长盛不衰。"酒香不怕巷子深"，每天慕名而来的顾客络绎不绝，报社、电台、电视台也是多次组织采访，把老街原本的安静打破，说得"过分"一点，成为了一种文化景观。在这些因素的共同催化下，钦州猪脚粉这张亮丽的名片亮在了世人面前。

黄师傅每天都在重复着从清晨到次日的深夜，从菜市场到店里，从做猪脚到卖猪脚粉的生活轨迹，一路走来，充满了艰辛和付出。尽管单调，他始终没有放弃他当初的梦想和他所钟情的事业，这就是他的坚守。

随着大家生活水平的不断提高，尤其是这几年国家加快了北部湾经济区的开发力度，大家对于猪脚粉的期待不再是像以前只要求吃得饱干活，而是追求精致、品位。新的变化，给黄师傅和黄氏猪脚粉提出了新的要求、挑战。

"以前的猪脚粉，只是一种方便食品而已，当时大伙吃猪脚粉只求吃饱好干活。随着大伙品位的不断提高，猪脚粉就不再是仅仅满足吃饱好干活了，而是想吃出品位、吃出时尚，我现在感觉不能再像以前仅仅只求实打实的好，还要往上一层做到'精益求精'，猪脚粉才会得到更多顾客的青睐。"黄师傅说得简朴而在理。在他看来，大伙对美食的要求越来越高，而自己的责任也越来越大。这让我们再次感受到了钦州汉子的担当和希望。也就是这个缘故，原原本本的猪脚粉、一直经营的店铺和曾经的岁月成为了这个淳朴的钦州汉子心中的坚守。他最大的期盼就是能够让自己的儿子或更多愿意学这门手艺的年轻人能够从他的手里接过接力棒，然后在未来的跑道上跑得更好，跑出业绩，把黄氏猪脚粉的生意做大做强。从他的眼神中，我们看到了他发自心底毫无矫揉造作的情感和期待……

后　记

采访结束之后，黄师傅热情地请笔者亲自品尝一下他的手艺。

油亮的汤头，是刚从砂锅中舀出来的浓汁，还冒着热气。黄师傅动作娴熟，把焖炖猪脚的浓汁麻利地浇在一大碗米粉上，然后从锅里挑了一块猪脚，也是油亮油亮的。没吃到嘴里，眼睛早已"馋"了。爽滑的米粉顺着喉咙蔓延而下，伴着独具韵味的汤头，简直是一曲如胶似漆的欢歌，连齿间也流连。此刻只能用想象支配……

回想黄师傅两代人的经营之路，我们感慨也很多。猪脚粉从当初的酸甜猪脚发展到今天的日臻完善的制作流程，黄师傅从小时候的偷米换粉到今天的粉店老板，我们看到了一个不断发展，不断走向富裕、安康的千千万万钦州人的缩影……我们要感谢今天来之不易的生活，感谢钦州改革开放的勇气和魄力，感谢像黄师傅一样奋斗不息又给人以力量的钦州人。

钦州二马路猪脚粉

短短一个下午的见面，让笔者很难把黄师傅的奋斗历程和人生轨迹完完全全地去了解一遍。他和他的猪脚粉就像一本厚重的书，有着许多鲜为人知的过去和正在经历中的东西，值得我们去好好阅读，好好品味……

骆俊丽/文

小巷深处米粉香，独特工艺引人尝
——记钦州猪脚粉制作传承人卢炳荣

过去曾以饱腹，如今却是执念。

一块软糯喷香的猪脚，配上二两热腾腾的米粉，这是钦州人民一种不变的喜爱，一种执念，一种在快节奏时代生活的当下，让人们甘愿慢下来的存在。台湾著名女作家三毛曾言："出发总是美丽的，尤其是在一个阳光普照的早晨上路。"

然而对于钦州人而言，除了一个阳光普照的早晨，还要配上一碗热气腾腾且精挑细选过猪脚的猪脚粉才算得上是精力充沛的一天的正式开始。所谓"钦州猪脚粉，神仙

钦州猪脚粉制作传承人卢炳荣

也打滚"，一句简单的俗语便道破了钦州人对猪脚粉由衷的热爱。在小城钦州，男女老少，不论是家财万贯的富翁，亦或是急匆匆要赶着去上班的朝九晚五的白领，总是会在早晨寻一家飘香的猪脚粉店，点上一碗粉，选出一块香气四溢的猪脚，细细品味香甜的汤水，宛若完成一场隆重的仪式，如此开启新的一天。此般享受虽不比三毛女士眼中的文艺秀丽，却是钦州人不变且独特的一天中最精彩美妙的开始。

2016年夏，钦州猪脚粉制法入选钦州市第四批市级传统技艺类非物质文化遗产项目。位于钦州市建设路的一家名为"红嫂猪脚粉"的店铺创始人卢

炳荣被评为猪脚粉制作的传承人。走近这位年过六旬却一直坚强自立的女性，挖掘出尘封的历史，细细品味过去与如今时代大潮下人民生活的苦乐，深思前景与发展……

一、粉香不怕巷子深

红嫂猪脚粉隐匿于市井小巷深处。红嫂卢炳荣便是故事的主人公。笔者到达时已是下午，漫寻整条街路，甚至反复寻觅了两遍，最终才在一张大招牌底下瞧见一个"粉"字。抱着猜疑的心态走近，入了小巷口，恰好两三个幼童奔跑打闹从身边而过，本来静谧的巷子突然便有了一丝生气。孩子们一离开，巷中立即恢复来时的沉寂。走进巷子里，从里往外看，才终于将整个印着"红嫂猪脚粉"字样的招牌看清。所谓"酒香不怕巷子深"大抵说的就是此般吧！没有花哨的广告牌，甚至可以说几乎没有广告牌与精致的店面装修——卢炳荣的猪脚粉店面即是她在自家院子里搭建的一间由砖墙和铁皮瓦构成既简陋又平凡的"临时"店面，普通至极，却有强有力的召唤，这是品牌的影响。下午三点，已忙碌了一天的红嫂此时正蹲坐在店门口洗着碗碟，远远可见斑白的短发与佝偻的脊背，瘦削的背影仿佛在那茫茫数十年的人生中承受过许多的磨难与艰辛。

笔者悄然走近，只见红嫂却依然精神饱满、红光焕发。午后城区的阳光透过密集的建筑洒落在这栋旧式的民居楼前，旧木门带着浓郁悠久的年代气息。"吱呀"一声，仿佛推开了一扇落满了灰尘而里面装满了宝贵的拥有沉甸甸苦乐记忆的心门。

二、小城深巷，故事酝酿

钦州这座在多数人眼里既简单又古朴的滨海小城，坐落于北部湾畔。岭南之地，素有经商传统。自19世纪开埠以来，沿海贸易盛行。改革开放后，个体经营进一步得到发展，随之在这小小的滨海城中，诞生了许多个体经营的商铺。随着岁月变迁，曾经在这座城市里红红火火过的一切，仍然能够作为这座城市生活的主要组成部分而存在。灰色的砖瓦，褪色的招牌，复古的店铺，承载着这座城市与人民的生活记忆。

而卢炳荣的猪脚粉店，就是一面在此屹立了二十多年未倒的鲜明又独特的旗帜。

1954 年，卢炳荣出生在距钦州市区 20 千米左右的久隆镇。生非乱世，其命仍艰。十年动乱，乱其一生。她从未入过学校，不识之乎者也，亦不明文人雅事。她只知，吃饱穿暖才是这世间最幸福之事，除此以外，更是奢望。

对于伟大的生命，我们只有感激。生命往往过分美丽，而苦难只是生命旅途中一个临时的站点。列车总是快速地行进，绚烂与精彩，接踵而来。

父亲曾当过大队干部之事，让红嫂记忆深刻，可如今道来却是满目辛酸。父亲算得上一名干部，过去多次到过广州学习、进修。然而世事难料，红嫂的阿公却在那个吃芭蕉头和煎糠饼的年代生生饿死了。阿公残存着最后一口气，却也只等来了红嫂父亲从广州匆匆赶回的最后一眼。苦痛仍然缠绕着这个普通的农村家庭。"文化大革命"爆发后，红嫂父亲因被划入走资派而受到打压，被抓进监狱里，受尽了非人的折磨。"文化大革命"结束后，曾在狱中被打断过腿骨的父亲，最终在数年未愈的情况下去世了。那时候，红嫂才 20 出头，初为人妇。

改革开放后，民营企业得到进一步的发展。红嫂也随着时代的大流，在 1997 年经济快速发展之时选择开一家猪脚粉店。笔者不由对此提出疑问：为什么会在当时并不流行和不需要的情况下选择开一家猪脚粉店呢？面对我的问题，红嫂也调皮地反问："对啊，怎么会开了猪脚粉店呢？"听罢，笔者与同行二人莫不相视大笑。

原来，在一开始，红嫂做猪脚只因为一人——她的丈夫。过去的日子里，红嫂每个星期都会做上两次猪脚供丈夫大快朵颐。却未曾想，如此可口诱人的猪脚甚合丈夫口味。更未曾想过，这供丈夫解馋的东西居然也迎合了诸多食客的味蕾。于是，猪脚粉店便在此基础上开办起来了。如今这家店面的前身便是 1997 年时的店面，除了将曾经的木柱子换成水泥柱外，再也找不出更多改头换面过的地方了。

开猪脚粉店之前，红嫂做过许多活计，如工厂工人，在家里务农——挑水、担粪、犁地……"我这一辈子，什么事情都做过了，什么苦也都吃尽了。"红嫂面色凝重地说道，那受尽苦难的脸庞此刻不免满是对过往的哀伤。想必是当初父亲经历的一切，使得红嫂至今仍未敢忘却半分，影响至深。

一个人的一生，理应不让 3 件事影响到自己：过去、别人与金钱。在红嫂饱经风霜的容颜里，已经能够确切看清过往留下的痕迹。但在这岁月的洪流中，这位坚强的女子，孑然一身令人不由敬仰、赞叹。

三、是为何物，神仙打滚

所谓"北方的面，南方的粉"，粉食在南方人眼中的重要性不言而喻。米粉质地柔韧，富有弹性，关于其起源有许多中说法。其中有说在秦代，秦始皇攻打桂林，因士兵吃不惯南方的米饭，因此当时便有人将米磨成粉状并做成了面条的形状，以此缓解士兵思乡之情，于是便有了米粉这一食物。

过去有人言，猪脚粉已有1000多年的历史，但是否真实如今已无证可考。不过这并不影响它是广西特有的美食的地位。在广西许多城市中皆可见猪脚粉餐馆。各市都有不同且独特的猪脚粉制作方法，最终还是钦州猪脚粉受到了更多顾客的喜爱。

与别地不同，钦州人眼中的猪脚包括了猪肘与猪蹄的整只前腿。整只猪蹄又包括瘦肉、大骨、脆肉、二筒骨。大骨吃起来尤为过瘾，猪蹄吃起来香脆可口，脆肉则是整只猪脚中嫩熟度最适中的部分，而中间的瘦肉便是女孩子的最爱了。

红嫂猪脚粉店每天上午七点开摊，十点售罄，仅3个小时，红嫂便结束了这一整天的生意。其实早在2005—2013年，红嫂每天除了经营早市，也会继续经营夜市。在那段艰辛的日子里，红嫂每天要工作16个小时。可红嫂如今只是苦笑着只言片语轻描淡写地带过，似乎不愿再提，也未曾想得到别人的宽慰。"红嫂猪脚粉"走到今天，红嫂已经渐渐隐于幕后，不再参与猪脚粉的销售。她现在只负责在每一天不经营的那8个小时里，大刀阔斧地为真正的重头戏添上浓墨重彩的一笔——制作猪脚。

整个制作猪脚的过程包括烧、刨、熬、炸、浸、晾、冻、煲等一系列步骤。红嫂一家配合默契完成这个过程，分工明确。然而正是这种清晰明了的独特制作技艺，才使得红嫂能顺理成章地成为钦州猪脚粉制作的传承人。

红嫂于对猪脚的品质要求极高，因此她每天只制作10只猪脚，量少质优。尽管如此，由于每一步需要花费将近两小时的制作过程，仅仅10只猪脚的制作也使得她忙得晕头转向。制作猪脚的第一步是烧，用液化喷枪烧烤整个猪脚的外皮。过去烧是红嫂的主要职责，如今是儿媳陆彩纳的工作。谈起烧烤猪脚外皮，红嫂还谈起了其中一件令人哭笑不得的趣事。那时候猪脚粉店面刚开始起步，每份只卖两块五。但刚开始烧烤猪脚外皮时，没有像现在一样的液化喷枪，只能靠喷灯。红嫂靠着一种火焰极小类似于煤油灯的小灯烧了几年的猪脚皮。一开始使用喷灯时，买时却忘了问店家喷灯的正确使用方法。结果在拿回家开始烧猪脚时，刚点起火来，扑面而来的火光吓了她一大跳，临危不乱的她立马打湿了几块破布将火焰扑灭了。第二次再点燃喷灯时依旧如此，红嫂反反复复了几遍，心里暗叫不好。情急之下她一手拿着喷灯一手提着一整只猪脚匆匆赶到卖喷灯的店里。红嫂在谈论此事时隐隐可见后怕，语气紧绷绷的，仿佛过往的一切历历在目。诉完整个事件后，她又不免笑起来，不知是笑自己，还是笑那已经过去的艰苦岁月。

　　制作猪脚的第二步是刨。刨猪脚时要一丝不苟，以确保猪脚上无任何猪毛的残留。第三步炸是重中之重，必须要红嫂亲自出手，才能更好掌控炸制猪脚的火候，使之能够一直保持整整20年如一日不变的口味。浸、晾、冻比较简单，皆由儿媳来完成。煲猪脚的时间是每天凌晨四点。为了确保早上七点能够准时开店，红嫂的大儿子，亦是红嫂猪脚粉未来的继承人刘达海必须要在每天凌晨四点左右就起床。在煲猪脚之前，刘达海还需要将猪脚剁成等分的块头，才能进行最后的煲制。

　　煲猪脚是给猪脚注入灵魂的关键一步，也是红嫂对自己家的猪脚粉充满信心的原因。红嫂兴致勃勃地将我们领入制作猪脚粉的厨房，将白亮的清汤呈出来。"这就是我家与别家不一样的原因，讲究的就是原汁原味，除了美味，也要健康。"红嫂如是说，脸上溢满骄傲。

　　"红嫂猪脚粉"家熬制猪脚的底汤几乎没有添加任何其他佐料，清清白白，如她这人，如她做的事一般。

　　在当今社会，见多了行商坐贾为了牟取暴利欺客瞒众，失去了作为人的基本道德和底线，不惜以伤害他人身体健康为代价，取得更大的利益，这是食品行业甚至是商业界的一种耻辱。

四、穷且益坚，当存高远

　　在人口不到120万的钦州城区里，分布着大大小小几百家猪脚粉店，但钦州猪脚粉向来并无正宗之说。所谓"正宗"，全在食客的味蕾与心里。卢炳荣的小店隐身于这几百家猪脚粉店之中，宛若浩瀚星空中一颗最普通的星辰，却每天供不应求散，发出独特的魅力。

　　在红嫂开始做猪脚粉之前，钦州市区里的猪脚粉店铺屈指可数。她坚持着将猪脚粉店开了起来，从当初两块五一碗也鲜有人品尝，到现在客满盈店，一直没有过放弃做猪脚粉的想法。

在钦州,关于猪脚粉,一直有"三足鼎立"之说。一是红嫂猪脚粉;二是二马路黄记猪脚粉;三是钦州学院东校区的老牌猪脚粉。这3家已经打响了品牌的猪脚粉店,在钦州上百家猪脚粉店里宛若3盏指路明灯,一直引领着钦州猪脚粉行业的发展。

有发展必然有竞争,但红嫂对此毫不介意。她甚至乐观地说:"有竞争才有社会进步,这是好事情。"这种已然超脱了物欲的追求令笔者心灵为之一震。

当谈及会不会扩大店铺规模或开分店时,红嫂的脸上随即出现了一种莫名的坚定,随即很快给出了反对的态度。她说:"我是苦水里养大的人,你们这一代是甜水里养大的人。钱是挣不完的,生命却是有限的,身体是革命的本钱,健健康康才能做得更长久。"

2017年9月,在央视九套播出的纪录片《小城故事》中,钦州猪脚粉又一次走进了大众的视野。猪脚粉第一次出现在电视荧幕上是在2015年,央视纪录片《味道》首次将猪脚粉展现在大众眼前。在渐趋娱乐化与追随大众化的时代背景下,猪脚粉的知名度在不断提升,为后来的申遗奠定了基础。

在纪录片《小城故事》中,红嫂的大儿子刘达海对为何不扩大经营亦给出了自己的答案:应该说所有的店都有一个最大的生产能力,我不可能突破自己的极限去满足更多的客人,我的能力只有那么多,所以我只能做那么多。这毕竟是一个体力活,我不能做得太过。

这与之前红嫂给我的答案并无出入。他们不考虑多做几碗粉,不考虑开分店,但这并不能说明他们故步自封、沉寂消退。相反的,这也是一种对生活的态度:除了金钱、名利,我还有生活。我的生命本应精彩,不应该只局限在这小城深巷中的方寸之地。茫茫世间,理想已经在坚守,然而在日复一日的平淡生活中,积极地发现快乐,是一种生活态度。

红嫂的大儿子,也就是红嫂猪脚粉未来的接班人刘达海,大学时学的是法律,热爱音乐,做过公务员,最终成为了红嫂猪脚粉店的继承人。

从一名平民歌手切换到一家猪脚粉店的老板,卢炳荣的大儿子刘达海仿佛在认真地操控着自己人生的遥控器,随时切换。可不得不说,多元生活其实并非坏事,只要多元生活一旦平衡了,不管处于哪一个地位或身份中,尽力做到最好,这是自己对人生的积极态度,一种负责又热爱人生的态度。

"做了很多工作,这是我人生中的一个经历,也是一个学习的过程。做这么多工作之后,有了家庭,有了责任感,必须要给自己所爱的人一个稳定的生活。"刘达海如是说。

母亲含辛茹苦打拼了 20 年,终于将猪脚粉的名声打响。而如今,下一辈的人也愿意在这一基础上贡献力量。能有什么比这更让人感到开心的呢?

这世间,除了功名利禄,除了吃饱穿暖,我们还有家人,还有生活。

后　记

结束采访时,已是下午五点多了。笔者欲与红嫂合影一张以作留念,她同意了。同行 3 人,加上红嫂,4 个人微笑着站在店门前写着"红嫂猪脚粉"字样的老旧招牌前。时间定格,钟声沉寂,而关于红嫂卢炳荣,关于猪脚粉绵延千年的故事,仍在继续……

岁月无痕,故事历久弥新,记忆在历史的长河里沉淀;穿过时间的缝隙,一些老手艺在老手艺人手中一代代传承。拾起历史的点滴,在新社会、新时代里感受着那些悠久、神秘、精彩的艺术,感受老一辈人给予我们的幸福与安定,感受历史发展中艰难的步步足迹,淘筛精髓,保护珍贵的非物质文化遗产,是当今时代迫切的任务之一。

卢炳荣在检查刚出锅的红烧猪脚

黄静仪　黄小慧／文

京族鱼露，一年光阴酿成满口生香
——记东兴京族鱼露代表性传承人黄尚文

东兴京族鱼露代表性传承人黄尚文

刚听到"鱼露"的时候，觉得这二字简直美极了，有一种说不出的很是文艺的感觉，自然而然想到了戴叔伦《兰溪棹歌》中的"兰溪三月桃花雨，半夜鲤鱼来上滩"。后来，便了解到鱼露的制作技艺，完全由鱼仔和盐酿制而成。听到黄尚文师傅说，酿制一年之后基本都会化成鱼露（基本都是液状，残渣是极少的），更是觉得神奇至极。

我们踏上京族三岛之一山心村的时候，首先入目的是晒在路边长长的渔网，空气中弥漫着海腥味。起初我们是不习惯这种味道的，但走着走着，便有一种自己仿佛在海边的感觉。我们在村委下了三轮车之后，因为村内的小道弯弯曲曲，一下子就不知该往哪个方向走了，过往的村民问了我们从哪里来，来这干什么呀？在得知我们是来找黄尚文后，村民也很热心地带我们去到黄尚文的家。对于在陌生的地方能遇到如此热情好客的京族人民，我们真的觉得很幸运，内心暖暖的。

在采访黄尚文师傅的时候，我们印象最深刻的是，他拿碗装了些鱼露，叫我们用筷子蘸些来尝尝。他在介绍鱼露时，我们感觉他的眼睛发着光，那种光芒很纯粹，是发自内心的，像孩童时期的我们在炫耀令自己非常骄傲的物品。他做了几十年的鱼露，大概这些像是他的孩子了吧。我们注意到他的穿着，十分简朴、随意。在整个采访结束后，我们知道鱼露的盈利还是十分可观的，但黄尚文师傅依旧保持着农村老大叔的模样，大概这就是与生俱来的淳朴吧。

一、蓬生麻中，不扶而直

1946年11月，黄尚文出生于东兴市江平镇山心村一个淳朴的农民家庭。其父亲制作鱼露时，始终秉承着传承手工技艺的心，没有一丝马虎。就是这样一个始终怀揣辛勤耐劳、挚诚求精品质的家庭，让黄尚文成长为一个同样热爱使用传统手工技艺制作鱼露的传承人。

京族鱼露又名鱼酱油，俗称"鲶汁"，是我国海洋民族——京族所拥有的极富特色的调味佳品。鱼露色泽澄黄、味道鲜美。京族三岛之一的山心村是京族鱼露的主要产地。据考，京族鱼露制作至今已有400余年的历史。这一传统手工技艺代代传承，延续至今，工艺流程仍在，制作经验仍在。黄尚文小时候活泼好动。父亲制作鱼露时，他就像个"小跟屁虫"跟着父亲。他也干些力所能及的活，如将鱼汁装瓶送货。黄尚文钦佩父辈制作鱼露时的游刃有余，想要学习这祖祖辈辈传承的制作鱼露的手艺。父亲也就毫无保留地将制作鱼露的工艺流程及工艺标准传授给他。父辈的言传身教，自己的耳濡目染，久而久之，黄尚文便牢记鱼露制作方法。父亲制作的鱼露经常吸引回头客。黄尚文细心地收集顾客们的反馈，并和父亲一起不断改进鱼露制作工艺。

1965年，黄尚文应征入伍。所在的部队秘密开赴越南北方抗美援越，他当起了翻译。1971年，黄尚文退伍回乡务农，历任生产队出纳、会计、队长、拖拉机手。丰富的人生经历使黄尚文迅速成长为一个更加坚强、有责任心、有担当的男人。从1980年开始，黄尚文全身心投入到鱼露制作中。他跟父亲学习，兢兢业业，一丝不苟。经过十几年的历练，黄尚文对鱼露制作的工艺流程了然于心，成竹在胸。

改革开放以来，我国经济迅猛发展。许多人依托东兴这座边境小城的地理优势，开始做边境贸易生意，经营海产品，发家致富。但黄尚文依旧跟父亲学习手工制作鱼露的技艺。1997年，黄尚文当选生产小组组长，搭建鱼汁作坊，开始专业从事鱼露制作。

二、匠心之道：守、破、离

道至简，守破离。"守、破、离"原是日本剑道学习方法，后来其他行业也遵循此法。守，指最初阶段需要遵从老师教诲，达到熟练的境界；破，指试着突破原有的规范；离，指自创新招数，另辟蹊径。笔者在访谈中发现黄尚文在鱼露制作技艺传承中就是秉承了"守、破、离"之道。

守：超长等待，超长吃苦

鱼露制作时间长，工艺要求高，产量低，经济效益差，因此，从事制作鱼露的人逐渐减少，致使这一传统技艺面临失传。但黄尚文还在坚持，守护祖辈传承的手艺。黄尚文从1980年开始便跟随父亲学习制作鱼露，到1997年建立鱼露生产小作坊，整整花费了17年的时间来学习鱼露制作技艺。经过17年的磨练，黄尚文真正领悟到了鱼露制作工艺的精髓，一招一式都遵从前辈的工艺方法，不敢马虎。

鱼露自然发酵至少要有10个月，最佳的是一年。只有这样，鱼露滋味才是最鲜美、最健康的，才对人体有益。

黄尚文说："有些东西到底是传统的好啊！随着时代的进步与发展，传统的手工艺逐渐被机器所代替，几近淹没在市场的大潮中。市场上出售的有些鱼露，为了节省人力、物力、本钱，甚至会在鱼料中加入化学药物，加速鱼体的酥软。这种做法是十分恶劣的，这是伤害人身体的啊。"

在科技如此发达的条件下，机器流水线和手工技艺制作出来的鱼露究竟会有多大差别？黄尚文给了我们最好的答案：人的"价值"。之所以能将融合了400多年历史的美味调料的智慧结晶鱼露制作技艺传承下来，一定与人有关。所谓"民以食为天"，鱼露不仅能增加菜肴色香味，促进食欲，更是含有氨基酸和蛋白质，有益于人体健康的辅助食品。黄尚文传承鱼露制作技艺，努力打造纯手工、天然无污染的鱼露，在选材方面选用上等原料，制作的鱼露品质很高，因而其鱼露产品在市场上供不应求。

破：学我者生，似我者死

面对传统技艺的传承，语言有时会显得苍白无力，无法将其全部内涵清晰并准确无误地表达出来，唯有实践才能。对传统技艺也不能一味"照搬"，唯有"见招拆招"才能取胜。齐白石曾说过："学我者生，似我者死。"因为前人的技艺再高超，也会有其局限性。唯有在不断的实践中，扬前人之长而补其短，才能达到"破"。

如何保证鱼露的鲜味？黄尚文做了许多努力，如根据不同的气温，调整入缸的料鱼与盐分比例；晴天与雨天，调整搅拌次数等。就这样，鲜美、飘香的鱼露从他的手中酿制而出。

离：人无我有，人有我强

1999年10月，黄尚文腌制的鱼露首次亮相"中国东兴—越南芒街边境商品交易会"。2002年6月，黄尚文作坊生产的鱼露，灌瓶封装送广西壮族自治区食品工业研究所测验，鱼汁样品所含的全部营养成分和数据作为鱼露生产标准。2008年5月，黄尚文配合有关单位积极参加京族鱼露申报自治区级非物质文化遗产保护项目的工作，取得成功。

在政府的扶持下，黄尚文的鱼露制作由家庭性作坊逐步发展为小型规模工厂，使鱼露生产走上了规模化的道路。

三、匠人精神：精、敬、专

精于工，敬于业，专于行。当你全心全意地对待自己的行业，手有精艺，心有精诚；琢磨行业本领，守住岁月的平淡，耐住寂寞；专注于行业，经过磨难，彼时定会收获硕果。因为热爱，所以坚守，谁说这不算伟大呢？

精：精益求精，止于至善

一开始，我们听黄尚文说制作鱼露是把小鱼仔和盐按比例放到大缸里面搅拌均匀后便可，不禁想，竟如此简单吗？后来方知，原理都是很简单的，操作可就没那么简单了。

春季是酿制鱼露的最好季节。春季万物生发，正值繁衍之时，鱼也就特别的多且鲜美。十几年实践的积累，渐渐地使黄尚文熟知和精通如何挑选新鲜的小鱼仔。每次做鱼露前，他都要去市场亲自选取小鱼仔，选择信誉好的渔民作为供料商，绝对不要掺杂不新鲜的。鱼露，鱼露，要的就是那股子鲜味。黄尚文将传承、心意、敬意，沉甸甸地凝结在每一滴味道鲜美的鱼露中。

黄尚文说："要酿制好的鱼露，需要根据气温的高低调整入缸的料鱼与盐分比例，还要掌握每天搅拌的次数和强度。这样才能提高经过酿酵压滤的鱼露成汁率。"酿制鱼露的小鱼仔也十分讲究，要专买俗称"乌子婆"和"黄腊央"之类的小鱼制作。

秋山利辉的《匠人精神》提到，把简单的事情做到极致，功到自然成，最终"止于至善"。成大人成小人全看心，成大事成小事都在愿力。黄尚文便是如此。他认真仔细地做好每一个步骤，一心一意做好鱼露，做到事必躬亲。因此，他所制作的鱼露供不应求。

敬：兢兢业业，坚持不懈

我们问及在制作鱼露时是否会有失败的时候，黄尚文落落大方地说道："肯定会有的，像我刚开始学习的时候，并不是很熟练，实践经验不够。下雨时，我没盖严密，渗了些雨水进去，也就变臭了，只能倒掉了；又或是挑选小鱼仔的时候还不够认真，掺杂了些不新鲜的，酿制的成品色泽偏黑，也是不好的。这都是不够严谨啊！"在黄尚文说这些的时候，笔者注意到，他是微微笑着的。昨日的失败是今日成功的垫脚石，因为今日已取得成功，昨日的失败回忆起来想必也是十分的有趣吧。我们在这个已70多岁的老人身上看到了那种对制作鱼露真挚的喜欢。

不忘初心，砥砺奋进。我们的时代过于浮躁，容易忘记初衷，失败后依旧坚持的不多。喜欢就应该不遗余力地去坚持啊。黄尚文坦然地说，在制作鱼露失败后，他当然也会丧气，但想想自己当初的决心，便决定要直面自己的错误，并找到解决的方案，在如何制作更高品质的鱼露方面不断努力探索。现在的黄尚文已经能根据鱼露的琥珀、绛红、橙黄、淡黄4种色差，精准地确定露汁等级。这种观色便知品质高低、嗅气便明纯度偏正、品味便懂口感优劣的本领，就是几十年坚持练就的硬功夫。

就这样，一件看似简单的事一直做了大半生，他孜孜不倦地做着自己喜欢的事，不断地努力着。他站在顾客的角度，为顾客考虑。在他的身上，我们可以看到这个时代所缺少的坚毅和敬业。

专：一门心思，始终如一

《士兵突击》里有这样一句话："你是一个很安分的兵，不太焦虑，耐得住寂寞，有很多人天天都在焦虑，怕没得到，怕寂寞。"在这个发展迅速的时代，黄尚文就像许三多一样，做好本分，不焦虑，耐住寂寞，专心于鱼露制作。黄尚文从壮年开始到今时今日，大半辈子都在制作鱼露中度过。复员后的他跟着父亲学做鱼露，不急不躁，一学就是十几年。1980年前，他还种田，干些其他副业。后来随着父亲年纪渐长，他毅然地决定一心制作鱼露。他说："人的精力毕竟是有限的，要做就专注于你的领域。我不打算种田了，专注于做好鱼露，做出更高更好的质量。"我们问："鱼露的制作时间至少需要10个月，一年更佳，盈利收益会不会很少？"黄尚文提到自己有4个子女，他便是靠着这鱼露技艺，供他的子女生活、上学，直到长大。现在他还在供自己的一个孙子读大学。他说，政府对非物质文化遗产十分重视，还出钱帮他建了鱼露基地。他专注于鱼露的制作，也渐渐扩大了规模，收入还是挺可观的。

从黄尚文身上，我们看到的是匠人精神。手工技艺匠人身上有一种坚守传统技艺的精神和情怀，一门心思、始终如一、精益求精就是他们的信条。他们摒弃了滚滚红尘中的浮躁，在心中修篱种菊，专注自己的领域。黄尚文也是如此。"志不强者智不达"，只有专注的人才能走得更远。

四、在传承中实现人生价值

在传承鱼露技艺的过程中，黄尚文学习时刻苦耐劳，熬住寂寞；制作时精益求精，力求止于至善；反思时积极思考，顺应时代发展。他真正做到了做一行爱一行，为热爱之事不遗余力，为顾客着想，为社会带来效益，实现了个人和社会的价值。

一切伟大的行动和思想，都有一个微不足道的开始。一切的伟大，都是渺小的积累与幻化。黄尚文依然怀揣对鱼露传统技艺的敬畏之心，肩负使命感，决心将鱼露技艺一直传承下去。

让我们怀揣着对非物质文化遗产的敬意，致敬黄尚文，致敬匠心，致敬那些多年坚守着传承民间技艺的平凡而伟大的人。

黄尚文师傅在作坊制作京族鱼露

曾 瑶 杨 霞/文

人生情系风吹饼，妙手传承好味道
——记京族风吹饼制作传承人杨日妹

"继续往前走，走到这条路的尽头，门口装饰得很漂亮的就是她家了。"2017年12月16日晚八点，我们不顾旅途劳顿，刚到江平镇不久，就在一位热心路人的指引下，找到了他口中的那个"门口装饰得很漂亮"的住户。这次要找的人，就是家住东兴市江平镇江龙村的杨日妹，一个善良、热情、朴实的农村妇女，一个手艺精湛的京族风吹饼制作民间艺人。可以说，杨日妹和风吹饼之间有着千丝万缕的联系。风吹饼是她儿时的一段记忆，也见证了她的成长。

京族风吹饼制作传承人杨日妹

一、"漂亮"的家门口和整洁干净的风吹饼作坊

说起杨日妹家门口的"漂亮"，路过的人一眼便能察觉，她家门口的装饰的确与别人家不同。这其中的细微差别其实就在于她家门口比别人家多了两个大小牌匾。从这两个牌匾上我们可以获得大量信息：右边墙上的大牌匾上是"京族风吹饼"几个大字，下面有"制作技艺生产性保护示范户"小字。仔细一看便知，门上方的小牌匾是2017年12月广西壮族自治区文化厅颁发的，上面写着"自治区级非物质文化遗产代表性项目"等字。看到这里，不禁让人疑惑：这户人家究竟是凭借什么成为"示范户"的呢？

在杨日妹家中，我们很快就发现了一个占地面积不小的风吹饼制作作坊。走进作坊内部，干净整洁的小院落映入眼帘，地板干干净净一尘不染，刚刚制作完成的风吹饼整齐地排列在一排排竹篾上。它们仿佛等待着白天阳光的呵护和照耀，好蒸发掉自己的水分，也盼望着和炽热的炭火拥抱的环节，这样才能便于人们的贮存。当我们问及杨日妹家的风吹饼是如何能申报成功时，杨日妹说道："在去年年底市文体局有人来看过我们做的饼，再加上我们家地方合适，所以就帮我们装修门面和作坊。"原来，她家门口之所以那么"漂亮"，是因为得到了市文体局给予的帮助。在作坊的墙上还贴着前不久市文体局关于风吹饼制作流程和相关介绍的海报。这些东西凝结的是杨日妹家对于风吹饼制作技艺传承的心血，也是她们家几代人一直坚持下来所获得的成果。

二、家庭影响下学做风吹饼

京族风吹饼是我国唯一一个海洋性民族——京族的传统粮食制品小吃之一，主要流传在广西壮族自治区防城港市东兴市京族聚居区的江平镇。京族风吹饼大如草帽，呈圆形，酥脆咸香。它盛于明清，400多年历史，因呈圆形、久贮不变味、四季可吃、保质期长、可烤可煮、下酒咀嚼、酥脆可口，后被海洋民族——京族传承和发展下来。数百年的历史传承，形成京族风吹饼独特的制作技艺特征和丰富的饮食文化、民俗文化。

盛放风吹饼的竹筐也尤其特别。走在江平镇的劳动路，老街浓郁的历史味道扑面而来，一路走着过去，随处可见在小店的旁边都会放有一个特别的竹筐，竹筐上部是张开的喇叭形，腰间却很细，下部主体是直筒状，筐里装的是圆圆薄薄的像草帽般大的风吹饼。这样一种特别的竹筐，满是手工制作的纯朴和温情。京族风吹饼旧时作为商洽、走访、婚嫁、丧事及宗族祠堂分香饼和馈赠之用，蕴含了京族的文化基因和历史记忆。2011年5月，风吹饼被评为广西最受欢迎的旅游休闲食品之一。

杨日妹出生于1971年，丈夫是一名司机，工作一直勤勤恳恳，是一家的顶梁柱，从1986年开始做这份工作到如今已有30多年了。杨日妹说，丈夫对她所热爱的事业很支持。正是由于丈夫的关心与帮助，她才能一直坚持下去。他们夫妻二人共同养育着3个儿女，大女儿在幼儿园工作，二女儿在污水厂工作，儿子在读汽修专业。她家里有两个兄弟姐妹，一个哥哥和一个姐姐，因此在家中排行老三。在当时那个物质匮乏的年代里，父母要养活一家人十分不易。"那个时候家里很穷很苦的，"杨日妹回忆起自己的从前不禁感慨。为了减轻家中的负担，他们一家老小只能分工合作，相互扶持。在当时，家中的收入主要来源于务农种菜，和蔼可亲、老实善良的父亲每天都早起晚归，天不亮就出门种菜，而母亲则是负责将菜拿到集市上去买，才能获得一些微薄的收入，维持一家人的生活。在那个艰难的岁月里，杨日妹的父亲和母亲凭借着自己吃苦耐劳的精神和智慧才艺，养家糊口。

杨日妹的母亲是一个非常心灵手巧的人。祖传的风吹饼制作手艺在她那一代也被传承得很好。可以说，风吹饼制作技艺作为一种无形的传承力量，渗透在她们家族的基因中，流淌在家庭成员的血液里。她们家的京族风吹饼传承谱系如下：第一代，黄桂华，1878年5月16日出生，京族；第二代，黄登玉，1903年10月25日出生，京族；第三代，黄燕，1930年8月15日出生，京族；第四代，黄家英，1944年8月8日出生，京族；第五代，杨日妹，1971年1月15日出生，汉族。在家庭的影响和熏陶下，杨日妹从小耳濡目染，14岁的时候就开始跟母亲学做风吹饼，结婚后从1997年做风吹饼为生至今。现在的她，制作风吹饼的手艺已经十分纯熟了。而这也主要得益于她母亲从小就将洗米、泡米、磨浆、蒸趟、挑粑、晾晒、煨热、存放等各个环节手把手一个不落地教给她，可谓是悉心教导，无微不至。

三、兴趣是需要投入的

孔子曰："知之者不如好之者，好之者不如乐之者。"这句话的意思是说：懂得它的人，不如爱好它的人；爱好它的人，又不如以它为乐的人。这句话为我们揭示了取得好的学习效果的秘密，那就是热爱。没有热爱，就无法很好地坚持下去。同样，对于杨日妹来说，学做风吹饼更重要的还在于她本人对风吹饼制作的一种发自心底的热忱，投入其中，也让她收获了快乐。

说起最开始学做风吹饼的直接原因，她将思绪拉回从前，回忆道："小的时候家里很穷，做风吹饼就是为了赚取零花钱，那个时候我还在读书，放假了就在家里学做风吹饼，既能帮家里干活又可以挣到钱。"说这些话时的她，也依然没有停下在炭盆上烤风吹饼的娴熟动作。风吹饼的传统制作流程有很多，其中对饼质起关键作用的是铺浆、托晒、上烤等环节，过程繁琐，也需要技术。当被问到一直做同样的事情会不会感到无聊乏味时，她的回答是"不会，这么多年下来都习惯了，我觉得做风吹饼其实很好玩的"。正所谓"兴趣是最好的老师"，当对某些东西产生了兴趣之后，自然会做得越来越好。

然而兴趣是需要投入的。没有深入地接触某种事物，就没有办法找到表层之下的深层兴趣。兴趣原本只是一件普通的事或物，正如电影、游戏、服装，对于任何人来说都是一样的。如果不对它进行深入的接触，中途遇到一点困难就因噎废食，那么就无法找到真正的快乐。对于做风吹饼，杨日妹的初衷是想赚点零花钱，帮家里减轻负担。坚持做风吹饼到现在，她没有因为烦琐的流程和日复一日的重复感到厌倦而选择终止，反而是对风吹饼制作产生了浓厚的兴趣。凭着经验和从母亲那里掌握到的技艺，心灵手巧的她做出来的风吹饼，酥脆咸香，味道极佳，每年都会有不少游客慕名而来，品尝一下风吹饼的滋味。作为风吹饼的承包商，她家的风吹饼销量非常不错，也受到市场的追捧，是很多零售商的选择。目前，同她一起做风吹饼的还有她的哥哥嫂嫂。他们的手艺不仅改善了自家的生活水平，还惠及到更多的人。他们的坚持使得风吹饼制作技艺得以传承，为想了解京族风吹饼的人提供了一个非常好的平台。正是因为投入，她从中获得了成就感，享受到了乐趣。

四、认真做好每一道工序

拿起一个风吹饼，仔细地瞧了一下，发现它其实很普通，大如草帽，薄而圆，上面镶嵌着许多小小的黑芝麻。长相不是它受人追捧的原因，要想一探它为何出现在大街小巷，那就得从风吹饼的制作过程说起了。杨日妹跟我们说：风吹饼制作过程看似简单，但要想把它做的好吃那可不简单，还是得讲究技术的。风吹饼传统制作流程有打米浆、生火、铺浆、盖煮、拌芝麻、加浆、托晒、上烤、存放共9道工序。制作京族风吹饼主要工具：1尺6寸铁锅作为蒸具，加备陶钵、壳勺、圆筛、竹片、竹托、木架即可磨浆蒸制。制作原料有大米、黑芝麻、盐。主要工艺流程如下：一是蒸熟调制好米浆；二是晾晒面饼；三是翻面后待其蒸发水分；四是烤制成风吹饼。

由于我们去的时候碰上阴天，杨日妹家上一批制作的风吹饼还没来得及晒干烤好，我们很遗憾没有机会亲眼看到前面生火铺浆拌芝麻的环节，但还是看到了他们烤风吹饼那一个有趣的环节。

第二天清晨，我们早早地去到了杨日妹家。走进挂着"京族风吹饼"漂亮牌匾的门口，映入我们眼帘的是一片热闹的场面：院子里竹篾镂空晾晒席上面一个紧挨着一个的风吹饼安静地吸收着阳光，地上摆着3个炭火正燃烧的小炉子，还有正在做准备的杨日妹和哥哥嫂嫂。首先进行上烤工作的是杨日妹的哥哥，只见他十分认真地上烤着。不一会儿，杨日妹和嫂子也来了，她们都拿着小凳子坐在了炭堆面前。炭火越发的红热，就好似杨日妹一家对风吹饼的热情。要想炭烧得旺盛，风肯定少不了，因此她们的旁边都放置着一台电风扇。站在杨日妹旁边，总会被一种莫名其妙的氛围所吸引。交谈时她总是露出愉快的笑容，让人感受到她为人热情、善良的一面。每一个烤饼的动作都十分地从容，仿佛能感受到她对生命的热爱以及笑对生活的乐观。除此之外，工作中的杨日妹也是有魅力的，总是以极其认真的态度投入到风吹饼的制作过程中，认真对待每一道工序。

在上烤环节中，杨日妹很自然地先撩了一下炭火，让其烧得更红热，随后左手拿风吹饼，右手拿铁棒。上烤虽然看着挺简单，但是如果不把握好翻面的速度，风吹饼就会被烤焦，影响口感。在上烤时，杨日妹专心致志，眼里一刻也离不开风吹饼，技术很娴熟地将生的风吹饼置于炭火上，让其烤上几秒。为了让风吹饼烤得更充分，还不忘用铁棒辅助压一下，随即又换一面烘烤。风吹饼在杨日妹手上就这样不断地换来换去，这面烤一下，那面翻一下，在炭火中飞舞着。待到烤至逐渐膨酥，有点焦黄，饼中大部分微微冒起泡，香味四溢时，一个风吹饼就烤好了。烤好之后的风吹饼味道特别美。烤一个风吹饼的时间不长，需要三分多钟。在这三分多钟里，反反复复都是那几个步骤。杨日妹在风吹饼制作过程中不放过任何细节，无论多么细小的工作，都以认真负责的态度去对待，再加上熟能生巧，因此味道把握得很好。

杨日妹家的风吹饼在东兴市江平镇是受人欢迎的，做出的风吹饼不仅有承包商，就连平时也有亲朋好友、街坊邻居来买一些回去作为日常零食吃。我们当时就遇到了一个来买风吹饼的阿姨。她说："经常来这里买，都是熟客了，她家的风吹饼放的芝麻多，很好吃。"可见，杨日妹不仅人好，而且风吹饼制作也深得人心。每一个善良热情、热爱自己工作的人定然能得到他人的肯定，受到别人的好评。杨日妹就是这样一个人。

五、传承风吹饼技艺亟待保护

2016年，京族风吹饼被列入市级非物质文化遗产名录；2017年12月，被列为自治区级非物质文化遗产代表性项目。杨日妹家对于风吹饼制作技艺的传承已历经五代。当杨日妹被问及她的孩子有没有跟着她一起做风吹饼时，她微笑着对我们说："现在孩子们还年轻，让他们去闯一下，等他们到了一定的年龄就让他们回来做风吹饼。"传统工艺的坚守不易，杨日妹心里亦是十分清楚。为了能够更好地传承风吹饼制作工艺，杨日妹总是不忘教导她女儿。相信在不久的将来，她的孩子也不会放弃这一门传统工艺，回来继承家族长辈所传承下来的手艺。从杨日妹身上，我们看到了一名手工艺制作者的坚持。

然而，随着时代的发展，传统手工艺受到了冲击，机器生产逐步代替了手工制作，产品生产效率快，产量高。而以手工制作为主的京族风吹饼制作过程烦琐，产量低，利润不高。现在很多人都向往外面收入更高的工作，尤其是许多年轻人都飞向了外面那一片更高更广的天空。传统工艺的传承需要耐心。然而，现在很少有人愿意静下心来学艺了，大多选择外出打工赚钱，像制作风吹饼这样的辛苦活没人愿意干了。若想让他们好好在家学习一门传统的技艺，或许是一件难事。如今有些项目因各种原因面临失传问题。

京族风吹饼极其薄。制作工艺复杂、产量低，因易碎而不便运输外销，目前全国仅在广西壮族自治区防城港市东兴市的京族三岛销售。受商品经济的冲击，整个中国坚持做京族风吹饼生意的人家仅有七八家，发展前景不甚乐观，亟待保护。

杨日妹在制作京族风吹饼

后　记

　　对于京族风吹饼的滋味，一般用"酥脆咸香"四个字来描述，起初我们并没有亲自品尝过。而在杨日妹家中，我们终于尝到了她为我们现烤的风吹饼，伴着花生一起品尝风吹饼，真切地感受到了风吹饼的"酥脆咸香"。

　　京族风吹饼制作技艺不仅具有重大的文化价值，承载着的更是京族历史文化的珍贵记忆。为了让这一种味道不被人们忘记，并且永远流传下去，重视对京族风吹饼技艺的传承就变得尤为重要。

第五辑 传统民俗礼仪

陈美英 / 文

缘起兴趣，贵在坚持
——记浦北县跳岭头代表性传承人符可璇

浦北县跳岭头代表性传承人符可璇（后）

  浦北，一座历史悠久，文化底蕴丰富，群众文化活动活跃的小县城，依山傍水，民风淳朴，历经大自然千年洗礼，洗尽了纤尘，依旧古风犹存，独特而又韵味。在这里，你可以聆听到大自然美妙动人的歌声，感受到世代以耕作为生的劳动人民的淳朴，领略到独特而有趣的民间舞蹈艺术——跳岭头。

  跳岭头是浦北的一大民俗特色。跳岭头又叫"岭头节""看岭头""傩舞""颂鼓""跳鬼僮"，形成于公元前16世纪至公元前8世纪的商周时期。在古籍记载中，它是一种以戴面具驱鬼逐疫的形式出现的祭祀活动，是最古老的一种祭祀带面具舞蹈，是桂南浦北岭头节文化里最重要的活动。当地农民以此为村寨驱邪酬神，祈求庄家丰收、人畜平安。据1914年《浦北县志》记载："八、九月各村多延巫师鬼童于社前，跳跃以编，始入室驱邪疫瘴，亦乃乡傩之遗意也。"岭头节文化主要分布在浦北县安石、大成、张黄，西到北通、白石水，北到小江、三合、福旺等流行客家话的乡镇村屯。据统计，目前浦北县拥有跳岭头傩戏班子19个，风格各异、丰富多彩的传统节目近百个。在这其中，北通镇的岭头节尤为热闹，每个村屯都在每年农历的八月或九、十月定有一个固定的日期作为自己的岭头节。届时，各家各户都会大宴宾客，并集资邀请岭头队到村屯跳岭头，一般的活动时间是从头天下午开始，到第二天上午结束。2006年浦北县的跳岭头项目被列入广西壮族自治区第一批自治区级非物质文化遗产。2008年浦北县北通镇北山村委大山塘村的符可璇老先生成为了这门古老文化的第一批自治区级非物质文化遗产项目代表性传承人。2014年12月5日，他被确定为第四批国家级非物质文化遗产项目代表性传承人。现在就让我们一起走近符老先生，聆听他的故事。

一、缘起兴趣，拜师学艺

符可璇老先生一家世代都居住在浦北县北通镇北山村委的一个小山村里，家境清贫，生活艰难，世代都靠耕作为生。跳岭头的传承一般都与家族的血脉相联系，一般都是由长辈传给自己的儿子或者侄子、孙子。符师傅的叔叔和伯父都是跳岭头师公班的行家里手。符师傅成为跳岭头接班人，所学技艺大都是从叔叔和伯父那里得来的。然而真正促使他成为跳岭头的接班人，并不是父母强迫而不得不学的家族使命或是因为学习跳岭头能给他带来什么好处，而是源于符师傅对这门民俗表演艺术浓厚的兴趣和热爱之情。其次，由于跳岭头习俗与当地的巫觋事鬼和古代的傩俗有关，大多数时候是为生人祈福，为死者超渡，其本身具备了独特的文化魅力。符可璇的父母亲并没有认为孩子是在不务正业，只要孩子感兴趣，喜欢学，喜欢跳，他们还是十分支持的。符可璇从小天资聪颖，热爱民间艺术，勤奋学艺，熟记跳岭头各种唱词对他来说并非难事。从十三四岁起跟随叔伯们跳师，他便开始了他的跳师生涯。符师傅有两个儿子一个女儿，从事的均是与跳岭头无关的工作。当笔者问到符师傅有没有想过让自己的孩子成为跳岭头的下一代传承人的时候，符师傅微笑坦言："民俗文化这一类东西，没有兴趣是绝对学不来的，如果我的孩子不感兴趣，我绝对不会强迫他们继承这一民俗项目。"

由于笔者对跳岭头不是非常熟识，符师傅兴致勃勃地向笔者介绍了跳岭头的历史渊源。从现有节目和表演形式分析，跳岭头大致经历了3个历史阶段：

第一阶段，主要目的是娱神。从"三师舞""四师舞""五雷神"中看待古代越人崇拜天、地、水、雷的痕迹。第二阶段，经过长期的发展，歌舞性和娱乐性增强了，出现了"男女聚观，唱歌互答，因而淫乐，遂假夫妻，父母兄弟恬不为怪"的盛况。第三阶段，明清之际是跳岭头大转变时期，从媚神、娱神为主的祭祀性舞蹈演变为带着一定祭祀内容的以娱人为主的风俗舞蹈。

每年农历八至九月是过岭头节的时间，各村屯过节的日期不一致，但内容相似。跳岭头每年持续时间约两个月，是一年中时间跨度最大的节日，民间称为"岭头节"。跳岭头的地点一般在村旁的山坡上，故称之为"跳岭头"。活动之前都要到主事村屯的社庙里拜祭，进行一番表演。有些村庄祭完社庙后就直接在庙前的空地上表演，因此又称"跳庙"。跳岭头由当地民间岭头队负责组织，由师傅头（队长）主持。浦北县民间岭头队目前有 19 个。其中北通镇以符可璇为首的佛新队和以符可明为首的大六队比较具有代表性。

"岭头队"一般有 22—30 人。表演者身着古装，头戴帽子，脸挂面具，手持刀、斧、戟、剑、棍、锄、铲之类的兵器和农具。表演时，人物栩栩如生，时而诙谐有趣，围观的人群经常会因表演者口语化的幽默说词而爆发出阵阵爽朗的笑声；时而神秘诡异，整个山坡充满了阴森森的气氛，这时不由让人起一身鸡皮疙瘩。可见其具备了强大的艺术感染力。

跳岭头的传统节目主要有"开光"（请神）、"扯大红"（官舞）、"跳三师""拜四帅""跳五雷""十帅舞""千岁舞""收妖""插科打诨"等，大"社"活动还有"放烟花"和"唱大戏"。归结起来，可以分为"安坛开光""歌舞娱乐""收妖封坛"3 个部分。跳岭头所使用的相关器具及制品有面具、斧头、长鼓（陶瓷制成）、铜锣、红缨枪、钢鞭、马刀、御笔、凿子、师公衣服、师公披肩和唱本。旧时的跳岭头宗教祭祀成分较多，驱鬼除邪的目的很明确。如今，跳岭头已经由原来的宗教酬神祭仪演变为民间娱乐活动，祭祀意味渐淡，娱乐气氛渐浓，师公们的酬神、歌唱、跳舞，在人们的眼中变成了一般的娱乐戏剧表演。

跳岭头一般从头天下午开始，到次日上午结束。举办跳岭头的村子，家家户户杀猪宰羊，大宴宾客。许多客人是不请自来、不期而遇的。民间认为，谁家邀请到的宾客最多，谁家当年就最有运气，因此除了全村人参加外，邻村和外地的一些汉族、壮族群众也会慕名赶来参加。由此可见浦北人民是非常大方爽朗、热情好客的。

二、积极补救，重整旗鼓

"文化大革命"过后，对于道具的大量损毁和唱词唱本的流失，符师傅虽然万分心痛，但并没有因此而整日闷闷不乐，也没有抱怨任何人，更没有就此一蹶不振。相反他对跳岭头文化的热爱程度没有因此而有一丝减退，更没有因此选择放弃对跳岭头文化的传承。他心想，这是老祖宗传承下来的文化，需要人传承下去，如果不重新拾起，传承了几百年的传统艺术就会在他这里失传了，对不起老祖宗！只要还有人愿意看，只要跳岭头还有一点生存的空间，他都不能轻言放弃。为了传承跳岭头文化，只有初中文化水平的符师傅凭着记忆艰难握笔重写唱本，其中还带有一定的时代创新元素。笔者留意到符师傅的书桌上摆放着几本《新华字典》，询问得知符师傅近年来每天晚上都会戴着老花镜，仔仔细细地誊抄重写唱本。他说："以前大家都是写古字（繁体字），现在的年轻人哪里还看得懂？为了给后辈们留下简易明了的唱本，我决定接下来的时间慢慢地用简化字把这些唱本重新抄写更新，不整理出来就要烂在我的肚子里了！"为了广泛传播跳岭头文化，符师傅积极动员师公班的成员们抓住一切机会在各种场合表演跳岭头。近年来，由于保护非物质文化遗产热潮的兴起，很多记者、广播电台和电视台栏目组、专家学者，以及对跳岭头文化十分感兴趣的普通民众都到浦北来了解和宣传跳岭头。符师傅对于这样的机会从来不推脱，非常热情地接待，笔者就是其中一位。2012年，浦北县文化局授意他创办一个跳岭头传习基地，他欣然受命，在浦北县北通镇文化站站长陈仙维的帮助下，把他自己家中三楼改造为传习基地，基地里整整齐齐地摆放着跳岭头的相关道具、服装、唱词唱本，废弃不用的道具服装也被他叠放得整整齐齐。符师傅对非物质文化遗产的这种强烈的责任感与一腔热忱令笔者十分感动。

三、硕果累累，名扬四方

自从学成这一技艺后，符师傅积极组织开展民间艺术活动，有较强的组织能力和指挥能力，能编、能舞、能导、能制作道具并积极收徒传艺。据不完全统计，他组织和参加跳岭头活动共600多场次，满足了人民群众不同的文化需要，在群众中威信很高，演出的节目深受群众欢迎。2005年符师傅组织岭头队参加浦北县恢复建县四十周年民间艺术汇演，获二等奖；2007年协助浦北县歌舞团编创《纵情岭头》参加全区"八桂群星"杯比赛,荣获一等奖;同年《纵情岭头》代表广西参加全国群星比赛,荣获优秀奖;2008年5月被确定为自治区级非物质文化遗产项目跳岭头传承人。近年来随着非物质文化遗产保护的热潮兴起,社会各界对中国民间文化的关注度提高了,跳岭头也受到电台、电视台、报纸等新闻媒体的多次报道和节目录制邀请,学术界也有很多学者把研究视野对准了跳岭头。每逢举办岭头节之际,都会有许多来自五湖四海的朋友慕名前来观看符师傅的师公班表演,对此符师傅也表示非常高兴和自豪。目前他们传习基地成员共有24人。他表示,希望这个团队能够日渐发展壮大,希望更多的人了解这类文化,更多的人加入到传承和保护跳岭头文化行列里来。

四、文化传承,贵在坚持

符师傅说,目前跳岭头文化传承面临的主要问题是没人肯学。现在的小孩子都要读书,课业负担极重,课余时间还要练习跳岭头的话,大多数孩子承受不住选择退出。有些十几岁的小孩没读书也不愿意学这个,学这个很苦,学个两三年才能基本学出来,学出来又赚不到什么钱,没有前途,还不如出去打工,马上能赚到钱。如果国家能够花一笔经费请人来学,我们也非常乐意免费教,现在传习基地的大多数成员都有四五十岁甚至六七十岁了,等到手脚不利索那会儿,再想教也教不动了。作为一个民间艺人,一个无比热爱着由祖宗传承下来的民间歌舞文化的普通老百姓,他们虽然肩负着传承优秀的民间文化的责任,但在当下传统民间文化每况愈下的社会大环境中,如果没有政府和外界的帮助,又能做什么呢?

在当下电视、网络等现代娱乐媒介掌控天下的语境中,年轻人大多缺乏中国传统和民间歌舞文化的熏陶,传统文化教育的断层导致传统文化传承的断裂。因此,中国传统和民间文化的传承和保护已经不仅仅是民间艺人的事,也是国家大事,必然需要政府文化部门和社会各界的关注和介入。社会各界对于民间文化的关注和报道是自发的,有的不一定具有长期性,而政府文化部门则有责任将所辖行政区划内的民间文化的传承与保护作为一种长期的行政任务,坚持才能看到更加可喜的成效。

后　记

符师傅作为跳岭头传承人之一，与他的传习基地成员一起，以强烈的责任心坚守在宣传、保护与传承跳岭头的阵地上。他们殷切地期望在政府和社会力量的引导和帮助之下，将跳岭头很好地传承下去。希望他们的愿望在不久的将来得以实现！

符可璇（中）一边击鼓一边给徒弟传授跳岭头技艺

张方方/文

一时的缘起，用一生去守护
——记灵山县跳岭头代表性传承人卢顺然

跳岭头是灵山的一大民俗特色，又叫"岭头节""看岭头""傩舞"，形成于公元前16世纪至公元前8世纪的商周时期。在古籍记载中，它是一种以戴面具驱鬼逐疫的形式出现的祭祀活动，是最古老的一种祭祀带面具舞蹈，是桂南灵山岭头节文化里最重要的活动。当地农民以此为村寨驱邪酬神，祈求庄家丰收、人畜平安。在每年的八、九月，跳岭头节目都会在各个村庄进行表演，世代相传，生生不息。在2006年被列入广西壮族自治区第一批自治区级非物质文化遗产。灵山县沙坪镇旺屋村委的卢顺然老先生作为这门古老文化的代表性传承人，有着许多鲜为人知的故事。

一、缘起花开，拜师学艺

卢顺然老先生一家世代都居住在灵山县沙坪镇旺屋村委的一个小山村里，家境清贫，生活艰难，世代都靠耕作为生。如今，卢顺然老先生在闲暇之时，依然会下地种田，辛勤劳作。回首过去，时间虽久，记忆却依旧很清晰，卢顺然老先生已经抹不掉岁月痕迹的脸上露出了微笑……

卢老先生回忆说，跳岭头这门艺术世代相传和延续，到如今已经有10多代。家族对于跳岭头这门艺术都十分重视。跳岭头的传承一般都与家族的血脉相联系，一般都是传给自己的儿子或孙子、侄子。卢顺然的爷爷和伯父都是跳岭头的行家里手，卢顺然成为家族的跳岭头接班人，便是从爷爷和伯父那里学来的。卢顺然从十三四岁就跟随爷爷和伯父学跳师，开始了跳师生涯。

卢顺然十三四岁的时候刚小学毕业。因为家里共有7个兄弟姐妹，家境十分贫穷，在那个连饭都吃不饱的年代，父母已经无力承担他上学的费用，热爱学习的他不得不放弃学业，在家里干农活，利用闲暇之时跟随爷爷和伯父学跳师。卢顺然聪明好学，什么东西都是一学就会，再难的技艺都难不倒他，得到了爷爷喜欢。爷爷把毕生的期望都寄托在了卢顺然的身上，希望他能学有所成，继承跳岭头这门技艺，能够光宗耀祖，把老祖宗的这门技艺发扬光大。

生活的艰辛打垮了许多人。面对生活的苦难，人们不得不低头，放弃自己的理想，整天埋头于田野之间，只为了能够吃上一口饭，能够生存下来。然而，卢顺然面对生活的种种苦难，始终都用乐观的态度去面对，生活再苦再累，也不会忘记微笑，更不会忘记自己的理想与信念。除了整日在田野间劳作之外，只要一有时间都会自己看书学习，遇到不懂的字或问题，每次都会去请教有学问的前辈。日积月累，他的学识比起村里许多同辈的人都要好很多。正是因为如此，卢顺然老先生得到了大家的尊敬。而对于跳岭头这门技艺，卢顺然更多的是热爱和执着追求，视其为生命中不可或缺的一部分，风风雨雨六十载，一直都从未离开过。

刚开始学跳岭头的时候，卢顺然并不是很热衷于这门技艺，只是因为长辈嘱托不得不学。但从小就懂事的他，知道这是一件很重要的事情，必须十分认真地去学，用心去对待，要把跳岭头这门技艺当作一种责任和使命，不能辜负爷爷和伯父的期望。为了把跳岭头这门技艺学到家，卢顺然下了一番苦功夫，亲自去查阅书籍或者去请教爷爷和伯父，把有关跳岭头这门技艺的事项都一一了解清楚，并用心把这些资料记住。而等到爷爷或伯父有空的时候，就跟随他们一起学习跳岭头。卢老先生回忆说，当年他学习跳岭头是从最简单的角色跳三元（跳岭头包括跳三元、跳日午、跳三师、跳四帅、跳忠相、捉妖精等，其中舞蹈动作一个比一个复杂，跳三元是跳岭头中一种较简单的技艺，难度较低，适合初学者学习）开始学起的。他跟着师傅一个一个动作来学，严格要求自己，稍微有点不够正确的地方，都会认真改正过来，不允许自己有半点不对的动作，直到自己学会为止，然后接着学习难度大一点的。直到现在已经年过六旬的他，也仍在孜孜不倦地学习，即使他对于跳岭头这门技艺已经烂熟于胸。

卢顺然学会跳岭头后，每逢中秋节前后，都会跟随爷爷和伯父到各个小村庄里面去表演节目，秉承一颗为老百姓服务的心，给老百姓带来欢乐，为老百姓祈福消灾，帮百姓祈祷庄稼能获得好的收成，家家户户都可以幸福安康。卢顺然以精彩的表演和热诚的心，得到了村民的喜欢和肯定。

日子一天天过去，转眼间，卢顺然已经长大成人，跳岭头这门技艺也已经很娴熟，加上热心助人，每次看到村民们遇到一些困难，都会去到村民的家中做法事，为他们消灾解难。渐渐地在各个小村庄里有了名气，许多村民都喜欢请他到家中来帮忙。卢老先生凭着这门技艺，帮助他人去除灾难，过着清贫的日子，一碗白粥，几杯清茶，修心养性，在乡村田野间度过一生。

二、十年艰辛，情系岭头

1970年，刚好18岁的他背起了行囊，跟随着别人来到了陌生的地方柳州。离开了那养育他十几年的小山村，告别了可敬可爱的父老乡亲，从未离开过家门的他，泪水不禁打湿了眼眶。在那里，他开始了新的工作，成为了一名铁路工人。自己孤身一人，无依无靠，吃着粗糙的饭食，住着简陋的房子，历经烈日的拷打，风雨的洗礼，日复一日地劳苦工作，不知多少次汗水湿透了衣服忘记了擦拭，风霜冻结了双手却依旧工作。生活虽然无比艰辛，但脸上那抹微笑从未离开过，骨子里透着坚强与不屈……1971年，他结束了修铁路的工作，转而跟随别人去挖煤矿，工作更加艰苦，为了那份工资，整日冒着生命的危险在黑暗的山洞里面挖煤矿，埋头苦干，把自己弄得黑头土脸，满手成茧，差点忘记了自己还是一个年轻的小伙。

实行改革开放后，人们看到了生活的希望，国家保护民俗的风尚也得以重新确立，跳岭头也自然回归到乡村田野之间。八九月之际，跳岭头那喜庆的歌声舞声又开始在人们的耳边回荡。卢顺然听到了改革开放的好消息，心头抑制不住喜悦，嘴角露出了幸福的笑容……

历经几年的劳累奔波，卢顺然回到了日思夜想的家中。家里头的兄弟姐妹已经长大，但望着几年不见的父母，如今青丝已经变成白发，曾挺直的脊梁已经开始佝偻，卢顺然心中还是忍不住一阵酸楚，意识到在今后的日子里必须得更加努力工作，不可以再依赖自己的父母。但在世世代代都以种田为生的小山村里面，找到一份好点的工作是谈何容易。面对着这种艰难的处境，卢顺然决定在家中种田和跳岭头。

卢顺然跟随着伯父和村里人再次拿起几年未碰的道具继续跳岭头。1980年，农民得以分田到户，不再是大家伙一起劳作，自己有自己的土地耕作，干起活来特别有劲儿，更加渴望能得到好的收成，过上好的日子。因此，在当时，跳岭头再次得到村民们的热烈欢迎。他们希望可以通过跳岭头为他们赶走野兽，驱除灾难，让庄稼能得到好的收成。

在那时，跳岭头重新得到了大家的肯定和喜欢，不再像"文化大革命"时期那样遭到破坏，遭到排挤。而卢顺然跳岭头的技艺也越发精湛，得到了乡里邻居的尊重，也给村民们带来了欢乐，渐渐地从心里头更加喜欢这门技艺，也坚定了自己的信念，将这门技艺发扬光大。回忆起这些，卢老先生那脸上的皱纹不禁舒展开来，嘴角笑眯眯的。

三、浓浓心血，遗花飘香

就这样，卢顺然过了几年轻松愉快的生活。但好景不长，爷爷逝世之后，卢顺然成为了爷爷亲自指定的接班人。从无官一身轻到肩负家庭重担，卢顺然知道接班人并不好做，责任重大，做什么事都得亲自带头，家族的使命不可违背，既然做了就一定要做好，更不能给祖先们丢脸，要守护好这门技艺，将他发扬光大，让更多的人知道，更多的人接受。

然而卢顺然刚成为接班人，眼前便已经面临着困难，已经用过很多年的面具和道具已经残缺不堪，斑驳陆离，服饰也是缝补过无数次，十分破旧。面对着这些已经很难再利用的破旧道具，卢老先生决定重新做。但这并不是一件容易的事情，加上那时候家里面十分贫穷，买材料也需要花费不少钱，这对他来说无疑是一件很困难的事，必须下一番苦功夫，付出一番心血。

卢老先生回忆说，那时候为了做面具，他亲自去找专门用来做面具的樟木一块块运回家。做面具可以说是一件难事了，光有灵巧的双手还不行，必须要有极致的耐心和细心，并不是一般人可以做的，一个面具至少要花上好几天的功夫才能完成。那时，卢顺然根据以前遗留下来的面具和自己的印象，先把图像画到木料上，再进行一笔一画的雕刻，然后才能涂上各色颜料，最后还要把它晾干才可以。最关键的是，在制作的过程中，不能有一点差错，否则有可能整个面具都毁了，得重新做。卢老先生的那几箩筐面具个个都惟妙惟肖，美轮美奂，每一个都是经过他的双手一一做出来的，还有帽子也全都是他自己亲手制作，不得不令人佩服，也让他感到自豪。

而说到跳岭头专用的衣服，更让人感到惊叹。他说，为了衣服的布料，不远万里亲自跑到湛江购买，而那时的交通工具并不像如今这么方便。衣服的料子都要经过精心挑选，可见他对跳岭头这门技艺是无比的热爱和执着。买好布料回家后，因为在自己的村子里面没有人会懂得缝纫这种衣服，他又亲自用缝纫机将衣服一一做好。在那个时候，做衣服一般都是妇女来缝纫的，而他一个大男人却自己动起手来,只为了能做出自己满意的衣服。卢顺然把衣服缝纫好之后,还要花钱请村里针线好的妇女帮忙在衣服上钉上一颗颗闪亮的珠子,一套跳岭头的戏服才能做成。如今,那些衣服依然十分漂亮,做工也十分精致。

对于跳岭头这门技艺,卢老先生不知注入了多少心血。"文化大革命"时期,许多有关跳岭头这门技艺的书籍和唱本已经被毁,残留下来的几乎都是不完整的。卢老先生为了不让这些宝贵文化消失在人间,能够世代都传承下去,凭借自己强有力的记忆力,一边唱一边默写出来,同时还用录音机记录下来。多少个夜深人静的夜晚,整个小山村都已沉睡过去,仍可看见一扇小木窗里透出一丝丝微弱的灯光,听到一声声朗朗上口的歌诀,那是他正在煤油灯底下辛勤地整理着这些残缺的唱本。唱本对于跳岭头来说至关重要,关系着跳岭头的传承,是流传给后人的宝贵材料,在整理的过程中都要非常认真。卢老先生回忆说,每一本唱本,每一句话,他都要重复检查好几遍,在有错误的地方进行批注,经过几次修改,并且得到其他跳岭头人的确认后才算完成。如今,卢老先生整理过的唱本依旧保存得很完整,里面字字清晰,书法工整。许多书籍和唱本已经被拿到县里的文化馆进行保存,被当成宝贵的非物质文化遗产。

跳岭头世代沿袭,历史悠久,能够将之发扬光大是他一生最大的心愿。功夫不负有心人,卢顺然老先生从来都没有想过有朝一日跳岭头真的能走出这座大山,自己真的能够将这门技艺发扬光大,给祖先争气。2007年,广西壮族自治区文化厅的专家们要来对跳岭头这门技艺进行调研和评定。听到这个消息,卢老先生感到十分兴奋,这是将这门技艺发扬光大的好机会。卢老先生热情招待着这些专家们,亲自为他们介绍和表演跳岭头……2007年,广西壮族自治区文化厅正式确定灵山跳岭头技艺为非物质文化遗产,而卢老先生被确定为自治区级非物质文化遗产项目代表性传承人。至今,说到这些,他仍感到自豪和骄傲。这不仅是他个人的荣誉,更是家族的荣誉,是民俗文化得到的尊重和肯定。

四、一生守护,至死不渝

卢老先生的一生看似平静,但是背后的曲折却无人知晓。人们看到的是他能够成为代表性传承人的光荣,却鲜少有人知道他为跳岭头技艺注入了一生的心血，倾尽一生，直到头发花白，仍在继续。每逢八九月之际，卢老先生为了跳岭头几天几夜都不能休息，白天需要做准备，晚上需要表演，几乎每一个角色都要把它表演完，对于一些技艺不够娴熟的徒儿，还要多次进行指导，常常把自己弄得体力透支。有时，去到一些地方，主人家没时间招待，连茶水都喝不上，但卢老先生却从不计较，依旧用心表演，诚心帮他们祈福，愿家家户户都能得到好收成，过上好日子。而在闲暇之时，他仍在不停地学习新的知识，接受新鲜的事物，锻炼身体，这也为跳岭头这门技艺带来了好处。他所做的一切，都是源于对跳岭头这门技艺的无限热爱。

那天，我和朋友亲自到卢老先生家去拜访他。卢老先生住的地方虽然很简陋，但四处却打扫得很干净。他所住的房子十分狭窄，里面堆放着许多杂物和有关跳岭头的书籍材料。热情好客的他，在他那狭窄的小房间里面陪着我们聊天，为我们讲述了许多有关跳岭头的事，还亲自给我们展示了许多跳岭头所用的服饰和面具等。卢老先生说，这一整屋的道具，都是他这一辈子的心血……

时光荏苒，转眼间，卢顺然老先生已经年过花甲，蓦然回首，过去风风雨雨几十年，就如同梦一般，往事仍历历在目……现在的他，依旧身体硬朗，精神饱满，已经成为了13个徒弟的师傅，把自己所学到的技艺都尽可能地传授给他们，亲自教他们学跳师，带他们去各个村子里面去进行表演。然而，卢老先生虽然收有一群徒儿，但是对于继承人的人选仍在担心，这毕竟关系到家族的传承，是他们家族世世代代的心血，不能随便传给没有责任心的人，但自己目前还没有很钟意的接班人。接班人不禁让他感到深深担忧。值得安慰的是，自己的侄子喜欢跳岭头这门技艺，未来也许能够胜任接班人的位置，成为下一代继承人。

漫漫人生，卢老先生因为命运学跳师，但是最后却无比地热爱。一时的缘起，用尽一生去守护，一路上走过看过的风景，也敌不过他对跳岭头这门技艺的那份情。

后 记

一本唱本，一杯清茶，一位老人，那是卢老先生正在细细研读唱本。一本书捧了几十年，从一个布衣少年到如今两鬓苍白，从未离开过。悠悠六十载，世事变迁，历经艰辛，衰老了容颜，可心未曾变过，对跳岭头这门民间舞蹈技艺的热爱依旧不减当年。他用他的一生，为跳岭头这门技艺默默付出和守护。

刘海锌　陈杞虹／文

舞动灵山之美，炫跳岭头之声
——记灵山县跳岭头代表性传承人陈基坤

灵山县跳岭头代表性传承人陈基坤（中）

话说当年的唐玄宗为了博取久居深宫的美人杨贵妃一笑，不惜花费大量的物力、人力从远在千里之外的南方运送荔枝到北方的长安。"一骑红尘妃子笑，无人知是荔枝来"这一句诗说的就是这个著名的典故。由此可见，荔枝是个解馋物。一说到荔枝，我们不由自主地又会想到盛产荔枝之地——钦州市灵山县。但今天要介绍的不是众人皆知的能撬动人们味觉的灵山荔枝，而是能够载歌载舞且具有一定历史年头的祭祀活动——"灵山跳岭头"。

历史悠久的中国荔枝之乡灵山县民俗文化积淀丰富，灵山跳岭头就是其中独树一帜的一项地方性特征鲜明的民间传统艺术。跳岭头流行于桂南灵山县农村，是郊野祭祀中所跳的一种面具舞蹈。岭头节到来之时，主办村便请来一班"鬼师"（巫师）来跳岭头，意在酬神祈福。节日当天远近村民汇集，主人杀牲设宴，盛情款待，一连两日或数日在岭头跳舞唱歌，通宵达旦鼓声不绝，场面非常热闹。跳岭头由歌和舞两部分组成。歌一般只穿插在各舞段之间进行，歌时不舞，歌词内容大多都唱神的身世和故事。舞蹈时以打击乐伴奏，具有浑朴、刚劲、自然之美。

2018年7月16日早上九点，在钦州跳岭头灵山传习基地，笔者与灵山跳岭头代表性传承人陈基坤会面。因为存在语言沟通问题，陈基坤老人带着他的徒弟骑着电动车到笔者居住的酒店大厅接笔者们。当一位年近花甲的老人满脸慈祥地向笔者伸出一双温暖而有力的手时，就在这一刹那间，有一股暖流掠过笔者心间。他的热情感染了我们，我们也热情地伸出双手相迎。一进入会议室，陈基坤便打开了话匣子，向我们说起他与跳岭头的故事来……

一、偶习巧艺系终身

1951年9月，硕果累累的金秋时节，新圩沙路村迎来了一个新的小生命。他清脆响亮的啼哭声和村间的哗哗流水声、悦耳动听的鸟鸣声一起构成了一首绚丽多姿的生命交响曲。他就像早上初升的太阳，给村里带来了新希望。

陈基坤师傅说，他出生的时候中华人民共和国刚成立不久，人民的生活水平还很低，他们家也不例外。他的童年和"拮据"二字紧密相连。他的父母过世较早，家里五兄弟，他是家里的幺子。家里条件异常艰苦但兄弟间十分团结。当时读小学的他，看到父母和兄弟为了生计奔波劳碌，忙完农活就抽空去打些零工补贴家用，他就主动承担起家务。尽管父母和哥哥这么努力地操持着，但是收入较低，日子过得还是很拮据。他在平山林场工作，种了6年的树木，后回家务农。因为没有钱，成家立业后单靠务农养家，辛辛苦苦把6个孩子养大成人。他的儿女们都在城市发展，大儿子在钦州一家房地产公司工作，二儿子在移动公司上班，二儿媳在人民医院工作，大女儿在深圳商场工作，二女儿在灵山做物流，三女儿在江西上班，四女儿也从事物流管理。

陈师傅学习这门技艺并不是子承父业或者说家里有谁学习这项技艺，而是良好的接受能力显示了他异乎常人的天赋。他深思细想了一会儿，缓缓地向我们说起他学艺的前因后果。一次偶然的机会，仙婆说他有学习跳岭头的天赋，不学的话就白白荒废了。陈师傅如梦初醒，开始拜师学艺。对于一个小学未毕业的人来说，要学习跳岭头的全部技能不是一件简单的事情。他要从基础学起，学习"开坛""三师""四师""四帅""探坛""十帅""五雷""操兵""千发""赶精""杀精""撬船"等相关内容。这些大多在村头的"土地社"旁的山坡上进行，演出时间持续到次日凌晨。不同场次演员人数不同，扮相独特、衣着鲜明。有独舞、双人舞、群舞，集歌、舞、戏于一体。既有纯粹的舞蹈，又有即兴念唱对白和简单的故事情节，且演出程序众多，曲目丰富。"万事开头难"是对陈师傅开头学习的一个很好的印证。或许是从小经历过苦难，依然涌动着激情的缘故吧，陈师傅学习跳岭头知识非常努力。陈师傅家里生活拮据但不缺乏欢声笑语。他把生活中遇到的特别趣事融入到跳岭头中，使他在学习的路上事半功倍。任何艰难险阻也阻挡不了他想要学习跳岭头的进程。随着知识的慢慢积累，他觉得学起来轻松多了。他的学习过程分为"问道"和"修仙"。他学习这门技艺的意义在于祛邪祈福。自从学了这门技艺以后，家人健康，家庭幸福、人生顺顺利利。

二、勤练慈仁助四方

1981年陈师傅正式拜跳岭头（跳庙）师傅学习跳岭头。1981—1989年，先后跟随姚发光、姚胜贤、宁焕英等师傅学习，掌握了打象鼓、锣等击乐技法和"跳三师""扯大红""跳四帅""忠相"等跳岭头技法。这一学，就深深地被其所蕴藏的文化内涵所吸引，无论多苦多累，都能克服前进路上的各种挫折和险阻，不懈地坚持着……

"天将降大任于斯人也，必先苦其心志，劳其筋骨，饿其体肤，空乏其身，增益其所不能。"这句话和陈基坤学习技艺历程很贴切。遇到学习瓶颈时，他仍旧坚持把路走完，不气馁、不放弃、不妥协。最后他从100多人中脱颖而出，一致获得了十里八乡的村民们的拥护和爱戴。昔日青涩的舞步和唱腔已经演变为娴熟的技艺，成为灵山县跳岭头的一把手。班里一出演，陈师傅开始他引以为豪的表演，就给乡亲们带来了欢乐。村里人抱着孩子看自己和徒弟们的表演，分享着安居乐业的喜悦，这样的场面值得他回忆。

陈师傅深情地说灵山跳岭头这门技艺承载着几代人的心血。他希望笔者们能把这门技艺写清楚，让更多的人了解它，使它走出村门，跳出灵山县，跳进更多人的视野当中。笔者被老人朴实的话语感动，紧紧握住陈师傅的手，并郑重向他们承诺回去后会认真纂写灵山跳岭头这门技艺，尽最大的能力把它的情况介绍清楚。

三、三变渐进长流传

灵山跳岭头是一种地域特征明显的民间传统节庆文化现象，历史悠久，源远流长，理应是古老的傩文化与地方民俗文化相结合的产物。它的产生与发展也应是与当地社会生活的变革同步的。自秦代到清初，历次改朝换代都有大量人口从中原南迁，傩文化随之积淀于荔乡，并逐渐与当地的传统"岭头节"赛社娱神的习俗融合。通过实地调查，从现有节目和表演形式分析可知，跳岭头大致上经历了3个历史阶段。

第一阶段，举办跳岭头的主要目的是娱神。如从跳岭头中的"三师舞""四师舞""五雷舞"等，可以看到古代越人崇拜天地、水雷的痕迹。表演这些时要穿特定的服装，戴上特定的面具，这样更能体现其特色。

第二阶段，经过长期的发展，跳岭头逐渐具有了较强的歌舞性和娱乐性，出现了"男女聚观，唱歌互答，父母兄弟恬不为怪"的盛况。这样可以让人在一些节日中活跃起来，有事可干，有乐可图。

第三阶段，到了明清之际，跳岭头发生较大的变迁，从媚神、娱神为主演变为既娱神也娱人。

每个阶段都有其独特的方面，因为它是一个不断积累、不断进步的过程。它有特定的傩舞面具"师"和"相"两类。师，竹编纸糊或皮封的平面面具。有"三师"和判官共4只。"三师"即跳岭头艺人信奉的道教"三真君"唐文明、葛文度、周文刚。相，木雕的立体面具。据伯劳真鸡头岭已故老艺人邓伯燕生前忆诉，全套的"相"有36只。面具均精工釉彩，神祇、人物按类别、性别、性格和身份地位来划分，形象夸张，脸有红蓝黑白，状态美丑忠狡，有相当强烈的艺术感染力。各种角色相应使用道具有刀枪剑戟、斧凿铜铃等。伴奏乐器只有蜂鼓和铜锣两种打击乐器，铜锣分为高边铜锣、舞锣、马锣。

四、佳技更望有后承

陈师傅保护传承跳岭头长达35年，领舞、击乐、唱格，样样精通，跳舞动作刚柔有度，节奏感强，刀枪剑戟使用熟练，尤其擅长表演"跳四帅"中的邓帅；唱格调式优美多变化，主要用本地方言演唱。每年农历八月到十月的某一天，如八月十二，九月初四、初六、初九、初十、十五、十六，十月十五，灵山很多地方有跳岭头习俗，比过年还热闹。届时，家家户户大摆宴席招待客人，亲朋好友，无论相识与否，主人都把他当作座上宾，盛情款待。传统习俗认为，谁家来的客人越多，来年必定鸿运当头。以前一般在本地村庙表演，只不过十年前就不跳了。

跳岭头不仅是一个简单的民俗文化，还是研究中国傩文化遗存与发展不可多得的实例。具体原因：它的文化传承谱系完整，文化内涵丰富，流派"跳庙""大排"都具有清晰的传承谱系；它是传统的"岭头节"节庆活动的主要内容，具有一定的人文性和广泛的群众参与性。这个活动不但牵动节庆活动村场的人，而且通过亲缘关系吸引外村外乡的亲朋好友。作为一种地方特色鲜明的节庆文化现象，它还是一项开发前景可观的民俗旅游文化资源。它具有很强的吸引力和凝聚力，是团结和睦的象征，并能增强与附近群众的情感，交流生产经验和经济信息，共同营造和谐的协作氛围。

2015年6月陈基坤被认定为自治区级非遗代表性传承人；2018年，被认定为国家级非物质文化遗产项目代表性传承人；2015年，他利用自有房屋创建钦州跳岭头灵山传承基地，作为研究和传习跳岭头的场所。国家给了3万元经费盖棚。老人回忆起那个特别的日子，仿佛它就发生在昨天一样。作为一个为了跳岭头的发展奋斗几十年，开班收徒的老人，看到自己努力奋斗的事业得到国家的认可是一件多么欣慰和自豪的事情。

当笔者问及他是否担心跳岭头这门技艺的传承问题时，他说自己的孩子

陈基坤（前）在传承基地教学

在城市上班，不打算学。现在很多青壮年都外出打工，很少有人来学习，但只要有人愿意学他都尽自己最大的能力教导。1981年8月开始收徒，现在政府支持，开有培训班，一个班有8—10人，有教练教。1985年开始学习的陈少存目前是他最得意的一个门生，也是下一届的传承人，一般去哪里表演都会带上他，让他积累更多的经验为更多的人解决困难。

后 记

花了半天的时间，调研终于结束了。陈师傅和他的徒弟骑电动车送笔者到酒店门口。离别之际，陈师傅把他自己珍藏的文本拿出来给笔者看。从谈话中我们得知这些书本是他自己纂写出来的，主要讲的是有关跳岭头的知识。他说这些书本里面写的东西是自己对多年以来经历的总结，里面记载有很多这些年出现的一些事情，针对不同的情况，要采取不同的措施。

陈师傅深情地对我们说："每个行业都有其独特的方面，也有一个共同点——需要努力学习和钻研。特别是作为学生的你们要努力学好自己的知识，要有不怕苦、不怕累的精神。只要功夫深，铁杵磨成针。我有幸作为国家级非物质文化遗产的传承者。下一步，我们将开展各项非遗传习活动，切实做好非物质文化遗产保护工作，努力推动跳岭头这个传统非遗项目得到更好的传承与发展。"

黄建霖　黄宇鸿 / 文

田园回荡岭头声，万水千山总关情
——记钦北区跳岭头代表性传承人周武良

钦北区跳岭头代表性传承人周武良（右）

在风生水起、千帆竞发的北部湾畔，坐落着一座古老而又焕发着生机与活力的城市——钦州。古越彭城，人杰地灵。走近她，你会被她纯朴的厚重所感动，被她纤尘不染的风韵所吸引。正如在金秋八月，一轮皓月当空，千层稻浪传来的一缕缕袅娜的天籁，回荡在过往的如烟岁月中。那缕天籁，就是在 2006 年被列入广西壮族自治区第一批非物质文化遗产名录的跳岭头。

跳岭头是北部湾地区，尤以钦州为代表的一种最古老的面具舞蹈。据明嘉靖《钦州志》记载："八月中秋，假名祭报，妆扮鬼神于岭头跳舞，谓之'跳岭头'，男女聚观，唱歌互答，因而淫乐，遂假夫妇，父母兄弟恬不为怪。"跳岭头艺人们以戴面具而表示神人的身份来驱鬼逐疫，祈盼丰收。经过数百年的流传，跳岭头已经成为了北部湾大地上的奇观，被学界誉为"傩文化"艺术的"活化石"。钦北区大寺镇屯妙村的周武良老先生正是这门远古艺术的代表性传承人。来，让我们轻轻地走近周武良老先生，慢慢地缱绻在老人如歌的岁月中……

一、岭头世家好儿女，浓浓不老桑梓情

跳岭头这门技艺的传承和延续，与家族的血脉联系得很紧密。周武良也不例外。说起跳岭头，周武良家可算得上是世家。他的先祖春犁、春耙两兄弟，从钦州灵山县迁到了今天的大寺镇屯妙村，一住就是100多年。从爷爷那辈到周武良自己这一辈，都是十里八乡跳岭头的行家里手。周武良说，在家里，无论是爷爷、大伯还是父亲，都把跳岭头当作生活里极其重要的事情来看待。

小时候的乡下农村留给老先生印象最深的是大家的衣食温饱很难周全，碰到旱涝年份，收成更是"入不敷出"。加上以前还有地主上门收租讨债，农民的日子过得紧巴巴的。也许正是靠天吃饭的无奈和对于丰收的迫切渴望，大家把朴素的愿望通过跳岭头的舞蹈形式淋漓尽致地表现出来。从爷爷那里，周武良第一次看到了跳岭头，也是第一次被跳岭头的魅力所深深吸引。当看到十里八乡的乡亲们赶到村口的土地庙里看年迈的爷爷戴着三师的面具，穿着古朴而又有趣的戏服，手里拿着只有在古典小说里才有的兵器时，周武良再也按捺不住了，情不自禁地学起爷爷的扮相和手势，手舞足蹈起来，口里还不时地念念有词。周武良回忆道，小时候的这一好奇举动，被爷爷在不经意之间发现了。就在那天表演结束之后，爷爷收拾完道具，便把周武良叫到了自己的身边。

爷爷老了，颧骨突起的脸上布满了岁月的痕迹，但是双眼里依然是温和而慈爱的目光。爷爷用满是老茧的大手摩挲着周武良的脑袋，伴着笑意说道："孙儿啊，你是不是喜欢上跳岭头了？愿不愿跟着学？"周武良点了点头。从此，爷爷让周武良的堂哥周武仲带着周武良开始了跳岭头的学艺之旅。

堂哥周武仲的技艺是跟着既是父亲也是师傅的周振东学来的，现在带着堂弟周武良学跳岭头，自然是充满了成就感。堂哥在周武良的身上花了很多心思，也希望周武良长大后能够接过家里的班，成为有出息的人。

父母为生活奔波劳碌，但周武良家的生活依然异常艰苦。周武良从小就很懂事。当时正在乡里的敦民村小读小学六年级的他，看到父母为了生计奔波劳碌，忙完农活就抽空去打些零工补贴家用，很想为父母做些什么。一想到父母不仅要担起一家人生活的担子，还要挣钱供自己读书，周武良的内心就充满了愧疚。他说，他是个热爱学习的人，但是为了减轻父母的负担，他选择放弃学习的机会，回家务农和打些零工来补贴家用。或许是那颗热爱学习的童心还依然涌动着激情的缘故吧，周武良学跳岭头学得相当刻苦。他知道，把跳岭头学好，对他的意义有多大。

每天从田里耕种回来，周武良就拉着堂哥要学跳岭头。他从最简单的"跳三元"学起。三元，是道教的天、地、水三官，分别配以3个面具来表示。"跳三元"是整个跳岭头的第一部分，也是动作和唱功要求比较低的部分。每天不间断地学习了一阵子之后，渐渐地，周武良就开始能有模有样跳出来了，良好的接受能力显示了他异乎常人的天赋。

三年之后，周武良就开始跟着大人们在邻近村庄进行表演了。就这样，他也成为岭头班的一员。之后每年八月十五中秋前后，班里一出演，周武良就扮起三元的角色，开始了他引以为豪的表演。周武良娴熟的动作和唱功给乡亲们带来了难得的欢乐和喜庆。同时，周武良的舞蹈也表达了大家对丰收的喜悦和期盼……每每看到大叔大婶们抱着弟弟妹妹围坐在在村口津津有味地看着自己和同行们的表演，分享着一年忙碌后难得的清闲，周武良就心生自豪和喜悦，那种温馨热闹的场面也成为了他童年中最值得留恋的时刻。

二、一枝独秀冠乡里，两鬓斑白不悔生

几岁就跟着堂哥学跳岭头的周武良，这一学就一头扎在里面了。无论多辛苦多累，他总能耐得住清贫和寂寞的考验，一路坚持着……

他始终不懈地付出和努力着。转眼十年，原本只能跳难度系数最低的三元的周武良，竟然可以跳起难度最高的三师了，这可谓是他人生中的一件大事。青涩的舞蹈和唱腔变成了娴熟的技艺，让他赢得了十里八乡乡亲们的青睐，坐上了大寺镇跳岭头的第一把交椅。

当上岭头班班主的周武良，并不像我们想象的那样，未来的事业高枕无忧。摆在他面前的，还有很多意想不到的棘手问题。他讲述起记忆中的那段岁月，印象最深的是当时为了更新岭头面具所下的一番苦功夫。这一套不起

眼的面具的背后却藏着许多鲜为人知的故事。

当时，周武良考虑到祖传的那套历经了上百年历史的面具已经磨损得陈旧不堪，更有甚者原始面貌已经无法辨认，因此决定为岭头班做一批翻新的面具。这在旁人看来就是芝麻大点儿的事，可是对于一贯以认真作风出名的周武良来说却是一件大事。为了让新面具的模样和已经无法辨认的旧面具的模样保持一致，周武良自己跑到田里铲了几担黄泥，然后依据小时候的印象和现存面具的模样，用黄泥塑了一面新的，然后用陶瓦的制作工艺把面具陶化。

面具出炉后，是不是就意味着所有工作的完成呢？不，这才刚刚开始。

周武良把出炉后的面具拿到村里最老的岭头师傅那里，让老师傅亲自辨认指点。只要新面具和原始面具存在一点偏差，周武良就跑回家里重新烧造，周而复始，直至没有丝毫偏差为止。最后，陶制的面具还要复制到专门用于雕刻印章的印木上，方才大功告成。听到这里，我们都为周师傅追求本真的精神和那股认真劲所感染。试想，假如没有周师傅的努力，或许我们就不能看到跳岭头今天的漂亮面具和美轮美奂的艺术表演……

"文化大革命"期间，周武良把岭头面具和服装藏到了自家的阁楼上，极不情愿地搁置下了他从小钟爱的跳岭头，开始专心务农。十年，对于周武良来说是可以用"漫长"来形容。"风雨送春归，飞雪迎春到"，改革开放的一声春雷让当时30多岁的周武良看到了希望。国家保护民俗的风尚得以重新确立之后，周武良也把藏在阁楼里的道具拿了出来，重新组建了岭头班。

就这样，久违的锣鼓声又重新回荡在寂静的乡间田野，乡亲们又三五成群地围坐在村口，欣赏着周武良的岭头班，看着他们舞出丰收的喜悦，唱出对未来生活的向往，相互之间有着说不出的亲切和融洽……

三、非遗花落岭头家，缘定只为一线牵

跳岭头技艺在十几代艺人的传承中不断发扬光大。到了周武良先生这一代，跳岭头终于跳出了大寺镇，跳出了钦州，跳进了世人的视线当中。老人说回忆起2009年文化厅前来立项调研的场景，仿佛还是发生在昨天一样……

周武良当了一辈子的岭头班班主，还是头一次遇到这种"好事"。他内心既忐忑，又兴奋。忐忑是因为他对老祖宗留给自己的这一笔"财富"是否真的可以走出大山，成为"真正的遗产"心存疑虑；兴奋是因为知道了文化

厅领导对跳岭头这种普通得再也不能普通的民间舞蹈技艺有着浓厚的兴趣，而这种感兴趣的态度对于周武良来说，意义可想而知。

2009年初，周师傅接到了大寺镇文化站的通知，说文化厅专家们将要对自己的岭头技艺进行调研和评定。周老说："只要能把老祖宗的这门技艺发扬光大，让更多的人都来关注，那要我干什么，我都愿意……"朴实的话最能打动人心。确实，老祖宗留下的东西，真的值得我们用一辈子好好珍惜。

老人说，调研那天，他自己特地起了个大早，把箱子里的面具、服装和两面鼓、锣等伴奏乐器统统都扛了出来，摆在一楼的客厅里。老人还清楚地记得，当时调研组来调研自己的这门技艺时，特意让他穿上了表示不同身份的服装并戴上相应的面具，然后按跳岭头的各个章节进行表演，专家们就一节一节地核实记录，同时也对唱腔和伴奏音乐做了相应的记录。最后还清点了道具和唱谱等。这种场面对于周武良来说，无疑是生平第一次，也是难以忘怀的一次。每每对别人谈及此事，自豪的神情总会不经意地浮现在周老的脸上，此刻的他是荣耀的，既为自己，更为对跳岭头有过贡献的先辈们。

花了几乎一天时间，调研终于结束了。调研组的老师临走前准备上车时，周老急忙地跑出家门，紧紧地一把拽住他们的手，操着浓重的土音，对他们说："今天感谢你们的到来，跳岭头是我爷爷往上好几辈人代代相传才传到我手里的，我很想把这门技艺发扬光大，让千千万万的人知道，让外边的人知道，我们屯妙村里庆丰收的舞蹈是这个样子的。也想让大家了解，我们屯妙人对新世纪好生活的期望……"朴实的感情、话语，表达了老人对跳岭头未来发展的希望。大家被老人的话语感动得顿时失去了语言的表达能力，紧紧握住周老的手，并对老人承诺，回去后会认真评定，让跳岭头得到公正的评价。

一转眼到了2009年6月，周武良等来了他人生中最高兴也是最幸福的时刻。广西壮族自治区文化厅正式确定钦北跳岭头技艺为非物质文化遗产，并把周师傅确定为自治区级非物质文化遗产项目代表性传承人。获得这样的殊荣，常人可能会把它视为周老的个人荣誉，但是周老始终认为，这不只是个人荣誉，更多的是对一种民俗文化，对老百姓的原创文化的尊重和保护。

四、青出于蓝胜于蓝，岭头更传好儿郎

八月岭头节是艺人们一年中最忙碌的时节。跳岭头大致分为6个章节，

包括"跳三元""跳四帅""跳五雷""跳十帅""跳千岁""杀精"。其中每个章节之中又有若干个小环节，环环相扣，构成了跳岭头的整个框架结构。

跳一场下来，就要花费周师傅将近一天的时间。白天要做相应的准备活动，到了傍晚，表演就正式拉开了帷幕。在这将近一天一夜的时间里，周武良常常都要把三元、四帅、五雷等角色演个遍。加上今天在这村演，明天又要到那村演，整个八月，周武良的活动日程都排得满满的。

年逾七十的他，身体硬朗，精神矍铄。周师傅说，跳岭头靠的不仅仅是娴熟的技艺，还要有充足的体力作为支撑，因此他特别注重保养身体。

谁能够从他肩上接过岭头班的担子，继续把跳岭头演下去，成为了他一直所挂心的事了。可是谁才是他的接班人呢？

众里寻他千百度，蓦然回首，那人却在灯火阑珊处。让周武良苦苦寻觅的人就是他的侄子周业。

周业是周家单名辈的侄子，从小就立志把跳岭头这门技艺学好，成为像其叔叔周武良这样有"威望"的人。上完初中后，他就迫不及待地向周老拜师学艺。他拿出五元钱作为学费，加入了岭头班的这个大家庭。

周业很聪明，用师傅的话说"他学得精"。刚学不到两年，周业就几乎掌握了跳岭头的全部技艺，其中也包括难度最大的"跳三师"。在乡亲们看来，这似乎有点不可思议，但这却是真实的。渐渐地，聪明和勤奋的他博得了大家的青睐，当然也获得了一向以要求高、眼光犀利而著称的师傅的肯定。

在大家的肯定之下，周业更加努力，表现也更加突出。2009年，钦北区文化局把他和师傅周武良一同作为非物质文化遗产项目代表性传承人，向广西壮族自治区文化厅申报立项。

现在，周业接过了师傅周武良的岭头班，担起振兴家乡岭头文化的重任。而周老虽已从班主的位置上退了下来，但仍然一直关心着岭头班的发展。到了每年八月的岭头节，周老兴起时还会和周业两人搭档跳上一跳，活脱脱一个老小孩。

最美不过夕阳红，温馨又从容。跳岭头跳出了一个一生钟情于岭头艺术的周武良，又带出了一个年轻有为的周业，也算得上是长江后浪推前浪，一代更比一代强……

钦州跳岭头表演

后 记

  周武良老先生从当年的红衣少年到现在两鬓斑白的古稀老人，一路走来，既有年少学艺时的踌躇满志，又有艰苦时代的酸辣苦涩……五味俱全的人生中，我们看到了他对跳岭头这门民间舞蹈技艺的钟情、热爱，还有至死不渝的不离不弃。为了技艺的传承和延续，他耐得住寂寞，一干就是几十年，一干就是一辈子。

  历史悠久的中华民族创造了辉煌灿烂的文化财富，散落在民间的人文风俗恰如一颗颗璀璨耀眼的明星，需要一代又一代民间艺人们的坚守和付出，同样也需要作为子孙后代的我们去珍视和保护。

  周武良老师傅为了跳岭头艺术的传承和发展，用一生的时间书写了一本满含着他心血和汗水的书。这本书需要我们好好地去珍藏、阅读……

何丽萍/文

岁时节令——炮期
——记灵山县丰塘镇炮期代表性传承人黄为知

灵山县丰塘镇炮期传承基地挂牌

  在灵山县南部,坐落着一个古老而又焕发着生机和活力的小镇——丰塘镇。这里有着秀丽的山川,丰富的物产,活跃的文体活动,淳朴的人民。这里还是钦州市茶叶生产大镇。正是这个飘着茶叶清香的"文化之乡"的小乡镇孕育了一种古老的岁时节令——炮期。

  丰塘炮期是一种古老的民间传统节令,古称"炮圩",又名"炮会",源自新春正月里"先于庭前爆竹,以避山臊恶鬼"习俗的演变。始于明代末期,至今已有300多年的历史。以其独特的民俗魅力和丰富的文化底蕴造就了独有的神韵,长盛不衰。

丰塘镇的先辈们为了避免节期的冲突，利用抽签的形式选定正月里的某一天为各自的炮期节日。目前全镇共有17个村设立炮期节日，统称"丰塘炮期"。灵山县丰塘镇大池村的黄为知老先生正是这个传统节令的代表性传承人。朋友们，请随着笔者一起轻轻走近黄为知老先生，去聆听他和炮期的那段情⋯⋯

一

1942年3月，伴随着茶叶淡淡的清香，道士黄发全家里又迎来了一个可爱的小生命。他清脆的啼哭声和山村里的潺潺流水声、鸡鸣报晨声、悦耳动听的鸟叫声⋯⋯构成了一首五彩缤纷的生命交响乐。

黄为知说，他出生的时候战争还在持续，全国人民都生活在水深火热当中。他们家也不例外，饥一顿饱一顿那是家常便饭，不饿死已经是好事了。父亲是一个道士，平常十里八乡内有个什么红白喜事都会请老父亲去帮忙，每次人家都会给点饭菜让他带回家。黄为知老先生说，这是他小时候觉得最幸福的时刻了。

父亲虽然是一个道士，但是从来没有想过要自己的孩子跟着他学做法事。他希望孩子能去学堂上学，做一个有文化的人。因为他已经吃过没文化的亏，所以他不想他的子孙后代再像他一样过着苦日子。在黄为知老先生6岁的时候，父亲就把他和哥哥送到村里的学堂去学习。父亲对他没有过多的要求，就是希望他好好学点东西，将来能过上好日子。黄为知知道他们读书的机会来之不易，所以特别刻苦，每天都是第一个到学校，学习成绩非常好。他多才多艺，能歌善舞。无论是学校的晚会，还是炮期村里的晚会，都会见到他的身影。说到这里，黄老先生脸上洋溢着自豪的笑容。说起父亲让他也想起了才过世没多久的老母亲。黄老先生的表情瞬间凝重起来。他说母亲出生没多久外公就给母亲定下了这门亲事。她十几岁的时候就嫁到了黄家，从此开始了忙碌的一生。母亲一生没上过一天学，到黄家之后就像大多数妇女一样相夫教子，每天忙碌于田间地头。黄老先生说母亲是一个温柔贤惠的女子，在他的记忆中父母没吵过一次架，即使孩子们犯错了也从来没有打骂过他们。母亲不仅在家里有名望，在村里也是一位德高望重的老人，村里的人都很敬重她。黄为知老先生还告诉笔者，不仅他的父母待人友好，他的祖父母也是很善良的人。他依稀记得在他们小时候祖父就教导他们，对人要真诚，不贪小便宜，事事以和为贵。他们一直谨记着父辈们的教导，现在他们200多人的大家族已经成为村里最大的家族。他们家兄弟、婆媳、妯娌之间相处得都非常和谐，融洽。逢年过节，他们一大家子都会聚在一起，几十年了从未缺席。

二

中华人民共和国刚建立没多久，需要大量的青壮年投身社会主义建设，初中毕业的黄为知没有犹豫，放弃了在乡里工作的机会，踊跃参军。黄为知老先生说当年在部队他主要是搞宣传工作，部队的文艺活动都是他安排策划的。也正是在部队几年的磨练，他的文艺素质不断得到提高。黄老先生还向我们透露了一件事，村里的腰鼓舞队还是他撑起来的。20世纪60年代到80年代初，炮期一度停滞；80年代初恢复以来，村里的炮期活动不景气，到处都是一片冷清的景象，再也没有小时候那么热闹。从此他心里开始萌发了一个想法：一定要把炮期恢复到它原有的模样。他说他不愿意看到炮期传统在他们这代人中渐渐失去它原有的活力与生机。我想，是责任与担当才让黄老先生和炮期结下了不解之缘。

1988年的一天，他突然想起村里文化社有几只封存了几十年的腰鼓。于是他和村里的一个兄弟一起把那几只腰鼓翻出来重新修理了一番。黄老先生说，他在小学一年级的时候接触过腰鼓舞，当兵之后一直就没有再接触过，多少有些生疏了。也许是有过在部队磨练的经历，他凭着那一股韧劲，和村里的一个兄弟琢磨，反复练习，鼓捣了三天三夜，终于在第四天的早上把丢掉的腰鼓舞再次舞起来了。他们显得异常兴奋。他马上组织起村里和女儿黄日芳一样年纪（十几岁）的小姑娘。年近半百的黄为知先生亲自挂起腰鼓给孩子们演示腰鼓的打法和"走场"（舞步）方式。让黄老先生颇为欣慰的是，孩子们不到两个小时就基本掌握了腰鼓舞的舞步。说到这里，黄老先生离开了座位，拿起身旁的腰鼓，即兴地给笔者来了一小段腰鼓舞，虽然黄老先生已到了古稀之年，但是跳起腰鼓舞一点也不比年轻人逊色。笔者发自内心地给黄老先生鼓起掌来，黄老先生倒觉得不好意思，在爬满岁月痕迹的脸上泛起一圈红润。黄老先生说因为他有过在部队做宣传工作和在学校做代课老师的经历，还有文艺特长，村里的人都很信任他，那一年就选举他为炮会的炮长。从那时候起村里的炮期策划活动全程由他一个人承担。为了迎接炮期的到来，他和村里的兄弟为此会准备整整一年，如道路设施的完善、卫生情况、文体活动的安排等。刚开始时，腰鼓舞演员没有服装。为了使舞蹈看起来更和谐统一，黄老先生一个人亲自跑到广东佛山购买布料。20世纪90年代初村里的人们手头上的余钱不多，黄老先生就自掏腰包，来回住宿、车费、布料等都没拿村里的一分钱。为了省点路费，他从家里一路搭乘人家的顺风车，住最便宜的旅店，吃最廉价的食物。为了能买到质量比较好的布料，他几乎逛完了佛山市的布艺铺，因总是不厌其烦地跟人家砍价还遭到别人的白眼。黄老先生都不在乎，一心只为了给腰鼓舞队买到合适的演出服。回到家以后，他又亲自画好服装设计图拿给裁缝缝制。每一个过程、每一个细节他都不愿意错过。他说他不是不愿意相信别人，只是想把父老乡亲交给他的任务做好，不要让他们失望。有了文体活动还不行。黄老先生说，一个人好不是真的好，要全体村民好才是真正的好。虽然说他们村算是镇上比较富裕的村庄，但是难免也会有困难户，难免会有个天灾人祸。他又一家一户地从村头走到村尾，询问村民的生活情况，整理好困难户和在学校表现好的学生的名单，发动村民捐款帮扶困难户和奖励优秀学子，成立专门的基金会。80岁以上的老人炮会都会给予资助。有了这些活动作基础，炮期才可以如火如荼地进行。

三

丰塘镇的炮期可以追溯到明代末期。这里的人民在祈祷丰收和安康的同时，也在利用炮期这个节令走亲访友。炮期就像一条桥梁，通过举办一年一度的炮期庆祝活动，不仅活跃了群众的文化生活，还增强了人与人之间，村与村之间的团结和谐，增强了党员干部群众的凝聚力，起到了化解矛盾、化解怨仇的作用。大家欢聚一堂共庆炮期节日，畅谈政治、经济、文化、社会的发展大计，共同展望美好的未来。黄老先生说，其实他们是想通过丰富炮期的活动内容来增强人们对炮期的关注，把这一传统发扬光大。跟黄老先生聊了那么多，炮期最重要的主角还没有登场呢！黄老先生看得出笔者的好奇，从房间里拿出一根看起来真的有点年代的尺子。黄老先生说，你可别小瞧这东西哦！它可是制作大花炮的重头戏，没有它就没有炮期了。黄老先生告诉笔者，它叫炮尺。大花炮制作的规格和形状全都是要通过它来划定的。黄老现身爱抚地把它收回手里，笔者感觉这尺子就是他的孩子。他说，这尺子大概是在清代流传下来的，年代有些久远，难免会出现毁坏的情况，打算再复制一根跟它一模一样的尺子，把这根封存起来，好好保护。但是这尺子不是想复制就复制，它是祖先们智慧的结晶，要想完全复制它，还需要一点技术和时间。大花炮对于笔者来说其实并不陌生，毕竟这是每一个丰塘人最熟悉的东西，但是对于它的规格、制作过程、用料等笔者还真是不熟悉。黄老先生说，看得出你是一个好学的姑娘，丰塘人嘛就应该把丰塘最传统的东西铭记于心。老人便兴奋地给笔者介绍起大花炮来：制作大花炮的材料用上乘的靓竹、韧篾、刀具、沙纸、宣纸、香糊、画笔、颜料等造型装裱，炮期制作的小花炮一般高1米，直径30厘米左右。大花炮的高度一般在1.6—2米，直径40—80厘米，叫"炮王"。炮期制作的大花炮还可以作花灯使用。笔者在这片土地上生活了20多年，对它的外观最熟悉不过了。那手工艺简直一绝，个个玲珑剔透，既古朴典雅，又清新秀丽，花炮外观还会写上"五谷丰登""江山如画""六畜兴旺"等字样。鸣放时才把自制炮竹装到大花炮里面。它被点燃的那一瞬间，500米之内都会看到那一股白烟迅速冒起来，两三分钟之后就是一声响彻天际的轰鸣声了。毫不夸张地说，大花炮的响声在全镇各个角落都可以清晰听到，要是在1000米以内，会感觉心脏跟地面一起震动。这是笔者最真实的感受。当然，炮期贯穿着每一个丰塘人的一生，承载着每一个丰塘人美好的希望。

四

黄老先生策划炮期的庆祝活动经验越来越丰富，在丰塘当地也有了一定的影响。2000年，县文体局的人带着记者下到丰塘镇考察炮期的庆祝活动。当时的一个干部就跟黄老先生说，这个节令一定要好好保护，一定要把它作为一个非物质文化遗产传承下去。黄老先生告诉笔者，他这么多年的付出终于没有白费。炮期第二天，黄老先生和村里的几个兄弟立即商量申遗的事情。他们翻阅了祖辈留下的所有有关炮期的资料和书籍，在县文体局的帮助下撰写申请书。第一次撰写这么多材料，黄老先生还真有点应付不过来。申请材料一次次被返回来修改，写好了材料拿给干部们看，这不合格那不合格，材料欠缺的不是一两条的问题，尤其是炮期的历史渊源、历史典故、来由、兴起等问题。那时候他和村里的兄弟几乎是翻遍了村里所有的历史记载，刚开始还真的有些泄气了！但是他说一想到全村人，甚至是全镇人对他的信任，咬紧牙关还是要写下去。黄老先生说他也不知道他一共改了多少次，找了多少资料，只依稀记得他写的草稿纸足足半尺高。功夫不负有心人，丰塘炮期先后被列入县级、市级非物质文化遗产保护名录。有了好的开头，一定还会有精彩的结果。果然，好消息不断传到黄老先生和村民的耳朵里。经过市级和自治区级几年来的考察，他们觉得丰塘炮期可以申请列入自治区级的非物质文化遗产名录当中。老先生变得异常兴奋起来。他为此都高兴了好长一段时间。此时，笔者也从老先生的神态里感觉到作为丰塘人的那一股自豪。黄老先生谦虚了起来，说这炮期是属于每一个丰塘人的，自己只不过是尽了一个丰塘人的责任，做的只是让外界能多了解我们的传统节日罢了。经过10多年的努力，终于在2010年，丰塘炮期被列入了自治区级非物质文化遗产名录，而黄为知老先生就作为传承人载入了史册。笔者不知道这10年来黄老先生在申遗的路上到底吃了多少苦。老先生不愿意跟笔者多提，笔者也只能罢休了。他不在乎这些称赞和荣誉，因为它们不属于他一个人，而是属于每一个丰塘人的。眼前这位显瘦的老先生在笔者看来越发高大无比。

黄老先生说，伴随着改革开放的春风，外来节日不断传入，炮期随之也迎来了新的挑战。

近年来，虽然各级政府对丰塘炮期做了很多保护措施，但目前还是存在一些问题：具有保护炮期意识的村民几乎都在五十岁以上，年轻一代保护意识不足；熟悉整个炮期活动程序的人员不多；传统文艺表演人员逐年减少，濒于失传；传统表演项目面临失传；花炮制作工艺人员逐渐老化，年轻一代接不上等。让老人觉得欣慰的是，他的大儿子目前已经接替老父亲的工作，全力接管炮会。老人说，他最大的愿望就是希望丰塘年轻一代能担起重任，把炮期一代代传承下去，永不断层。

展望炮期和丰塘的未来，尽管目前还有很多困难要克服，但是老人相信丰塘还会出现许许多多跟他一样愿意为家乡的文化和传统付出青春和热血的年轻人。这是一位古稀老人最淳朴的希望和祝福。我想，这也是每一个丰塘人的心愿吧！他们也不愿意看到浸透了祖辈们心血和汗水的炮期失传。

我们也不会忘记为了炮期付出青春和汗水的一代又一代的"黄为知"。正是因为他们的存在，中华五千年的文明才得以传承和发展，才能屹立于东方，成为天空中最亮的那颗星。我想，只要大家对炮期多一点关注，多采取一些保护措施，就能让充满吉祥喜庆的大花炮永远地响彻天际。

后　记

　　采访结束,老人紧握着笔者的手,说:"姑娘啊!祝你在学校学业有成。"这是老人对笔者最朴素的祝福,也是对像笔者一样年纪的年轻一代最真挚的期望。车子渐渐驶向县城的方向,笔者透过车窗看着站在石阶上渐行渐远的老人,越发觉得可钦可敬……

丰塘镇炮期的送炮队伍

蒋玉婷 / 文

北海外沙庆龙母，祈福禳灾心意求
——记北海外沙龙母庙会代表性传承人邓启英、袁学武

北海外沙龙母庙会代表性传承人
邓启英（左一）

北海外沙龙母庙会代表性传承人袁学武
（右）与儿子

　　北海外沙位于北海市海城区，是古老的疍家居住区。疍家人又称疍民，是福建、广东、广西沿海地区形成的长期生活在水上、以船为家的汉族族群。

　　"舟楫为家，捕鱼为业"的习性，形成了带有浓郁地域色彩和乡土风情的"疍家文化"。疍家龙母信俗是最具有疍家特色的文化，而外沙龙母庙会便是具体的表现形式，被列入广西壮族自治区第三批非物质文化遗产保护名录，其主要活动包括农历正月十五做平安、十六许福，二月初二社王诞、二月十九观音诞、三月初三北帝诞、五月十二关帝诞、五月十八龙母诞、十二

月十六还福。祭祀期间，疍家人要举行抬神游街、烧金猪、唱大戏、吃祭及行香等活动。活动沿袭并展示了疍家传统歌舞、服饰、饮食文化，反映出民众祈福消灾的求吉心愿。如今，外沙龙母庙会的代表性传承人有邓启英、袁学武。朋友们，请跟随笔者的脚步一起去听听他们和龙母庙会的故事……

一、外沙龙母庙庙祝邓启英

2018年1月15日下午，笔者一行人便来到了北海市海城区寻找代表性传承人之一的邓启英。阳光与海面的青蓝色交相辉映，岸上的行人、垂钓者、拍照的游人与这片海一起懒懒地晒在阳光下，惬意安适。往回走到外沙桥头再左拐不一会儿便到了龙母庙，邓启英早已在庙门前等待着我们了。她身材并不高大，身着简约的线条女士西装，扎了一条浅肤色丝巾，显得更加的纤瘦；一头利索的短发，小而有神的眼睛，笑起来面容和蔼，看见我们过来便热情地招呼我们，散发着善良、亲切、朴实的味道。邓启英知道我们的来意，便直接带我们上龙母庙二楼的一个小会客厅，会客厅的墙壁上挂着龙母庙的简介、龙母庙诞期的活动照片。看见我们好奇的眼神，邓启英赶紧招呼我们坐下听她慢慢道来。

（一）龙母情缘一线牵

1949年2月，一声啼哭让海浪也平静了几分，以柔情来迎接这一美好的小生命，带着花香的海的女儿。这也预示这一生命的到来将带给更多人芬芳。

邓启英说，小时候家里生活十分困难，有一个弟弟还有3个妹妹，自己没有上过学，不识字。1971年，22岁的她进入北海市化工厂做工人，之后有了家庭并育有3个孩子。她认真工作、照顾家庭、养育孩子，和当时普通的劳动妇女一样无私地付出着，到了1989年40岁时就不做这份工作了。

说起这些，笔者能从她夹杂乡音的话中听出那时的苦楚与辛酸，但似乎除了这些还带着欣慰与乐观。乐观从何而来呢？

邓启英继续说，1989年她的丈夫和渔民们一起出海捕鱼，结果因为越境被越南人抓去了。她心急如焚地期盼着丈夫回来，便想起了向龙母祈福，之后丈夫和渔民们便都平安回来了。这时邓启英心怀感激也更加信仰龙母，从此开始了与"龙母"不解的缘分。

此时，在我们的询问下邓启英说起了她熟知的关于"外沙龙母庙"的历史。在岭南西江流域，秦汉以后形成的龙崇拜信仰传播至北海，与海神妈祖信仰融合，逐渐形成了北海疍家人龙母崇拜习俗。清道光三年，传说当年一个渔民在外沙浅海打鱼时，捞到一条死了的大鲤鱼。在渔民准备刮鳞时鱼儿跳动起来，渔民见罢，马上住手，心想，这鱼都已经死了还能活过来，说不定是哪位海神对它的造化呢。正想着，他眼前便出现了一个神，神对他说："这条鲤鱼吃不得，它是龙母的化身，快把它放了，然后组织大家在这里修建一座庙宇，把龙母供奉起来，龙母今后会保佑你们打渔人出海捕鱼平安。"渔民当即把鱼捧起来向外沙海边走去，将鱼放归大海。后龙母显灵告知渔民：建龙母庙，将保佑外沙兴旺。于是，外沙居民积极筹款建起龙母庙。龙母庙里的神龛上便供奉起了龙母圣像。外沙龙母庙很快四季香火不断。在日军侵略中国的那些年头，外沙疍家民众为了躲避日军飞机的狂轰滥炸，藏进了龙母庙里。当时不论敌机如何轰炸，庙宇却丝毫无损。外沙疍家渔民认为是"龙母"的巨大神力护佑了他们，对龙母更是信奉有加。

（二）庙会节目百八千

从1989年开始，邓启英就作为庙祝，在外沙龙母庙会负责日常的管理工作，组织和协调诞期举办的龙母信俗活动。

一年当中诞期的主要活动：农历正月十五做平安、十六许福，二月初二社王诞、二月十九观音诞、三月初三北帝诞、五月十二关帝诞、五月十八龙母诞、十二月十六还福。每逢诞期，龙母庙都举行抬神游街、烧金猪、唱大戏、吃祭、行香等仪式活动。活动期间，外沙、侨港等地的信徒香客云集龙母庙，祈求风调雨顺，国泰民安。每年农历五月十八龙母诞期，龙母庙不但举办较大规模的意为迎接圣贤保佑而"升起风帆，点亮明灯"的活动仪式，还将龙母娘娘的福托送到有龙母信仰的侨港镇疍家渔民百姓中。

还福日为每年的农历十二月十六至十八，是一年当中最为隆重的进香活动。当日上午，数百名外沙群众身着传统疍家服饰举行抬神游街活动。随着锣鼓唢呐声喧天响起，盛装的人们高举横幅、各色狼牙旗和彩旗，抬着龙母圣像、打着花伞、推着花艇、舞着狮子、打起腰鼓、扭起秧歌、唱起咸水歌，载歌载舞地从龙母庙出发，走过外沙桥、四川路，前往幸福街烧猪场接金猪。到达了幸福街，上百头金灿灿的金猪用三轮车和花艇装好后，队伍穿出小巷转入文明北路进入北部湾中路，经公园路、体育路、北部湾东路、和平路、中山路、珠海路、四川路回到龙母庙。一路上众多纷繁、欢歌快舞的民间民俗表演活动，场面极为壮观，充满了浓浓的渔乡风土气息，吸引了许多沿途群众驻足观看。在三天还福日里，来自各地的信徒香客纷至沓来，络绎不绝。龙母庙白天香火鼎盛，晚上在庙里和对面空地上都睡满了外地的香客。

（三）供奉龙母心意虔

每天早上五点左右邓启英就起床，收拾一下吃个早饭就去庙里，天天如此，风雨无阻，给神龛上的龙母娘娘和观音菩萨、北帝老爷、关圣帝君、四海龙王等神上香，看见庙里有什么需要做的事都帮忙做一下。有时候有人来庙里求签，邓启英还会帮人解签。这就是邓启英的日常，一做就是20多年。当我们问她是否对这样的生活感到厌烦和累时，她淡然一笑道："供奉龙母我高兴，做自己喜欢的事情不会觉得累，反而很开心。"启英的两个儿子和一个女儿对于她信奉龙母这件事持中立态度，但是她的老伴十分支持这件事，常常用自己的行动来表达。有时候邓启英在庙里比较忙，不能及时回家吃饭，老伴便会把饭送去庙里给她吃。

每逢诞期和还福日，外沙群众会身着传统疍家服饰举行抬神游街活动。活动所要用到的花伞、花艇、彩色帽子等都是由邓启英和她带领的几个阿姨完成。说着便带着我们去仓库看这些行头。她拿出两顶金花灿灿、精致的帽子示意我们戴上，告诉我们这就是抬神时阿姨们会戴的帽子，都是她亲手做的。庙里很多事情邓启英都亲力亲为。我们看到了她对龙母的虔诚和心灵手巧的一面。

（四）舍己为公精神显

祭祀龙母活动历来宣扬祈福、善行的思想。传说中的龙母乐善好施，积德行善，是社会美德的寄寓形式。自1989年接管龙母庙以来，邓启英对龙母庙的日常管理工作认真负责，还经常在民众中传播民俗信仰和宣传爱国、团结群众的思想。同时邓启英还通过一己之力筹集善款，筹集到的部分资金用于龙母庙的日常维护和修缮工作，余下的就用来开展民俗信仰活动。

邓启英是个生活十分俭朴的人。老伴过世了3个孩子有了自己的家庭，如今她自己一个人独住。由于是庙祝，邓启英每个月有360元的工资。庙里扫地、管钱的3个人每个月有300元工资。这些钱是由香客来上香或者解签给庙里面的。有时候一个月庙里积攒的不够支付工资钱，邓启英总是便先把钱给其他3人，自己的记账下个月再补。邓启英是自治区级非物质文化遗产外沙龙母庙会的传承人，每年由国家下发一定的补助，北海市也有相应的补贴。这些钱邓启英都没有花在自己身上，而是和大家分享，一般会请同样信奉龙母的姐妹们喝茶或者是组织姐妹们去周边旅游，有的就花在了给庙里置办东西上。

邓启英对现在的生活很满意。目前虽然还没有找到接班人，但是她相信会有虔诚的接班人出现。如果有可能的话她希望可以在海岸上延伸出去搭个台子，在台子上面建一个规模更大的龙母庙，面朝大海，春暖花开……

二、外沙龙母庙道公袁学武

2018年1月16日下午，笔者从北海来到钦州寻找外沙龙母庙会的另一位代表性传承人——袁学武。晚风拂面，月挂枝头，晚上七点左右笔者一行人趁着夜色来到了攀桂巷，巷子不大，沿着石板路往前走，未见其人先闻其声。"这两位一定是来找我的啦"——爽朗的声音从前方传来，这就是我们要找的传承人袁学武。袁师傅领着我们往他家的方向走。灯光下的袁师傅，说话有力、眉目有神，身穿红色夹克，头上基本上没有白发，一米七多的个头，整体显得十分精神。袁师傅的爱人、儿子儿媳看见我们便热情地招呼我们，一家人的笑容一下子拉近了我们的距离。袁师傅的爱人给我们端来热水并招呼我们坐下，细听袁师傅和外沙龙母庙会的故事。

（一）人杰地灵育英才

一江东西土，独秀南北陶。在中国四大名陶之一的坭兴陶的产地钦州，泥与火艺术糅合，智慧与勤劳同行，人与钦州更为相处和谐。1955年袁师傅就出生于此。

袁学武虽然生在新中国，长在红旗下，没有经历过硝烟和战火，却也没有享受到生活。当时的中国刚刚站起来，生活水平低下。像当时中国的大多数家庭一样，他家里兄弟姐妹众多，父母无暇顾及，弟弟妹妹大多是由哥哥姐姐带大。学武有6个兄弟姐妹，家庭饥寒交迫十分困难。衣不裹体，食不果腹，袁学武的童年没有所谓的快乐与幸福，有的只是饥饿与贫穷。

袁学武的父亲那时就是道公，会出去给人做"功德"。袁学武从小便耳濡目染。"功德"是祖传。所谓"功德"就是祈福、驱邪的一种形式。在十分艰难的时候袁学武的父亲也没有放弃"功德"这项手艺，这也在年轻的袁学武心中留下了深刻的印象。

袁学武念书只念到了初中，家里的经济条件不再允许他继续学业。那时他对学习也并没有太多的兴趣。于是袁学武初中毕业以后便跟着父亲四处去做功德。1989年袁学武和父亲跟着另外一位道公师傅一起去到北海外沙龙母庙做功德,由此开始一连好几年都会到龙母庙里做功德。后来有一年那位道公师傅跟袁学武的父亲借了钱,袁学武的妈妈生病的时候需要那位师傅还钱,这时候那位师傅却不还钱了。双方因为这个产生了矛盾,那位师傅不再和袁学武他们一同去外沙龙母庙会,袁学武与父亲也和他也断了来往。那年二月是由袁学武祈的福,所以十二月也应当由他去还福,从这以后袁学武便成了外沙龙母庙会固定的做功德的道公师傅,袁学武由此也成为了真正的袁师傅。

(二)技艺扎实庙会显

袁师傅和邓启英协调合作完成外沙龙母庙会一年大大小小的活动。袁师傅说他在庙会做平安、许福、诞期、还福的仪式活动中主要负责龙母庙祭祀中的道公仪式部分。拿龙母诞来说:① 诞期前"铺路起坛"之后,袁师傅带着4位道公师傅负责"贴符封坛",意在封住做法事的神坛阻碍外界的妖魔或者邪祟进入;之后"取水净坛",会念适合庙会诞期使用的"引文"。② 庆祝诞期,首先"发表请神"。袁师傅会念诵"关","关"的主要意思就是邀请神灵来参加这次庆祝活动,以及表示庆祝活动即将开始。念完"关"之后还有"表","表"就是向五大神(即昊天金阙院、地府礼都院、水府扶桑院、岳府天齐院、十殿冥王院的主管神灵,分别是天、地、水、山川、阴曹地府的大帝)禀告庆祝活动的详细步骤,同时表达外沙民众对神灵庇护的感谢。还有就是邀请五位大神的到来。③ 第三步就是"请"。"请"是邀请其他8位神灵(即守播使者院、迦罗王院、三洲感应院、东厨司命院、城隍祖先院、九天灵厨院、庙门圣众院、本境社关院)来观看。④ 接下来的"立幡朝幡",袁师傅需要带领道公师傅们奏乐唱诵,然后下一个环节"接圣传香"是接各位神仙下凡,需要3位道公师傅配合——一人身穿袈裟,两人配乐唱诵,这个过程长达25分钟。⑤ 之后就是"游街""功曹天地"的答谢天地、"施幽、放水陆灯"的诵读施幽科、"招兵"的做法事招纳天兵天将来保护龙母庙、"鉴祭品"的穿着黑色长袍唱跳、"倒幡""开祭"的跪拜唱诵念祭文、"安坛送神"送神灵等环节。这一系列的步骤中什么环节换什么样的衣服、祭文应该如何去写、活动用到的符应该怎么画、需要几位道公师傅协助等,袁师傅了然于胸。这是因为他从小耳濡目染、跟父亲学得扎实,从业多年已十分熟练,但更是他对这份技艺的认真与热爱。

（三）责任于肩代代传

　　袁师傅还告诉我们以上说到的"引文""关""表""请""祭文"都有模板，是祖上传下来的，可以根据具体的活动再做相应的更改。说着就拿出好几本厚本子，发黄的是以前抄的，颜色新一点的是近几年抄的。袁师傅一页一页翻给我们看，并告诉我们这些都是他照着祖传的模板一字一字抄下来的。他时常会写一点，然而一写就写了这么多年，所有的字都是用毛笔写的，字迹看起来美观有体、清晰大方。袁师傅说坚持抄写一是可以加深印象，自己可以时常去理解祖辈传下来的模板的含义；二是有利于创新，结合时代的发展，融入更多新的东西。虽然袁师傅只有初中文化水平，但是他写得一手好字，懂得"做功德"，在庙里很大程度地填补了邓启英不识字的不足。看着袁师傅我们觉得佩服不已，当然我们更加佩服的是他活到老学到老的精神。

　　2011年，袁师傅和邓启英一起被认定为自治区级非物质文化遗产项目外沙龙母庙会代表性传承人。当我们问及"传承人"这个头衔给他带来了什么时，袁师傅笑着坦诚地说："成了传承人之后名气大了，多了很多人来请我去做'功德'，增加了家庭的收入；还有就是会参加一些研讨，如北海市举办的

一年一度的外沙龙母庙会祈福仪式

非物质文化遗产研讨会议；更重要的是肩上多了一种责任感，觉得自己有责任把这份技艺好好保护并传承下去。"

聊到下一代的传承人这个问题，袁师傅说到了自己的儿子袁泽扬。我们称他为小袁师傅。小袁师傅比袁师傅的个头更高，身材清瘦，笑起来带着一点腼腆。据袁师傅介绍，儿子已经跟着自己做了好几年了，现在是市级非遗传承人，"功德"因为是祖传的技艺，儿子会作为传承人传承下去。看看袁师傅再看看小袁师傅，笔者觉得莫名感动，有信心、踏实、负责，是在袁师傅和小袁师傅两人身上共通的，这项民俗定会很好地流传下去……

后　记

为期两天的走访结束了，笔者都是以合照来收尾。照片用来定格某个珍贵的瞬间，记录与两位传承人及"龙母文化"的缘分。在这里笔者更加希望定格他们的健康，希望身体健康的他们能为"外沙龙母庙会"这个非遗项目做更多的贡献，也有更多的时间去寻找和培养下一代传承人。

黄民良/文

希望更多的人了解京族文化
——访京族哈节代表性传承人罗周文

京族哈节代表性传承人罗周文（右一）

一年一度的澫尾村京族哈节已过去半月有余。隆重的祭海仪式、热闹的文艺演出仍让人乐此不疲。

"之前只是我们京族人自己的祭拜活动，现在明显不一样了，一年比一年人多，一年比一年热闹，很多外地人都过来参加祈福。"近日，东兴市江平镇澫尾村哈节代表性传承人罗周文在家中聊起哈节的变化，开心地对记者这样说。

一、最熟悉哈节的元老顾问

1934年出生的罗周文自幼便参加哈节活动，熟悉各个环节流程，一直是澫尾村哈节活动的负责人之一。1995年在族人的推举下，他开始担任澫尾村哈亭亭长。2008年，罗周文自己觉得年龄大了，便推荐本村的苏春发担任，自己退居副亭长，致力于收集整理哈节文化的文字资料。而在让贤亭长的同年，罗周文被评定为自治区级哈节代表性传承人。

罗周文介绍，自己传承的哈节各环节礼仪大都是从上一辈杜福绍、苏维绍、苏权明（中华人民共和国成立前的哈亭亭长）及上一任亭长黄如发那里学习来的。

"我们京族每年都有10个节日，每个节日活动的内容都不一样，有的活动需要猪头进行祭拜，有的则需要鸡。甚至祭拜的庙宇不同，用的祭品数量也不一样，有的要用4只鸡，有的用1只鸡就可以了。"罗周文说，"好多细节都要严格要求，经常参与、用心去学的人才能熟悉掌握各环节的礼仪。"

为了更好地开展哈节活动，澫尾村成立了哈亭委员会，1个亭长，3个副亭长，6个委员（澫尾村第12—17生产队的负责人）。罗周文是10名亭委中年龄最大的，也是最熟悉哈节礼仪的人。每次遇到细节问题，亭长苏春发都会向他请教。

二、京族哈节：国家级非物质文化遗产

2009年京族哈节被认定为国家级非物质文化遗产，罗周文代表京族人民赴南宁领取了牌匾。

"上台领取牌匾的时候，身上挂着绶带，真的很高兴。更开心的是，这些年来那么多人的付出终于得到国家的肯定。"罗周文说。

而他说的"付出"是包括他自己、熟悉京族历史的人及相关政府部门为京族哈节申请成为国家级非物质文化遗产而付出的辛勤汗水。东兴京族的历史一直是口传下来的，没有文字记载，要想申请成功，必须要有一定的文字、影像资料。罗周文便和苏春发等人带头着手相关工作，根据老一辈人口传下来的京族历史故事，形成《京族史歌》等文字材料。"申报过程中包含了很多人的辛苦劳动，感谢参与其中的每一个人。"罗周文说。

2009年的哈节也是罗周文老人印象最深刻的一次。他告诉记者："在揭牌仪式上，自治区的领导、各地的游客、越南的友人都来了，人很多，很热闹，印象最深。"

三、京族文化的传承

"现在年龄也大了,肯定希望有人能传承哈节礼仪、京族文化。"罗周文说。他在做亭长的时候就物色了人选,有意培养本村的苏权新、裴远胜为新的传承人。

每年的哈节,罗周文都安排两人全程参与哈节的各个环节,让他们逐步熟悉祭神、送神等每一个细节。"现在他们两个基本可以胜任。我们哈节有个传统,如果家中有人去世或者家中有孩子出生未满一个月,这个人是不能参加哈节的。"罗周文说:"培养两个人,目的也就是防止发生意外的事情。"

对于哈节与之前相比有何变化,罗周文表示,现在哈节增添了一些文艺表演项目,变得越来越热闹,参加的人越来越多,但迎神、祭神、送神等传统程序和仪式细节是不能变的,不能增也不能减。

近年来,随着京族文化的逐步传播,不少文化学者、媒体人及国外人士来到京族三岛,了解、研究、传播京族文化。"他们对京族文化的传播起到了很大的作用,很感谢他们。"罗周文说:"借助京岛旅游,我希望更多的人知道我们京族,了解我们京族的文化。"

京族哈节的祭神仪式

刘小琳　骆俊丽/文

一场海上的婚礼
——记企沙镇疍家婚礼第七代传承人黄成就

2018年1月17日，笔者一行乘车到防城港市港口区企沙镇。在位于企沙镇政府旧址的企沙镇渔港渔业协会办公室，我们见到了采访对象——企沙镇疍家婚礼第七代传承人黄成就，对他进行了两个多小时面对面的采访。

黄成就身高约1.8米，体型消瘦，长脸，浓眉，小眼；头发较疏，但没有白发，梳得整整齐齐；身穿黑色夹克，内搭白色POLO衫，无论是外套还是内衫都干干净净。右手食指中指明显泛黄，显然平时喜欢吸烟；左手无名指上戴着一枚金戒指；手腕上戴一只金手表，被衣袖半遮着。

企沙镇疍家婚礼第七代传承人黄成就

除了黄成就先生，当时办公室内还有其妻子及其弟黄成欢。在采访过程中，黄成欢十分热情，知无不言，而黄成就略显谦虚，不善言辞，每当其弟侃侃而谈时，他总是认真倾听，必要时才发言做补充。

采访结束返校后，笔者还通过微信对黄成就在线采访，了解到他从幼年至今的人生经历。

一、身在异国谋生难

1955年12月16日,越南吉婆岛一户华侨的家中。

"哇—哇—哇"响亮的哭声打破了房子里的紧张气氛,稳婆(接生婆)赶紧出来报喜:"你老婆生了个儿子!"刚才还双眉紧锁的黄阿养听了这话,顿时喜上眉梢。这是黄阿养和妻子的第一个孩子,两人对儿子寄予了殷切期望,希望他将来能出人头地,在事业上能有所成就,于是给他取名为"成就"。

从牙牙学语到蹒跚学步,黄成就的到来为这个三口之家增添了不少乐趣。起初,一家三口过着平凡而幸福的生活;但后来随着弟弟妹妹的陆续降生,父亲肩上的担子也越来越重。

一岁,两岁……七岁,八岁,黄成就已经到了入学的年龄,但父母迟迟没有为他办理入学手续。背后的原因让人心酸:一是父母每天出海打鱼,根本无暇顾及黄成就;二是家境贫穷,不单黄成就不能上学,他身边的许多小伙伴也因贫穷上不了学。这样一来,黄成就拥有更多的时间和小伙伴们玩耍。这对一个小男孩来说似乎是一件高兴的事。黄成就最爱听父亲讲出海时发生的趣事,内心充满了对大海的无限想象和渴望。他恨不得自己在一夜之间长大,然后像父亲那样扬帆出海。他要征服那汹涌的波涛,做一只翱翔于大海与蓝天之间的海燕。一颗梦的种子在黄成就的心里生根发芽。

十年时间一晃而过,黄成就褪去了幼时的稚嫩,长成了高大帅气的少年。他成了父亲的得力小助手,第一次出海就帮了父亲的大忙,不仅满载而归,还让父亲都对他赞赏有加。父亲曾说过这样的话,如果黄成就脚下踏的是甲板,那么他很可能会是一名出色的水手。黄成就的祖上世代居住在海边,靠海吃海。他不仅是渔民的后代,更是大海哺育的孩子。他跟大海的缘分,或许是命运的安排,又或许是血脉的传承。

除了经常跟父亲出海,黄成就还跟着父亲去参加迎亲的疍家婚礼。长时间的耳濡目染,黄成就掌握了迎亲的要领。每当渔村里有人嫁娶,作为父亲迎亲团的一员,黄成就帮着新郎新娘张罗婚礼。

一直在为别人张罗婚礼的黄成就,在20岁那年迎来了属于自己的婚礼。1975年,在媒婆的介绍下,黄成就与妻子相识、相恋并喜结良缘。黄成就严格按照疍家婚礼流程进行,但由于当时黄家经济不宽裕,他仅宴请了15桌宾客,只招待宾客两餐。

成家后，黄成就愈加努力工作，每天早出晚归，勤勤恳恳，但生活依旧不宽裕。当时，越南政府按劳动力每人每月30公斤、小孩8公斤的标准发给粮食补贴，而渔民则须上交给国家等量的渔产品。这实际上是用鱼来换粮食。换回来的粮食里只有三成是大米，其余是玉米和面粉。黄成就是长子，下面还有5个弟弟和2个妹妹。由于家境贫寒，弟妹们同样没有机会上学读书。作为大哥，黄成就不仅要照顾自己家，还要照弟弟妹妹。他的肩上压着这个庞大的家庭，不堪重负。

黄成就虽然工作辛苦，但能勉强养家糊口；虽然生活拮据，但父母健在。他把根慢慢扎入越南的海岛，把那里看作故乡。然而，1978年，越南北方发生了大规模的排华暴乱，许多在越华侨被驱逐出境。是年3月，黄成就被迫带着父母、妻子离开吉婆岛，踏上归国之旅。回想那20多年的酸甜苦辣，就像涨潮时的浪花，印在了沙滩上，也留在了吉婆岛上。

二、乐为乡亲办实事

1978年3月，黄成就回到了祖国母亲的怀抱。在防城港市企沙镇人民政府的帮助下，他们在华侨渔业新村重新安家。同年12月，黄成就喜添爱子黄亚一，一家人的生活又慢慢走上了正轨。归国后，黄成就继续从事渔业，直到2006年才决定把船交给次子黄亚二。他说自己老了，干不动了。那一年，他51岁。

"上岸"之初，黄成就的主要工作是帮渔民代办渔民证。2008年，他当选企沙镇华侨村监督委员会主任；2014年，当选企沙镇渔港工会副主席；同年，又牵头成立了企沙镇渔港渔业协会，任副会长，主要负责企沙镇渔港的卫生、鱼类养殖、监测等方面的管理。由于工作需要，他在闲暇之余自学中文，现在已会认会写几百个汉字，只是还不能熟练地说普通话，在生活中仍然讲疍家话（白话的一种）。

如今，黄成就仍然坚守在工作岗位上，除双休日外都准时上班，多年来从不敢懈怠。他的办公室位于企沙镇人民政府旧址。那是一栋两层楼房，自从企沙镇人民政府搬迁新址后，这栋小楼便变成了宿舍楼，只在一楼留下一间10平方米左右的房间作为渔业协会办公室。一张棕漆办公桌占据了大半个房间，办公桌左侧是一张木质长沙发，主要是为前来咨询渔业工作的村民而准备。办公桌右侧是黄成就的办公区域，所有的文件都有序地放在文件夹里。

办公室左右两面墙上均贴着各种海报。

渔民与大海之间的情感是难以用言语表达的。大海就像是一位老友、一位亲人，虽然无形但又能感受得到它的存在，如美味的海鲜、咸咸的海风，都是大海的味道。黄成就爱海敬海。他希望通过自己的努力不让它遭受现代工业的污染，至少不会那么严重。

三、疍家婚礼开生面

"疍家婚礼"顾名思义，便是疍家人娶亲时所遵循的一种婚礼习俗。疍家男女双方喜结连理之前，男方要请媒婆到女方家下聘。待双方商定结婚和办喜宴的日子之后，婚礼才算正式开始。疍家人以金、钱作为聘礼。根据各自家庭的经济情况，钱可多可少，但金首饰必不可少，如新娘的金戒指、金手镯、金项链。据说在动荡的环境中，疍家人为了保值，会把贵重的金银、首饰等随身携带，久而久之便成了佩戴习惯和嫁娶送礼的习俗。

疍家婚礼仪式一般要连续举行三天。

第一天早上，男方请媒婆将彩礼送到女方家里（疍家话叫"过礼"），女方要派人出门迎接。双方商定第二天结婚和办喜宴的时辰等具体事宜。

第二天，新郎请两个媒婆到新娘家接新娘。此时新娘住在船上，脚不能碰地，必须由媒婆背着下船。因为在疍家婚俗里，新娘脚触地是不吉利的，会破坏女方家的风水，阻挡好运。下船之后，新娘可以自己行走。但随着时代的发展，疍家人的生活水平逐渐提高，慢慢迁上岸边，不再长期居住在渔船上，故新娘结婚时较少住在船上。

待新娘随媒婆等人到新郎家后，新郎便开始焚香祭拜先祖。祭拜完先祖之后，新郎携新娘给男方长辈敬茶。敬茶讲究长幼顺序，先给新郎的父亲敬茶，随后再根据长幼、辈分，给其他人敬茶。敬茶过程中，受敬的人要把自己准备的贺礼送给新婚的夫妇二人（贺礼一般为金或银的制品）。如果没有准备贺礼，需要对新郎新娘"说好话"或者唱疍家歌作为祝福。疍家歌的内容多为对新郎新娘婚后生活的祝福，如希望夫妻二人同心同德、白头偕老的祝福，祝愿二人婚后尽快添得贵子或者其他的祝福。

晚饭后，新娘被送回娘家。

第三天下午一点钟左右，男方再请媒婆和迎亲队，与新郎一同前往女方家，接新娘入喜宴。按照习俗，女方要在迎亲过程中"刁难"新郎，目的是考验新郎。

疍家讲究"唱"婚，出嫁前的"哭嫁歌"（也叫"叹家姐"）最为精彩。"哭"的内容主要有父母的养育之恩、姐妹相处亲切、伤离惜别，到后来又发展到唱一些关于添丁发财、吉祥如意的内容，如"新郎面前一枝花 / 多谢新娘这杯茶 / 六亲大小唱歌耍 / 新娘做得富贵兼荣华"。这是一首新郎唱给新娘的情歌，表达新郎经历了一系列考验之后终于和新娘喜结连理的喜悦之情。

正式的喜宴一般从下午三点或四点开始，到何时结束要看婚礼现场的情况。喜宴规模有大有小，取决于男方的经济实力，并且入席的多为男方的亲戚朋友。喜宴的菜品也有讲究，每桌不少于14道菜，标准的是16道菜。这16道菜里分别有海鲜、鸡鸭鱼肉、蔬果等。宴席上，大家一起唱海歌、跳疍家舞，对新郎新娘说吉利话等，十分热闹。

疍家婚礼与众不同之处是男方要请迎亲队到女方家迎接新娘。

疍家婚俗对迎亲队的衣服和新娘、伴娘、媒婆的衣服都有要求。旧时，因为新娘害羞，会在其头上盖一张红色大盖头。新娘身上则穿着喜庆的红色上衣和下裙，脚上的鞋子也是红色的；接新娘的伴娘和媒婆要穿鲜艳的上衣和裙子 / 裤子，红色、绿色、蓝色都可以。较年轻的伴娘穿得鲜艳一些，花纹也比较丰富；年纪较大的媒婆则多穿深色衣服，如深蓝色上衣，花纹相对较少。

在衣着上对迎亲队中的男性成员的要求不高，男性可以穿得普通一些，不必盛装。这是因为，在迎亲过程中，伴娘、媒婆等女性迎亲队成员与新娘接触的机会较多。

疍家人日常穿着与婚服差别很大，男女不同。男士一般是深蓝色的上衣和裤子；女士则是蓝底印花上衣和一条黑色裤子。结婚时，新娘身穿大红色的衣裙，头上盖着红色盖头。喜娘衣裙则五颜六色，各不相同。年轻的喜娘穿得较为鲜艳活泼，如青色、粉红色、紫色等，花色鲜艳，大多为牡丹花；年长的喜娘穿的衣裙则较为庄重典雅，衣裙上的印花较少，甚至没有印花。

在疍家婚俗中，对接新娘的人选也有要求。例如，迎亲队成员中如果家里有亲属过世并且未满49天，那么他 / 她就不能去迎接新娘。因为这样会把晦气带给新人，不吉利。

黄成就从小便听父母讲过疍家婚礼，还时常跟随父亲帮助别人张罗婚礼，耳濡目染，因而熟知婚礼整个流程。当父亲把疍家婚礼迎亲队事务交给他负责时,他高度重视、认真对待。企沙镇有好几支疍家婚礼迎亲队,而黄成就带领的疍家婚礼迎亲队的知名度最高。整个迎亲队由黄成就、黄成欢、卢瑞富等20人组成。他们都是疍家人,都居住在华侨村。这20人各司其职,有负责划船的艄公,负责接新娘的喜娘,擅长唱疍家歌曲的歌手。女士多扮演喜娘的角色,负责给女方送聘礼、接新娘,活跃婚礼气氛。

2011年6月,受防城港市群众艺术馆的邀请,黄成就带领疍家婚礼迎亲队到防城港市跨海大桥旁表演疍家婚礼,即演绎疍家人娶妻的过程,如演唱咸水歌、跳疍家舞、摇船"玩新娘"等。同台的还有防城港市其他非物质文化遗产项目及其传承人。经此宣传,疍家婚礼的知名度有所提升。

四、疍家婚礼谁来传?

谈及疍家婚礼的现状,黄成就说:"现在时代变了,生活也变好了。许多年轻人结婚时喜欢穿婚纱穿西装,不愿意办疍家婚礼了。"确实,改革开放以来我国人民的生活水平不断提高,再加上西方文化的影响,年轻人更倾向于举办西式婚礼。此外,疍家婚礼的仪式也有所改变和简化,如由"以船代轿"到"以车代轿",新娘不再盖盖头,疍家舞融入了现代的舞蹈元素。

疍家婚礼的传承问题也很棘手。首先,它是一项民间婚俗,地域色彩浓重,因而流传范围不大;其次,随着时代的发展,大部分年轻人更倾向于西式婚礼或旧式的中式婚礼,疍家婚礼处境艰难;最后,疍家婚礼不属于盈

"疍家婚礼"表演

利性非物质文化遗产项目，对后辈的吸引力不大。如果政府及相关机构不加大宣传和保护力度，那么久而久之，疍家婚礼很可能会失传，甚至被人们遗忘！

黄成就育有三子一女。长子黄亚一在东兴做生意，次子黄亚二、三子黄亚明及小女儿黄四妹则留在父母身边"做海"（指出海打鱼及相关工作）。因为还没找到合适的传承人，所以63岁（2018年）的黄成就仍然担任企沙镇疍家婚礼迎亲队领队。他说，自己有意将疍家婚礼的相关事宜转交给长子黄亚一，但儿子现在还在外做生意，无暇顾及，等到自己真的做不动了再叫他回来。

后　记

采访结束后，黄成就先生一展歌喉，歌词唱道：

新郎面前一枝花，多谢新娘这杯茶。
六亲大小唱歌耍，新娘做得富贵兼荣华。
……

悠扬的情歌，表达的是新郎经历了一系列考验之后终于和新娘喜结连理的喜悦之情。

第六辑

民间文学

韦肖凌/文

名将之后，英雄传人
——访冯子材故事代表性传承人冯绣娟

一、镇龙楼下有灵栖

钦城之北蜿蜒而来的龙岗上，伫立着一座历史悠久、精致古朴的三层楼宇，名为"镇龙楼"。民族英雄冯子材希望钦州的乡民子弟们都能文武双全、出人头地，成为国家的栋梁，于是他在镇南关抗法大捷回到钦州后，便在龙岗"筑星峰，培龙颈"，建了这座镇龙楼，"以期山川钟毓之灵，人才辈出"。民国时期《钦县县志》记载，镇龙楼是"最宜作读书之处也"。而今，镇龙楼成为了钦州市第一中学巍峨的大门。红柱银墙，金窗绿瓦，屋脊双龙戏珠，正额上"镇龙楼"巨匾，3个红色的大字醒目，告诉人们，在这悠长的岁月里，它与钦

冯子材曾孙女冯绣娟（前）

州同风共雨，见证了钦州一代又一代莘莘学子的茁壮成长。

在这座气势雄伟的镇龙楼背后，坐落着几栋略显陈旧的居民楼，民族英雄冯子材的曾孙女——冯绣娟就住在这里。2015年5月17日，笔者一行人前往钦州一中，拜访了这位已是耄耋之年的老人。初见冯绣娟老人，只见她虽佝偻着背，满头银丝，可腿脚依旧灵便，热情地带领我们一行人向她家走去，一路的寒暄拉近了我们彼此间的距离。身为名将之后的冯老师衣着朴素，家

里简洁而干净，家具如同这位老人一样带着岁月的痕迹。冯老师平时一个人生活，也许是她本就喜欢热闹，但素来寂寞，因此对我们的到来显得十分高兴，坐下后便滔滔不绝地说起了自己的往事。

二、本为名门荫此州

采访中，我们了解到冯老师已经是85岁高龄，退休前是钦州一中特级教师，退休后开始专心整理校对关于冯子材的史料。耄耋之年的她仍旧精神矍铄，身体硬朗，才思敏捷，出口成章，十分健谈。她小时候住在钦州市白水塘村，那是冯子材退居时的住所。小时候的她曾经是一位"名门闺秀"，虽然身份比较特殊，享受过生活富足的日子，但是在家境没落后也吃了很多苦。

冯绣娟18岁就读于钦州师范学校，一毕业就分到了钦州专署处工作。然而好景不长，冯绣娟因为家庭原因，在工作上受到了不少的波折。她清楚地记得，当年她的领导要求她在批斗会上打她的父亲，与自己的家庭划清界限，才允许她继续工作下去，但她坚决不答应，于是不仅丢了工作，还被别人骂是大封建、大官僚、大地主的女儿，是人民的敌人。此后，冯绣娟被派到南宁西乡塘革命大学学习。后来，她在机缘巧合下成为了一名教师。在学校里，她也经常把冯子材的故事讲给学生们听。说到这段往事时，她的情绪有点激动，还笑着说自己是"半路出家"的老师。然而在外人看来，冯绣娟在写作、画画、刺绣、裁衣等许多方面都有着非同一般的特长，已不愧为一位"全才"的教师了。虽然历经诸多的波折，但幸而那些艰难的岁月都已经过去，现在的她儿孙绕膝，每天能够抽出时间来思考和学习，生活平静安乐。

三、只影苦筑兴冯公

冯子材的名字从冯绣娟小时候起就已经深深印在她的心里。她儿时总是听到家族中的长辈们讲述关于冯子材的故事，她的父亲冯承则生前也曾把关于冯子材的故事用毛笔写在宣纸上，记成一个册子。耳濡目染下，冯绣娟逐渐深入地认识到自己的曾祖父是一个怎样的英雄人物。但钦州解放后，冯绣娟家因为被划为地主，房屋财产全被没收，而那本记录着冯子材故事的珍贵史册却被当成房契，随着燃烧的烈火变成了灰烬。退休后，她一边经营一些生意，一边读书学习。她经常看到报刊上登载一些纪念冯子材的文章，非常感动和自豪。可是当她多次看到一些文章歪曲史实，抹黑和否定冯子材时，终于决定奋起反抗。"他们都不明白，冯子材是一个真真正正的大英雄！他做了那么多，却都没有人记得。"冯老师有些激愤却又无奈地对我们说。于是从那时开始，她放弃了自己的生意，开始专注地研究冯子材精忠爱国的一生，研究他的故事，他的传奇。她以钦州父老乡亲和族中长老父辈的传讲为主，核查了历史的记载。那些如同印刻在脑海中的往事令她如有神助，仅一年就写出了洋洋洒洒18万字的《冯子材的故事》。书中记录了冯子材从小到大曲折离奇的经历和一些有趣的往事，以及先国后家毅然抗法、在战争中和刘永福的合作等，肯定了冯子材在保家卫国的战争中的爱国精神，以及他视死如归、临危不惧的英勇无畏；还有无数忠勇壮烈的抗法士兵和几位鲜为人知的抗法巾帼在镇南关大捷中的贡献。读后让人感觉又回到了一代豪杰冯子材在中法战争中取得"镇南关大捷"的那些激动人心的岁月之中。

2005年6月底，博白县顿谷镇大塘村狮子头屯的村民们在一间倒塌的老泥砖房里找到一本破旧发黄的《冯氏宗谱》。于是，博白冯氏宗亲前往钦州找到了冯绣娟。该宗谱于民国初年修编，记载了有关冯子材祖辈的简况。一直疑惑于冯子材祖籍何处的冯绣娟，在拿到了这本宗谱后，决定凭着这本宗谱，展开一趟寻根问祖之旅，亲自查清冯子材的祖籍。经过在广西博白、钦州和广东南海等地的奔走和反复对照族谱，最终，她确定了冯子材的祖籍就在广西博白，南海只是冯子材的祖父做海上运输生意的暂居之地，冯子材祖辈并没有在当地久留。

为了进一步还原史实，让人们更加了解冯子材，冯绣娟花了半年多时间，挥一只妙笔，把冯子材的故居白水塘最初的样子画成了一幅巨大的水彩画，墨洒的青山、靛蓝的白水、朱红的楹柱、碧绿的蹊田，院落有嬉戏孩童，阡陌间村民耕作……只一眼便让人如临此境。通过她记忆中这白水塘的一草一木、一砖一瓦，清晰地再现了一位英雄成长的摇篮。而透过玻璃感触这丹青中蕴藏的历史的我们，仿佛看到了冯子材生前最真实的生活场景。

为了使撰写的内容尽可能贴近真实的冯子材，冯绣娟不惜花费大量的时间翻阅书籍，阅读大量有关冯子材的著作。如廖宗麟教授的《中国近代民族英雄的杰出代表——冯子材史事撷奇》《中法战争史》《钦州文史——民族英雄冯子材纪念文集》《镇南关大捷》等。这些资料她都悉心收藏。厚厚的书本不知道被她翻阅过多少次，老旧泛黄的书页上点缀着她详尽的笔记。在此基础上，她写了许多相关的文章，如《简述子材公人生历程的特点》《多处失实的〈冯子材南关魂〉》等，清楚地讲述了冯子材的为人和史实，校正了其他作品中的歪曲篡改，让后人能认识到真实的冯子材的传说。

自从《冯子材的故事》一书出版，加上国家对非物质文化遗产的日益重视，研究冯子材的学者、历史文学爱好者越来越多，各界人士纷纷寻上门来拜访冯老师，想要更进一步了解关于冯子材的故事。而冯老师总是热情地接待每一位来访者。她很高兴来客们对冯子材的生平给予关注，于是每次都兴致勃勃地向客人讲述冯子材生前的事迹，一次又一次不厌其烦地重复着已然被她烂熟于心的往事和历史，不知疲倦地陪同来客参观冯子材的故居、陵墓，甚至不辞辛苦到镇南关，重游冯子材当年打出反侵略战争大捷的战场。

也许是因为用眼过度，冯老师不幸患上了眼重肌肉下垂，经常看不清文字，看久了还会眼睛疼，每每执笔更是非常艰难，严重阻挠了她的研究和学习，也对生活造成了一定的影响。但即便如此，她却说："虽然我的眼睛不行了，但是我的脑子还在，我还能思考，还能继续研究。"本应安度晚年的冯老师坚信生命在于运动，思考永无止息。她认为："如果不学习不思考，脑子很快就变得迟钝，手脚也不灵活，人老了更不能停下来。"直到现在，她依旧学习、写作、研究，热衷于把曾祖父的事迹发扬光大，以激励和感召后人。她希望别人能够正确评价冯子材，理解他刚正不阿、正直无私的人格，以及赤胆忠心、保土安民的爱国之心。

四、不忘家史争光辉

冯绣娟作为冯子材的曾孙女，可以说是目前搜集冯子材故事最多的人。自从担任了钦州市刘冯研究会理事，她更加努力地寻找着有关冯子材生平的事迹，无时无刻不想着把曾祖父的保家卫国事业和爱国精神传承下去，发扬光大。但尤为可惜的是，她的儿女们对研究冯子材文化并没有兴趣，也不爱钻研，各自发展其他的事业去了，许多珍贵的资料即将后继无人。冯老师说："现在虽然只有我一个人，但是我还可以去做啊，可是就怕没有时间了。"我们看着老人脸上无奈的表情，都陷入了沉思……

著名诗人田汉1962年拜谒位于钦州泥桥岭的冯子材墓后挥毫写下了《吊冯子材墓》一诗，其中"近百年来多痛史，论人不应失刘冯"一句更是众口相传。"刘冯"，也就是钦州的两位民族英雄刘永福和冯子材。20世纪80年代初期，钦州市人民政府开始关注文物和非物质遗产文化的保护，国家级重点文物保护单位共有6处，其中"刘冯"就占了三分之二，分别是刘永福的旧居建筑群及其陵墓和冯子材旧居建筑群及其陵墓。

如今，同为抗法名将的刘永福的故居已经重建修缮，除主座外还有一系列附属建筑设施，十分宽阔。头门有醒目的"三宣堂"大字匾额；屋外是刘永福策马奔腾的霸气雕像，主屋圆柱瓦檐，屋内墙上有栩栩如生的圣贤豪杰和彩凤仙鹤壁画，雕梁画栋，交相辉映；四周高墙炮楼，屋前广场照壁，俨然是一座气势不凡、宏伟富丽的古朴建筑。然而，冯老师认为，位于白水塘的冯子材故居却没有得到同等的关注。现冯子材故居四周环以高墙，墙内立有冯子材上半身及头像，有主建筑三进九间。建筑主基调为冷色，门前有白漆圆柱、青灰的墙砖、白色的瓦檐。屋顶有精美浮雕，屋内有反映镇南关大捷的军事沙盘、中法战争形势图等，小院里有各式的雕像和植物。但由于目前只重建了一部分，比起原来的规模小了不是一星半点，故居中仍然能看见破落的砖墙、老旧的矮屋，甚至连重建后的房间内也是空空荡荡，毫无生气，乍见有种阴森之感。冯老师记忆中红墙青瓦、朱漆窗柱、热闹繁盛的"家"已经湮没于往日的记忆中了。

"我就是不服啊，他（冯子材）做了那么多，这样根本不公平！"冯老师不甘地说，眼里依稀闪烁着泪光。冯老师花了大半生的心血，为继承和宣扬冯子材的光辉事迹做出了巨大的贡献，可是却没有得到更好的结果。故居重修一拖再拖，陵墓也日渐破旧。老人不知道何年何月能再次看到她怀念的那个英雄之家。由于冯绣娟不仅是冯子材的曾孙，也是刘永福的外曾孙，于是她每每陪着来客再游华美的三宣堂，都想到凋败的宫保第旧居，不由得黯然伤心。"我现在根本不敢去三宣堂了，一去就伤心啊。"冯老师哽咽着说，眼眶里似有泪水就要落下。

而今，冯老师最大的心愿就是希望人们能够正视历史，了解冯子材真正的功绩。现在只有她清楚那些成为历史的众所周知的短短篇章、不为人知的历历往事。那些过往，那些逝去的岁月在她心里交织。"冯子材是一个真真正正的大英雄！"她想不明白，为什么研究刘永福的学者不胜枚举，研究冯子材的却寥寥无几？世上人人说"刘冯"，为何不能是"冯刘"？

2006年9月，冯子材故居获得了国家4A级景区称号。2012年3月，冯子材研究会在钦州成立。钦州市的非物质文化遗产保护与传承工作也在逐渐加快步伐。随着时代的发展，越来越多的学者开始关注北部湾沿海非物质文化遗产的保护与传承，令她仿佛又看到了希望。相信冯子材的相关研究也会百花齐放，得到充足的养料，生根发芽，开花结果。冯老师也在积极寻找着志同道合的冯子材研究者，参与各种各样的相关研究活动，每一件事都尽到自己最大的力量。

冯老师前半辈子在教育岗位上兢兢业业，后半辈子呕心沥血为振家史。家道中落的她从来未曾服输。她从来没有后悔，一直为自己光荣的家史感到自豪和骄傲。尽管她一个人的力量如此渺小，却没能熄灭她为之而燃起的熊熊斗志。

后　记

经过短短一个下午的交流，我们在老人带着乡音的亲切嗓音和温婉动人的讲述中，体会到了当年冯子材在战场上用兵如神、大获全胜的豪情与畅快。没有人能想象，她是如何以这瘦弱的身躯撑起了自己曾经辉煌的家史，撑起了搭建冯子材研究会的基石，开凿了那些珍贵资料流转的运河……冯老师的贡献如她的人生一般厚重，人格如她的曾祖父一样清明。感谢她，让我们看到、听到这么多历史遗漏的片片闪光。后人一定会记着她，如同记着英雄冯子材一样。

冯子材故居中的英雄雕塑

韦 慧/文

赤胆忠心为人民，英雄遗产永传承
——记刘永福故事代表性传承人吴道亮

刘永福是著名的民族英雄。他在中法战争中率领黑旗军抗击法国侵略者，先后取得罗池大捷、纸桥大捷等；还奋力保台，打击日寇。刘永福是钦州人民的骄傲，是钦州文明的代表。将刘永福非物质文化遗产传承好，有利于更多人了解刘永福、了解钦州；有利于刘永福留下的珍贵的历史瑰宝永绽光彩；有利于钦州城市文明的进一步发展。

2015年5月17日，笔者一行5人到访刘永福后代——吴道亮老人家中。吴老年过古稀，但仍然精神矍铄、神采奕奕，笑容和蔼，看起来很是慈祥。吴老十分热情地接待了我们，将有关自己英雄祖先的故事向我们娓娓道来……

一、听吴老讲刘永福的故事

吴老的母亲刘和婉是刘永福的曾孙女。吴老年幼的时候，听母亲讲过好几遍关于一小撮头发的事情。1883年的中法战争中，刘永福英勇击毙法国海军将领李威利后，把他的一小撮黄头发带了回来，并用一个小盒子装好。但很可惜的是，这份珍贵的战胜纪念品后来却不慎遗失。笔者认为，这也折射出了英雄遗产应好好传承的重要性。无论是物质文化遗产还是非物质文化遗产，在传承的过程中都应该被小心保护，不应让传承留下一丝遗憾。

刘永福不仅忠勇爱国，还关心群众、热爱家乡。刘永福出生在一个贫苦的农民家庭。吴老笑言道，穷到什么程度呢——到八九岁都还没有裤子穿。在加入天地会之前，刘永福辛勤种地、当水手，努力养活自己。尽管自己小时候家境贫穷，不能读很多书，但刘永福却很重视教育的力量，一直教导子孙要好好读书。后来，在有了作为之后，刘永福在家乡开设了一个小学堂，不仅供本村的小孩念书，邻村的小孩也可送来这里上学，并且很受照顾。

在中法战争中，刘永福率黑旗军挺入河内，取得了纸桥大捷。越南很是感激，于是给他送了一只犀牛角。犀牛角是一种珍贵的药材，能清热解毒、凉血定惊。刘永福却不据为己有。附近百姓人民需要用犀牛角的，刘永福都大方地让他们拿去磨水用。犀牛角磨出来的是白色的液体，像牛奶一样。磨的时间长了，药效才好。刘永福很放心让别人磨，不怕别人偷；还教导家人，以后有人借犀牛角的话，都给别人用，别人磨多久都可以。这也反映出了刘永福关心群众，对群众很信任。

钦州是刘永福的老家，三宣堂最初是刘永福自己建的。但刘永福很关心部下，在三宣堂旁边建了二三十间平房给部下住，接济部下。刘永福还有一颗感恩的心，因为狗在台湾救过刘永福的命，所以他教导后代不要吃狗肉。

刘永福不仅有爱国主义精神，为了中华民族，几十年和敌人展开斗争；还拥有关心群众、关心部下、热爱家乡和感恩的好品质。听了吴老所说的这些故事后，笔者进一步感受到了刘永福身上的英雄光芒。

二、刘永福后代对刘永福的传承

作为刘永福的后代，当然对祖先感到骄傲和自豪，因此吴老和家人们也积极配合政府做了相关的工作。如向博物馆提供了一些材料，和政府部门就恢复三宣堂原貌谈过三宣堂布局的问题。对于吴老和吴老家人们的意见，政府尽量采纳，但还有一些可能因为条件限制，现在还没有采纳。比如说现在我们看到的祖公厅，原来并不是这样子的。原来的祖公厅上面有一个阁楼，还有一个屏风，屏风后有一个楼梯，上去后就能看到一个很漂亮的浮雕。浮雕上有个大大的金太阳，是金色的不是红色的，吴老对这个颜色印象很深刻，金太阳两旁是两只凤。吴老说，这大概是双凤朝阳的寓意。浮雕的雕工很好，看起来十分漂亮。可惜的是，后来这块浮雕就不见了。吴老说，后来故居修复的时候，可能是经费不够的原因，也可能是那块精美的浮雕难修难雕的原因，浮雕并没有修复。现在我们看到的祖公厅中，一幅画取代了原来的浮雕。画上是红太阳并不是金太阳，旁边是蓝色的海水取代了原来的凤凰。吴老觉得很可惜，因为原先的浮雕太惊艳了，并不是后来的一幅画就能取而代之的。四个角都有的炮楼也没有修复好。吴老认为这些都应该修好。笔者也认为，故居修复的时候，故居物品的摆设和装潢设计都应该尽力恢复原貌，这样能更好地体现故居的特点,也能更好地将英雄的遗产传承下去。

吴老说,作为英雄的后代,平日里并没有什么专门的活动特意纪念刘永福,只是多注重平日里的教育而已。有时间的话,家人会到故居三宣堂看看。远在美国、中国香港的表弟们回家乡探亲的时候也会抽空去故居走走,而吴老和吴夫人有时候也会带小孙女回去看看。但还有一些亲戚因为条件限制没能回来,吴老很希望他们可以回来看看,回来看看祖居,看看钦州的变化。吴老家里还有很多关于刘永福的珍贵书籍,如《钦州文史》就有好几本,还有《黑旗军传》《刘永福在上思》《刘义打番鬼》等。有一些书籍寄给了亲友,远在美国、中国香港的亲友也有收到关于英雄祖先的珍贵书籍。接着,吴老拿出了一个小本子让笔者们观看。小本子是吴老母亲的用心摘抄和剪贴,笔者为这份用心感到深深惊叹。报纸上关于刘永福的报道描写,吴老的母亲看到了,都会认真把它们剪下来,贴到本子上。一些有关刘永福的报道,吴母也字迹工整地摘抄到了本子上。吴老认为他们作为后代,虽然能力有限,对于传承这方面需要他们做的,他们都会尽自己的努力。

三、外界对刘永福的传承

吴老说,近年来,地方对有关刘永福的非物质文化遗产的传承越来越重视,并且做了很多工作。现在全国很多地方都在着力进行非物质文化遗产建设。这些工作对后代有深远的意义,因此大家都有责任一起搞好,将这些遗产传承下去。

钦州市区内有以刘永福名字命名的街道——永福东大街和永福西大街,还有永福小学。笔者刚来到钦州的时候,对此街道的名字感到很新奇。同时笔者也认为,街道和学校以英雄名字命名,是城市文化的一张名片,也是传承非物质文化遗产的一种方式。

吴老认为刘永福故居本是好景点,也是发展钦州的好条件。它既是全国爱国主义基地,也是全国重点文物保护单位,让人瞻仰,但是过去受到的重视度不高。近年来,从中央到地方越来越重视,国家很关怀,国家领导人也亲临钦州视察,回去后还拨了几百万的款给传承刘永福搞建设。刘永福故居修复了很多,大部分都修复好了,不过有一小部分还没有修复好。修复后的故居基本保持了原样,但一些布局有了不同。吴老觉得故居还应该多开发一些东西给游客看,毕竟更有观赏价值才能吸引到更多的游客。

吴老认为故居开发是可以适当和商业结合的，但不宜过多，过多就喧宾夺主了。刘永福故居是名胜古迹，而不是商业街，开发还是以教育为主；然后适当的商业搞好了，吸引更多游客前来参观，也更有利于达到教育目的。吴老还认为刘永福故居免费对游客开放是应该的。前几年因为故居承包给了北京某公司，所以参观故居还要收费。要收费就没有很多游客前去观光了。后来故居免费对游客开放，参观者就多了一些。

吴老认为传扬的阻力在于还是有很多人对刘永福了解不多，平时对于刘永福的宣传力度还不够，应该更为重视。刘永福在钦州可以经常宣传，但在全国范围内就不一定做得到了。

刘永福的后代为传承刘永福付出了努力，但是仅仅靠刘永福后代们的努力传承是远远不够的，外界应当一起努力，才能把传承这件事情做到位。那么，外界可以做些什么呢？

我们可以把刘永福的故事印成小册子送给参观三宣堂的游客，也可以招一些年轻人作为志愿者，来做刘永福故居的义务解说员，这样方便游客进一步了解刘永福。钦州学院有旅游管理专业的学生，学生们去做一下义务解说员，可以是见习的一部分。毕竟游客自己随意逛逛，收获并不大。有了解说员，不仅可以让志愿者们得到锻炼，也可以让游客观光更为方便。

吴老的家中有一本书——《刘义打番鬼》。里边有刘永福二十集电视连续剧剧本，如果能把这本书改编拍成电视剧，当然，改编成剧本，不一定百分百真实，在忠于原著的基础上，增添一些有趣的东西，会更吸引人。我们还可以利用艺术（画画、舞蹈、音乐）、影视（电视剧、微电影、电影）或者传媒（报纸、杂志）的方式进行全方位传承。在全国范围内宣传的效果会更好。在这些方面钦州做了一些，但还是不够的。中央电视台前几年拍过一部《台湾1895》，里边有讲到刘永福的事迹，是珍贵的影视资料，可以在刘永福故居播放。钦州学院曾和中共钦州市委宣传部合作制作过一个音乐专辑，叫《钦州学院唱钦州》。里边有一首歌叫《黑旗刘永福》，对刘永福就就很大气。接下来有可能还会推出第二张专辑，会继续歌颂刘永福。中共钦州市委宣传部创作的舞台剧《三拒总统印》也非常有水准。总之，用艺术、影视、传媒等方式都可以歌颂英雄刘永福，让更多的人了解刘永福。我们应该多多创新，用各种手法将刘永福展现到众人眼前。

后　记

笔者在完成本文初稿后不久，就看到新闻报道说，刘永福墓被盗挖，目前警方已经介入调查。这则新闻让很多人感到痛心。同时笔者认为，这也暴露了一些保护和传承刘永福文化做的还不完善的地方。

通过一个上午的采访，笔者对刘永福的了解进一步加深，也深知我们还要继续在传承的道路上加快步伐。

何 波/文

楹联是我们大芦村的魂
——记灵山县大芦村楹联文化代表性传承人劳言生

在灵山县城东郊，距离县城约8千米的地方，有一个近5000人的大村场，那就是闻名遐迩的大芦村。相传，那里原本是芦荻丛生和荒芜之地，15世纪中期始有人烟，经过先民们的辛勤开发，几度兴衰，到17世纪初已建设成为有15个姓氏人家和睦相处的富庶之乡，故得名"大芦村"。

灵山县大芦村楹联文化代表性传承人劳言生（中）

大芦村与周边村庄不同之处有三：

一是古树木。大芦村的村里村外，从山坡、田垌到湖岸边，从农家庭院到宅院前后，绿树葱葱。那些吸纳了几百年日月精华和山水淑气的古陛木树、樟树和荔枝树，蜡杆虬枝，苍翠盘郁，恰似一座座巨型盘景。1804年，到访的横州人吴必启曾这样描述："宅绕青溪耸秀峰，松林鹤友晚烟笼。小楼掩路斜阳外，半亩方塘荔映红。"经过不断建设的大芦村，如今不仅风光依然，而且更加美丽迷人。

二是古宅群。大芦村民居无不根据地形傍山构建，山环路转，一个个鸡犬之声相闻、守望相助的居民点，各有发人深省的名称，如樟木屋、杉木园、丹竹园、沙梨园、荔枝园、茶园、陈卓园、榕树塘、水井塘、牛路塘等。尤其是劳氏古宅群，占地面积45万平方米，建筑面积22万平方米的9个建筑群落，围绕着村中间一个水面2000多平方米、碧波潋滟的人造湖的北面与东面布局，青砖绿瓦，屋脊层叠，鳞次栉比，跌宕起伏，更是闻名遐迩。

三是古楹联。大芦村古宅群积淀的民俗文化，最引人注目的是那些传世楹联。据考证，古宅中有300多副明清时期创作，世代传承，沿用至今的楹联。古宅中人逢年过节或喜事庆典，总是用鲜墨红纸将传世楹联重书一番，郑重其事地贴在约定俗成的位置上，几百年来从不更改。

正因为如此，大芦村于1999年6月被授予"广西楹联第一村"荣誉称号；2011年6月被国家建设部、国家文物局评选为第三批"中国历史文化名村"。

劳言生是大芦村楹联文化代表性传承人。他于1938年4月1日（农历正月二十）出生于该村一个农民家庭。父亲劳旷，读过小学，粗识文字，尤精于心算。劳旷育有四子，劳言生是幺仔。跟他的几个大哥一样，劳言生只是在本村读完小学。1956年，18岁的劳言生担任生产队会计。1960年正月任大芦大队助理会计，同年7月被灵山县佛子公社粮所录用为职工。1964年7月被抽调到广东阳江参加社教。一年后社教结束即返回佛子公社，主要负责青年工作。1973年起任佛子镇（公社）计划生育主任，负责佛子镇（公社）计划生育工作。1985—1998年在佛子镇人民政府办公室工作，兼做统计。1998年4月退休后回大芦村定居。

劳言生于1961年结婚，妻子姓陈，一直在家务农。他们育有两子一女，都已结婚成家。退休后的劳言生主要工作就是与妻子一起带孙子孙女。

劳言生尽管曾到佛子镇工作长达38年，但一来大芦村离佛子镇就那么几千米，二来由于其妻子在大芦村务，因此，可以说他从来没有离开过大芦村。大芦村既是劳言生的胞衣地又是他的精神家园。在大芦村深厚的民俗文化的浸染下，劳言生读小学时就开始练毛笔字，1956年任生产队会计时，就跟村里老一辈人写对联。经过几十年的刻苦磨练，他的书法艺术水平不断进步，在楷书、行书和隶书方面有较高的造诣。近十年来，他经常有书法作品参加灵山县书法协会的书展。

"文化大革命"时期，有人认为大芦村世代相传的楹联是"四旧"而不敢写、不敢贴。但劳言生不管这一套，逢年过节或喜事庆典，还是一如既往地坚持写，坚持贴。不但自己写，还帮族人写。这源于他对大芦村楹联的深刻认识。他认为这些传世楹联，有的教诲子孙修心养性，严于律己；有的劝导子孙立身处世,德才为先;有的晓喻子孙笃学励志,利己利国。在宅院里张贴这些古楹联,可使家人耳濡目染,潜移默化,陶冶情操,奉为行为规范,形成传统风尚。它不仅是劳氏家族自我勉励、自我教育的有力工具,而且是劳氏家族与本村各族群联络感情、交流思想的绝佳载体。用他的话来说,那是用来教子教孙,劝导子孙耕读为本、爱国向善的,何旧之有?

据考,大芦村楹联共305副。劳言生最喜欢的是这几副:

惜衣惜食,不但惜财兼惜福;求名求利,须知求己胜求人。
读书乐为善最乐,创业难守成尤难。

问他为何特别喜欢,他说,这两副楹联深入浅出,耐人寻味,反映了居安思危、自强自励的意识。他还把后一副贴在楼房客厅正面的墙上。此外,"克尽兴邦责,忠全爱国心"(雍正年间创作),"有典有则,是训是行"(嘉庆年间创作),"文章报国,孝悌传家"(道光年间创作),具有朴素的人生哲理和道德价值观,也是他较为喜欢的楹联。

劳言生不仅书写祖先传承下来的古楹联,而且创作新楹联。他创作的楹联内容健康,深得大芦村古楹联的精髓,尤其善于创作嵌字联,贴切自然,没有雕琢痕迹,如"丹心献国,竹报平安"(给丹竹园撰写的楹联),"荔香溢南国,枝茂满庭院"(给荔枝园撰写的楹联),"国泰民安,华夏生辉"(为族人国华公的住宅撰写的楹联)等。他还擅长婚联。如族人有一双胞胎兄弟,同日娶妻,他撰写了这样一副婚联:"一对骄子同时生,两双鸳鸯此日成。"此联对仗工整,形象贴切,得到主人家的充分肯定和宾客的赞许。

劳言生书写楹联不需要桌椅。他把纸直接铺在地板上,然后蹲下挥毫泼墨,每写好一副就挪开,就地捡几块碎石压住以便晾干,接着写另外一副。

除了劳言生之外,大芦村原先还有两个人书写楹联,但其中一个已经作古,另一个年事已高不能握笔。因此,最近几年,劳言生便包揽了全村劳氏家族300多副楹联的书写任务。他说,300多副楹联足足要用100张红纸和整整3天时间才能完成。为此,他注意培养接班人。他的小儿子和一个堂侄在他的指导下,现在也练就一笔好字,能分担他书写楹联的部分任务。

劳言生说:楹联是我们大芦村的魂。"读书好耕田好识好便好,创业难守业难知难不难。"这副对联成为大芦人自宅院开创者沿用至今的家训重要内容。每逢节庆,走进大芦古宅,便可看到该村劳氏家族第十三代书写楹联的传承人劳言生在张贴红纸家联。"楹联内容不变,每年翻新,子子孙孙都要诵读,数百年一直沿袭到今天。"年过80的劳言生老人说道……

劳言生(左)现场为来访者表演书写楹联

何 波 / 文

京族字喃文化的守望者
——记京族字喃文化传承人苏维芳

在中国大陆海岸线的最西南端，有3个呈品字形的小岛，分别是巫头、山心和澫尾。这几个小岛为东兴市江平镇所辖，是京族同胞的聚居地，故又称"京族三岛"。20世纪60年代中期至70年代中期，京族三岛兴起筑海堤围海造田的热潮，变成了半岛，与大陆连接在一起。但人们还是习惯沿用旧称。

京族字喃文化传承人苏维芳

京族是一个跨境民族，也是我国人口较少的民族之一。大约在500年前，京族先辈分别从越南涂山、清花、宜安、花丰、瑞溪、芒街、万柱、角白等地陆续迁来。据相关部门调查，1953年巫头、山心、澫尾三岛京族共有25个姓氏。1958年，广东少数民族社会历史调查组的调查材料（当时防城划归广东省）也说：防城境内京族共30个姓氏，其中刘姓最多，占20%，阮、黄、吴、苏、武五姓次之，共占41%。

京族有自己的语言、文字和文学艺术，有以海洋文化为主导、民族特色鲜明的传统文化。京族传统文化长盛不衰，历久弥新，得益于京族有识之士对本民族文化的热爱，倍加珍惜与爱护，代代传承。其中，本文主人公苏维芳就是杰出代表。

2016年夏天，在一个闷热的下午，笔者来到了澫尾村，在苏维芳三层住宅楼的一楼客厅里与主人进行了近3个小时的深入交流。现将苏维芳的述说略加整理和编辑，以飨读者。

一、求学经历

我祖父生有3男4女。父亲在兄弟姐妹中排行第四,离家到东兴打工,主要帮人家做饼和其他食品。我于1940年出生。大伯做生意,因无子女,对我格外疼爱,在我7岁时就送我读私塾。1948年,大伯的货船被海盗抢劫,人被杀害。因此,我只读了1年的私塾。

大伯在世时,我们家是个大家庭,吃住都在一起;大伯去世后就分家了。澫尾村直到1951年才建有学校。1952年,我才得以进小学读书。因读过一年私塾,就直接读二年级。之前的几年在家帮做一些力所能及的家务活。

土改时,我家分得几亩地,可是没有牛耕地,只能帮别人看牛,用人家的牛耕地。除了种地外,父亲还做两份网,一是鲨鱼网,二是鲎网。父亲叫我就近参加鲨鱼网劳动,也分得一份鱼。因是长子,农忙时节早上要犁地或耙田后才能上学,故读小学时经常迟到,其中有一个学期迟到多达141次。我十分珍惜读书的机会,勤奋好学,在小学五年里学习成绩位列前三名。

1957年7月,我以全班第一名的成绩(除体育是4分外,其余科目都是5分。当时是5分制)被保送到东兴中学读初中,但因家贫就近读渔业中学(在澫尾哈亭附近)。一个学期后,因学校搬迁到尚山(再后来迁到江山)而辍学。

二、服务乡梓

1958年,我被推荐到东兴参加幼师培训班学习1个多月,结业后回到澫尾当了半年多幼师。然后,又到东兴卫生训练班,培训4个多月后就回到村里当卫生员,直到1965年,是京族第一批卫生员。

上班的第三天,发现一下子有20多人患疟疾。于是,我就赶紧到江平卫生院汇报。江平卫生院随即派了一个医生到澫尾负责疟疾治疗和防病工作。治好疟疾患者后,紧接着又爆发了麻疹,患此病的有40多人,我们就分三批安排他们留医治疗。1960年,澫尾有几百人患水肿。在东兴医院和防疫站的指导下,我们将他们集中起来治疗。东兴县人民政府供应每个患者每天1斤米、0.2元钱,用花生麸做成花生饼。当时,我国正遭遇经济困难时期,物资匮乏,每个患者每天能吃上两餐,非常不简单,非常不容易。由于有饭吃,加上打针吃药,几百名水肿患者无一病亡,这也是一个奇迹。

在治疗水肿病的同时，开展"六病"普查。这六病是指霍乱、鼠疫、疟疾、血丝病、性病、麻疹。由于1947年澫尾一带曾发生过瘟疫，死亡率为2%，故都给相关人员打预防针。普查中发现有20多人患有性病（俗称"花柳病"），就熬中药给他们送去服用。经过一年多的治疗，澫尾这六种病彻底根治。因为成绩突出，我光荣地出席了广东省英模大会。

1960年起，我担任澫尾村团支部书记。不仅做共青团和青年工作，还担任4个角色：

一是办夜校，当夜校校长，开展扫盲。当时有170多名青壮年渔（农）民参加夜校学习。分5个班，除了1个班学政治外，其余的是扫盲，学文化知识。

二是搞绿化，任林业队队长。中华人民共和国成立前，京族三岛上有茂密的原始山林，沿岸有成行的勒古树，有连片的蓬草海藤草。中华人民共和国成立后，特别是大跃进时期，各村队的大饭堂，砍树取材，毁林严重。那时京岛可以说是"风起飞沙不见天，到处沙丘不见田"的沙岛。1958年春末夏初，东兴各族自治县林业局从广东省湛江专区搞来了第一批3万多株木麻黄树苗，在澫尾岛上试种。1959年夏天，又种了3万多株，形成了6行12米宽共3500米长的防护林带。1961年，澫尾村成立了由6名青年组成的绿化林业队，我被任命为林业队队长。我们从外地买回了100公斤木麻黄种子，撒播育苗。当年又种了第二条、第三条林带。1962年春，澫尾大队的澫东村和澫西村相继成立林业队，自行育苗和移植。这样澫东村、澫西村的林带与澫尾村的林带相连接，形成了一条10000米长的防护林带。同年，巫头岛在团支部组织下，种上了第一批2000多株树苗。经过几年的努力，巫头岛共造林2000多亩。这样，澫尾、巫头两岛的绿化工作，从沿海林带到岛上道路两旁，从山坡到村庄，到处绿意盎然。青翠碧绿的沿海林带出现在祖国的南疆。

三是文艺宣传。团支部成立文艺队，任队长。演出《董永》《冯边月》等粤剧曲目。后来改编京族传统故事《宋珍与陈菊花》进行演出。因为工作忙，不懂字喃，请外父帮抄剧本。他抄了一个多月才抄完。外公教我认字喃、读字喃。接触字喃就是从那个时候开始的。

四是民兵队长。20世纪60年代初，盘踞在台湾的蒋介石集团叫嚣反攻大陆，上级加强海（边）防民兵队伍建设。我出任民兵队长，带领民兵站岗放哨。

时任公社干部的苏维光曾写了一首打油诗，其中有两句是"京族青年苏维芳，身兼六职真是忙"。1964年，澫尾团支部被评为广东省五好团支部。

三、军旅生涯

20世纪60年代中期，美国加紧对越南北方的侵略。1965年4月，我和几十位京族青年响应祖国的号召参军，先是到桂林市解放军步兵学校培训了4个多月，同年11月秘密进入越南高平省，在工程兵桥梁营当越南语翻译。部队驻扎在高平郊区一所小学旁边，有机会看到越南老师给学生上课，也能看到越南报纸，因此，我的越南语和越南文字水平得到很大提高。那时候，看电影、领导讲话、与越南民众交往等，都是由我翻译。

4号和5号公路的桥梁完工后，工程兵支队抽调我去当翻译。有一天，我们一个连队遭到美军飞机投放的子母弹的轰炸。过后，支队命令我们收集那些投到水田而没爆炸的子母弹回去进行研究。收集到了后，我与营教导员连夜返回营部。为了营首长的安全，我和教导员始终保持6—10米的距离，以免发生意外时不至于伤及教导员。我们摸黑走了6千米安全回到营地，后来荣立三等功。

两年后，我从工程兵支队转到炮兵支队继续当翻译。那时部队驻扎的地方遭美军飞机轰炸最为厉害。有一天下午五点多钟，美军飞机突然前来轰炸（以往下午一般没有空袭）。美军飞机投放的气流弹非常厉害，能把周围的树木刮倒。此次空袭，越南老百姓被炸死了30多人，我军也有3人牺牲，一个是见习教导员，一个是文书，还有一个是卫生员。当时，文书正在给教导员理发，听到空袭警报就躲到竹林里的防空洞，结果防空洞的洞口被气流弹爆炸掀起的泥土堵住，教导员、文书和卫生员因而窒息身亡。空袭前，我和卫生员就待在那个防空洞里，空袭时我刚离开不久，幸运地躲过一劫。

空袭过后，越南群众和部队赶忙扒那些被堵的防空洞，其中一拨人一边扒一边说一定要救出"芳哥"。当我安然无恙地出现在他们面前时，他们拼命地欢呼和鼓掌。因为在那里，我已跟越南群众混得很熟。

1969年1月，我们离开了越南回国。同我一起当兵的京族战友有很多于1968年复员回乡，而我却被部队派往桂林外语专业学校深造，时间一年半，继续学习越南语。1970年毕业后安排到广州军区情报部工作，历任副营级参谋、正营级参谋、副团级教员等。先后荣立二等功1次，三等功8次，总参谋部成果奖4次（四等奖和五等奖各2次），获技术能手称号。

1986年6月，我从部队转业回地方，安置在防城港区（当时属北海市管辖）公安局，任外管科副科长，一年后任科长。1989年任防城港港口区公安局副局长。1993年，防城港市成立。任防城港市公安局副局长。1997年任预审员（正处级），三级警督，直到2002年退休。

我这一辈子，干一行，爱一行，专一行，一心扑在工作上。1975年春节前，妻子带着3个孩子到部队探亲，意在一家团聚，欢度春节。他们腊月二十八到。除夕我接到命令执行任务，一去就是半个月，直到元宵节那天才完成任务回来与妻子、孩子团聚。当时我军抓回了49名越军俘虏，我作为翻译，参与对越俘的审讯。

妻子1977年随军。当时部队驻扎在广东潮安，3个孩子在当地读书。1978年我被派往中越边境工作。此时，老婆孩子还在潮安，一次三子发高烧，部队把他送到潮安医院，抢救了三天三夜才醒过来。1979年对越自卫反击战后，部队转回南宁市西乡塘驻扎，筹建营房。一年多后，妻子和孩子才从潮安回到南宁。

我从不跑官要官。我所在的部队是营级单位，因我战功显著，所以部队将我挂教导队职务——副团级教员。

我从来没有利用职务之便为老婆孩子谋利益。妻子始终是工人，回到防城港后以工人身份退休；大儿子在防城港市园林处当工人；二儿子在一个私营企业当保安；三儿子2014年因心脏病去世，生前也是个工人。

四、字喃研究

2002年3月，我从防城港市公安局副局长岗位上退休，回到家乡澫尾村定居。一天，看到了报纸上一篇题目叫《救救京族字喃》的文章，触动很大，萌生了挖掘、收集、整理、传承和研究京族字喃的想法。

据研究者称，字喃是在中国汉字的基础上，于10—20世纪初形成发展起来的。它是京族文化不可或缺的重要部分，是京族历史文化的浓缩，在传承京族传统文化方面起着重要作用。字喃记录了京族迁徙的历史，如《澫尾京族简史》《巫头史歌》《山心史歌》；还有祭文、祝文及京族传统节日哈节的祀神、祭祖、唱哈词，如《神灵》《敬神乐鼓》《哈节祝词》《人人都平安长寿》；京族风物传说、故事，如《刘平扬礼结义》《石生的故事》《金云翘新传》《英雄杜光辉传诵》《京族统领苏光清》。

　　"字喃"与汉字有着亲密的"血缘关系"。京族历史上也曾使用汉字书写，但因为汉字无法准确地表达京语的读音和语法，使用起来音义分离，很不方便。于是我们京族先辈就仿照汉字的"会意""假借""形声"等造字方法，把汉字按照京语的语音、语义组合起来，创造了"字喃"。"字喃"这个名词本身就反映了京语和汉语的区别。按照汉语的语法，"字喃"应叫"喃字"，意思是"南国的文字"。但京语的习惯是把修饰词放在后面，就成了"字喃"。

　　心动不如行动。那时，侄子苏凯刚从广西大学中文系毕业，我就和他一起调查京族史歌。先是请岳父阮进如唱一段，我们就翻译一段。接着召集本村几个老人座谈，互相启发、补充和纠正。搞完了史歌，接着就收集、整理英雄苏光清、抗法英雄杜光辉的事迹和叙事歌。后来又到巫头村，通过召开座谈会等形式，整理巫头史歌。

　　京族史歌基本弄好后，我们就收集整理哈歌。我们一个一个找哈妹唱，相同的只录下一种，不同的就保留下来，共收集了几十首哈歌，编成《京族哈节唱词》。

　　万事开头难。收集、整理字喃非常困难，当时能找到的书很少。如《宋珍与陈菊花》，据说有五六本，但已散失，只剩下外祖父抄给我的那一本。再如《金云翘传》，据说有3本，其中两本在"文化大革命"中已烧掉，剩下的一本在外祖父的侄子（即表舅）手上，但他已到越南芒街定居。我们就到芒街找他，请他拿到东兴复印。我们不仅请他吃饭，而且还给了200元钱的辛苦费。

　　随着时间的推移和普通话的推广，京族三岛会字喃的人越来越少。这就必须培训人才。2003年，我就和本村的经济能人苏明利商量，鼓动他搞培训基地。他爽快地答应，拿出8亩地，投资19万元，建了两栋房子，一栋用于培训，一栋作歌堂。培训内容有哈妹和字喃歌堂。

　　当时，澫尾村圩日就是歌圩日。参加歌圩少的有几十人，重大节日歌圩多达200余人。每次歌圩就教唱两首字喃新歌。苏明利还出钱请人在歌圩那天烧开水供应。我和苏利明共同出钱，对来参加歌圩的巫头和山心群众提供一碗粉为午饭。当时，每碗粉是3元，每一次歌圩就得花600多元。经济压力之大，可以想见。澫尾歌圩从2003年启动，到2008年停止活动，时间长达5年，很不容易。

2009年，当地政府在潕尾哈亭旁建起了歌堂。2009年发起成立了东兴市京族字喃传承研究中心，我担任中心主任。

退休以来，我共编写了43本书，正式出版了10本。协助有关单位和个人出版的书籍有《京语研究》《中国当代京族》《中越边境经济互动》《京族百年实录》等。

近年来打算做好两件事：其一，完成《京族字喃传统民歌集》（1—4集）的翻译。此书第一集已译完，第二集已译了部分。其二，编纂《京族字喃字典》。此书拟收8000个字喃，现已收集了3000个。京族字喃共25000多个，其中汉语借字达22000个。故实际上纯粹的字喃3000多个。现在已与北大的教授联系并取得共识，拟利用现代数码技术为字喃的角码，从而使字喃能够进入电脑，成为便捷实用的文字。明年打算出版《鲁原字喃书法》。

做完上述事情之后，我们工作的中心就转到如何传承京族字喃文化上面来。

从2002年退休这十几年来，我把全部精力和相当部分退休金（除基本生活费外）投入到字喃的收集整理以及有关京族文化的事业上。有人问我，这样做图什么？我不图名不图利，图的就是京族传统文化薪火相传，长盛不衰，历久弥新。

苏维芳在整理字喃民歌笔记

后 记

《天涯海角有遗珠——广西北部湾非遗传承人小传》是广西高校人文社会科学重点研究基地北部湾大学北部湾海洋文化研究中心的项目研究成果。本书编写始于2015年，历时5年，今天终于与读者见面了。为了编撰此书，编写组成员不辞辛劳多次到广西北部湾沿海地区进行深入细致的田野调查——从东兴京族半岛哈节到北海外沙龙母庙会，从钦北大寺跳岭头现场到合浦公馆客家木鱼舞台，从钦州三娘湾海歌渔村到灵山烟墩大鼓赛场，从钦州坭兴陶千年古窑到北海贝雕珍品博物馆，从上思瑶族婚礼习俗到北海疍家婚礼现场，从钦州红嫂猪脚粉店到灵山大粽泰香粽王食品厂，从防城茅岭采茶剧团到北海市粤剧团，从十万山虽蕾歌圩到六万山鹩剧故乡，从钦州刘冯故居到灵山大芦村劳氏古宅，从廉州汉墓博物馆到越州古城遗址……处处都留下我们的足迹和汗水。我们实地走访了几十位非遗项目代表性传承人，搜集整理了大量有关广西北部湾非遗的文献资料，现场拍摄了许多珍贵的非遗项目实景图片，对广西北部湾非遗代表性传承人的故事进行翔实的叙述，较全面地反映了广西北部湾非遗的整体概貌。

本书分为传统音乐舞蹈、传统戏剧曲艺、传统体育杂技、传统手工技艺、传统民俗礼仪、民间文学等6个部分。全书综合运用文学、历史学、人类学、民俗学等学科的理论与方法，广泛采集广西北部湾沿海地区非遗项目传承人的第一手口述性材料，对60余个国家级、自治区级和市级非遗项目70余名代表性传承人生平事迹进行抢救性的挖掘、整理、立传，平实记录了他们的人生经历、技艺传承，以及技艺背后的文化生态、文化记忆等，使非遗保护与传承的研究更加具象而鲜活。

本书是北部湾大学教—学—研教学模式实践的结晶。参与本书编写的主要是人文学院的部分师生。主编黄宇鸿负责全书设计编写框架，拟定编写大纲、体例和统稿，撰写前言与后记。带队下乡调研的教师有何波、苏葆荣、钟玮、苏振华、黄玉果、吴小玲、任才茂、何良俊、黄宇鸿、黄河夫等。何波、苏葆荣等老师同时还撰写了多篇文稿。黄河夫对该书图片进行了整理编排。参与田野调查和撰写文稿的学生有黄建霖、陆玲芝、林谷燕、李春奎、唐萍玉、吴东丽、骆俊丽、刘小琳、刘海锌、施文彤、陈杞虹、蓝天桃、吴春红、傅冬梅、向宏缘、陈韦、黄一婷、向春珍、黄静仪、梁铭铭、王聪凤、胡中球、徐镇鹏、谢金凤、庞小玲、黄权兴、伍秀方、梁振兰、宁晴、廖娟、黎月梅、莫才有、陈晓利、李丽颖、黎茵茵、郑婉淇、磨金涓、袁玉莲、梁钰旋、蒙杏、秦瑞芝、李秀平、欧阳秀清、李芳冰、黄小慧、蒙静诗、钟前前、曾瑶、杨霞、陈美英、张方方、何丽萍、蒋玉婷、刘小琳、韦肖凌、韦慧等。此外，收入本书的还有陆衡、颜莺、郑德威、张帆、黄民良等老师撰写的非遗人物文章。对此，我们表示衷心的感谢！

本书在编写过程中得到钦州市、北海市、防城港市三市，以及钦北区、钦南区、灵山县、浦北县、合浦县、防城区、港口区、东兴市、上思县等县区相关部门领导和非遗代表性传承人的大力支持，在此一并致以诚挚的谢意！

本书的编写和出版得到了北部湾大学北部湾海洋文化研究中心的鼎力支持和资助。吴小玲主任经常关心过问，并帮助联系落实出版。同时，还得到北部湾大学人文学院领导的关心和支持，并为课题调研和书稿出版提供了方便。我们谨此致以由衷的谢忱！

限于我们的能力和水平，本书不足之处在所难免，敬请诸位批评指正。

编 者

2020 年 6 月